中國古代史學叢書

[晉]陳壽 撰 [南朝宋]裴松之 注

盧弼 集解 錢劍夫 整理

三國志集解

捌

吴書九

周瑜魯肅吕蒙傳第九〔一〕

〔一〕韓菼曰："吕蒙貪功喜事，無遠略至計，其去周、魯不可以道里計，合傳似少史識。"劉咸炘曰："三人相繼屯荆州，以權之論合之。"

周瑜字公瑾，廬江舒人也。〔一〕從祖父景，景子忠，皆爲漢太尉。〔二〕

謝承後漢書曰：景字仲嚮，〔三〕少以廉能見稱，以明學察孝廉，辟公府。後爲豫州刺史，〔四〕辟汝南陳蕃爲别駕，潁川李膺、荀緄、杜密、沛國朱寓爲從事，皆天下英俊之士也。稍遷至尚書令，遂登太尉。〔五〕張璠漢紀曰：景父榮，〔六〕章、和世爲尚書令。〔七〕初，景歷位牧守，好善愛士，每歲舉孝廉，延請入，上後堂，與家人宴會，如此者數四。及贈送既備，又選用其子弟。常稱曰："移臣作子，於政何有！"〔八〕先是司徒韓縯爲河内太守，在公無私，所舉一辭而已，後亦不及其門户，曰："我舉若可矣，不令恩偏稱一家也。"當時論者，或兩譏焉。〔九〕

父異，洛陽令。〔一〇〕

〔一〕廬江郡治舒，見孫堅傳注。

〔二〕范書桓帝紀：「延熹九年九月，光禄勳周景爲太尉。」靈帝紀：「建寧元年四月，太尉周景薨。」獻帝紀：「初平三年十二月，光禄大夫周忠爲太尉，録尚書事。四年六月，太尉周忠免。」又按周景傳：「景代陳蕃爲太尉，建寧元年薨。中子忠代皇甫嵩爲太尉，録尚書事，以災異免。」袁宏後漢紀所載亦同。各本皆作周忠，局本作周思，誤。章懷注引吳書曰：「忠字嘉謀，與朱儁共敗李傕於曹陽也。」

〔三〕范書周景傳作字仲嚮。惠棟曰：「嚮、饗古字通，見大嚮記殘碑。前書宣帝紀曰：上帝嘉嚮，讀爲饗也。又案仲嚮名景，若讀爲影響之影，則當作嚮，嚮又與響通，見易繫辭傳及鄭烈碑也。」

〔四〕范書橋玄傳：「豫州刺史周景行部到梁國，玄謁景言陳相羊昌罪惡，乞爲部陳從事，窮按其姦。景壯玄意，署而遣之。」

〔五〕范書景傳：「景辟大將軍梁冀府，稍遷豫州刺史、河内太守。後徵入爲將作大匠。及梁冀誅，景以故吏免官禁錮。朝廷以景素著忠正，頃之復引拜尚書令，遷太僕、衛尉，代劉寵爲司空。是時宦官任人及子弟充塞列位，景初視事，與太尉楊秉舉奏諸姦猾，自將軍牧守以下免者五十餘人，朝廷莫不稱之。視事二年，以地震策免。歲餘，復代陳蕃爲太尉。」

〔六〕趙一清曰：「據後漢書周榮傳，當作景祖父榮。榮字平孫，子興爲郎中，興子景。」

〔七〕范書周榮傳：「肅宗時，舉明經，辟司徒袁安府。安舉奏竇景及與竇憲爭立北單于事，皆榮所具草，由此顯名。自郾令擢爲尚書令，出爲(穎)〔潁〕川太守，坐法當下獄，和帝思榮忠節，左轉共令。歲餘，復以爲山陽太守。所歷郡縣，皆見稱紀。以老病卒於家。」

〔八〕各本「政」作「之」。

〔九〕范書周景傳：「景遷河内太守，好賢愛士，其拔才薦善，常恐不及。每至歲時，延請舉吏，入上後堂，與共宴會，如此數四，乃遣之。贈送什物，無不充備。既而選其父兄子弟，事相優異。嘗稱曰：臣子同貫，若之何不厚！先是司徒韓演在河内，志在無私，舉吏當行，一辭而已，恩亦不及其家。曰：我舉若可矣，豈可令偏積一門？故當時論者議此二人。」

〔一〇〕周忠子暉，亦爲洛陽令。兄弟好賓客，雄江淮閒，爲董卓所害，見范書周景傳。

瑜長壯，有姿貌。初，孫堅興義兵討董卓，徙家於舒。〔一〕堅子策，與瑜同年，〔二〕獨相友善。〔三〕瑜推道南大宅〔四〕以舍策，升堂拜母，有無通共。瑜從父尚爲丹陽太守，瑜往省之，〔五〕會策將東渡，到歷陽，〔六〕馳書報瑜，瑜將兵迎策，策大喜曰：「吾得卿，事諧也！」〔七〕遂從攻横江、當利，皆拔之。〔八〕乃渡江擊秣陵，〔九〕破笮融、薛禮，〔一〇〕轉下湖孰、江乘，進入曲阿，〔一一〕劉繇奔走，而策之衆已數萬矣。因謂瑜曰：「吾以此衆取吴會，平山越，已足；〔一二〕卿還鎮丹陽。」瑜還，頃之，袁術遣從弟胤代尚爲太守，而瑜與尚俱還壽春。術欲以瑜爲將，瑜觀術終無所成，故求爲居巢長，〔一三〕欲假塗東歸，術聽之。遂自居巢還吴。是歲，建安三年也。策親自迎瑜，授建威中郎將，〔一四〕即與兵二千人，騎五十匹。

江表傳曰：策又給瑜鼓吹，爲治館舍，贈賜莫與爲比。策令曰：「周公瑾英俊異才，〔一五〕與孤有總角之好，骨肉之分，如前在丹陽，發衆及船糧，以濟大事，論德酬功，此未足以報者也。」

瑜時年二十四，〔一六〕吴中皆呼爲周郎。〔一七〕以瑜恩信著於廬江，出備牛渚，〔一八〕後領春穀長。〔一九〕頃之，策欲取荆州，以瑜爲中護軍，〔二〇〕領江夏太守，〔二一〕從攻皖，〔二二〕拔之。〔二三〕時得橋

公兩女，皆國色也；策自納大橋，瑜納小橋。〔二四〕

江表傳曰：策從容戲瑜曰：「橋公二女雖流離，得吾二人作壻，亦足爲歡。」

復進尋陽，〔二五〕破劉勳，討江夏，〔二六〕還定豫章、廬陵，留鎮巴丘。〔二七〕

臣松之案：孫策于時始得豫章、廬陵，尚未能得定江夏。瑜之所鎮，應在今巴丘縣也，與後所卒巴丘處不同。〔二八〕

〔一〕趙一清曰：「方輿紀要卷二十六：周瑜城在廬州舒城縣西十八里，瑜從孫策舉兵，徙家於舒，因築此城，今爲淨梵寺。」

〔二〕吳夫人謂公瑾與伯符同年小一月，見後注。

〔三〕孫策傳：「堅初興義兵，策將母徙居舒，與周瑜相友。」江表傳：「堅留家著壽春，策年十餘歲，已交結知名，周瑜自舒來造焉，便推結分好，勸策徙居舒。」

〔四〕通鑑「道南」作「道旁」。

〔五〕周壽昌曰：「時爲丹陽太守者，瑜之從父周尚耳，瑜往省之，何以便能將兵迎策？及策戰勝拓地，復謂瑜曰：卿還鎮丹陽。絕不及尚一語。逮袁術遣從弟胤代尚爲太守，瑜與尚俱還壽春，及瑜求爲居巢長，還吳爲策迎去，而尚之生卒始末，遂不見傳中矣。又按江表傳，策令瑜有云：前在丹陽，發衆及船糧，以濟大事。其時太守爲周尚，則衆與糧皆尚主之，瑜爲從子，不過稟命而行。策稱瑜之功，而無一言及尚，豈瑜全掠其美，以爲恩耶？」

〔六〕歷陽見孫策傳。

〔七〕各本皆作「吾得卿諧也」。通鑑同，惟元本有「事」字。胡三省曰：「諧，偶也，合也。史言推結分好，正當於此觀之，又當於此別分好二字。英雄相遇於草澤，一見之頃，靡然爲之服役，此豈聲音笑貌所能爲哉！」

〔八〕橫江、當利俱見孫策傳。蕭常曰：「在江北。孫策征劉繇，濟於橫江，大破之於牛渚，即采石磯。周瑜從攻橫江、當利，乃東渡擊秣陵，則知在江北。或曰：此功爲大，每以語簡而忽之，遂令烏林之役獨傳。」

〔九〕各本皆無江字，誤。

〔一〇〕笮融、薛禮見劉繇傳。

〔一一〕秣陵、湖孰、江乘、曲阿俱見孫策傳。趙一清曰：「方輿紀要卷二十：周郎橋在江寧府東八十里，相傳周瑜從孫策破秣陵，下湖孰，此其所經云。」

〔一二〕或曰：「此云已足，則前之不足可知。非瑜兵迎，其不濟乎！是以服其功大。」

〔一三〕居巢見魏志武紀建安二十二年。趙一清曰：「居巢後入魏。建安二十二年，操軍居巢，尋引還，留夏侯惇督二十六軍，屯居巢，是也。」弼按：魯肅南到居巢，就周瑜，即此。

〔一四〕洪飴孫曰：「建威中郎將一人，吳置。」

〔一五〕宋本「俊」作「儁」。

〔一六〕建安三年，年二十四，當生於靈帝熹平四年，與孫策同歲。

〔一七〕沈欽韓曰：「此六朝以前呼年少者之通稱，故袁術呼陸績爲陸郎，王僧虔爲御史中丞，曰：此是烏衣諸郎坐處。」弼按：孫策傳注引江表傳曰：策時年少，雖有位號，而士民皆呼爲孫郎。百姓聞孫郎至，皆失魂魄。又云：或告笮融曰，孫郎被箭已死。策往到營，下令左右大呼曰：孫郎竟云何。此皆呼少年爲郎之證。

〔一八〕牛渚見孫策傳。潘眉曰：「通典：當塗縣有牛渚圻，亦謂之采石，吳爲重鎮。吳氏曰：大江之南，上自荊、岳，下至常、潤，不過十郡；十郡之閒，其要不過七渡。上流最緊者三：荊南之公安、石首、岳之北津；中流最緊者二：鄂之武昌、太平之采石；下流最緊者二：建康之宣化，鎮江之瓜州。」

〔一九〕郡國志：「揚州丹陽郡春穀。」馬與龍曰：「春穀長，周瑜、黃蓋、周泰，見吳志本傳。」洪亮吉曰：「有赭圻城，吳所置屯處，見元和郡縣志。」謝鍾英曰：「桓溫表稱春穀縣赭圻城在江東岸臨江，西當濡須口二十里，今繁昌縣西四十里赭圻嶺下。方輿紀要：今太平府繁昌縣西南，通志作西北，非是。」

〔二〇〕胡三省曰：「秦置護軍都尉，漢因之。高祖以陳平爲護軍中尉，武帝復以爲護軍都尉，屬大司馬。三國虎爭，始有中護軍之官。東觀記曰：漢大將軍出征，置中護軍一人。魏、晉以後，資輕者爲中護軍，資重者爲護軍將軍。然吴又有左、右護軍，則吴制自是分中、左、右爲三部。」

〔二一〕江夏郡治，詳見魏志武紀建安十三年及文聘傳。

〔二二〕皖見孫堅傳廬江郡注。

〔二三〕孫策傳注引江表傳：「袁術死，術從弟胤等就劉勳於皖城，策自與周瑜率二萬人步襲皖城，即克之，得術百工及鼓吹部曲三萬餘人，并術、勳妻子，表用李術爲廬江太守，守皖。」

〔二四〕趙一清曰：「寰宇記卷百二十五：舒州懷寧縣有橋公亭，在縣北隔皖水一里。漢末，橋公有二女，孫策與周郎各納其一女，今亭溪爲雙溪寺。」沈欽韓曰：「橋公者，太尉橋玄也。漢制爲三公者方稱公。」弼按：孫權呼張昭曰張公，時人呼程普爲程公，世人呼龐德公爲龐公，河南守吴公治平爲天下第一，見漢書賈誼傳，于公治孝婦獄，郡中大敬重于公，見漢書于定國傳。是皆不必三公始稱公也。又按本傳橋公二女爲攻皖時所得，據寰宇記橋公爲舒州懷寧人，即漢之廬江郡皖縣人，范書橋玄傳玄爲梁國睢陽人，兩不相涉。果爲玄女，則阿瞞方受知於玄，銅雀春深，早已如願相償，伯符、公瑾不得專此國色矣。范書、陳志絶無一字及之，沈説之誤無疑矣。又按：三國疑年録云：「周瑜破皖城，納橋太尉小女，在建安三年，時瑜年二十四歲。橋太尉薨於靈帝光和六年，年七十五。縱使二橋爲太尉七十外所生，其嫁之年亦在二十以外矣。建安十三年，周瑜赤壁之戰時，小橋年約已三十矣。曹公最感橋太尉知己之恩，豈有鎖其二女之心？即使平吴，斷無此事，牧之之詩，是爲失言。」

〔二五〕尋陽見孫策傳。

〔二六〕孫策傳注引江表傳曰：「劉勳走入楚江，從尋陽步上求救於黄祖，策復就攻，大破勳，遂前進夏口，攻黄祖，大破之。」

〔二七〕瑜留鎮之巴丘，爲晉揚州廬陵郡巴丘縣，在今江西臨江府峽江縣北；瑜病卒之巴丘，爲晉荆州長沙郡巴陵縣，在今湖南岳州府巴陵縣治。互見魏志武紀建安十三年。

〔二八〕「卒」，各本皆作「平」。官本考證盧明楷曰：「本傳後云：瑜還江陵爲行裝，而道於巴丘病卒。裴注云：瑜所卒之處，在今之巴陵，與瑜所鎮之巴丘，名同地異。據此，則平字當作卒。」沈欽韓曰：「留鎮巴丘，即一統志所云巴丘故城，在臨江府峽江縣北，隋開皇中併入新淦縣是也。道於巴丘病卒，則一統志所云巴丘故城，即今岳州府治是也。」趙一清曰：「寰宇記卷一百九：故巴山縣，吳後主分新淦、石陽兩縣置巴丘郡。吳志：周瑜鎮巴丘，瑜堞今在新淦縣南。方輿紀要卷八十七：巴丘城今江西臨江府峽江縣治，舊志在新淦縣南八十里，峽江之東。」謝鍾英曰：「沈志、晉志無巴丘郡，蓋旋即省併也。」

五年，策薨，權統事。瑜將兵赴喪，遂留吳，以中護軍與長史張昭共掌衆事。〔一〕

江表傳曰：曹公新破袁紹，兵威日盛。建安七年，下書責權質任子。〔二〕權召羣臣會議，張昭、秦松等猶豫不能決，權意不欲遣質，乃獨將瑜詣母前定議。瑜曰：「昔楚國初封於荆山之側，不滿百里之地，繼嗣賢能，廣土開境，立基於郢，遂據荆、陽，〔三〕至於南海，傳業延祚，九百餘年。〔四〕今將軍承父兄餘資，〔五〕兼六郡之衆，〔六〕兵精糧多，將士用命，鑄山爲銅，煮海爲鹽，境内富饒，人不思亂，汎舟舉帆，朝發夕到，士風勁勇，〔七〕所向無敵，有何偪迫，而欲送質？質一入，不得不與曹氏相首尾，與相首尾，則命召不得不往，便見制於人也。極不過一侯印，僕從十餘人，車數乘，馬數匹，豈與南面稱孤同哉！〔八〕不如勿遣，徐觀其變。若曹氏能率義以正天下，將軍事之未晚；若圖爲暴亂，兵猶火也，不戢將自焚。將軍韜勇抗威，以待天命，何送質之有！」〔九〕權母曰：「公瑾議是也。公瑾與伯符同年小一月耳，我視之如子也，汝其兄事之。」遂不送質。〔一〇〕

十一年，督孫瑜等討麻、保二屯，〔一一〕梟其渠帥，囚俘萬餘口，還備官亭。〔一二〕江夏太守黄祖遣將鄧龍將兵數千人入柴桑，〔一三〕瑜追討擊，生虜龍送吴。十三年春，權討江夏，瑜爲前部大督。〔一四〕

〔一〕孫權傳：「是時惟有會稽、吴郡、丹陽、豫章、廬陵，然深險之地猶未盡從，而天下英豪布在州郡，以安危去就爲意，未有君臣之固。張昭、周瑜等謂權可與共成大業，故委心而服事焉。」

〔二〕胡三省曰：「操蓋以此覘孫權，而觀其所以應之。」

〔三〕宋本「陽」作「揚」。

〔四〕胡三省曰：「周成王封熊繹於楚，以子男之田國於丹陽，漢南郡枝江縣是也。其後浸强，至若敖、蚡冒，封畛於汝；武王、文王，奄有江漢之閒。莊王以後，與中國爭盟。威王破越，至於南海。及秦而滅，凡九百餘年。」

〔五〕馮本「今」作「令」，誤。

〔六〕胡三省曰：「父謂孫堅，兄謂孫策。六郡，會稽、吴、丹陽、豫章、廬陵、廬江也。」

〔七〕官本「士」作「土」。

〔八〕胡三省曰：「建安十三年，操自荆州東下，約孫權會獵。時周瑜未至，魯肅説權，其意亦與此同。」

〔九〕胡三省曰：「此數語所謂相時而動也。然瑜之言不悖於大義，魯肅、吕蒙輩不能及也。」通鑑輯覽曰：「瑜不獨持論偶爽，規略實中事理。使瑜不死，東吴必無稱臣質子之事，孫權亦中材耳。」

〔一〇〕或曰：「先主使子父事孔明，權母使子兄事公瑾，安得不使子孫蒙業而安乎？」弼按：曹操責權送質，爲建安七年事。自是年至建安十二年，方與袁譚、袁尚連兵，不暇兼顧。迨北方已平，乃始轉兵南下，非置孫權於度外也。

〔一一〕麻、保二屯，見宗室傳孫瑜傳。

〔一二〕趙一清曰：「官亭當作宮亭，即宮亭湖也。水經廬江水注：廬山之北，有石門水，水出嶺端。南嶺即彭蠡澤西天子鄣也。峯磴險峻，人跡罕及。嶺南有大道，順山而下，有若畫焉。傳云匡先生所通至江道，巖上有宮殿故基者三，以次而上，最上者極於山峯。山下又有神廟，號曰宮亭廟，故彭湖亦有宮亭之稱焉。爾雅：大山曰宮。宮之爲名，蓋起於此，不必一由三宮也。」蔣超伯曰：「高僧傳云：孫權時，宮亭湖神能分風送舟。」

〔一三〕柴桑見孫權傳黃初二年。

〔一四〕前部大督，出征時置，非常制。

其年九月，曹公入荆州，劉琮舉衆降。曹公得其水軍船步兵數十萬，〔一〕將士聞之，皆恐懼。〔二〕權延見羣下，〔三〕問以計策。議者咸曰：〔四〕「曹公，豺虎也。然託名漢相，挾天子以征四方，動以朝廷爲辭。今日拒之，事更不順。且將軍大勢，可以拒操者，長江也。今操得荆州，奄有其地，劉表治水軍，蒙衝鬬艦，乃以千數，〔五〕操悉浮以沿江，兼有步兵，水陸俱下，此爲長江之險，已與我共之矣。而勢力衆寡，又不可論。愚謂大計不如迎之。」〔六〕瑜曰：「不然。操雖託名漢相，其實漢賊也。〔七〕將軍以神武雄才，兼仗父兄之烈，割據江東，地方數千里，兵精足用，英雄樂業，〔八〕尚當横行天下，爲漢家除殘去穢。況操自送死，而可迎之邪？請爲將軍籌之：今使北土已安，操無内憂，能曠日持久，來爭疆場，又能與我校勝負於船楫可乎？〔九〕今北土既未平安，加馬超、韓遂尚在關西，爲操後患。且舍鞍馬，仗舟楫，與吳越爭衡，〔一〇〕本非中國所長。又今盛寒，〔一一〕馬無藁草，〔一二〕驅中國士衆，遠涉江湖之閒，不習水土，必生疾病。此數四者，用兵之患也，而操皆冒行之。將軍禽操，宜在今日。瑜請得精兵三萬人，進住夏口，〔一三〕保爲將軍破之！」〔一四〕權曰：「老賊欲廢漢自立矣，〔一五〕徒忌二袁、吕布、劉表與孤耳。今數雄已滅，惟孤尚存，孤與老賊，勢不兩立！君言當擊，甚與孤合，此天以君授孤也。」

江表傳曰：權拔刀斫前奏案曰：「諸將吏敢復有言當迎操者，〔一六〕與此案同！」〔一七〕及會罷之夜，瑜請見曰：「諸人徒見操書，言水步八十萬，而各恐懾，不復料其虚實，便開此議，甚無謂也。〔一八〕今以實校之，彼所將中國人，不過十五六萬，且軍已久疲，所得表衆，亦極七八萬耳，尚懷狐疑。夫以疲病之卒，御狐疑之衆，〔一九〕衆數雖多，甚未足畏。〔二〇〕得精兵五萬，自足制之，願將軍勿慮。」權撫背曰：「公瑾！卿言至此，甚合孤心。子布、文表諸人，〔二一〕各顧妻子，挾持私慮，深失所望，獨卿與子敬，與孤同耳。此天以卿二人贊孤也。五萬兵難卒合，〔二二〕已選三萬人，船糧戰具俱辦，〔二三〕卿與子敬、程公〔二四〕便在前發，孤當續發人衆，多載資糧，爲卿後援。卿能辦之者誠決，〔二五〕邂逅不如意，〔二六〕便還就孤，孤當與孟德決之。」〔二七〕

臣松之以爲建計拒曹公，實始魯肅。于時周瑜使鄱陽，肅勸權呼瑜，瑜使鄱陽還，但與肅闇同，故能共成大勳。本傳直云，權延見羣下，問以計策，瑜擺撥衆人之議，獨言抗拒之計，了不云肅先有謀，殆爲攘肅之善也。〔二八〕

〔一〕孫權傳注引江表傳云：「曹公與權書：今治水軍八十萬衆，與將軍會獵於吳。」

〔二〕「懼」字衍。

〔三〕馮本、官本無「權」字，誤。據後注引傳文，當有權字。

〔四〕通鑑作「長史張昭等曰」。

〔五〕胡三省曰：「釋名云：船狹而長曰蒙衝，以衝突敵船。杜佑云：蒙衝，以生牛皮蒙船覆背，兩廂開掣棹孔，左右有弩窗矛穴，敵不得近，矢石不能敗。此不用大船，務於速疾，乘人之所不及，非戰船也。鬭艦，船上設女牆，可高三尺，牆下開掣棹孔，船内五尺，又建棚與女牆齊，棚上又建女牆，重列戰敵，上無覆背，前後左右樹牙旗、幟旛、金鼓，此戰船也。」

〔六〕魯肅傳：「權與諸將議，皆勸權迎之，肅請無用衆人之議。時周瑜受使至鄱陽，肅勸追召瑜還。」

〔七〕李安溪曰：「二語卓然，所謂名其爲賊，敵乃可服。」或曰：「破的之語，使顧名義者，亦可釋然無疑。」

〔八〕胡三省曰：「英雄之士，猶樂其業，言無他志也。」

〔九〕李安溪校改「可」作「閒」。李慈銘曰：「乎疑作也。」

〔一〇〕胡三省曰：「舍讀曰捨。北人便於鞍馬，南人便於舟楫，言操舍長就所短。」

〔一一〕據魏志武紀，赤壁之戰在十二月。

〔一二〕說文曰：「禾莖爲稾。」

〔一三〕夏口見魏志武紀建安十三年。

〔一四〕李安溪曰：「可謂算無遺策，與諸葛公見孫將軍語，大同小異。所謂智謀之士，所見略同。」弼按：公瑾生長江淮，諳識險要，出入彭蠡，久涉波濤。橫江、當利而後戰無不勝，而又洞悉敵情，熟籌彼我，用能以寡擊衆，遁走阿瞞，一戰而霸，克建大勳。玄德謂爲文武籌略，萬人之英者，豈虛語哉！

〔一五〕宋本「立」下有「久」字，通鑑同。

〔一六〕局本「當」作「常」，誤。
〔一七〕胡三省曰：「言欲斬之也。」
〔一八〕胡三省曰：「謂迎操之議也。」
〔一九〕胡三省曰：「言新附之人，心懷狐疑，未能出死命而爲之力戰也。」
〔二〇〕何焯曰：「此則多採諸葛語增飾之，故陳氏略焉。」
〔二一〕張昭字子布，秦松字文表，見張紘傳。
〔二二〕胡三省曰：「卒讀曰猝。」
〔二三〕可謂籌之有素。
〔二四〕胡三省曰：「程公，程普也。時江東諸將，普年最長，人皆呼程公。」
〔二五〕胡三省曰：「謂能辦操則誠爲能決勝也。」
〔二六〕胡三省曰：「不期而會曰邂逅，謂兵之勝負，或有不如本心之所期者也。」
〔二七〕嚴衍曰：「決者，決戰也。言卿自料，能辦此事，則誠當與之決一勝負；不然，當還報孤，孤自與孟德決勝負也。兩決字前後正相應。」
〔二八〕子敬之謀，已具本傳，互文見義，複出爲贅。周壽昌曰：「肅傳亦未敍及瑜語，只云召瑜還，豈亦攘瑜之美耶？江表傳明述權語：卿與子敬與孤同耳，此天以卿二人贊孤也，皆是瑜與肅并舉。」

時劉備爲曹公所破，欲引南渡江，與魯肅遇於當陽，〔一〕遂共圖計，因進住夏口，遣諸葛亮詣權。權遂遣瑜及程普等與備并力逆曹公，遇於赤壁。〔二〕時曹公軍衆已有疾病，〔三〕初一交戰，公軍敗退，引次江北。瑜等在南岸，瑜部將黃蓋曰：「今寇衆我寡，雖與持久，然觀操軍方連船艦〔四〕首尾相接，可燒而走也。」乃取蒙衝鬭艦數十艘，〔五〕實以薪草，膏油灌其中，裹以帷幕，上建牙旗，〔六〕先書報曹公，欺以欲降。

江表傳載蓋書曰：「蓋受孫氏厚恩，常爲將帥，見遇不薄。然顧天下事有大勢，用江東六郡山越之人，〔七〕以當中國百萬之衆，衆寡不敵，海内所共見也。東方將吏，無有愚智，皆知其不可，惟周瑜、魯肅偏懷淺戇，意未解耳。今日歸命，是其實計。瑜所督領，自易摧破。交鋒之日，蓋爲前部，當因事變化，效命在近。」曹公特見行人，密問之，口勑曰：「但恐汝詐耳。蓋若信實，當授爵賞，超於前後也。」

又豫備走舸，各繫大船後，〔八〕因引次俱前。曹公軍吏士皆延頸觀望，指言蓋降。蓋放諸船，同時發火。時風盛猛，悉延燒岸上營落。頃之，煙炎漲天，〔九〕人馬燒溺死者甚衆，軍遂敗退，還保南郡。〔一〇〕

江表傳曰：至戰日，蓋先取輕利艦十舫，載燥荻枯柴積其中，灌以魚膏，赤幔覆之，建旌旗龍幡於艦上。時東南風急，因以十艦最著前，中江舉帆，蓋舉火白諸校，〔一一〕使衆兵齊聲大叫曰：「降焉！」操軍人皆出營立觀。去北軍二里餘，同時舉火，〔一二〕火烈風猛，往船如箭，〔一三〕飛埃絶爛，〔一四〕燒盡北船，延及岸邊營砦。〔一五〕瑜等率輕鋭，尋繼其後，雷鼓大進，〔一六〕北軍大壞，曹公退走。〔一七〕

備與瑜等復共追，曹公留曹仁等守江陵城，徑自北歸。

〔一〕當陽見蜀志先主傳建安十三年。

〔二〕赤壁見魏志武紀建安十三年。

〔三〕通鑑「病」作「疫」。

〔四〕宋本無「方連」二字，通鑑有之。

〔五〕通鑑無「數」字。胡注：「艘，蘇曹翻，船之總名。」

〔六〕通鑑作「載燥荻枯柴，灌油其中，裹以帷幕，上建旌旗」。

〔七〕六郡見前。

〔八〕胡三省曰：「杜佑云：走舸，舷上立女牆，置棹夫多，戰卒少，皆選勇力精鋭者，往返如飛鷗，乘人之所不及，金鼓旗幟列之於上，此戰船也。」

〔九〕宋本「漲」作「張」，通鑑同。胡注：「炎與燄同，以贍翻。張，知亮翻。」何焯曰：「煙，御覽作熛，熛是飛火，作煙誤。」

〔一〇〕洪邁容齋隨筆卷五云：「説者謂天無大風，黃蓋不進計，周瑜未必勝。此不善觀人者也。方孫權問計於周瑜，瑜已言操冒行四患，將軍禽之，宜在今日。劉備見瑜，恨其兵少，瑜曰：此自足用，豫州但觀瑜破之。正使無火攻之説，其必有以制勝矣。」

〔一一〕或曰：「白字可疑。」

〔一二〕宋本「舉」作「發」。

〔一三〕通鑑作「船往如箭」。

〔一四〕官本「絶」作「赩」。何焯曰：「埃字從安溪改。烪，言火之飛煨，極其爛熳。或言飛揚之灰，絶滅之火也。」

〔一五〕宋本「砦」作「柴」，通鑑作「延及岸上營落」。

〔一六〕通鑑「雷」作「靁」。胡注：「靁，盧對翻，疾擊鼓也。」

〔一七〕魏志武紀注引山陽公載記曰：「曹公船艦爲劉備所燒，引軍從華容道步歸。」趙一清曰：「御覽卷七百七十一引英雄記曰：曹操進軍至江上，欲從赤壁渡江，無船，作竹簰，使部曲乘之。從漢水來下，出大江，注浦口。未即渡，周瑜夜密使輕船走舸百艘，艘有五十人施棹，人持炬火，持火者數千人，卒於簰，乃放火，火然即回船遠去。須臾燒數千艕，火起，光上照天，操乃夜走。」

瑜與程普又進南郡，與仁相對，各隔大江。〔一〕兵未交鋒，吳録曰：備謂瑜云：「仁守江陵城，城中糧多，足爲疾害。使張益德將千人隨卿，卿分二千人追我，相爲從夏水入截仁後，〔二〕仁聞吾入必走。」瑜以二千人益之。瑜即遣甘寧前據夷陵。〔三〕仁分兵騎別攻圍寧，寧告急於瑜，瑜用呂蒙計，留淩統以守其後，身與蒙上救寧。寧圍既解，乃渡屯北岸，克期大戰。瑜親跨馬櫟陣，〔四〕會流矢中右脅，瘡甚，便還。後仁聞瑜臥未起，勒兵就陣。瑜乃自興，案行軍營，激揚吏士，仁由是遂退。

〔一〕趙一清曰：「方輿紀要卷七十八：大江在荆州府西南七里，自四川夔州府巫山縣流入府界，經巴東、歸州、夷陵、宜都、枝江縣境，東南經府城城南七里，又東經公安、石首而入岳州府界。」

〔二〕趙一清曰：「方輿紀要：夏水在荆州府東南三十五里，有夏水口，乃夏水之首，江之汜也，亦謂之豫章口。水經注：江水又東得豫章口，夏水所通也。西北有豫章岡，蓋因岡而得名。」

〔三〕夷陵，吳改曰西陵，見魏志文紀黄初三年。

〔四〕宋本「櫟」作「擽」。潘眉曰：「櫟當從手旁作擽，與掠通。擽陣，猶言擊陣也。唐書胡（證）〔証〕傳『（證）〔証〕膂力絶人，取鐵鐙檠擽合其跗横膝上』，即此擽字，從木旁誤。」

權拜瑜偏將軍，領南郡太守。〔一〕以下雋、〔二〕漢昌、〔三〕劉陽、〔四〕州陵〔五〕爲奉邑，〔六〕屯據江陵。劉備以左將軍領荆州牧，治公安。〔七〕備詣京見權，〔八〕瑜上疏曰：「劉備以梟雄之姿，而有關羽、張飛熊虎之將，必非久屈爲人用者。〔九〕愚謂大計宜徙備置吴，盛爲築宫室，多其美女玩好，以娱其耳目，分此二人，各置一方，使如瑜者得挾與攻戰，大事可定也。今猥割土地，以資業之，〔一〇〕聚此三人，俱在疆埸，恐蛟龍得雲雨，終非池中物也。」〔一一〕權以曹公在北方，當廣擥英雄，〔一二〕又恐備難卒制，故不納。〔一三〕

〔一〕杭世駿曰：「荆州先賢傳云：周瑜領南郡，以龐士元名重州所信，乃逼爲功曹，任以大事，瑜垂拱而已。（弼按：此事互見龐統傳注。）古今刀劍録云：周瑜作南郡太守，造一刀，背上有盪寇將軍字，八分書。」弼按：周瑜未爲盪寇將軍，刀劍録誤。

〔二〕郡國志：「荆州長沙郡下雋。」一統志：「故城今湖北武昌府通城縣西，今湖南岳州府巴陵縣東北境。」

〔三〕見孫權傳建安十五年漢昌郡。

〔四〕宋書州郡志：「長沙内史瀏陽，吴立。」水經瀏水注：「瀏水出瀏陽縣東首禅山，西北流，逕其縣南，縣憑溪以即名，又西北注於臨湘縣。」元和志：「以縣南瀏陽水爲名。」吴谷朗碑劉旁無水。潘濬傳：「權稱尊號，封濬劉陽侯。」方輿紀要：「今湖南長沙府瀏陽縣東。」

〔五〕郡國志：「荆州南郡州陵。」宋書州郡志：「巴陵太守州陵，漢舊縣，屬南郡。太康元年復立，疑是吴所省。」王先謙曰：「周瑜、吕蒙傳皆以此縣爲奉邑，是吴有此縣。」謝鍾英曰：「杜預云：華容縣東南有州國。水經注：江之右岸有雍口，亦謂之港口，東北流爲長洋港，又東北逕石子岡，岡之上有故城，州陵縣故城也。莊辛所謂左州侯國矣。鍾英按：據杜説，州陵在今監利縣東。據酈説，在沔陽州東南，今從杜説。方輿紀要：今荆州府監利縣東三十里。一統志：今漢陽府沔陽州東南。」

〔六〕潘眉曰：「奉邑字見史記河渠書，謂官所食，與封邑異。後魯肅代領瑜兵，則四邑屬肅。肅卒，吕蒙亦食四邑。」

〔七〕公安見蜀志劉璋傳、先主傳。劉琦病死，羣下推先主爲荆州牧，治公安。江表傳曰：「周瑜爲南郡太守，分南岸地以給備，備别立營於油江口，改名公安。」胡三省曰：「荆州之南岸，則零陵、桂陽、武陵、長沙四郡也。」（弼駁胡注，見先主傳注引江表傳，在建安十三年。）

〔八〕京見先主傳建安十三年。魯肅傳：「備詣京見權，求都督荆州，惟肅勸權借之，共拒曹公。」通鑑：「劉表故吏士多歸劉備，備以周瑜所給地少，不足以容其衆，乃自詣京見孫權，求都督荆州。」

〔九〕何以不論及諸葛？

〔一〇〕胡三省曰：「謂資之土地，使成霸業。」

〔一一〕龐統傳注引江表傳曰：「先主問曰：卿爲周公瑾功曹，孤到吴，聞此人密有白事，勸仲謀相留，有之乎？統對曰：有之。備歎息曰：孤殆不免周瑜之手。」呂範傳：「範密請留備。」又見魯肅傳注。

〔一二〕毛本「擥」作「堅」，誤。胡三省曰：「擥，魯敢翻，手取也。」

〔一三〕胡三省曰：「不從瑜、範之言也。」

是時，劉璋爲益州牧，外有張魯寇侵，瑜乃詣京見權曰：「今曹操新折衄，方憂在腹心，〔一〕未能與將軍連兵相事也。〔二〕乞與奮威俱進取蜀，〔三〕得蜀而并張魯，因留奮威固守其地，好與馬超結援，瑜還，與將軍據襄陽以蹙操，北方可圖也。」〔四〕權許之。瑜還江陵，爲行裝，而道於巴丘病卒，〔五〕

臣松之案：瑜欲取蜀，還江陵治嚴，所卒之處，應在今之巴陵，與前所鎮巴丘，名同處異也。〔六〕

時年三十六。〔七〕權素服舉哀，感動左右。喪當還吴，〔八〕又迎之蕪湖，〔九〕衆事費度，一爲供給。後著令曰：「故將軍周瑜、程普，其有人客，皆不得問。」初，瑜見友於策，太妃又使權以兄奉之。〔一〇〕是時權位爲將軍，諸將賓客爲禮尚簡，而瑜獨先盡敬，便執臣節。性度恢廓，大率爲得人，惟與程普不睦。

江表傳曰：普頗以年長，數陵侮瑜，瑜折節容下，終不與校。普後自敬服而親重之，乃告人曰：「與周公瑾交，若飲醇醪，不覺自醉。」〔一一〕時人以其謙讓服人如此。初，曹公聞瑜年少有美才，謂可游說動也，乃密下揚州，遣九江蔣幹往見瑜。幹有儀容，以才辯見稱，獨步江、淮之閒，莫與爲對。〔一二〕乃布衣葛巾，自託私行詣瑜。瑜出迎之，立謂幹曰：「子翼良苦，遠涉江湖，〔一三〕爲曹氏作説客邪？」幹曰：「吾與足下州里，〔一四〕中閒隔别，遥聞芳烈，故來叙闊，并觀雅規；而云説客，無乃逆詐乎？」〔一五〕瑜曰：「吾雖不及夔、曠，〔一六〕聞弦賞音，足知雅曲也。」因延幹入，爲設酒食。畢，遣之曰：「適吾有密事，且出就館，事了，别自相請。」後三日，瑜請幹與周觀營中，行視倉庫、軍資、器仗訖，還宴飲，示之侍者服飾珍玩之物。因謂幹曰：「丈夫處世，遇知己之主，外託君臣之義，内結骨肉之恩，言行計從，禍福共之。假使蘇、張更生，酈叟復出，〔一七〕猶撫其背而折其辭，豈足下幼生所能移乎！」幹但笑，終無所言。幹還，稱瑜雅量高致，非言辭所閒。中州之士，亦以此多之。劉備之自京還也，權乘飛雲大船，與張昭、秦松、魯肅等十餘人共追送之，大宴會叙别。昭、肅等先出，權獨與備留語，因言次，歎瑜曰：「公瑾文武籌略，萬人之英，顧其器量廣大，恐不久爲人臣耳。」〔一八〕瑜之破魏軍也，〔一九〕曹公曰：「孤不羞走。」後書與權曰：「赤壁之役，值有疾病，孤燒船自退，横使周瑜虚獲此名。」〔二〇〕瑜威聲遠著，故曹公、劉備咸欲疑譖之。及卒，權流涕曰：「公瑾有王佐之資，今忽短命，孤何賴哉！」後權稱尊號，謂公卿曰：「孤非周公瑾，不帝矣。」〔二一〕

〔一〕胡三省曰：「謂操以赤壁之敗，威望頓損，中國之人，或欲因其敗而圖之，是憂在腹心。」

〔二〕胡三省曰：「相事，謂相與從事於戰攻也。」

〔三〕孫堅季弟静子瑜爲奮威將軍。

〔四〕李安溪曰：「規圖荆、益及制曹、劉之策，著著幾先，真英物也。」

〔五〕巴丘解見前。

〔六〕胡三省曰：「據水經注，巴丘山在湘水右岸，晉武帝太康元年立巴陵縣，宋文帝元嘉十六年置巴陵郡，今岳州也。」趙一清曰：「方輿紀要卷七十七：巴丘城今岳州郡治，相傳孫吴所築故城也。初爲巴陵邸閣，尋置巴陵縣。吴地記：周瑜墳在縣東二里。」

〔七〕通鑑考異曰：「按江表傳，瑜與策同年，策以建安五年死，年二十六，瑜死時年三十六，故知在建安十五年也。」或曰：「公瑾不死，操之憂也，先主亦安能定蜀乎！」

〔八〕龐統送周瑜喪至吴，見統傳。

〔九〕蕪湖見太史慈傳。

〔一〇〕杭世駿曰：「吴書云：孫權每賜周瑜衣，寒暑皆白領，諸將皆不及。」

〔一一〕胡三省曰：「酒不澆爲醇醪，滓汁酒。」

〔一二〕胡三省曰：「言江、淮人士，無能敵其才辯者。」

〔一三〕胡三省曰：「蔣幹字子翼。」

〔一四〕九江、廬江同屬揚州，故曰州里。

〔一五〕論語：「子曰：不逆詐。」邢昺疏曰：「戒人不可逆知人之詐也。」

〔一六〕尚書舜典篇：「帝曰：夔，命汝典樂。」孟子曰：「師曠之聰，不以六律，不能正五音。」注云：「師曠，晉樂師，知音者也。」

〔一七〕謂蘇秦、張儀、酈食其也。

〔一八〕李安溪曰：「先主亦深得譏人之術，可畏。」

〔一九〕是時尚不得稱魏。

〔二〇〕阿瞞護前。

〔二一〕袁宏三國名臣序贊曰：「六合紛紜，民心將變，鳥擇高梧，臣須顧眄。公瑾英達，朗心獨見，披草求君，定交一面。桓桓魏武，外託霸迹，志掩衡霍，持戰忘敵。卓卓若人，曜奇赤壁，三光參分，宇宙暫隔。」

瑜少精意於音樂，雖三爵之後，其有闕誤，〔一〕瑜必知之，知之必顧，故時人謡曰：「曲有誤，周郎顧。」〔二〕

〔一〕宋本無「有」字。

〔二〕杭世駿曰：「古今刀劍録云：赤烏年中，有人得淮陰侯韓信劍，帝以賜周瑜。」弼按：瑜死於建安十五年，安有赤烏年中賜劍之事？杭氏喜引此書，而不細審，特辨正之。

瑜兩男一女，女配太子登，男循尚公主，〔一〕拜騎都尉，有瑜風，早卒。循弟胤，初拜興業都尉，〔二〕妻以宗女，授兵千人，屯公安。黄龍元年，封都鄉侯，後以罪徙廬陵郡。赤烏二年，諸葛瑾、步騭連名上疏曰：「故將軍周瑜子胤，昔蒙粉飾，受封爲將，不能養之以福，思立功效，至縱情欲，招速罪辟。臣竊以瑜昔見寵任，入作心膂，出爲爪牙，銜命出征，身當矢石，盡節用命，視死如歸，故能摧曹操於烏林，〔三〕走曹仁於郢都，〔四〕揚國威德，華夏是震，蠢爾蠻荆，莫不賓服，雖周之方叔，〔五〕漢之信、布，〔六〕誠無以尚也。夫折衝扞難之臣，自古帝王莫不貴重，故漢高帝封爵之誓曰『使黄河如帶，太山如礪，國以永存，爰及苗裔』；〔七〕申以丹書，〔八〕重以盟詛，〔九〕藏于宗廟，傳于無窮，欲使功臣之後，世世相踵，非徒子孫，乃關苗裔，報德明功，勤勤懇懇，如此之至，欲以勸戒後人，用命之臣，死而無悔也。況於瑜身没而未久，〔一〇〕而其子胤降爲匹夫，益可悼傷。竊惟陛下欽明稽古，隆於興繼，爲胤歸訴，乞匄餘罪，還兵復爵，使失旦之雞，復得一鳴；抱罪之臣，展其後效。」權答曰：「腹心舊勳，與孤協事，公瑾有之，誠所不忘。昔胤年少，初無功勞，横受精兵，爵以侯將，〔一一〕蓋念公瑾以及於胤也。而胤恃此，酗淫自恣，前後告喻，曾無悛改。〔一二〕孤於公瑾，義猶二君，〔一三〕樂胤成就，豈有已哉？迫胤罪惡，未宜便還，且欲苦之，使自知耳。今二君勤勤援引漢高河山之誓，孤用恧然。雖德非其疇，猶欲庶幾，事亦如爾，故未順旨。以公瑾之子，而二君在中間，苟使能改，亦何患乎！」瑾、騭表比上，朱然及全琮亦俱陳乞，權乃許之。會胤病死。

〔一〕循尚主即魯班，循死，改嫁全琮。

〔二〕興業都尉一人，吴置。

〔三〕烏林見魏志武紀建安十三年赤壁注。

〔四〕郢城江陵也。趙一清曰：「方輿紀要卷七十八：荆州府江陵縣附郭，本秦南郡之郢縣地。輿地志：秦分郢爲江陽縣，漢景帝三年，改曰江陵，爲臨江國治，尋爲南郡治，後漢因之。郢城在府治東北三里，楚舊都也。漢爲郢縣，後漢省入江陵。」

〔五〕詩小雅采芑之章：「顯允方叔，征伐玁狁，蠻荆來威。」毛傳云：「方叔，卿士也，受命而爲將也。」鄭箋云：「方叔先與吉甫征伐玁狁，今特往伐蠻荆，皆使來服於宣王之威，美其功之多也。」

〔六〕韓信、英布也。

〔七〕誓辭見史記高祖功臣侯年表序，又見漢書高惠高后文功臣表序。應劭曰：「封爵之誓，國家欲使功臣傳祚無窮也。帶，衣帶也；厲，砥厲石也。河當何時如衣帶，山當何時如厲石，言如帶厲，國猶永存，以及後世之子孫也。」王念孫曰：「黄字乃後人所加，欲以黄河對泰山耳，不知西漢以前無謂河爲黄河者。且此誓皆以四字爲句也，北堂書鈔、藝文類聚封爵部引此，皆有黄字，則所見本已誤。漢紀及吴志周瑜傳有黄字，亦後依誤本漢書加之。史表無黄字，如淳注高紀引功臣表誓詞云：使河如帶，大山若厲。此引漢表，非引史表也。（史表作「如厲」，漢表作「若厲」。）而亦無黄字，則黄字爲後人所加，甚明。」

〔八〕漢書高帝紀：「與功臣剖符作誓，丹書鐵契，金匱石室。」胡三省曰：「以鐵爲契，以丹書之。謂以丹書盟誓之言於鐵券。」沈欽韓曰：「秋官司約鄭注：今俗語有丹書鐵券，然則約誓之詞，刻在鐵券也。」

〔九〕漢書作「重以白馬之盟」。師古曰：「謂刑白馬，歃其血以爲盟也。」

〔一〇〕馮本無「而」字。

〔一一〕胡三省曰：「横，户孟翻。謂既受侯爵，又將兵也。」嚴衍曰：「横受，謂無功而受也。」

〔一二〕李安溪曰：「度胤必有言乂當年之功，洩漏上聞者，故權恨之如此。若但以酗酒，自可悛改，何至廢絶也？」

〔一三〕胡三省曰：「二君，謂諸葛瑾、步騭也。」

瑜兄子峻，亦以瑜元功爲偏將軍，領吏士千人。峻卒，全琮表峻子護爲將。權曰：「昔走曹操，拓有荆州，皆是公瑾，常不忘之。初聞峻亡，仍欲用護，聞護性行危險，用之適爲作

禍，故便止之。孤念公瑾，豈有已也？」〔一〕

〔一〕各本「也」作「乎」，通鑑作「哉」。

魯肅字子敬，臨淮東城人也。〔一〕生而失父，與祖母居。家富於財，性好施與。爾時天下已亂，肅不治家事，大散財貨，摽賣田地，〔二〕以賑窮弊，結士爲務，甚得鄉邑歡心。

〔一〕臨淮郡見步騭傳。東城見魏志呂布傳注引先賢行狀，陳登爲東城太守。胡三省曰：「東城縣，前漢屬九江郡，後漢省。當是袁術復置也。」弼按：郡國志下邳國有東城，即臨淮之東城。下邳本臨淮也，胡注誤。

〔二〕孟子萬章下：「摽使者出諸大門之外。」注：「摽，麾也。」

周瑜爲居巢長，將數百人故過候肅，并求資糧。肅家有兩囷米，〔一〕各三千斛，肅乃指一囷與周瑜，瑜益知其奇也，遂相親結，定僑、札之分。〔二〕袁術聞其名，就署東城長。肅見術無綱紀，不足與立事，乃攜老弱將輕俠少年百餘人，南到居巢就瑜。瑜之東渡，因與同行，

吳書曰：肅體貌魁奇，少有壯節，好爲奇計。天下將亂，乃學擊劍騎射，招聚少年，給其衣食，往來南山中射獵，〔三〕陰相部勒，講武習兵。父老咸曰：「魯氏世衰，乃生此狂兒。」後雄傑並起，中州擾亂，肅乃命其屬曰：「中國失綱，寇賊橫暴，淮、泗閒非遺種之地。吾聞江東沃野萬里，民富兵彊，可以避害，寧肯相隨俱至樂土，以觀時變乎？」其屬皆從命，乃使細弱在前，强壯在後，男女三百餘人行。州追騎至，肅等徐行，勒兵持滿，謂之曰：「卿等丈夫，當解大數。今日天下兵亂，有功弗賞，不追無罰，何爲相偪

乎！」又自植盾，引弓射之，矢皆洞貫。〔四〕騎既嘉肅言，且度不能制，乃相率還。肅渡江，往見策，策亦雅奇之。〔五〕

留家曲阿。〔六〕會祖母亡，還葬東城。

〔一〕詩魏風伐檀之章：「胡取禾三百囷兮。」毛傳云：「圓者爲囷。」蓋倉廩之圓者。

〔二〕左傳襄公二十九年：「吳公子札聘於鄭，見子產如舊相識，與之縞帶，子產獻紵衣焉。」鄭大夫國僑，字子產。

〔三〕一統志：「鳳陽縣西三里有西魯山，相傳爲魯肅屯兵處。」

〔四〕貫，穿也，中也。

〔五〕李清植曰：「本傳後文，肅以劉子揚言，欲往依鄭寶，周瑜勸止，乃薦之於權，則不得有先自見策之事。以策之收納英俊，若早見肅，必不令其棲遲。吳書所云，蓋傳訛也。」梁章鉅曰：「還曲阿，欲北行。會瑜已徙肅母到吳，肅具以狀語瑜。時孫策已薨，是肅先未渡江，亦未嘗見策也。」

〔六〕曲阿見孫策傳。

劉子揚與肅友善，遺肅書曰：〔一〕「方今天下豪傑並起，吾子姿才，尤宜今日。急還迎老母，無事滯於東城。近鄭寶者，今在巢湖，〔二〕擁衆萬餘，處地肥饒，廬江閒人多依就之，況吾徒乎？觀其形勢，又可博集，時不可失，足下速之！」肅答然其計。葬畢，還曲阿，欲北行。會瑜已徙肅母到吳，肅具以狀語瑜。時孫策已薨，權尚住吳，瑜謂肅曰：「昔馬援答光武云『當今之世，非但君擇臣，臣亦擇君』。今主人親賢貴士，納奇録異，且吾聞先哲祕論，承運代劉氏者，必興于東南，推步事勢，當其歷數，終搆帝基，以協天符，〔三〕是烈士攀龍附鳳馳騖之秋。吾方達此，足下不須以子揚之言介意也。」肅從其言。瑜因薦肅才宜佐時，當廣求其比，以成功業，不可令去也。

〔一〕通鑑攷異曰：「劉子揚招肅往依鄭寶，肅將從之。瑜以權可輔止肅。案：劉曄殺鄭寶，以其衆與劉勳，勳爲策所滅，寶安得及權時也？」梁章鉅曰：「子揚即劉曄之字。據曄傳，曄爲鄭寶驅逼，欲赴江表，曄謀殺之。是曄本非鄭寶黨與，豈有勸魯肅從寶之事？宜爲温公所不取也。」

〔二〕巢湖見魏志明紀青龍二年。

〔三〕李安溪曰：「果何驗乎？且存此心，則亦曹操之心也。」

權即見肅，與語甚悦之。衆賓罷退，肅亦辭出，乃獨引肅還，合榻對飲。〔一〕因密議曰：「今漢室傾危，四方雲擾，孤承父兄餘業，思有桓、文之功。君既惠顧，何以佐之？」肅對曰：「昔高帝區區欲尊事義帝而不獲者，以項羽爲害也。今之曹操，猶昔項羽，將軍何由得爲桓、文乎！肅竊料之，漢室不可復興，曹操不可卒除，爲將軍計，惟有鼎足江東，〔二〕以觀天下之釁，規模如此，亦自無嫌。何者？北方誠多務也。因其多務，勦除黄祖，進伐劉表，竟長江所極，據而有之，〔三〕然後建號帝王，以圖天下，此高帝之業也。」〔四〕權曰：「今盡力一方，冀以輔漢耳，此言非所及也。」〔五〕張昭非肅謙下不足，頗訾毁之，云肅年少麤疎，未可用。權不以介意，益貴重之，賜肅母衣服幃帳，居處雜物，富擬其舊。〔六〕

〔一〕胡三省曰：「榻，牀也。有坐榻，有卧榻。今江南又呼几案之屬爲卓牀，卓，高也，以其比坐榻、卧榻爲高也。合榻，猶言合卓也。」

〔二〕通鑑「鼎足」作「保守」。何焯曰：「此時何緣便知爲鼎足乎？亦事後傅會之詞。」或曰：「是時先主無尺土，何云鼎足？」

〔三〕胡三省曰：「江東君臣上下，本謀不過此耳。」

〔四〕李安溪曰：「人懷此心，故知荀文若猶賢者也。」

〔五〕或曰：「權此時窺覬之心已動。」

〔六〕胡三省曰：「魯肅家本饒富，先嘗指囷以資周瑜矣。」

劉表死，肅進説曰：「夫荆楚與國鄰接，水流順北，外帶江漢，内阻山陵，有金城之固，沃野萬里，士民殷富，若據而有之，此帝王之資也。今表新亡，二子素不輯睦，軍中諸將，各有彼此。〔一〕加劉備天下梟雄，與操有隙，〔二〕寄寓於表，表惡其能而不能用也。若備與彼協心，上下齊同，則宜撫安，與結盟好；如有離違，〔三〕宜别圖之，以濟大事。肅請得奉命弔表二子，并慰勞其軍中用事者，及説備使撫表衆，同心一意，共治曹操，備必喜而從命。如其克諧，天下可定也。今不速往，恐爲操所先。」〔四〕權即遣肅行。到夏口，聞曹公已向荆州，晨夜兼道。比至南郡，而表子琮已降曹公，備惶遽奔走，欲南渡江。肅逕迎之，到當陽長阪，〔五〕與備會，宣騰權旨，〔六〕及陳江東强固，勸備與權併力。〔七〕備甚歡悦。時諸葛亮與備相隨，肅謂亮曰「我子瑜友也」，〔八〕即共定交。備遂到夏口，遣亮使權，肅亦反命。

臣松之案：劉備與權併力，共拒中國，皆肅之本謀。又語諸葛亮曰「我子瑜友也」，則亮已亟聞肅言矣。

而蜀書亮傳云「亮以連横之略説權，權乃大喜」。如似此計始出於亮。若二國史官各記所聞，競欲稱揚本國容美，各取其功。今此二書同出一人，而舛互若此，非載述之體也。〔九〕

〔一〕胡三省曰：「謂有附琦者，有附琮者。」

〔二〕胡三省曰：「梟，堅嶢翻。前書張良曰：九江王布，楚梟將。師古曰：梟，言最勇健也。有隙，謂備欲殺操不遂也。」

〔三〕胡三省曰：「離違，言人有離心，互相違異也。」

〔四〕李安溪曰：「肅始終本末大計，與劉氏合規，此處頗異公瑾耳。」

〔五〕當陽長阪見先主傳建安十三年。

〔六〕通鑑無「騰」字。

〔七〕先主傳注引江表傳曰：「肅宣權旨，論天下事勢，致殷勤之意。」通鑑同。

〔八〕諸葛瑾字子瑜，亮兄也。

〔九〕或曰：「肅雖語亮，亮非因肅始解此也。權聞肅謀，參之於亮始決也。雖若相襲，實各成説也。」

會權得曹公欲東之問，與諸將議，皆勸權迎之，而肅獨不言。權起更衣，肅追於宇下，〔一〕權知其意，執肅手曰：「卿欲何言？」肅對曰：「向察衆人之議，專欲誤將軍，不足與圖大事。今肅可迎操耳，如將軍，不可也。何以言之？今肅迎操，操當以肅還付鄉黨，品其名位，猶不失下曹從事，〔二〕乘犢車，〔三〕從吏卒，交游士林，〔四〕累官故不失州郡也。將軍迎操，欲安所歸？願早定大計，莫用衆人之議也。」〔五〕權歎息曰：「此諸人持議，甚失孤望，今卿廓開大計，正與孤同，此天以卿賜我也。」

魏書及九州春秋曰：曹公征荊州，孫權大懼，魯肅欲勸權拒曹公，乃激説權曰：「彼曹公者，實嚴敵也。新并袁紹，兵馬甚精，乘戰勝之威，伐喪亂之國，克可必也。不如遣兵助之，且送將軍家詣鄴；不然將危！」權大怒，欲斬肅。肅因曰：「今事已急，即有他圖，何不遣兵助劉備，而欲斬我乎！」權然之，即遣周瑜助備。

孫盛曰：吴書及江表傳，魯肅一見孫權，便説拒曹公而論帝王之略；劉表之死也，又請使觀變，無緣方復激説勸迎曹公也。又是時勸迎者衆，而云獨欲斬肅，非其論也。

〔一〕胡三省曰：「韓詩云：屋霤爲宇。陸德明曰：屋四垂爲宇，又隤下曰宇。考工記曰：宇欲卑。」

〔二〕胡三省曰：「下曹從事，諸曹從事之最下者。」

〔三〕胡三省曰：「晉志云：犢車，牛車也。古之貴者，不乘牛車。漢武帝推恩之末，諸侯寡弱，貧者至乘牛車。其後稍貴之。自靈、獻以來，天子至士，遂爲常乘。」

〔四〕胡三省曰：「士林，多士之林，謂京邑大都，四方賢士所聚也。」

〔五〕通鑑輯覽曰：「肅論力破羣疑，識見與周瑜伯仲，張昭輩庸懦無能，豈足與計大事哉！」

時周瑜受使至鄱陽，〔一〕肅勸追召瑜還。〔二〕遂任瑜以行事，以肅爲贊軍校尉，〔三〕助畫方略。曹公破走，肅即先還，權大請諸將迎肅。肅將入閤拜，權起禮之，因謂曰：「子敬，孤持鞍下馬相迎，足以顯卿未？」肅趨進曰：「未也。」衆人聞之，無不愕然。就坐，徐舉鞭言曰：「願至尊威德加乎四海，〔四〕總括九州，克成帝業，〔五〕更以安車輭輪徵肅，始當顯耳。」權撫掌歡笑。後備詣京見權，求都督荊州，惟肅勸權借之，共拒曹公。〔六〕

漢晉春秋曰：呂範勸留備，肅曰：「不可。將軍雖神武命世，然曹公威力實重。初臨荆州，恩信未洽，宜以借備，使撫安之。多操之敵，而自爲樹黨，計之上也。」權即從之。

曹操聞權以土地業備，方作書，落筆於地。〔七〕

〔一〕鄱陽見孫權傳建安八年。

〔二〕通鑑「追」作「權」。胡注：「瑜已受命出使，蓋行未遠也。」

〔三〕孫權傳：建安五年，魯肅、諸葛瑾等始爲賓客，蓋以前未受官也。胡三省曰：「使之贊軍謀，因以爲官稱。」

〔四〕錢振鍠曰：「甘寧、魯肅、吕蒙、陸遜傳頻尊權曰至尊，其時權未稱尊號，區區之吴王，尚待曹丕之封，何至尊之有？凡此皆吴人記載，而承祚直録之，未及改也。」

〔五〕是時漢帝猶存，而欲克成帝業，與曹操何異？

〔六〕借荆州事，詳見蜀志先主傳建安十三年注引江表傳。袁枚曰：「孫權以荆州資劉備，肅實勸之，荆州不還，權深爲肅病。或曰肅心不忘漢，故資蛟龍以雲雨。或曰是肅之失計，公瑾在必不爲此。是二説者，皆不明天下之大計，而熟籌夫當日之形勢者也。肅果忠於漢，則去孫歸劉可矣，何必懷二心以事君？若以爲失計，則當日之深于爲吴而得計者，莫如肅，淺于爲吴而失計者，莫如吕蒙、陸遜，惜乎孫權之智短量小，而不能用也。三國時，最强者操耳，赤壁之戰，權能獨力以破曹乎？抑合力于劉以共破曹乎？荆州得矣，權能兼取蜀以獨立乎？抑終不免于依草附木以自立乎？孔明之謀蜀也，先結孫權，而後攻魏；魯肅之謀吴也，先結劉備，而後攻魏。魏可滅，操可誅，天下事未可量也。魏未可滅，操未可誅，而唇齒已固，外難不侵，大丈夫將三分鼎足，南面而稱帝耳，安肯受人封拜、屈節一朝、局促如轅下駒哉！英雄所見，大抵同也。惟孫權見不及此，然後襲取荆州，通和于魏，而從此稱臣質子，無虚日矣。亦惟昭烈見不及此，然後因荆州之故，而白帝稱兵，一敗嘔血矣。不特此也，曹操據形勝之地，擁百萬之衆，又得孫權爲之外應，宜若無所卻顧者。然趙儼襄陽之役，不肯窮追關羽，勸留之爲權害，操深然其說；權請擒關羽自效，操發露其奏，射以示羽，而使之走。夫以操之强，猶欲學戰國兩利而俱存之説，使自樹其敵，而以區區之吴，乃欲外絶蜀援，孤軍當操，不已悖乎！力不能當操，勢不得不稱臣；既稱臣，勢不得不納貢，而受封爵；心有所不甘，又不得不詭詞阿諛，而陰爲反覆。邢貞一匹夫耳，敢于稱詔倨傲，坐車自若，而權以江東兩世之王業，至於俯首都亭，羣臣流涕，此皆伯符父子之所傷心于地下，而魯肅之所逆料者也。得十荆州，足償其辱否？肅之言曰宜相輔協，與之同仇；曰總括九州，先成帝業。權雖有負此言，然黄初以後，魏好不繼，蜀使仍通，事到無可柰何，終不出肅之所料，而徒然挂叛名于魏國，竊尊號于暮年，先主之姊妹不終，合肥之號令不遠，自埋自搰，形同狐鼠，不用良謀，衹取辱焉。且權絶蜀好之後，其不亡于魏者幸也。蜀修關羽之怨伐吴，吴求救于魏，劉曄勸襲之，賴魏主不從，以免出兵。後魏僞助討備，仍欲襲之，賴陸遜收兵以免。及至鍾會伐蜀，吴不力救，遂致兩亡，此皆日後之明驗也。然則知此者，孔明、子敬而外，無人乎？曰史稱曹操方作書，聞權以荆州資劉備，不覺落筆于手。夫荆州已非曹有矣，以一家物與一家，與操何與？而乃駭然震驚者，正恐魯肅之計行，兩雄相倚，而天下難爭故也。嗚呼！操之才所以終出孫、劉上哉！」

〔七〕通鑑考異曰：「恐操不至于是，今不取。」何焯曰：「著此句，以見肅計非左。」李安溪曰：「周瑜在則可，如無瑜者，權必不能獨當操，無玄德即無吴耳。子敬之謀，未爲非也。」

周瑜病，因上疏曰：〔一〕「當今天下，方有事役，是瑜乃心夙夜所憂，願至尊先慮未然，然後康樂。今既與曹操爲敵，劉備近在公安，邊境密邇，百姓未附，宜得良將以鎮撫之。魯肅智略足任，乞以代瑜。瑜隕踣之日，所懷盡矣。」

江表傳載：初瑜疾困，與權牋曰：「瑜以凡才，昔受討逆殊特之遇，委以腹心，遂荷榮任，統御兵馬，志執鞭弭，自效戎行。規定巴蜀，次取襄陽，憑賴威靈，謂若在握。至以不謹，道遇暴疾，昨自醫療，日加無損。人生有死，修短命矣，誠不足惜；但恨微志未展，不復奉教命耳。方今曹公在北，疆埸未静；劉備寄寓，有似養虎；〔二〕天下之事，未知終始。〔三〕此朝士旰食之秋，〔四〕至尊垂慮之日也。魯肅忠烈，臨事不苟，可以代瑜。人之將死，其言也善，儻或可採，瑜死不朽矣。」案此牋與本傳所載，意旨雖同，〔五〕其辭乖異耳。〔六〕

即拜肅奮武校尉，代瑜領兵。瑜士衆四千餘人，奉邑四縣，〔七〕皆屬焉。令程普領南郡太守。肅初住江陵，後下屯陸口，〔八〕威恩大行，衆增萬餘人，拜漢昌太守、〔九〕偏將軍。十九年，從權破皖城，轉横江將軍。〔一〇〕

〔一〕宋本「因」作「困」。

〔二〕胡三省曰：「言養虎將自遺患。」

〔三〕宋本「未」上有「而」字，誤，通鑑無之。

〔四〕胡三省曰：「旰，古旦翻，晚也。」

〔五〕宋本無「傳」字，誤。

〔六〕册府「乖」作「微」，官本「耳」作「矣」。

〔七〕即下雋、漢昌、劉陽、州陵四縣也。

〔八〕陸口見孫權傳建安十五年。顧祖禹曰：「昌江山在岳州府平江縣東南二里，一名魯德山。魯肅嘗屯兵於此，後人德之，因名。」

〔九〕漢昌見孫權傳建安十五年。

〔一〇〕横江將軍一人，吴置。

先是益州牧劉璋綱維頹弛，周瑜、甘寧並勸權取蜀，權以咨備。備内欲自規，乃僞報曰：「備與璋託爲宗室，冀憑英靈，以匡漢朝。今璋得罪左右，備獨竦懼，非所敢聞，願加寬貸。若不獲請，備當放髮歸於山林。」〔一〕後備西圖璋，留關羽守。權曰：「猾虜乃敢挾詐！」〔二〕及羽與肅鄰界，數生狐疑，〔三〕疆埸紛錯，肅常以歡好撫之。備既定益州，權求長沙、零、桂，〔四〕備不承旨，權遣吕蒙率衆進取。備聞，自還公安，遣羽爭三郡。肅住益陽，〔五〕與羽相拒。肅邀羽相見，〔六〕各駐兵馬百步上，但諸將軍單刀俱會。肅因責數羽曰：「國家區區本以土地借卿家者，卿家軍敗遠來，無以爲資故也。今已得益州，既無奉還之意，但求三郡，又不從命。」語未究竟，坐有一人曰：「夫土地者，惟德所在耳，何常之有！」肅厲聲呵之，辭色甚切。羽操刀起，謂曰：「此自國家事，是人何知！」目使之去。

吴書曰：肅欲與羽會語，諸將疑恐有變，議不可往。肅曰：「今日之事，宜相開譬。劉備負國，是非未決，羽亦何敢重欲干命！」乃趨就羽。羽曰：「烏林之役，左將軍身在行閒，寢不脱介，戮力破魏，〔七〕豈得徒勞，無一塊壤？〔八〕而足下來，欲收地邪？」肅曰：「不然。始與豫州覲於長阪，〔九〕豫州之衆，不當一校，計窮慮極，志勢摧弱，圖欲遠竄，〔一〇〕望不及此。主上矜愍豫州之身無有處所，不愛土地士人之力，〔一一〕使有所庇蔭以濟其患，而豫州私獨飾情，愆德隳好。〔一二〕今已藉手於西州矣，〔一三〕又欲翦并荆州之土，斯蓋凡夫所不忍行，而況整領人物之主乎！肅聞貪而棄義，必爲禍階。吾子屬當重任，曾不能明道處分，以義輔時，而負恃弱衆〔一四〕以圖力爭，師曲爲老，將何獲濟！」羽無以答。

備遂割湘水爲界，於是罷軍。〔一五〕

〔一〕互見先主傳及注引獻帝春秋。

〔二〕通鑑下有「如此」二字。

〔三〕通鑑作「數生疑貳」。

〔四〕長沙、零陵、桂陽也。孫權傳：「建安十九年，權令諸葛瑾從求荆州數郡。」

〔五〕益陽見先主傳建安二十年，又見後呂蒙傳。趙一清曰：「元和郡縣志：益陽縣，魯肅築也。東門登之，望見長沙，城邑人馬，形色宛然，相去三百里。故老云：長沙、益陽，一時相望。方輿紀要卷八十：甌臺山在長沙益陽縣東南二里，相傳魯肅曾駐兵於此。又卷七十六：太平城在武昌蒲圻縣西南八十里，孫權遣魯肅征零陵時所築。」

〔六〕何焯曰：「本傳曰相見，吴書曰趨就，微異。」

〔七〕通鑑「魏」作「敵」是，此時尚不得曰「魏」也。胡三省曰：「即謂赤壁之戰也。」

〔八〕通鑑「壤」作「土」。

〔九〕宋本「觀」作「覲」，通鑑同。

〔一〇〕胡三省曰：「謂欲圖吴巨也。」

〔一一〕通鑑「士」作「民」。

〔一二〕通鑑「隳」作「墮」。胡注：「私獨，謂私其一己之所獨也。墮，讀曰隳。」

〔一三〕胡三省曰：「謂得益州有以藉手也。」

〔一四〕元本「弱」作「彊」。

〔一五〕孫權傳：「會曹公入漢中，備懼失益州，使使求和。權令諸葛瑾報，更尋盟好，遂分荆州、長沙、江夏、桂陽以東屬權，南郡、零陵、武陵以西屬備。」

肅年四十六，建安二十二年卒。〔一〕權爲舉哀，又臨其葬。諸葛亮亦爲發哀。〔二〕

吳書曰：肅爲人方嚴，寡於玩飾，內外節儉，不務俗好。治軍整頓，禁令必行，雖在軍陣，手不釋卷。〔三〕又善談論，能屬文辭，思度弘遠，有過人之明。周瑜之後，肅爲之冠。〔四〕

權稱尊號，臨壇顧謂公卿曰：「昔魯子敬嘗道此，可謂明於事勢矣。」

〔一〕肅當生於熹平元年，長孫策三歲，長諸葛亮九歲。王懋竑曰：「魯肅首建議拒操，周瑜與之同；而肅欲與昭烈協力，瑜意則少異。瑜卒，肅勸權借荆州，至呂蒙直欲圖取關羽，蓋與肅反矣。瑜薦肅自代，而肅不薦蒙自代也。肅卒，代者自在呂蒙，而權更用嚴畯。畯書生不閑軍旅，固辭；然後以授蒙，蓋或肅之遺意，抑欲以誤羽也？肅卒時年四十六，使肅不死，則樊圍必無後患，而操可蹙，北方可圖，曹丕不敢稱帝矣。事勢如此，亦天爲之也。」

〔二〕何焯曰：「既交分不苟，而結好孫氏，專力治操，惟子敬克諧故也。」趙一清曰：「寰宇記卷八十九云：潤州丹徒縣有魯肅墓。續搜神記云：王伯陽者，家在京口，東有大冢，傳是魯肅墓。伯陽妻卒，乃平其墳以葬焉。經數年，忽一日伯陽方在廳事中，見一人乘肩輿，從者數十輩，逕前怒謂伯陽曰：我魯子敬也，冢在此二百許年矣，君何敢輒相毀壞！因目左右，與之毒手。從者遂牽伯陽下，以刀環築之數百而去，登時即死。良久乃蘇，其環築處皆發疽潰爛，尋卒。」

〔三〕御覽「卷」作「書」。

〔四〕袁宏三國名臣序贊曰：「才爲世出，世亦須才，得而能任，貴在無猜。昂昂子敬，拔跡草萊，荷擔吐奇，乃搆雲臺。」

肅遺腹子淑，既壯，濡須督張承謂終當到。〔一〕至永安中，爲昭武將軍、都亭侯、武昌督。建衡中，假節，遷夏口督。所在嚴整，有方幹。鳳皇三年卒。子睦襲爵，領兵馬。〔二〕

〔一〕「到」上疑脫一「遠」字。

〔三〕宋本「馬」作「焉」。

呂蒙字子明，汝南富陂人也。〔一〕少南渡，依姊夫鄧當。當爲孫策將，數討山越。蒙年十五六，竊隨當擊賊，〔二〕當顧見大驚，呵叱不能禁止。歸以告蒙母，母恚，欲罰之。蒙曰：「貧賤難可居，脱誤有功，富貴可致。且不探虎穴，安得虎子？」〔三〕母哀而舍之。〔四〕時當職吏以蒙年小輕之，曰：「彼豎子何能爲？此欲以肉餧虎耳。」他日與蒙會，又蚩辱之。〔五〕蒙大怒，引刀殺吏，出走，逃邑子鄭長家。出因校尉袁雄自首，承間爲言，策召見奇之，引置左右。

〔一〕郡國志：「豫州汝南郡富波，侯國。永元中，復。」惠棟曰：「十三州志云：和帝永元九年，分汝陰置。案富波漢舊縣，建武中省并汝陰，和帝復舊也。酈元云：縣多陂塘以溉稻，故曰富陂。案孫叔敖碑，波與陂古字通。」一統志：「今河南潁州府阜陽縣南。」謝鍾英曰：「當在今河南汝寧府新蔡縣東北。」

〔二〕趙一清曰：「寰宇記卷九十四：湖州烏程縣西南三十里有石城山，昔烏程豪族嚴白虎於山下壘石爲城，與呂蒙戰所。今山上有弩臺，烽火樓之迹猶存。」

〔三〕或曰：「數語一生精神在此。」

〔四〕蒙素至孝，見甘寧傳。

〔五〕蚩，侮也。

數歲，鄧當死，張昭薦蒙代當，〔一〕拜別部司馬。權統事，料諸小將兵少而用薄者，欲并合之。蒙陰賒貰，爲兵作絳衣行縢。〔一〕及簡日，陳列赫然，兵人練習，權見之大悦，增其兵。從討丹陽，所向有功，〔三〕拜平北都尉，〔四〕領廣德長。〔五〕

〔一〕或曰：「子布不識子敬，獨識子明，然亦未聞以大將許之也。」
〔二〕顧炎武曰：「詩『邪幅在下』箋云：如今行縢也。偪束其脛，自足至膝。釋名：偪，所以自逼束，今謂之行勝。言以裹脚，可以跳騰輕便也。」
〔三〕趙一清曰：「方輿紀要卷二十五：吕城在丹陽縣東五十四里，相傳吕蒙所築，城址尚存。」
〔四〕平北都尉一人，吴置。
〔五〕廣德見本志妃嬪傳徐夫人傳。

從征黄祖，祖令都督陳就逆以水軍出戰，蒙勒前鋒，親梟就首，將士乘勝，進攻其城。祖聞就死，委城走，兵追禽之。權曰：「事之克，由陳就先獲也。」〔一〕以蒙爲横野中郎將，〔二〕賜錢千萬。〔三〕

〔一〕互見孫權傳建安十三年。
〔二〕横野中郎將一人，吴置。胡三省曰：「横野本將軍號，以資序未至，故爲中郎將。」
〔三〕元本「千」作「十」。

是歲，又與周瑜、程普等西破曹公於烏林，圍曹仁於南郡。益州將襲肅舉軍來附，〔一〕瑜表以肅兵益蒙，蒙盛稱肅有膽用，且慕化遠來，於義宜益不宜奪也。〔二〕權善其言，還肅兵。瑜使甘寧前據夷陵，曹仁分衆攻寧，寧困急，使使請救。諸將以兵少不足分，蒙謂諸將曰：〔三〕「留淩公績，〔四〕蒙與君行，解圍釋急，勢亦不久，蒙保公績能十日守也。」又説瑜分遣三百人柴斷險道，賊走可得其馬。瑜從之。軍到夷陵，即日交戰，所殺過半。敵夜遁去，行遇柴道，騎皆舍馬步走。兵追蹙擊，獲馬三百匹，方船載還。於是將士形勢自倍，乃渡江立屯，與相攻擊。曹仁退走，遂據南郡，撫定荆州。〔五〕還，拜偏將軍，領尋陽令。〔六〕

〔一〕元本「龔」作「龔」，通鑑作「襲」。胡注：「甘寧先取夷陵，則與益州爲鄰，故襲肅舉軍以降。襲姓，肅名。」

〔二〕何焯曰：「此舉徵其爲萬人督矣。」

〔三〕宋本作「蒙謂瑜、普曰」。

〔四〕淩統字公績。

〔五〕林國贊曰：「南郡爲荆州之一郡，如本傳，似南郡爲蒙據，荆州亦賴蒙定，此在關羽破後言之則可，若在曹仁破後言之，則誤矣。」

〔六〕尋陽見孫策傳。趙一清曰：「方輿紀要卷八十五：九江府德化縣有尋陽城，漢縣，屬廬江郡。吳屬蘄春郡，三國時爲督護要津。」

魯肅代周瑜，當之陸口，〔一〕過蒙屯下。肅意尚輕蒙，或説肅曰：「吕將軍功名日顯，不可以故意待也，君宜顧之。」遂往詣蒙。酒酣，蒙問肅曰：「君受重任，與關羽爲鄰，將何計略，以備不虞？」肅造次應曰：「臨時施宜。」〔二〕蒙曰：「今東西雖爲一家，而關羽實熊虎也，計安可不豫定？」〔三〕因爲肅畫五策。肅於是越席就之，拊其背曰：「吕子明，吾不知卿才略所及，乃至於此也！」遂拜蒙母，結友而別。

江表傳曰：初，權謂蒙及蔣欽曰：「卿今並當塗掌事，〔四〕宜學問以自開益。」蒙曰：「在軍中常苦多務，恐不容復讀書。」權曰：「孤豈欲卿治經爲博士邪？但當令涉獵見往事耳。〔五〕卿言多務，孰若孤？孤少時歷詩、書、禮記、左傳、國語，惟不讀易。至統事以來，省三史、諸家兵書，〔六〕自以爲大有所益。如卿二人，意性朗悟，學必得之，寧當不爲乎！宜急讀孫子、六韜、左傳、國語及三史。孔子言『終日不食，終夜不寢以思，無益，不如學也』。光武當兵馬之務，手不釋卷，孟德亦自謂老而好學。〔七〕卿何獨不自勉勗邪！」蒙始就學，篤志不倦，其所覽見，舊儒不勝。〔八〕後魯肅上代周瑜，過蒙言議，常欲受屈。肅拊蒙背曰：「吾謂大弟但有武略耳，〔九〕至於今者，學識英博，非復吴下阿蒙。」〔一〇〕蒙曰：「士別三日，即更刮目相待。大兄今論，何一稱穰侯乎？〔一一〕兄今代公瑾，既難爲繼，且與關羽爲鄰。斯人長而好學，讀左傳略皆上口，梗亮有雄氣，然性頗自負，好陵人。今與爲對，當有單複，〔一二〕以卿待之。」〔一三〕密爲肅陳三策，肅敬受之，祕而不宣。權常歎曰：「人長而進益，如吕蒙、蔣欽，蓋不可及也。富貴榮顯，更能折節好學，耽悦書傳，輕財尚義，所行可迹，並作國士，不亦休乎！」

〔一〕陸口見孫權傳建安十五年。

〔二〕或曰：「寫所輕之人見問，不思而答，神理活見。」

〔三〕李安溪曰：「算定於豫。」

〔四〕胡三省曰：「當塗，猶言當路也。」

〔五〕師古曰：「涉若涉水；獵若獵獸。言歷覽之，不專精也。」

〔六〕何焯曰：「三史，似指戰國策、史記、漢書。」潘眉曰：「是時謝承後漢書尚未成，吳主所謂三史，史記、漢書及東觀漢記也。韋昭吳書稱留贊好讀三史，亦同。隋書經籍志有吳太子太傅張温撰三史略二十九卷，劉知幾史通目漢書、東觀漢記爲班、東二史。」

〔七〕或曰：「孟德自語其兒，此言何從援引？明其爲增飾也。」

〔八〕趙一清曰：「陳芬芸窗私記：吕蒙讀書，開西館以延俊髦，共相扢揚，識見日進。孫權益重之。今西館橋是也。拾遺記：吕蒙入吳，吳主勸其學業，蒙乃博覽羣籍，以易爲宗。常在孫策座上酣醉，忽臥於夢中誦周易一部，俄而驚起，衆人皆問之。蒙曰：向夢見伏羲、文王、周公與我論世祚興亡之事，日月貞明之道，莫不精窮極妙，未該元旨，故空誦其文耳。衆座皆云吕蒙囈語通周易。」弼按：是時孫策已早死，吕蒙安得復在策坐上乎？就令策未死，蒙能於策坐上酣醉乎？此真可謂囈語矣。趙氏喜採是書，無一不誤。梁章鉅每轉録之，亦無一字辨正，可異也。

〔九〕周壽昌曰：「大弟，大兄，史傳中僅見。」

〔一〇〕顧炎武曰：「抱朴子：禰衡游許下，自公卿國士以下，衡初不稱其官，皆名之曰阿某，或以姓呼之爲某兒。三國志注：非復吳下阿蒙。世説注：阮籍謂王渾曰：與卿語，不如與阿戎語（渾子戎）。皆是其小時之稱也。」

〔一一〕或曰：「穰侯句未詳。」

〔一二〕本志周魴傳云：臣知無古人單複之術。魏志文紀注引典論自敘云：以單攻複。嚴衍曰：「單複，猶言表裏也。此以著衣爲喻，言國家雖與西蜀連和，然人心難測，不可信外而忘内，其防人爲己處，須存兩條心，如著衣者，有表必有裏也。」

〔一三〕「卿」當作「鄉」，同「嚮」，各本皆誤。

時蒙與成當、宋定、徐顧屯次比近，三將死，子弟幼弱，權悉以兵并蒙。蒙固辭，陳啓顧等皆勤勞國事，子弟雖小，不可廢也。書三上，權乃聽。蒙於是又爲擇師，使輔導之，其操心率如此。

魏使廬江謝奇爲蘄春典農，〔一〕屯皖田鄉，數爲邊寇。蒙使人誘之，不從，則伺隙襲擊，奇遂縮退。其部伍孫子才、宋豪等，皆攜負老弱，詣蒙降。〔二〕後從權拒曹公於濡須，數進奇計，又勸權夾水口立塢，所以備御甚精，〔三〕

吳録曰：權欲作塢，諸將皆曰：「上岸擊賊，洗足入船，何用塢爲？」呂蒙曰：「兵有利鈍，戰無百勝，如有邂逅，敵步騎蹙人，不暇及水，其得入船乎！」權曰：「善。」遂作之。

曹公不能下而退。

〔一〕蘄春見孫權傳建安十八年、黄武二年。謝鍾英曰：「謝奇事在魯肅代周瑜之後，瑜卒於建安十五年，則謝奇事當在十五年後。」弼按：謝奇事在立塢之前，立塢在建安十六年，則謝奇事當在是年。

〔二〕孫權傳：「建安十八年，初曹公恐濱江郡縣爲權所略，徵令内徙。民轉相驚，自廬江、九江、蘄春、廣陵户十餘萬皆東渡江，江西遂虛。合肥以南，惟有皖城。」

〔三〕梁章鉅曰：「元和郡縣志云：初，吕蒙守濡須，聞曹公將來，夾水築塢，形如偃月，名曰偃月塢。輿地志云：柵江口，古濡須口也，吳築兩城於北岸，魏置柵於南岸。」趙一清曰：「方輿紀要卷二十九：王氏希先曰：三國鼎立，南北瓜分之際，兩淮閒常爲戰場。孫仲謀立塢濡須，曹操先計後戰，不能爭也。觀王氏之言，則知子明之謀善矣。今人豔稱其襲取荆州之奇譎，而不知其保障江淮之功大也。」互見孫權傳建安十八年。

曹公遣朱光爲廬江太守，屯皖大開稻田，〔一〕又令閒人招誘鄱陽賊帥，使作内應。蒙曰：

「皖田肥美，若一收孰，彼衆必增，〔一〕如是數歲，操態見矣，宜早除之。」乃具陳其狀。於是權親征皖，引見諸將，問以計策。

吴書曰：諸將皆勸作土山，添攻具。蒙趨進曰：「治攻具及土山，必歷月乃成，〔三〕城備既脩，外救必至，不可圖也。且乘雨水以入，〔四〕若留經日，〔五〕水必向盡，還道艱難，蒙竊危之。今觀此城，不能甚固，以三軍鋭氣，四面並攻，不移時可拔，及水以歸，全勝之道也。」權從之。

蒙乃薦甘寧爲升城督，〔六〕督攻在前，〔七〕蒙以精鋭繼之。侵晨進攻，蒙手執枹鼓，〔八〕士卒皆騰踊自升，食時破之。〔九〕既而張遼至夾石，〔一〇〕聞城已拔，乃退。權嘉其功，即拜廬江太守，所得人馬皆分與之，别賜尋陽屯田六百户，官屬三十人。蒙還尋陽，未期而廬陵賊起，諸將討擊不能禽。權曰：「鷙鳥累百，不如一鶚。」〔一一〕復令蒙討之。蒙至，誅其首惡，餘皆釋放，復爲平民。

〔一〕趙一清曰：「寰宇記卷百二十五：吴塘陂在舒州懷寧縣西二十里，皖水所注，此塘即朱光所開。一清案：劉馥爲揚州刺史，興治吴塘，則不始於光也。記又云：吕蒙鑿石通水，注稻田三百餘頃，功利及人。先未立廟，里人以灊山廟在吴陂之側，因指名以祀焉。」

〔二〕胡三省曰：「收孰，謂稻成熟而收之也。有糧則可以增衆。孰，古熟字通。」

〔三〕宋本「月」作「日」，通鑑同。

〔四〕通鑑「且」下有「吾」字。

〔五〕何焯校改「日」作「月」。

〔六〕升城督，戰時置，非常制。

〔七〕甘寧傳：「寧手持練，身緣城，爲吏士先，卒破獲朱光。計功，吕蒙爲最，寧次之。」

〔八〕枹，音膚。

〔九〕互見孫權傳建安十九年。

〔一〇〕夾石即夾口，見魏志蔣濟傳。胡三省曰：「夾石在今安慶府桐城縣北四十七里，今名西峽山。」趙一清曰：「方輿紀要卷二十六：南硤戍在桐城縣西北四十七里，即夾石山也。漢建安十九年，孫權攻皖，張遼馳救，至硤石，聞城已破，築壘硤石南而還。寰宇記卷一百二十五：南硤戍是古南廬州，因名南。」

〔一一〕「鶚」，監本作「鴞」，誤。周壽昌曰：「漢書鄒陽諫吴王曰：臣聞鷙鳥累百，不如一鶚。吴主正引此語。」弼按：此語見鄒陽傳。孟康曰：「鶚，大鵰也。」師古曰：「鷙擊之鳥，鷹鸇之屬也。鶚自大鳥而鷙者耳，非鵰也。」

是時劉備令關羽鎮守，專有荆土。權命蒙西取長沙、零、桂三郡，蒙移書二郡，望風歸服，〔一〕惟零陵太守郝普城守不降。〔二〕而備自蜀親至公安，遣羽爭三郡。權時住陸口，〔三〕使魯肅將萬人〔四〕屯益陽拒羽，〔五〕而飛書召蒙，使舍零陵，急還助肅。初，蒙既定長沙，當之零陵，過酃，〔六〕載南陽鄧玄之。玄之者，郝普之舊也，欲令誘普。及被書當還，蒙祕之，夜召諸將，授以方略，晨當攻城，〔七〕顧謂玄之曰：「郝子太聞世間有忠義事，〔八〕亦欲爲之，而不知時也。左將軍在漢中，爲夏侯淵所圍，關羽在南郡，今至尊身自臨之。近者破樊本屯，救酃，逆爲孫規所破。〔九〕此皆目前之事，君所親見也。彼方首尾倒懸，救死不給，豈有餘力復營此哉？今吾士卒精鋭，人思致命，至尊遣兵，相繼於道。今子以旦夕之命，〔一〇〕待不可望之救，猶牛蹄中魚，冀賴江漢，其不可恃亦明矣。若子太必能一士卒之心，保孤城之守，尚能稽延旦夕，以待所歸者，可也。今吾計力度慮，而以攻此，曾不移日，而城必破；城破之後，身死何益於事，而令百歲老母，戴白受誅，豈不痛哉！度此家不得外問，〔一一〕謂援可恃，故至於此耳。君可見之，爲陳禍福。」玄之見普，具宣蒙意，普懼而聽之。玄之先出報蒙，普尋後當至。蒙豫勅四將，各選百人，普出，便入守城門。須臾普出，蒙迎執其手，與俱下船。語畢，出書示之，因拊手大笑。普見書，知備在公安，而羽在益陽，慙恨入地。蒙留孫河，委以後事，〔一二〕即日引軍赴益陽。劉備請盟，權乃歸普等，〔一三〕割湘水，以零陵還之。以尋陽、陽新爲蒙奉邑。〔一四〕

師還，遂征合肥，既徹兵，爲張遼等所襲，蒙與淩統以死扞衛。後曹公又大出濡須，權以蒙爲督，據前所立塢，置彊弩萬張於其上，以拒曹公。曹公前鋒屯未就，蒙攻破之，曹公引退。拜蒙左護軍，虎威將軍。〔一五〕

〔一一〕何焯曰：「孫氏自武烈爲長沙太守，討平區星，任用良吏，又越境尋討零、桂諸賊，以全異國，三郡懷之，故移書即下。雖以昭烈之得人心，不如其素服從於孫氏也。子明小數，豈得貪天之功哉。」

〔一二〕郝普見蜀志季漢輔臣贊。

〔一三〕陸口見孫權傳建安十五年。趙一清曰：「水經江水注：江水又入蒲圻縣北，逕呂蒙城西。昔孫權征長沙、零、桂所鎮也。寰宇記卷百十二：呂蒙城在鄂州蒲圻縣西北，即呂蒙所築，屯兵於此。」

〔一四〕各本皆作「使普、肅萬人」，誤。元本作「使魯肅萬人」，亦誤。通鑑作「使魯肅將萬人」，是。

〔一五〕益陽見蜀志先主傳建安十九年，又見前魯肅傳。胡三省曰：「益陽縣屬長沙郡。應劭曰：在益水之陽。輿地志：

今潭州安化縣，本漢益陽縣。杜佑曰：潭州益陽縣，漢故城，在今縣東。宋白曰：益陽故城，在今益陽縣東八十里，其城魯肅所築。」

〔六〕湘東郡治酃，見孫亮傳太平二年。趙一清曰：「方輿紀要卷八十一：永州府零陵縣有呂蒙城，是蒙所築。又卷八十：酃湖在衡州府城東二十里，湖水周三里，深八尺，湛然緑，取水釀酒，極甘美。晉武帝平吳，薦酃酒於太廟。吳都賦：飛輕觴而酌酃淥。是也。」

〔七〕攻零陵城也。

〔八〕錢大昭曰：「楊戲輔臣贊郝普字子大，此太字誤，下同。」弼按：輔臣贊作子太，通鑑同，錢説誤。

〔九〕或曰：「此語不可解，疑有脱誤。」

〔一〇〕宋本「子」作「予」，誤。元本作子太。陳浩曰：「子字下疑落太字。」

〔一一〕胡三省曰：「此家，謂郝普也。」

〔一二〕通鑑考異曰：「孫河已死，或他人同姓名耳。」朱邦衡曰：「河疑作皎。通鑑考異不得其人，而强爲之説也。」弼按：孫權傳：「權召蒙助肅，蒙誘普降，盡得三郡將守，因引軍還，與孫皎、潘璋并魯肅兵並進，拒羽於益陽。」自以作孫皎爲是。

〔一三〕趙一清曰：「郝普入吳，仕至廷尉，以隱蕃事見責，自殺。見胡綜傳。而楊戲傳以麋芳、士仁、郝普、潘濬四叛同贊，其不歸蜀可知矣。此云權歸普等，恐未實也。」弼按：輔臣贊亦云普入吳爲廷尉。

〔一四〕尋陽、陽新見孫權傳黄初二年。

〔一五〕胡三省曰：「虎威蓋孫權置。沈約志：曹魏置四十號將軍，虎威第三十四。」洪飴孫曰：「虎威將軍一人，第五品。」

魯肅卒，〔一〕蒙西屯陸口，肅軍人馬萬餘盡以屬蒙，又拜漢昌太守，〔二〕食下雋、劉陽、漢昌、州陵。〔三〕與關羽分土接境，知羽驍雄，有并兼心，且居國上流，其勢難久。初，魯肅等以爲曹公尚存，禍難始搆，宜相輔協，與之同仇，不可失也。蒙乃密陳計策曰：「今征虜守南郡，〔四〕潘璋住白帝，〔五〕蔣欽將游兵萬人，循江上下，應敵所在，蒙爲國家前據襄陽，如此，何憂於操？何賴於羽？且羽君臣，矜其詐力，所在反覆，不可以腹心待也。今羽所以未便東向者，以至尊聖明，蒙等尚存也。今不於彊壯時圖之，一旦僵仆，〔六〕欲復陳力，其可得邪！」〔七〕權深納其策，又聊復與論取徐州意。〔八〕蒙對曰：「今操遠在河北，新破諸袁，撫集幽、冀，未暇東顧。〔九〕徐土守兵，聞不足言，〔一〇〕往自可克。然地勢陸通，驍騎所騁，至尊今日得徐州，操後旬必來爭，雖以七八萬人守之，猶當懷憂。〔一一〕不如取羽，全據長江，形勢益張。」權尤以此言爲當。及蒙代肅，初至陸口，外倍修恩厚，與羽結好。〔一二〕

〔一〕建安二十二年卒。

〔二〕漢昌郡見孫權傳建安十五年。

〔三〕此四縣爲周瑜奉邑，瑜死後屬魯肅，肅死後屬蒙。

〔四〕孫皎時爲征虜將軍。

〔五〕白帝見先主傳建安十七年。胡三省曰：「此即甘寧據楚關之計也。」

〔六〕胡三省曰：「僵仆，謂死也。」

〔七〕何焯曰：「規取荆州，是蒙本謀，然此傳之語，多不可信。前據襄陽，或取荆州之後復向襄、樊，若白帝在蜀，潘璋何緣便可往住乎？又此時蒙始逾四十，亦未應便計一旦僵仆也。」李安溪曰：「人之識見意計，不同如此。若專爲割據竊號謀者，則蒙爲忠矣。」韓慕廬曰：「如子敬意，豈欲劃長江而守之哉？無一刻忘操也。呂蒙所窺者小，不恤遠患，而甘近利，開吴、蜀之兵端，成曹氏之簒奪，而權亦稱臣屈膝，歲歲被兵。嗟乎！貪功召釁，誤國不細矣。」

〔八〕胡三省曰：「自廣陵以上，皆徐州之地。」

〔九〕何焯曰：「尚、熙之死在建安十二年，魯肅殁於十年之後，而此方云新破諸袁，撫集幽、冀，不乖錯乎？即蒙陳此計在代肅之先，曹公亦不得遠在河北，甚矣作史之難也。」周壽昌曰：「操之破袁，距此已前十年，何云新破？此時操方駐軍居巢，何云遠在河北？縱敵國傳聞不實，而幽、冀久定，天下皆知，何撫集之有？不知陳氏何忽有此誤語。」

〔一〇〕胡三省曰：「曹操審定天下之勢，慮此熟矣，此兵法所謂地有所不守也。」

〔一一〕胡三省曰：「呂蒙自量吴國之兵力，不足北向以争中原者，知車騎之地，非南兵之所便也。」

〔一二〕呂蒙、陸遜皆以術譎羽，而驕矜之武夫遂墮其術中矣。惜哉！

後羽討樊，留兵將備公安、南郡，蒙上疏曰：「羽討樊而多留備兵，必恐蒙圖其後故也。蒙常有病，乞分士衆還建業，以治疾爲名，羽聞之，必撤備兵，盡赴襄陽。大軍浮江，晝夜馳上，襲其空虛，則南郡可下，而羽可禽也。」〔一〕遂稱病篤。權乃露檄召蒙還，〔二〕陰與圖計。羽果信之，稍撤兵以赴樊。〔三〕魏使于禁救樊，羽盡禽禁等，人馬數萬，託以糧乏，擅取湘關米。〔四〕權聞之，遂行，先遣蒙在前。蒙至尋陽，盡伏其精兵𦪇𦨴中，〔五〕使白衣摇櫓，作商賈人服，晝夜兼行，至羽所置江邊屯候，盡收縛之，是故羽不聞知。〔六〕遂到南郡，士仁、麋芳皆降。〔七〕

吴書曰：將軍士仁在公安拒守，〔八〕蒙令虞翻説之。〔九〕翻至城門，謂守者曰：「吾欲與汝將軍語。」仁不肯相見。乃爲書曰：「明者防禍於未萌，智者圖患於將來。知得知失，可與爲人；知存知亡，足别吉凶。大軍之行，斥候不及施，烽火不及舉，此非天命，必有内應。將軍不先見時，時至又不應之，獨守縈帶之城而不降，死戰則毀宗滅祀，爲天下譏笑。呂虎威欲徑到南郡，〔一〇〕斷絶陸道，生路一塞，案其地形，將軍爲在箕舌上耳。〔一一〕奔走不得免，降則失義，竊爲將軍不安，幸熟思焉。」仁得書，流涕而降。翻謂蒙曰：「此譎兵也，〔一二〕當將仁行，留兵備城。」遂將仁至南郡，南郡太守麋芳城守，蒙以仁示之，遂降。〔一三〕

吴録曰：初，南郡城中失火，頗焚燒軍器。羽以責芳，芳内畏懼，權聞而誘之，芳潛相和。及蒙攻之，乃以牛酒出降。〔一四〕

蒙入據城，盡得羽及將士家屬，皆撫慰，約令軍中不得干歷人家，有所求取。蒙麾下士，是汝南人，取民家一笠，以覆官鎧；官鎧雖公，蒙猶以爲犯軍令，不可以鄉里故而廢法，遂垂涕斬之。於是軍中震慄，道不拾遺。蒙旦暮使親近存恤耆老，問所不足，疾病者給醫藥，饑寒者賜衣糧。羽府藏財寶，皆封閉以待權至。羽還在道路，數使人與蒙相聞，〔一五〕蒙輒厚遇其使，〔一六〕周游城中，家家致問，或手書示信。羽人還，私相參訊，〔一七〕咸知家門無恙，見待過於平時，故羽吏士無鬬心。〔一八〕會權尋至，羽自知孤窮，乃走麥城，西至漳鄉，〔一九〕衆皆委羽而降。權使朱然、潘璋斷其徑路，即父子俱獲，〔二〇〕荊州遂定。〔二一〕

〔一〕胡三省曰：此南郡謂江陵。

〔二〕胡三省曰：「露檄，欲使羽知之。」

〔三〕胡三省曰：「果墮蒙計。」

〔四〕胡三省曰：「吳與蜀分荆州，以湘水爲界，故置關。」趙一清曰：「方輿紀要卷七十五：吳、蜀分荆州，以湘水爲界，置關水上，以通商旅，謂之湘關。又卷八十一：湘口關在永州府北十里，瀟、湘二水合流處也。」

〔五〕胡三省曰：「𦪇，居侯翻；䑬，盧谷翻。博雅曰：𦪇䑬，舟也。」趙一清曰：「水經贛水注：谷鹿洲即蓼子洲也，舊作大艑處。北堂書鈔云：豫章城西南有𦨖䑬洲，是呂蒙作𦨖䑬大艑處。」

〔六〕胡三省曰：「屯候雖被收縛，使麋、傅無叛心，羽猶可得聞知也。」

〔七〕士仁、麋芳均見季漢輔臣贊。

〔八〕輔臣贊云：「仁住公安，統屬關羽，與羽有隙，叛迎孫權。」

〔九〕虞翻傳：「呂蒙圖取關羽，稱疾還建業，以翻兼知醫術，請以自隨。」

〔一〇〕呂蒙時爲虎威將軍。

〔一一〕詩小雅大東篇：「維南有箕，載翕其舌。」鄭箋云：「翕，猶引也。引舌者，謂上星相近。」

〔一二〕胡三省曰：「謂蒙以詭計行兵也。」

〔一三〕何焯曰：「觀仲翔之辱芳，則吳書爲不審矣。」

〔一四〕蜀志關羽傳：「麋芳、士仁素皆嫌羽輕己，羽之出軍，芳、仁供給軍資，不悉相救。羽言還當治之。芳、仁咸懷懼不安，於是權陰誘芳、仁，芳、仁使人迎權。」

〔一五〕或曰：「漢祖入彭城，項羽晝夜兼行以破漢；呂蒙入南郡，關羽不速還，又使人探問，宜其敗也。」弼按：關羽此時，大敵在前，進退失據，縱還救江陵，已無及矣。

〔一六〕蒙前初至陸口，外倍脩恩厚，與羽結好，今已得公安、南郡，仍厚遇羽使，甚矣蒙之譎也。

〔一七〕胡三省曰：「訊，問也。」

〔一八〕胡三省曰：「吕蒙所以禽關羽者，攜之而已。」

〔一九〕麥城、漳鄉均見孫權傳建安二十四年。（孫權傳「漳」作「章」。）

〔二〇〕關羽傳：「權遣將逆擊羽，斬羽及子平於臨沮。」孫權傳：「潘璋司馬馬忠獲羽及其子平、都督趙累等於章鄉。」

〔二一〕李安溪曰：「緣此遂令仲謀稱臣子桓，責質徵朝，幾至狼狽。向非先主君臣大義素明，難得屈意和魏者，則白帝之戍不撤，東西之好不修，權之折而入於魏不久矣。蒙徼幸之策，亦殆矣哉，安可以成敗論人，而謂魯子敬之見真短於蒙乎！」

以蒙爲南郡太守，封孱陵侯，〔一〕

江表傳曰：權於公安大會，吕蒙以疾辭。權笑曰：「禽羽之功，子明謀也。今大功已捷，慶賞未行，豈邑邑邪？」〔二〕乃增給步騎鼓吹，〔三〕勑選虎威將軍官屬，并南郡、廬江二郡威儀。〔四〕拜畢還營，兵馬導從，前後鼓吹，光耀于路。

賜錢一億，黄金五百斤。蒙固辭金錢，權不許。封爵未下，會蒙疾發，權時在公安，迎置内殿，所以治護者萬方，募封内有能愈蒙疾者，賜千金。時有鍼加，〔五〕權爲之慘慼，欲數見其顔色，又恐勞動，常穿壁瞻之，見小能下食則喜，顧左右言笑；不然則咄唶，〔六〕夜不能寐。〔七〕病中瘳，〔八〕爲下赦令，羣臣畢賀。後更增篤，權自臨視，命道士於星辰下爲之請命。年四十二，遂卒於内殿。〔九〕時權哀痛甚，爲之降損。蒙未死時，所得金寶諸賜盡付府藏，勑主者命絶之日皆上還，喪事務約。權聞之，益以悲感。

〔一〕孱陵見蜀志劉璋傳注。趙一清曰：「方輿紀要卷七十八：呂蒙城在荆州府公安縣北二十五里，蒙嘗屯孱陵，築城於此。又孱陵城在公安縣西二十五里，漢縣，屬武陵郡。」

〔二〕邑邑，與悒悒同。悒悒，不樂也。

〔三〕「鼓吹」解見蜀志劉封傳。趙一清曰：「宋書樂志：鼓吹，軍樂也。今之從行鼓吹爲騎吹，二曲異也。魏、晉世假諸將帥及牙門曲蓋鼓吹，斯其時謂之鼓吹矣。」

〔四〕蒙前以破皖功，拜廬江太守，此時又以破公安、江陵功，拜南郡太守，故并具二郡威儀也。續百官志：「太子洗馬，職如謁者。太子出則當直者在前導威儀。」晉書陶侃傳：「備威儀迎母，官舍鄉里榮之。」

〔五〕嚴衍曰：「病勢若鍼線之加也。通鑑作加鍼，誤。」

〔六〕胡三省曰：「咄，當没翻，咨也；唶，子夜翻，嘆也。」

〔七〕何焯曰：「權真有句踐之風，雖晚謬多猜，於時欲不爲盡死，得乎？」

〔八〕瘳，病瘉也。

〔九〕蒙死於建安二十四年，當生於光和元年，長孫權四歲。何焯曰：「周公瑾年止三十六，魯子敬四十六，呂子明四十二。使子敬十年不死，吴盟尚固，襄、樊舉而漢室復興矣。此孔明所以發哀也。」王懋竑曰：「綱目書冬十月，呂蒙襲取江陵，十二月，蒙卒。而削其官，蓋快之也。」趙一清曰：「寰宇記卷百十二：鄂州嘉魚縣有呂蒙墓。江夏記云：蒲圻縣南對陸溪陸路口，一名刀環山，泝流八十里，有呂蒙城，城中有蒙墓。盛宏之荆州記、長沙蒲圻縣有呂蒙冢，中有一髑髏，極大；蒙形長偉，疑即蒙髑髏也。」

蒙少不修書傳，每陳大事，常口占爲牋疏。常以部曲事爲江夏太守蔡遺所白，蒙無恨意。及豫章太守顧邵卒，權問所用，蒙因薦遺奉職佳吏。權笑曰：「君欲爲祁奚耶？」〔一〕於是用之。甘寧麤暴好殺，既嘗失蒙意，〔二〕又時違權令，權怒之，蒙輒陳請：「天下未定，鬭將如寧難得，宜容忍之。」權遂厚寧，卒得其用。〔三〕

〔一〕左傳襄公三年：「祁奚請老，晉侯問嗣焉，稱解狐，其讎也。」

〔二〕甘寧殺廚下兒事，詳見寧傳。

〔三〕朱然傳：「虎威將軍呂蒙病篤，權問曰：卿如不起，誰可代者？蒙對曰：朱然膽守有餘，愚以爲可任。蒙卒，權假然節，鎮江陵。」

蒙子霸襲爵，與守冢三百家，復田五十頃。霸卒，兄琮襲侯。琮卒，弟睦嗣。

孫權與陸遜論周瑜、魯肅及蒙曰：「公瑾雄烈，膽略兼人，遂破孟德，開拓荆州，邈焉難繼，〔一〕君今繼之。公瑾昔要子敬來東，致達於孤，孤與宴語，便及大略帝王之業，此一快也。後孟德因獲劉琮之勢，張言方率數十萬衆水、步俱下，〔二〕孤普請諸將，咨問所宜，無適先對，〔三〕至子布、文表，〔四〕俱言宜遣使修檄迎之，子敬即駮言不可，〔五〕勸孤急呼公瑾，付任以衆，逆而擊之，此二快也。且其決計策，意出張、蘇遠矣。後雖勸吾借玄德地，是其一短，〔六〕不足以損其二長也。周公不求備於一人，〔七〕故孤忘其短，而貴其長，常以比方鄧禹也。〔八〕又子明少時，孤謂不辭劇易，〔九〕果敢有膽而已。〔一〇〕及身長大，學問開益，籌略奇至，可以次於公瑾，但言議英發不及之耳。圖取關羽，勝於子敬，子敬答孤書云：『帝王之起，皆有驅除，羽不足忌。』〔一一〕此子敬内不能辦，〔一二〕外爲大言耳。孤亦恕之，不苟責也。然其作軍，屯營

不失，令行禁止，部界無廢負，〔一三〕路無拾遺，其法亦美也。」〔一四〕

〔一〕通鑑作「貌焉寡儔」。
〔二〕胡三省曰：「張言者，張大而言之。」
〔三〕胡三省曰：「無適先對，猶言莫適先對也。適，音的。」
〔四〕秦松字文表，見張紘傳。
〔五〕胡三省曰：「駮，異也，立異議以糾駮衆議之非。駮，北角翻。」
〔六〕李安溪曰：「子敬勸借玄德地，此策亦未爲短。蓋荆州新附，其勢宜然，若兩雄相爭，北敵之利。」何焯曰：「魯、呂各以其時，當操氣未衰，屢出巢湖，當共劉氏結好，以分其勢。及操老而無舉吴之志，鼎足勢成，不據上游，亦非所以立國也。但當與蜀申約，規取襄、樊，徐方議及耳。」
〔七〕論語載周公語魯公之言。
〔八〕胡三省曰：「鄧禹建策，以開光武中興之業，而其後不能定赤眉，故以肅比之。」韓菼曰：「子敬總是大段了了，不在小小成敗，得失計較，其比公瑾英發，或不及之，其沈静似較勝也。比方鄧禹，自是知己語，鄧之不急取關中，亦是籌萬全耳，非其才果不若馮異也。」
〔九〕劇，難也。
〔一〇〕馮本「膽」作「瞻」，誤。
〔一一〕胡三省曰：「謂關羽之強，適足爲吴之驅除也。」
〔一二〕通鑑作「辦」。
〔一三〕胡三省曰：「謂部界之内，無有廢職，以爲罪負也。」或曰：「負疑作務。」
〔一四〕何焯曰：「子敬作軍，幾於孔明之法，二人故足相友。」

評曰：曹公乘漢相之資，挾天子而埽羣桀，新盪荆城，仗威東下，〔一〕于時議者莫不疑貳。周瑜、魯肅，建獨斷之明，出衆人之表，實奇才也！呂蒙勇而有謀斷，識軍計，譎郝普，禽關羽，最其妙者。〔二〕初雖輕果妄殺，終於克己，有國士之量，豈徒武將而已乎！孫權之論，優劣允當，故載録焉。〔三〕

〔一〕宋本「下」作「夏」。

〔二〕何焯曰：「譎普細務，而與禽關羽並論者，其取南郡，亦譎兵也。」

〔三〕王懋竑曰：「孫權之遺周瑜與先主併力拒曹操，而赤壁之戰，瑜獨有其功；其攻南郡亦不與先主俱。先主顧以其閒南收四郡，非瑜意也。瑜乘戰勝之威，以操爲不足畏，而疑忌先主特甚，權則以新破操，操必來攻，仍欲指先主以併力，其意少異。故權以妹妻先主，而先主亦詣京見權，勸權徙治秣陵。陳志所云綢繆恩紀，蓋其實然。權固曰非劉豫州莫可以當曹操，而隆中定計，亦云權可與爲援，而不可圖。是時絶未有相圖之意也。權既不納瑜之言，而瑜卒後，卒從魯肅，而以南郡借先主，蓋慮程普之不能以守南郡，而操之所憚惟先主，天下所共知，故欲藉其力以拒操。操之南征，向濡須而不向南郡，乃避先主而不攻，則權之計未爲不得也。至建安十八年，操攻濡須，不克而退，十九年，權又克廬江，禽朱光，操不能與爭，於是權亦知操之不足畏，而無所藉於先主，遂有圖取荆州之意。會先主已得益州，而不以南郡還吳，權之忿恨益甚，又以關羽在南郡，度未可攻，故遣呂蒙襲取三郡。後卒中分荆州，而呂蒙之計自是得行，未嘗一日忘南郡，而羽疎不之防，蒙遂乘其隙而取之。凡此閒隙之開，始於周瑜而成於呂蒙，若權之前後自有猾計，其或從或不從，亦非因人爲轉移也。而使周瑜不以道病卒，則必取蜀，而先主幾無駐足之地。又使權得荆州後而曹操不死，則當先主伐吳時，操必以大軍蹙吳。魏攻其外，蜀攻其內，江東成敗之機，殆未可料。此皆天焉，非人力之所與也。世皆以圖取荆州爲呂蒙之功，而不知其幾敗江東之業，是特有天幸耳。大抵吳之諸臣，周瑜雄略似孫伯符，有并吞中原之志，而不專於自守；魯肅明於大勢，欲合吳、蜀以拒操，爲三分之計；至呂蒙則一以譎詭爲自利計，而不顧其後，雖有攻戰之材，非瑜、肅比也。權自得南郡，請降於魏，屈辱已甚，使不圖南郡而與蜀交好，其屈辱豈至於此？其後權卒絶魏，而與蜀交好者終其身，蓋亦有鑒於此也。」

吴書十

三國志五十五

程黄韓蔣周陳董甘淩徐潘丁傳第十〔一〕

〔一〕劉咸炘曰："「程普最長，黄、韓從堅，蔣、周、陳、董從策，甘、淩、潘、徐則權所用也。丁奉行輩最後。」

程普字德謀，右北平土垠人也。〔二〕初爲州郡吏，有容貌計略，善於應對。從孫堅征伐，討黄巾於宛、鄧，破董卓於陽人，〔三〕攻城野戰，身被創夷。堅薨，復隨孫策在淮南，從攻廬江，拔之，還俱東渡。策到横江、當利，破張英、于麋等，轉下秣陵、湖熟、句容、曲阿，普皆有功，〔三〕增兵二千，騎五十匹。〔四〕進破烏程、石木、波門、陵傳、餘杭，〔五〕普功爲多。策入會稽，以普爲吴郡都尉，治錢唐。〔六〕後徙丹陽都尉，居石城。〔七〕復討宣城、涇、安吴、陵陽、春穀諸賊，皆破之。〔八〕策嘗攻祖郎，大爲所圍，普與一騎共蔽扞策，驅馬疾呼，以矛突賊，賊披，策因隨出。後拜盪寇中郎將，〔九〕領零陵太守，從討劉勳於尋陽，進攻黄祖於沙羡，〔一〇〕還鎮石城。

〔二〕右北平郡土垠，見魏志明紀景初元年。

〔二〕宛、鄧、陽人均見孫堅傳。

〔三〕橫江、當利、秣陵、湖熟、曲阿均見孫策傳，句容見孫權傳赤烏八年。

〔四〕馮本、吴本、監本、毛本、官本「匹」作「四」，誤。或曰：「疑是駟字，脱去馬字。」潘眉曰：「當爲五十匹。韓當傳『授兵二千，騎五十匹』，吕範（傳）『增兵二千，騎五十匹』可證。」弼按：潘説是。

〔五〕烏程見孫堅傳，餘杭見孫策傳。沈欽韓曰：「石木、波門、陵傳當在烏程、餘杭之閒，今湖州府志無此地名。」

〔六〕錢唐見孫堅傳，吴郡西部都尉見顧承傳。

〔七〕郡國志：「揚州丹陽郡石城。」一統志：「故城今安徽池州府貴池縣西七十里鐵店，亦曰蒼埠潭。以東西兩石山夾河如城而名。」貴池、建德並漢石城地。吴黄武二年，韓當封石城侯。元和志云：「吴大帝封韓當爲石埭城侯，因置石埭縣，本漢丹陽郡地，有兩橫石，壅江如埭，因名。」潘眉曰：「石埭是縣名，當爲石埭侯，不爲城侯，封制無城侯。」周壽昌曰：「吴時尚未有石埭名，又石城本縣名，非城名。」謝鍾英曰：「丹陽郡無石埭縣，元和志誤。」吴增僅曰：「丹陽都尉治石城，韓當封此。當卒，子綜降魏，國除，於縣境置虎林督，爲重鎮。」楊守敬曰：「寰宇記：石埭本吴石城，韓當爲石城侯，遂置石埭場。乃知元和志石下衍埭字，下縣字爲場字之誤。」石城互見孫策傳注，此與魏志文聘傳之石梵，（即石城。）牽招傳之石城，同名異地。

〔八〕宣城、涇、陵陽見孫策傳，安吴見孫休傳永安四年，春穀見周瑜傳。

〔九〕盪寇中郎將一人，吴置。

〔一〇〕尋陽、沙羨均見孫策傳。

策薨，與張昭等共輔孫權，遂周旋三郡，平討不服。又從征江夏，還過豫章，別討樂安。〔一〕樂安平定，代太史慈備海昏，〔二〕與周瑜爲左右督，破曹公於烏林，〔三〕又進攻南郡，走曹仁。拜裨將軍，領江夏太守，治沙羨，食四縣。

〔一〕樂安見孫權傳建安八年。

〔二〕海昏見孫策傳。

〔三〕杭世駿曰：「湘中記云：君山有地道楂渚對岸古城，孫權遣程普所立。」弼按：孫皎傳：「呂蒙説權曰：周瑜、程普爲左右部督，共攻江陵，雖事決於瑜，普自恃久將，且俱是督，遂共不睦。」

先出諸將，普最年長，時人皆呼程公。〔一〕性好施與，喜士大夫。周瑜卒，代領南郡太守。權分荆州與劉備，普復還領江夏，遷盪寇將軍，卒。

吴書曰：普殺叛者數百人，皆使投火，即日病癘，百餘日卒。

權稱尊號，追論普功，封子咨爲亭侯。

〔一〕顧炎武日知録卷二十云：「方言：凡尊老，周、晉、秦、隴謂之公。戰國策：孟嘗君問馮公有親乎？史記：文帝謂馮唐，公柰何衆辱我？吴志：時人呼程公。蓋尊老之稱。」

黄蓋字公覆，零陵泉陵人也。〔一〕

吴書曰：故南陽太守黄子廉之後也。〔二〕枝葉分離，自祖遷于零陵，遂家焉。蓋少孤，嬰丁凶難，辛苦備嘗。然有壯志，雖處貧賤，不自同於凡庸。常以負薪餘閒，學書疏，講兵事。

初爲郡吏，察孝廉，辟公府。孫堅舉義兵，蓋從之。堅南破山賊，北走董卓，拜蓋别部司馬。

堅薨，蓋隨策及權，擐甲周旋，蹈刃屠城。

〔一〕零陵郡治泉陵，見蜀志先主傳建安十三年。

〔二〕何焯曰：「風俗通義：潁川黄子廉，每飲馬輒投錢於水，然則公覆之祖，自潁川徙零陵也。」杭世駿曰：「黄滔筆記云：陶靖節詩：昔在黄子廉，彈寇佐名州。湯伯紀注云：三國志黄蓋傳注：南陽太守子廉之後。劉潛夫詩話亦云：子廉之名，僅見蓋傳。按後漢尚書令黄香之孫守亮字子廉，爲南陽太守，注及詩話擧其孫而遺其祖，豈未深攷歟？子廉乃守亮之字，亦非名也。」趙一清曰：「黄香是江夏安陸人，香子瓊，瓊子琬，無守亮其人者。且東京人二名者亦少，不知黄氏何從爲此説也。」

諸山越不賓，有寇難之縣，輒用蓋爲守長。石城縣吏，〔一〕特難檢御，蓋乃署兩掾，分主諸曹。教曰：「令長不德，徒以武功爲官，不以文吏爲稱。今賊寇未平，有軍旅之務，一以文書委付兩掾，當檢攝諸曹，糾擿謬誤。兩掾所署，事入諾出，若有姦欺，終不加以鞭杖，宜各盡心，無爲衆先。」初皆怖威，夙夜恭職。久之，吏以蓋不視文書，漸容人事。蓋亦嫌外懈怠，時有所省，各得兩掾不奉法數事，乃悉請諸掾吏，賜酒食，因出事詰問。兩掾辭屈，皆叩頭謝罪。蓋曰：「前已相勑，終不以鞭杖相加，非相欺也。」遂殺之。縣中震慄。後轉春穀長、尋陽令。〔二〕凡守九縣，所在平定。遷丹陽都尉，〔三〕抑彊扶弱，山越懷附。

〔一〕石城見程普傳。

〔二〕春穀見周瑜傳，尋陽見孫策傳。

〔三〕丹陽都尉見程普傳。

蓋姿貌嚴毅，善於養衆，每所征討，士卒皆爭爲先。建安中，隨周瑜拒曹公於赤壁，建策火攻，語在瑜傳。〔一〕

吴書曰：赤壁之役，蓋爲流矢所中，時寒墮水，爲吴軍人所得，不知其蓋也，置廁牀中。〔二〕蓋自彊以一聲呼韓當，當聞之，曰：「此公覆聲也。」向之垂涕，解易其衣，遂以得生。

拜武鋒中郎將。〔三〕武陵蠻夷反亂，攻守城邑，乃以蓋領太守。時郡兵才五百人，自以不敵，因開城門，賊半入，乃擊之，斬首數百，餘皆奔走，盡歸邑落。誅討魁帥，附從者赦之。自春訖夏，寇亂盡平，〔四〕諸幽邃巴、醴、由、誕邑侯君長，〔五〕皆改操易節，奉禮請見，郡境遂清。後長沙益陽縣爲山賊所攻，蓋又平討，加偏將軍，病卒於官。

〔一〕趙一清曰：「方輿紀要卷七十六：百人山在漢陽府西南七十里，相傳周瑜與黃蓋詐曹公，大軍所起處也。南濱江，有百人磯。水經江水注：鸚鵡州之下尾，江水溠洄洑浦，是曰黃軍浦。昔吴將黃蓋軍師所屯，故浦得其名。」

〔二〕漢書汲黯傳：「大將軍青侍中，上踞廁視之。」孟康曰：「廁，牀邊側也。」

〔三〕蓋行武鋒校尉，見孫策傳注引吴録。洪飴孫曰：「武鋒中郎將一人，吴置。」沈家本曰：「孫策傳注載策表，稱行武鋒校尉黃蓋，是時策討黃祖於沙羨縣，蓋從行，乃建安四年也。本傳不敍爲武鋒校尉及討黃祖事，攷策表同列名者，周瑜、呂範、程普、孫權、韓當各傳，皆敍征劉勳討黃祖事，而蓋傳獨未之及，乃史文之疏也。」

〔四〕何焯曰：「我整彼亂，以練習擊烏合，乃可如此用奇。」

〔五〕潘眉曰：「巴、醴當是巴陵、醴陵，由、誕未詳。」趙一清曰：「巴、醴、(油)〔由〕、誕四水名，由即油水，誕即澹水也。水經注：澧水又東，澹水出焉。王仲宣贈士孫文始詩所云悠悠澹、澧者也。」

蓋當官決斷，事無留滯，國人思之。吴書曰：又圖畫蓋形，四時祠祭。

及權踐阼，追論其功，賜子柄爵關内侯。

韓當字義公，遼西令支人也。〔一〕令，音郎定反；支，音巨兒反。以便弓馬，有膂力，幸於孫堅。從征伐周旋，數犯危難，陷敵禽虜，爲别部司馬。吴書曰：當勤苦有功，以軍旅陪隸，分於英豪，〔二〕故爵位不加。終於堅世，爲别部司馬。及孫策東渡，從討三郡，〔三〕遷先登校尉，〔四〕授兵二千，騎五十匹。從征劉勳，破黄祖，還討鄱陽，領樂安長，〔五〕山越畏服。後以中郎將與周瑜等拒破曹公，又與吕蒙襲取南郡，遷偏將軍，領永昌太守。〔六〕宜都之役，〔七〕與陸遜、朱然等共攻蜀軍於涿鄉，〔八〕大破之，徙威烈將軍，〔九〕封都亭侯。曹真攻南郡，當保東南。在外爲帥，厲將士同心固守，又敬望督司，奉遵法令，權善之。黄武二年，封石城侯，〔一〇〕遷昭武將軍，領冠軍太守，〔一一〕後又加都督之號。將敢死及解煩兵萬人，〔一二〕討丹陽賊，破之。會病卒，子綜襲侯領兵。

〔一〕遼西令支見魏志公孫瓚傳。

〔二〕官本攷證曰：「分疑作介。」
〔三〕太史慈傳：孫策從騎十三，皆韓當、宋謙、黄蓋輩也。
〔四〕先登校尉一人，吴置。
〔五〕鄱陽、樂安均見孫權傳建安八年。
〔六〕永昌郡見蜀志後主傳建興三年。錢大昕曰：「永昌郡屬益州，蓋遥領之。下文領冠軍太守，冠軍屬南陽，權亦未有其地。」
〔七〕宜都郡治夷道，見蜀志先主傳章武二年。
〔八〕謝鍾英曰：「涿鄉當在夷陵縣西，今宜昌府西。」
〔九〕威烈將軍一人，吴置。
〔一〇〕石城詳見程普傳。
〔一一〕冠軍見魏志鄧哀王沖傳。
〔一二〕吴有解煩督。錢大昭曰：「解煩兵猶陳表傳言無難士也。張温傳：特以繞帳、帳下、解煩兵五千人付之。陳修嘗爲解煩督。胡綜傳：立解煩二部，詳領左部，綜領右部督。」

其年，權征石陽，〔一〕以綜有憂，使守武昌，而綜淫亂不軌，權雖以父故不問，綜内懷懼，

吴書曰：綜欲叛，恐左右不從，因諷使劫略，示欲饒之；轉相放效，爲行旅大患。後因詐言被詔，以部曲爲寇盜見詰讓，云「將吏以下，當並收治」；又言「恐罪自及」。〔二〕左右因曰：「惟當去耳。」遂共圖計，以當葬父，盡呼親戚姑姊，悉以嫁將吏，所幸婢妾，皆賜與親近，殺牛飲酒歃血，與共盟誓。

載父喪，將母家屬部曲男女數千人奔魏。〔三〕魏以爲將軍，封廣陽侯。〔四〕數犯邊境，殺害人民，

權常切齒。東興之役，綜爲前鋒，〔五〕軍敗身死，諸葛恪斬送其首，以白權廟。

〔一〕石陽見孫策傳。

〔二〕官本攷證曰：「自及，元本作及己。」

〔三〕互見孫權傳黄武六年。

〔四〕廣陽見魏志荀彧傳。潘眉曰：「廣陽，晉縣名，陳承祚據晉時縣名書之耳，當爲陵陽侯。晉咸康四年，以避杜皇后諱，始改廣陽。三國時不得爲廣陽也。此是魏封，吴則封周泰爲陵陽侯。」弼按：郡國志：「幽州廣陽郡廣陽」，三國魏屬燕國，荀彧孫虓封廣陽鄉侯，是漢、魏皆有廣陽也。潘説誤。

〔五〕趙一清曰：「水經沔水注云：栅水東南，積而爲竇湖，湖東有韓縱山，山上有城。縱即綜也。」

蔣欽字公奕，九江壽春人也。〔一〕孫策之襲袁術，〔二〕欽隨從給事。及策東渡，拜别部司馬，〔三〕授兵。與策周旋，平定三郡，又從定豫章，調授葛陽尉，〔四〕歷三縣長，討平盜賊，遷西部都尉。〔五〕會稽治賊吕合、秦狼等爲亂，〔六〕欽將兵討擊，遂禽合、狼，五縣平定，徙討越中郎將，〔七〕以經拘、昭陽爲奉邑。〔八〕賀齊討黟賊，〔九〕欽督萬兵，與齊并力，黟賊平定。從征合肥，魏將張遼襲權於津北，〔一〇〕欽力戰有功，〔一一〕遷盪寇將軍，領濡須督。〔一二〕後召還都，拜津右護軍，〔一三〕典領辭訟。

〔一〕壽春見魏志文紀黄初五年。

〔二〕陳景雲曰：「襲字當作依，或就字之誤。」盧明楷曰：「孫策傳：袁術僭號，策止以書責而絶之，未有襲術之事，疑有誤。」趙一清曰：「何焯校改袁術爲李術。案孫權傳注引江表傳，策表用李術爲廬江太守，則不應以兵襲之。袁術、李術皆於本傳不相合，或襲字誤。」周壽昌曰：「李術本策所表用，因策亡背叛，孫權始討誅之。」

〔三〕古今刀劍録云：「蔣欽拜别部司馬，造一刀，文曰司馬，隸書。」

〔四〕趙一清曰：「宋書州郡志：葛陽，吴立，屬鄱陽内史。」洪亮吉曰：「葛陽，吴分餘汗東界立。太平寰宇記：城在葛水之北，故名。」謝鍾英曰：「寰宇記：建安十五年置，即弋陽縣。方輿紀要：今廣信府弋陽縣治。鍾英按：蔣欽從策平豫章，調授葛陽尉，在興平元年，樂史謂建安十五年置者，誤也。」

〔五〕傳言遷西部都尉，未言何郡，以下文平會稽冶賊事推之，當爲會稽西部都尉也。或西部上失會稽二字，或會稽二字誤倒在西部都尉下。然以賀齊傳領南部都尉例之，則本文自如是也。漢書地理志：會稽郡錢唐，西部都尉治。後漢分會稽爲吴郡，程普爲吴郡都尉，治錢唐，見普傳。宋書州郡志：會稽太守，秦立，治吴。漢順帝永建四年，分會稽爲吴郡，會稽移治山陰。東陽太守本會稽西部都尉，吴孫皓寶鼎元年立。宋鄭緝之東陽記云：此境於會稽西部，嘗置都尉理於此。吴寶鼎元年始分會稽，置東陽郡。

〔六〕宋本「治」作「冶」。何焯云：「即東冶賊也。」弼按：互見吕岱傳，作東冶。

〔七〕討越中郎將一人，吴置，討山越也。

〔八〕錢大昕曰：「按吴諸將食邑，如孫皎賜沙羡、雲杜、南新市、竟陵爲奉邑，孫韶食曲阿、丹徒二縣，吕蒙食下雋、劉陽、漢昌、州陵，徐盛賜臨城縣爲奉邑，朱治以婁、由拳、無錫、毗陵爲奉邑，吕範以彭澤、柴桑、歷陽爲奉邑，又改溧陽、懷安、寧國之類，皆縣名也。經拘、昭陽，漢時無此縣名，宋志邵陵郡有邵陽縣，吴立，曰昭陽，即欽所食邑矣。經拘未詳。」趙一清曰：「方輿紀要卷八十一：昭陽在寶慶府東五十里，後漢析昭陵縣置，屬零陵郡。」一清案：經拘，晉、宋志皆不載，疑此文有誤。蓋欽屯宣城，故其子壹封宣城侯，其食邑當在丹陽，不得遠屈湘、郢也。漢丹陽郡有涇縣，有句容、經拘、昭陽或是鄉亭之名。下云以蕪湖田給欽妻子，是也。又凡封侯，乃有奉邑，蔣欽不侯，或史失之。」弼按：奉邑，解在周瑜傳。

〔九〕黟，各本均作黝，誤。元本作黟，是。黟見孫策傳。賀齊討黟、歙見孫權傳建安十三年。

〔一〇〕水經注：「合肥東有逍遥津，水上舊有梁。」

〔一一〕此建安二十年事，見孫權傳。

〔一二〕瀕江要地置督。

〔一三〕「津」字疑衍。吴置中左、右護軍各一人。

權嘗入其堂内，母疎帳縹被，〔一〕妻妾布裙。權歎其在貴守約，即勑御府爲母作錦被，改易帷帳，妻妾衣服，悉皆錦繡。〔二〕

〔一〕説文：「縹，帛青白色也。」

〔二〕權謂蔣欽富貴榮顯，更能折節好學，見呂蒙傳注引江表傳。

初，欽屯宣城，〔一〕嘗討豫章賊。蕪湖令徐盛〔二〕收欽屯吏，表斬之。權以欽在遠，不許，盛由是自嫌於欽。曹公出濡須，欽與呂蒙持諸軍節度。盛常畏欽因事害己，而欽每稱其善。盛既服德，論者美焉。

江表傳曰：權謂欽曰：「盛前白卿，卿今舉盛，欲慕祁奚邪？」〔三〕欽對曰：「臣聞公舉不挾私怨，盛忠而勤彊，有膽略器用，〔四〕好萬人督也。今大事未定，臣當助國求才，豈敢挾私恨以蔽賢乎！」權嘉之。

〔一〕宣城見孫策傳。
〔二〕蕪湖見太史慈傳。
〔三〕祁奚事解見呂蒙傳。
〔四〕毛本「用」作「二」，誤。沈家本曰：「此與呂蒙傳權謂蒙語相同，恐一事而傳之不同耳。」

權討關羽，欽督水軍入沔，還，道病卒。權素服舉哀，以蕪湖民二百户、田二百頃，給欽妻子。子壹，封宣城侯，領兵拒劉備有功，還赴南郡，與魏交戰，臨陣卒。壹無子，弟休領兵，後有罪失業。

周泰字幼平，九江下蔡人也。〔一〕與蔣欽隨孫策爲左右，服事恭敬，數戰有功。策入會稽，署别部司馬，授兵。權愛其爲人，請以自給。策討六縣山賊，權住宣城，〔二〕使士自衛，不能千人，意尚忽略，不治圍落，而山賊數千人卒至。權始得上馬，而賊鋒刃已交於左右，或斫中馬鞍，衆莫能自定。惟泰奮擊，投身衛權，〔三〕膽氣倍人，左右由泰並能就戰。賊既解散，身被十二創，良久乃蘇。是日無泰，權幾危殆。策深德之，補春穀長。〔四〕後從攻皖，及討江夏，還過豫章，復補宜春長，〔五〕所在皆食其征賦。

〔一〕下蔡見魏志蔣濟傳。
〔二〕宣城見孫策傳。

〔三〕官本考證曰：「監本訛作奮激没身，今改正。」弼按：馮本亦「擊」誤作「激」。

〔四〕春穀見周瑜傳。

〔五〕皖、宜春均見孫堅傳。

從討黄祖有功。後與周瑜、程普拒曹公於赤壁，攻曹仁於南郡。荆州平定，將兵屯岑。〔一〕曹公出濡須，泰復赴擊，曹公退，留督濡須，拜平虜將軍。〔二〕時朱然、徐盛等皆在所部，並不伏也，〔三〕權特爲案行至濡須塢，因會諸將，大爲酣樂。權自行酒，到泰前，命泰解衣，權手自指其創痕，問以所起。泰輒記昔戰鬬處以對。畢，使復服，歡讌極夜。其明日，遣使者授以御蓋，

江表傳曰：權把其臂，因流涕交連，〔四〕字之曰：「幼平，卿爲孤兄弟，戰如熊虎，不惜軀命，被創數十，膚如刻畫，孤亦何心不待卿以骨肉之恩，委卿以兵馬之重乎！卿吴之功臣，孤當與卿同榮辱，等休戚。幼平，意快爲之，〔五〕勿以寒門自退也。」〔六〕即敕以己常所用御幘青縑蓋賜之。坐罷，住駕，使泰以兵馬導從出，鳴鼓角作鼓吹。〔七〕

於是盛等乃伏。

〔一〕趙一清曰：「水經澧水注：涔水出作唐縣西南天門郡界，南流逕涔坪屯。蓋屯戍之名，在今澧州東北，本文似有脱誤。」

〔二〕刀劍録云：「周幼平擊曹公軍勝，拜平虜將軍，因造一刀，銘背曰幼平。」胡三省曰：「平虜將軍，蓋孫氏創置。」弼按：漢有平虜將軍劉勳，見魏志武紀建安十八年注，非孫氏創置也。

〔三〕通鑑「伏」作「服」，下文「於是盛等乃伏」，通鑑亦作「服」。
〔四〕元本「連」作「漣」。
〔五〕各本皆作「威平」，誤。
〔六〕胡三省曰：「寒門，言所出微也。」
〔七〕「鼓吹」解見蜀志劉封傳。

後權破關羽，欲進圖蜀，拜泰漢中太守、〔一〕奮威將軍，封陵陽侯。〔二〕黄武中卒。

〔一〕趙一清曰：「此是遥領。」
〔二〕陵陽見孫策傳。

子邵，以騎都尉領兵。曹仁出濡須，戰有功，又從攻破曹休，進位裨將軍。黄龍二年，卒。弟承領兵襲侯。

陳武字子烈，廬江松滋人。〔一〕孫策在壽春，武往脩謁，時年十八，長七尺七寸，〔二〕因從渡江，征討有功，拜别部司馬。策破劉勳，多得廬江人，料其精鋭，乃以武爲督，所向無前。及權統事，轉督五校。〔三〕仁厚好施，鄉里遠方客多依託之。尤爲權所親愛，數至其家。累有功勞，進位偏將軍。建安二十年，從擊合肥，奮命戰死。權哀之，自臨其葬。

江表傳曰：權命以其愛妾殉葬，復客二百家。

孫盛曰：昔三良從穆，秦師以之不征；〔四〕魏妾既出，杜回以之僵仆。〔五〕禍福之報，如此之效也。權杖計任術，以生從死，世祚之促，不亦宜乎！〔六〕

〔一〕漢書地理志：「廬江郡松茲，侯國。」一統志：「松茲廢縣，在今安徽安慶府宿松縣北。」晉志：「屬安豐郡。」又江西九江、湖廣荆州俱有松茲，與此不同。錢大昕曰：「班志廬江郡有松茲縣，續漢志無之，則東京已省此縣，疑漢末復置也。今荆州府之松滋縣，蓋沿其名，非漢、魏之松滋也。」謝鍾英曰：「松滋縣今霍丘縣東十五里。」弼按：按文，人下少也字，董襲傳同。

〔二〕趙一清曰：「御覽卷四百四十六引陳武別傳云：武時人無察者，頓丘閻遐薦之於軍府。或問武當今可與誰爲輩？遐曰：方謝道堅不足比，徐世璋有餘。道堅、世璋皆同時知名士也。武聞之，笑曰：乃處我季孟閒乎？」

〔三〕續百官志：「北軍中候，掌監五營」，即屯騎、越騎、步兵、長水、射聲五校尉也。劉昭注：「大駕鹵簿，五校在前，各有鼓吹一部。」是時權尚未即尊，不得有五校，或亦如無難督、解煩督耳。

〔四〕左傳文公六年：「秦伯任好卒，（任好，秦穆公名。）以子車氏之三子爲殉，皆秦之良也。國人哀之，爲之賦黃鳥。君子是以知秦之不復東征也。」

〔五〕左傳宣公十五年：「魏顆敗秦師于輔氏，獲杜回，秦之力士也。初，魏武子有嬖妾，無子。武子疾，命顆曰：必嫁是。疾病，則曰：必以爲殉。及卒，顆嫁之。及輔氏之役，顆見老人結草以亢杜回，杜回躓而顛，故獲之。夜夢之曰：余而所嫁婦人之父也。」

〔六〕何焯曰：「殉妾之事固非，孫盛之論，亦奢闊無當。」

子（修）〔脩〕，有武風。年十九，權召見獎厲，拜別部司馬，授兵五百人。時諸將新兵多有逃叛，而脩撫循得意，不失一人。權奇之，拜爲校尉。建安末，追録功臣後，封（修）〔脩〕都亭侯，爲解煩督。〔一〕黃龍元年，卒。

〔一〕韓當傳有解煩兵，當有解煩督。

弟表，字文奧，武庶子也。少知名，與諸葛恪、顧譚、張休等並侍東宮，皆共親友。尚書暨豔亦與表善，後豔遇罪，時人咸自營護，信厚言薄，表獨不然，士以此重之。徙太子中庶子，拜翼正都尉。〔一〕兄脩亡後，表母不肯事脩母，表謂其母曰：「兄不幸早亡，表統家事，當奉嫡母。母若能爲表屈情，承順嫡母者，是至願也；若母不能，直當出別居耳。」〔二〕表於大義公正如此，由是二母感寤雍穆。表以父死敵場，求用爲將，領兵五百人。表欲得戰士之力，傾意接待，士皆愛附，樂爲用命。時有盜官物者，疑無難士施明。明素壯悍，收考極毒，惟死無辭，〔三〕廷尉以聞。權以表能得健兒之心，詔以明付表，使自以意求其情實。表便破械沐浴，易其衣服，厚設酒食，歡以誘之。明乃首服，具列支黨。表以狀聞，權奇之，欲全其名，特爲赦明，誅戮其黨。遷表爲無難右部督，〔四〕封都亭侯，以繼舊爵。表皆陳讓，乞以傳脩子延，權不許。嘉禾三年，諸葛恪領丹陽太守，討平山越，以表領新安都尉，〔五〕與恪參勢。初，表所受賜復人，得二百家，〔六〕在會稽新安縣。〔七〕表簡視其人，皆堪好兵，乃上疏陳讓，乞以還官，充足精銳。詔曰：「先將軍有功於國，國家以此報之，卿何得辭焉？」表乃稱曰：「今除國賊，報父之仇，以人爲本。空枉此勁銳以爲僮僕，非表志也。」皆輒料取，以充部伍。所在以聞，權甚嘉之。下郡縣，料正户羸民，以補其處。表在官三年，廣開降納，得兵萬餘人。事捷當出，會鄱陽民吳遽等爲亂，攻没城郭，屬縣摇動，表便越界赴討，遽以破敗，遂降。陸遜拜表偏將軍，進封都鄉侯，北屯章阬。〔八〕年三十四，卒。家財盡於養士，死之日，妻子露立，太子登爲起屋宅。子敖，年十七，拜别部司馬，授兵四百人。敖卒，脩子延復爲司馬代敖。延弟永，將軍，封侯。始施明感表，自變行爲善，遂成健將，致位將軍。

〔一〕陳景雲曰：「徙當作從，中庶子乃陳表初除之官，非遷改也。此與張休從中庶子轉右弼都尉同。」

〔二〕或曰：「按表是語，必武妻性嚴，而無出之妾，難望其容畜者。命愛妾殉葬，或其妾本有從死之志，而權特假之以爲名耳。」

〔三〕元本「惟」作「雖」。

〔四〕洪飴孫曰：「無難督，吳所立營兵之名。」

〔五〕陳景雲曰：「安當作都，是時新都猶未改新安。又諸葛瑾傳注引吳書亦云新都都尉陳表，尤明證也。」錢大昕曰：「孫權於建安十三年立新都郡，晉太康平吳，始改新安。此云新安，蓋新都之譌。因下文有會稽新安縣，相涉而誤耳。」弼按：陳、錢説均是。宋書州郡志：「新安太守，漢獻帝建安十三年，孫權分丹陽立，曰新都。晉武帝太康元年更名。」是本傳應作新都也。新都郡見孫權傳建安十三年。梁章鉅謂陳志作於晉時，郡名宜從晉云云，説誤，不録。

〔六〕何焯曰：「所謂復人者，不知是有罪之人乎？若以正户羸民補其處，是真以平民賞將家爲僮僕，較之後世所謂驅户，其虐又有甚焉。江左遺黎，又何堪孫氏之政乎？」

〔七〕趙一清曰：「宋書州郡志東陽太守領新安，是時尚未立東陽郡，故新安仍屬會稽。」錢大昕曰：「此新安即衢州信安縣，沈約志：東陽郡信安縣，漢獻帝初平三年分太末立，曰新安。晉武帝太康元年更名東陽，本會稽西部都尉，故云會稽新安縣。若新都郡本丹陽之地，不得係以會稽也。」謝鍾英曰：「方輿紀要：今浙江衢州府城西。」

〔八〕章阮解見顧承傳。

董襲字元代，會稽餘姚人。〔一〕長八尺，武力過人。

謝承後漢書稱襲志節慷慨，武毅英烈。

孫策入郡，〔二〕襲迎於高遷亭，〔三〕策見而偉之，到署門下賊曹。時山陰宿賊黄龍羅、周勃聚黨數千人，〔四〕策自出討，襲身斬羅、勃首，還拜别部司馬，授兵數千，遷揚武都尉。〔五〕從策攻皖，又討劉勳於尋陽，伐黄祖於江夏。

〔一〕餘姚見孫策傳。

〔二〕會稽郡也。

〔三〕高遷亭見孫静傳。

〔四〕錢大昭曰：「以下文斬羅、勃首證之，則周字衍。」弼按：羅、勃如爲二人名，則周字不衍。

〔五〕揚武都尉一人，吴置。

策薨，權年少，初統事，太妃憂之，引見張昭及襲等，問江東可保安不？襲對曰：「江東地勢，有山川之固，而討逆明府，恩德在民，討虜承基，〔一〕大小用命。張昭秉衆事，襲等爲爪牙，此地利人和之時也，萬無所憂。」衆皆壯其言。

〔一〕錢大昭曰：「曹公表權爲討虜將軍，故有是稱。」

鄱陽賊彭虎等衆數萬人，襲與淩統、步騭、蔣欽各别分討。襲所向輒破，虎等望見旌旗，便散走，旬日盡平，拜威越校尉，〔一〕遷偏將軍。

〔一〕威越校尉一人，吴置。

建安十三年，權討黄祖，祖横兩蒙衝，〔一〕挾守沔口，〔二〕以栟閭大紲繫石爲矴，〔三〕上有千人，以弩交射，飛矢雨下，軍不得前。襲與淩統俱爲前部，各將敢死百人，人被兩鎧，乘大舸船，〔四〕突入蒙衝裏。襲身以刀斷兩紲，蒙衝乃横流，大兵遂進。祖便開門走，兵追斬之。〔五〕明日大會，權舉觴屬襲曰：「今日之會，斷紲之功也。」〔六〕

〔一〕「蒙衝」解見周瑜傳。

〔二〕何焯曰：「挾，御覽作俠。」朱邦衡曰：「挾、俠、夾古字通。儀禮士喪禮：婦人俠牀東西。漢書叔孫通傳：殿下郎中俠陛。是皆挾守之義也。」趙一清曰：「方輿紀要卷七十六：漢水東與大江會於大别山北，其地名漢口，山陰石上有石穴二處，謂之鎖穴，黄祖横兩蒙衝守沔口，即此穴也。」弼按：沔口即夏口，見魏志武紀建安十三年，又見文聘傳。

〔三〕胡三省曰：「栟閭，椶櫚也。郭璞曰：落穫也，中作器索。栟，卑盈翻。紲，音薛，長繩也。矴，丁安翻；錘舟石。」

〔四〕胡三省曰：「方言：南楚江湘凡船大者謂之舸，小者謂之榺。舸，嘉我翻。」

〔五〕騎士馮則，追梟祖首，見孫權傳。

〔六〕此與王濬然燒鐵鎖之功何異？彼乃順流而下，如入無人之境，此則逆流而上，身爲衆矢之的。非董襲武力過人，不能抽刀斷紲，孫權之舉觴相屬，固足以獎厲士氣，然別無旌功録異之典，或史有闕文歟？趙一清曰：「刀劍録：董元代少果勇，自打鐵，作一刀。後討黄祖於蒙衝河，元代引刀斷衝頭爲二流，拜大司馬，號斷蒙刀。一清案：蒙衝，舟艦名也，今以爲河名，云斷爲二流，妄誕甚矣。」弼按：趙氏引書，辨正極少，此爲僅見，所論極是。

曹公出濡須，襲從權赴之，使襲督五樓船住濡須口。夜卒暴風，五樓船傾覆，左右散走舸，〔一〕乞使襲出。襲怒曰：「受將軍任，在此備賊，何等委去也？敢復言此者斬！」於是莫敢干。其夜船敗，襲死。權改服臨喪，供給甚厚。

〔一〕「走舸」解見周瑜傳。

甘寧字興霸，巴郡臨江人也。〔一〕

吴書曰：寧本南陽人，〔二〕其先客於巴郡。寧爲吏舉計掾，補蜀郡丞。〔三〕頃之，棄官歸家。

少有氣力，好游俠，招合輕薄少年，爲之渠帥。羣聚相隨，挾持弓弩，負毦帶鈴，〔四〕民聞鈴聲，即知是寧。

吴書曰：寧輕俠殺人，藏舍亡命，聞於郡中。其出入，步則陳車騎，水則連輕舟，侍從被文繡，所如光道路。住止常以繒錦維舟，去或割棄，以示奢也。

人與相逢，及屬城長吏，接待隆厚者，乃與交歡；不爾，即放所將奪其資貨。於長吏界中，有所賊害，作其發負，〔五〕至二十餘年。〔六〕止不攻劫，頗讀諸子，乃往依劉表，因居南陽，不見進

用；後轉託黄祖，祖又以凡人畜之。〔七〕

吴書曰：寧將僮客八百人就劉表。表儒人，不習軍事。〔八〕時諸英豪各各起兵，寧觀表事勢終必無成，恐一朝土崩，〔九〕并受其禍，〔一〇〕欲東入吴。黄祖在夏口，〔一一〕軍不得過，乃留依祖；三年，祖不禮之。〔一二〕權討祖，祖軍敗奔走，追兵急；寧以善射，將兵在後，射殺校尉淩操。〔一三〕祖既得免，軍罷還營，待寧如初。祖都督蘇飛數薦寧，祖不用，令人化誘其客，客稍亡。寧欲去，恐不獲免，獨憂悶不知所出。飛知其意，乃要寧，爲之置酒，謂曰：「吾薦子者數矣，主不能用。〔一四〕日月逾邁，人生幾何，宜自遠圖，庶遇知己。」寧良久乃曰：「雖有其志，未知所由。」飛曰：「吾欲白子爲邾長，〔一五〕於是去就，孰與臨版轉丸乎」？寧曰：「幸甚。」飛白祖，聽寧之縣。招懷亡客并義從者，得數百人。

〔一〕郡國志：「益州巴郡臨江。」一統志：「今四川忠州治。」

〔二〕史記甘茂傳：「茂，下蔡人。」晉書甘卓傳：「卓，秦丞相茂之後，曾祖寧，爲吴將。」據此二傳，寧爲甘茂之後，初亦下蔡人也。

〔三〕趙一清曰：「蜀志劉焉傳注引英雄記曰：璋將沈彌、婁發、甘寧反，擊璋不勝，走入荊州，正寧爲蜀郡丞時也。」

〔四〕「眊」字解見蜀志諸葛亮傳注引魏略。國語：「晉攻狄，叔虎被羽先升，敗之。」韋昭云：「羽，鳥羽，繫於背，若今將軍負眊矣。」

〔五〕或曰：發疑作廢。廢負，見呂蒙傳。胡三省謂廢是廢職事，負是罪負。

〔六〕劉璋於興平元年爲益州刺史，甘寧擊璋，走荊州依劉表，在建安初年，中閒安得有二十餘年？疑衍二字，否則史文爲誤。

〔七〕胡三省曰：「畜，養也。」

〔八〕監本作「不智也事」，大誤。

〔九〕通鑑「土崩」作「衆散」。

〔一〇〕胡三省曰：「聚而不用，其禍必至。」

〔一一〕夏口見魏志武紀建安十三年。

〔一二〕宋本作「祖三年不禮之」。

〔一三〕胡三省曰：「姓譜：衛康叔支子爲周淩人，子孫以爲氏。」

〔一四〕馮本、毛本「主」作「王」，誤。

〔一五〕鄳縣見孫權傳赤烏四年。胡三省曰：「鄳縣屬江夏郡。」地道記曰：「楚滅鄳，徙其君於此。」賢曰：「鄳故城在今復州竟陵縣東。飛蓋開其奔吴之路也。長，知兩翻。」宋白曰：「黄州，漢鄳縣也。」弼按：以在黄州者爲是。

於是歸吴。〔一〕周瑜、吕蒙皆共薦達，孫權加異，同於舊臣。寧陳計曰：「今漢祚日微，曹操彌憍，終爲簒盜。南荆之地，山陵形便，江川流通，誠是國之西勢也。〔二〕寧已觀劉表，慮既不遠，兒子又劣，〔三〕非能承業傳基者也。至尊當早規之，不可後操圖之。〔四〕圖之之計，宜先取黄祖。祖今年老，昏耄已甚，財穀並乏，左右欺弄，務於貨利，侵求吏士，吏士心怨，舟船戰具，頓廢不脩，〔五〕怠於耕農，軍無法伍。至尊今往，其破可必。一破祖軍，鼓行而西，西據楚關，〔六〕大勢彌廣，即可漸規巴蜀。」〔七〕權深納之。張昭時在坐，難曰：「吴下業業，〔八〕若軍果行，恐必致亂。」寧謂昭曰：「國家以蕭何之任付君，君居守而憂亂，奚以希慕古人乎！」〔九〕權舉酒屬寧曰：「興霸，今年行討，如此酒矣，決以付卿。卿但當勉建方略，令必克祖，則卿之

功，何嫌張長史之言乎。」〔一〇〕權遂西，果禽祖，盡獲其士衆。遂授寧兵，屯當口。〔一一〕

吳書曰：初，權破祖，先作兩函，欲以盛祖及蘇飛首。飛令人告急於寧，寧曰：「飛若不言，吾豈忘之？」權爲諸將置酒，寧下席叩頭，血涕交流，爲權言飛疇昔舊恩：〔一二〕「寧不值飛，固已捐骸於溝壑，〔一三〕不得致命於麾下。今飛罪當夷戮，特從將軍乞其首領。」〔一四〕權感其言，謂曰：「今爲君致之，若走去何？」〔一五〕寧曰：「飛免分裂之禍，受更生之恩，逐之尚必不走，豈當圖亡哉！若爾，〔一六〕寧頭當代入函。」權乃赦之。〔一七〕

〔一〕通鑑建安十三年追述甘寧入吳事。通鑑攷異曰：「吳志孫權傳建安八年、十二年皆嘗討黃祖；淩統傳父操死時，統年十五，攝父兵，後擊麻、保屯，刺殺陳勤。按周瑜、孫瑜傳以十一年擊麻、保屯，則操死似在八年，然後五年，寧乃奔權，似晚。今無年月可據，追言之。」

〔二〕胡三省曰：「謂在吳之西，據上流之形勢。」

〔三〕胡三省曰：「言又弱於表也。」

〔四〕通鑑作「至尊當早圖之，不可後操」。胡注：「言若不先圖劉表，必爲操所圖也。」

〔五〕胡三省曰：「頓，壞也。左傳：甲兵不頓。頓，讀曰鈍。」

〔六〕胡三省曰：「楚關，扞關也。蜀伐楚，楚爲扞關以拒之，故曰楚關。」弼按：扞關詳見魏志文紀黃初三年注引魏書。

〔七〕此即公瑾圖蜀之策，宜其職拔推薦也。

〔八〕胡三省曰：「業業，危懼之意。」

〔九〕胡三省曰：「言固有攸當者，張昭不得以彊辭距也。」

〔一〇〕胡三省曰：「昭爲權長史，權之此言，既以奬甘寧之氣，又以全張昭之體。不有居者，誰守社稷；不有行者，誰扞牧圉。」

〔一一〕通鑑云：「淩統怨甘寧殺其父操，常欲殺寧，孫權令寧屯於他所。」弼按：後文注引吳書云「權令寧徙屯半州」，是屯當口在先，徙屯半州在後，通鑑似誤爲一事也。趙一清曰：「寧屯始屬孫皎，皎督夏口；後因酒失求屬呂蒙，蒙督濡須，觀本傳後文知之。當口必在夏口相近。或曰當口或即當利口。」

〔一二〕胡三省曰：「舊恩，謂薦而不用，又開之使奔吳也。」

〔一三〕宋本「捐」作「殞」，毛本「骸」作「駭」，誤。

〔一四〕本傳稱至尊，此稱將軍，此時權未即尊，似以稱將軍爲是。

〔一五〕通鑑「致」作「置」，何焯校改作赦。官本攷證曰：「致疑作置。陳、范二史此二字多通用。若走去何，監本訛作若走云何，今改正。」弼按：作置是，作赦非，下文有赦字也。

〔一六〕胡三省曰：「亡，謂亡走也。爾，猶言如此也。」

〔一七〕毛本「乃」作「當」，誤。

後隨周瑜拒破曹公於烏林，攻曹仁於南郡，未拔；寧建計先徑進取夷陵，〔一〕往即得其城，因入守之。時手下有數百兵，并所新得，僅滿千人。曹仁乃令五六千人圍寧。寧受攻累日，敵設高樓，雨射城中，士衆皆懼，惟寧談笑自若。遣使報瑜，瑜用呂蒙計，帥諸將解圍。後隨魯肅鎮益陽，拒關羽。羽號有三萬人，自擇選鋭士五千人，投縣上流十餘里淺瀨，云欲夜涉渡。肅與諸將議，寧時有三百兵，乃曰：「可復以五百人益吾，吾往對之，保羽聞吾欬唾，不敢涉水，涉水即爲吾禽。」〔二〕肅便選千兵益寧，寧乃夜往。羽聞之，住不渡，而結柴營，

今遂名此處爲關羽瀨。〔三〕權嘉寧功，拜西陵太守，領陽新、下雉兩縣。〔四〕

〔一〕夷陵，漢屬南郡，吴改曰西陵，屬宜都郡，見魏志文紀黄初元年。趙一清曰：「方輿紀要卷七十八：夷陵州本楚地，秦屬南郡，兩漢因之。魏武平荆州，置臨江郡，蜀改爲宜都郡，吴黄武元年，改夷陵曰西陵，以爲重鎮焉。」何焯曰：「既取夷陵，則江路通利，進可以戰，退可以守。」

〔二〕宋本「爲」作「是」。

〔三〕按孫權傳、吕蒙傳皆云破朱光在前，拒關羽在後，與此傳異。趙一清曰：「水經資水注云：益陽縣有關羽瀨，所謂關羽瀨也，南對甘寧故壘。昔關羽屯軍水北，孫權令魯肅、甘寧拒之於是。甘寧謂肅曰：羽聞吾欬唾之聲，不敢渡也，渡則成禽矣。羽夜聞寧處分，曰：興霸聲也。遂不渡。」

〔四〕陽新、下雉二縣見孫權傳黄初二年。此西陵與夷陵改名之西陵同名異地。建安二十年置郡，黄初二年陽新、下雉屬武昌郡，西陵郡即廢省矣。楊守敬曰：「此西陵郡當在江南，疑水經注桑步下所謂南陽者，即此西陵郡之誤。」錢大昕曰：「此西陵郡蓋漢分江夏郡之地，陽新縣亦吴置，今興國州地也。陸抗拜鎮軍將軍，都督西陵，步闡爲西陵督，此西陵即漢之夷陵縣，黄武元年改名，與此非一地。」趙一清曰：「西陵郡後併入武昌，見孫權傳。方輿紀要卷二十八：甘公城在寧國府南陵縣北七里，甃甓甚工，繚以漳水，可容數千人。四旁門址，猶有存者。或曰吴將甘寧嘗屯此，俗謂爲甘羅城。」

後從攻皖，爲升城督。寧手持練，身緣城，爲吏士先，卒破獲朱光。計功，吕蒙爲最，寧次之，〔一〕拜折衝將軍。〔二〕

〔一〕互見吕蒙傳。

〔一〕洪飴孫曰：「折衝將軍一人，第五品。」

後曹公出濡須，寧爲前部督，受勑出斫敵前營。權特賜米酒衆殽，寧以料賜手下百餘人食。〔一〕食畢，寧先以銀盌酌酒，自飲兩盌，乃酌與其都督。都督伏，不肯時持。寧引白削置膝上，〔二〕呵謂之曰：「卿見知於至尊，孰與甘寧？甘寧尚不惜死，卿何以獨惜死乎！」都督見寧色厲，即起拜持酒，通酌兵各一銀盌。〔三〕至二更時，銜枚出斫敵。敵驚動，遂退。寧益貴重，增兵二千人。〔四〕

江表傳曰：曹公出濡須，號步騎四十萬，臨江飲馬。權率衆七萬應之，使寧領三千人爲前部督。〔五〕權密勑寧使夜入魏軍，寧乃選手下健兒百餘人，徑詣曹公營下，使拔鹿角，踰壘入營，斬得數十級。北軍驚駭鼓譟，舉火如星，寧已還入營，作鼓吹，稱萬歲。因夜見權，權喜曰：「足以驚駭老子否，聊以觀卿膽耳。」即賜絹千匹，刀百口。權曰：「孟德有張遼，孤有興霸，足相敵也。」停住月餘，北軍便退。

〔一〕宋本「以」作「乃」。

〔二〕削有二義。一爲簡札之義，後漢書蘇竟傳「走昔以摩研編削之才」章懷注：「說文曰：編，次也。削，謂簡也；一曰：削，書刀也。」惠棟曰：「顏之推云：古者書誤則削之，故左傳云：削而投之。是也。或即謂札爲削。王褒童約曰：書削代牘。」王先謙曰：「削謂簡是也。」一爲劍削之義。方言云：「劍削自河而北、燕趙之閒謂之室；自關而東，或謂之廓，或謂之削；自關而西，謂之鞞。」錢繹箋疏云：「說文：削，鞞也。玉篇：鞘，刀鞘也。鞘與削同。廣雅：室、郭，劍削也。燕策云：拔劍劍長，操其室。郭、廓，古今字。案，削、室、廓、鞞皆外衛之通名。釋名云：刀室曰削。削，峭也，其形峭殺，裹刀體也。史記貨殖傳：洒削薄技也。顏師古注漢書曰：削，謂刀劍室也。主爲洒刷之，去其垢也。是刀亦名削也。」弼按：甘寧引白削置膝上，二義皆可通，以後義爲近是。

〔三〕宋本作「即起拜待酒，次通酌兵各一銀盌」。

〔四〕何焯曰：「甘寧可爲特將，督萬兵臨敵場，吴人未竟其用。」

〔五〕馮本、毛本「部」作「都」，誤。

寧雖麤猛好殺，〔一〕然開爽有計略，輕財敬士，能厚養健兒，健兒亦樂爲用命。建安二十年，從攻合肥，會疫疾，軍旅皆已引出，唯車下虎士千餘人，并呂蒙、蔣欽、淩統及寧從權逍遥津北。張遼覘望知之，即將步騎奄至。寧引弓射敵，與統等死戰。寧厲聲問鼓吹何以不作，壯氣毅然，權尤嘉之。〔二〕

吴書曰：淩統怨寧殺其父操，寧常備統，不與相見，權亦命統不得讎之。嘗於呂蒙舍會，酒酣，統乃以刀舞，寧起曰：「寧能雙戟舞。」蒙曰：「寧雖能，未若蒙之巧也。」因操刀持楯，〔三〕以身分之。後權知統意，因令寧將兵，遂徙屯於半州。〔四〕

〔一〕各本「麤」作「麁」，誤。寧麤暴好殺，又見呂蒙傳。

〔二〕杭世駿曰：「江表傳云：孫權攻合肥不下而還，休兵皆上道，權與呂蒙等在後。魏將張遼奄至，鼓吹驚怖，不能復鳴。甘寧刀欲斫之，於是始作。」

〔三〕元本「楯」作「稍」。

〔四〕半州見張昭傳、薛綜傳。甘寧、淩統分別將兵，遂各爲名將；魏延、楊儀互不相下，遂爲亂階。諸葛不忍偏廢，或亦蜀中人才之乏歟？

寧廚下兒曾有過，走投呂蒙，蒙恐寧殺之，故不即還。後寧齎禮禮蒙母，臨當與升堂，乃出廚下兒還寧。寧許蒙不殺。斯須還船，縛置桑樹，自挽弓射殺之。〔一〕畢，勑船人更增舸纜，解衣臥船中。蒙大怒，擊鼓會兵，欲就船攻寧。寧聞之，故臥不起。蒙母徒跣出諫蒙曰：「至尊待汝如骨肉，屬汝以大事，何有以私怒而欲攻殺甘寧？寧死之日，縱至尊不問，汝是爲臣下非法。」蒙素至孝，聞母言，即豁然意釋，自至寧船，笑呼之曰：「興霸，老母待卿食，急上！」寧涕泣歔欷曰：「負卿。」與蒙俱還見母，歡宴竟日。

〔一〕此亦麤猛好殺之一端。

寧卒，權痛惜之。〔二〕子瓌，以罪徙會稽，無幾死。〔三〕

〔二〕潘眉曰：「甘寧之勇烈功績，與魏典韋相上下，韋不封侯，寧亦不封侯，酬功之典，均爲未副也。陳志以程、黄、韓、蔣、周、陳、董、甘、淩、徐、潘、丁爲一卷，攷韓當封石城侯，周泰封陵陽侯，徐盛封蕪湖侯，潘璋封溧陽侯，丁奉封安豐侯，皆及身封侯。追論程普功，封子咨爲亭侯，追論黄蓋功，賜子柄爵關内侯，追録淩統功，封子烈爲亭侯。烈有罪，弟封復襲爵。又蔣欽子壹封宣城侯，陳武子脩封都亭侯，表封都鄉侯，皆封其子。不侯者惟董襲、甘寧，襲傳不言有子，或其人本無胤嗣；若甘寧則身未封侯，而其子於未得罪前亦不加追録，則所以待寧者，不亦薄乎！」

〔三〕潘眉曰：「晉書甘卓傳：寧子名述，仕吴爲尚書；述子昌，太子太傅。述當是瓌之弟，史缺不書，亦其疏也。」

淩統字公績，吴郡餘杭人也。〔一〕父操，輕俠有膽氣，孫策初興，每從征伐，常冠軍履鋒；

守永平長，〔一〕平治山越，姦猾斂手，遷破賊校尉。〔三〕及權統軍，從征江夏，入夏口，先登，破其前鋒，輕舟獨進，中流矢死。〔四〕

〔一〕餘杭見孫策傳，吴改屬吴興郡。謝鍾英曰：「淩統墓在吴縣東北二十五里，碑云：統字公績，吴興餘杭人。據此可證，承祚書吴郡餘杭，爲仍舊也。」

〔二〕永平見妃嬪傳全夫人傳。

〔三〕破賊校尉一人，吴置。

〔四〕操爲甘寧所射殺，見寧傳注引吴書。

統年十五，左右多稱述者，權亦以操死國事，拜統別部司馬，行破賊都尉，〔一〕使攝父兵。後從擊山賊，〔二〕權破保屯先還，餘麻屯萬人，〔三〕統與督張異等留攻圍之，克日當攻。先期，統與督陳勤會飲酒，勤剛勇任氣，因督祭酒，〔四〕陵轢一坐，舉罰不以其道。統疾其侮慢，面折不爲用。勤怒詈統，及其父操，統流涕不答，衆因罷出。勤乘酒凶悖，又於道路辱統，統不忍，引刀斫勤，數日乃死。及當攻屯，統曰：「非死無以謝罪。」乃率厲士卒，身當矢石，所攻一面，應時披壞；諸將乘勝，遂大破之。還，自拘於軍正。權壯其果毅，使得以功贖罪。

〔一〕破賊都尉一人，吴置。

〔二〕郝經續書「後」作「復」。

〔三〕麻、保二屯見孫瑜傳。

〔四〕何焯校改「祭」作「察」。

後權復征江夏，統爲前鋒，與所厚健兒數十人共乘一船，常去大兵數十里。行入右江，斬黃祖將張碩，盡復船人。〔一〕還以白權，引軍兼道，水陸並集。時呂蒙敗其水軍，而統先搏其城，於是大獲。權以統爲承烈都尉，〔二〕與周瑜等拒破曹公於烏林，遂攻曹仁，遷爲校尉。雖在軍旅，親賢接士，輕財重義，有國士之風。

〔一〕宋本「復」作「獲」，或曰疑作「覆」。

〔二〕承烈都尉一人，吴置。

又從破皖，拜盪寇中郎將，領沛相。與呂蒙等西取三郡，反自益陽，從往合肥，〔一〕爲右部督。時權徹軍，〔二〕前部已發，魏將張遼等奄至津北，〔三〕權使追還前兵，兵去已遠，勢不相及。統率親近三百人陷圍，扶扞權出。敵已毀橋，橋之屬者兩版，權策馬驅馳，統復還戰，左右盡死，身亦被創，所殺數十人。度權已免，乃還。橋敗路絕，統被甲潛行，權既御船，見之驚喜。統痛親近無反者，悲不自勝。權引袂拭之，謂曰：「公績，亡者已矣，苟使卿在，何患無人！」

吴書曰：統創甚，權遂留統於舟，盡易其衣服。其創賴得卓氏良藥，故得不死。

拜偏將軍，倍給本兵。

〔一〕何焯校改「往」作「征」。

〔二〕何焯校改「徹」作「撤」。

〔三〕合肥東，逍遥津北。

時有薦同郡盛暹於權者，以爲梗槩大節，〔一〕有過於統。權曰：「且令如統足矣。」後召暹夜至，時統已卧，聞之，攝衣出門，執其手以入。其愛善不害如此。

〔一〕馮本「梗」作「便」，誤。

統以山中人尚多壯悍，可以威恩誘也，權令東占且討之，命勅屬城，凡統所求，皆先給後聞。統素愛士，士亦慕焉。得精兵萬餘人，過本縣，〔一〕步入寺門，〔二〕見長吏懷三版，〔三〕恭敬盡禮，親舊故人，恩意益隆。事畢當出，會病卒，時年四十九。〔四〕權聞之，拊牀起坐，哀不能自止，數日減膳，言及流涕，〔五〕使張承爲作銘誄。〔六〕

〔一〕餘杭縣也。

〔二〕官寺門也。

〔三〕蔡質漢儀曰：「三署郎見光禄勳，執版拜。」本志朱治傳：「執版交拜。」

〔四〕陳景雲曰：「統父操以建安八年戰没，統時年十五，及十一年，即預討麻、屯之捷，至年四十九，則吴赤烏中也。統自攝領父兵，屢立戰功，若赤烏中尚在，則從合肥還，二十年閒，統之宣力行閒多矣，何更無功可録乎？據駱統傳，淩統死，復領其兵，在隨陸遜破蜀以前。計統之年，殆未踰三十，此四字當是二字之誤。」

〔五〕朱然傳：「自創業功臣疾病，權意之所鍾，呂蒙、淩統最重，然其次矣。」

〔六〕趙一清曰：「寰宇記卷九十一：皋亭山在蘇州吳縣東北二十五里，山東有吳淩統墓，有石碑云：忠毅果敢，常爲前鋒。」潘眉曰：「漢法有謚始有誄，故鄭君檀弓注云：誄其行以爲謚；又云：誄其赴敵之功以爲謚。今淩統無謚而作誄，非古也。」黄安濤曰：「東吳將相有謚者甚少，攷陳志惟張昭謚曰文侯，昭子承謚曰定侯，顧雍謚曰肅侯，其餘如周瑜、魯肅諸人皆無謚。陸遜至孫休時始追謚曰昭侯，顧謚者止此四人。若蜀漢則諸葛亮、蔣琬、費禕、關羽、張飛、馬超、龐統、黄忠、趙雲、法正、陳祇、夏侯霸等，皆得美謚，宜時論以爲榮也。」

二子烈、封，年各數歲，權内養於宮，愛待與諸子同。賓客進見，呼示之曰：「此吾虎子也。」及八九歲，令葛光教之讀書，十日一令騎馬，追録統功，封烈亭侯，還其故兵。後烈有罪免，封復襲爵領兵。

孫盛曰：觀孫權之養士也，傾心竭思，以求其死力，泣周泰之夷，殉陳武之妾，請呂蒙之命，育淩統之孤，卑曲苦志，如此之勤也。是故雖令德無聞，仁澤内著，〔一〕而能屈彊荆吳，僭擬年歲者，抑有由也。然霸王之道，期於大者遠者，是以先王建德義之基，恢信順之宇，制經略之綱，明貴賤之序，易簡而其親可久，體全而其功可大，豈委璅近務，〔二〕邀利於當年哉！語曰：「雖小道，必有可觀者焉，致遠恐泥」，其是之謂乎！〔三〕

〔一〕何焯校改「内」作「罔」。

〔二〕宋本「委」作「踒」。李龍官曰：「踒，音窩，訓折足也。於璅義無涉，當作委。」

〔三〕何焯曰：「仲謀之事，惟殉妾失禮，其他亦王者所不廢，但非其本也。一部周禮，至纖至悉矣，孫盛之論，意則遠而未密也。」

徐盛字文嚮，琅邪莒人也。〔一〕遭亂客居吴，以勇氣聞。孫權統事，以爲别部司馬，授兵五百人，守柴桑長，〔二〕拒黄祖。祖子射，嘗率數千人下攻盛，盛時吏士不滿二百，與相拒擊，傷射吏士千餘人。已乃開門出戰，大破之。射遂絶迹，不復爲寇。〔三〕權以爲校尉、蕪湖令。〔四〕復討臨成南阿山賊，〔五〕有功，徙中郎將，督校兵。

〔一〕莒見魏志呂布傳。
〔二〕柴桑見孫權傳黄初二年。
〔三〕元本「復」作「敢」。
〔四〕蕪湖令徐盛收蔣欽屯吏，表斬之，見蔣欽傳。
〔五〕「成」當作「城」。臨城見孫韶傳。

曹公出濡須，從權禦之。魏嘗大出横江，盛與諸將俱赴討。時乘蒙衝，遇迅風，船落敵岸下，諸將恐懼，未有出者。盛獨將兵上突斫敵，敵披退走，有所傷殺，風止便還，權大壯之。及權爲魏稱藩，魏使邢貞拜權爲吴王，權出都亭候貞，〔一〕貞有驕色。張昭既怒，〔二〕而盛忿憤，顧謂同列曰：「盛等不能奮身出命，爲國家并許洛，吞巴蜀，而令吾君與貞盟，不亦辱乎！」因涕泣横流。貞聞之，謂其旅曰：「江東將相如此，非久下人者也。」〔三〕

〔一〕趙一清曰：「寰宇記卷九十：蔡州在昇州江寧縣西十二里，周迴五十里。丹陽記云：吴時客館在蔡州上，以舍遠使。又有臨滄觀在上元縣勞山上，有亭七間，名曰新亭，吴所築，古送别所。」

〔二〕互見張昭傳。

〔三〕胡三省曰：「觀貞此言，善覘國者也。使還之日，嘗以復於魏主否？」

後遷建武將軍，封都亭侯，領廬江太守，賜臨城縣爲奉邑。劉備次西陵，盛攻取諸屯，所向有功。曹休出洞口，〔一〕盛與吕範、全琮渡江拒守。遭大風，船人多喪，盛收餘兵，與休夾江。休使兵將就船攻盛，盛以少禦多，敵不能克，〔二〕各引軍退。遷安東將軍，封蕪湖侯。

〔一〕馮本「口」作「吕」，誤。洞口見曹休傳。

〔二〕杭世駿曰：「吴書稱徐盛與曹休戰，賊積茅草欲焚盛，盛燒船而去，賊一無所得。」

後魏文帝大出，有渡江之志，盛建計從建業築圍，作薄落，〔一〕圍上設假樓，江中浮船。〔二〕諸將以爲無益，盛不聽，固立之。文帝到廣陵，望圍愕然，彌漫數百里，而江水盛長，便引軍退，諸將乃伏。

干寶晉紀所云「疑城」，已注孫權傳。

魏氏春秋云：文帝歎曰：「魏雖有武騎千羣，無所用也。」

黄武中卒。子楷，襲爵領兵。

〔一〕康發祥曰：「草叢生曰薄落，藩也。蓋以叢草爲藩籬也。」

〔二〕事見孫權傳黃武二年。

潘璋字文珪，東郡發干人也。〔一〕孫權爲陽羨長，〔二〕始往隨權。性博蕩嗜酒，居貧，好賖酤，債家至門，輒言後豪富相還。權奇愛之，因使召募，〔三〕得百餘人，遂以爲將。討山賊有功，署别部司馬。後爲吴大市刺姦，盜賊斷絶，由是知名，遷豫章西安長。〔四〕劉表在荆州，民數被寇，自璋在事，寇不入境。比縣建昌，起爲賊亂，轉領建昌，〔五〕加武猛校尉，〔六〕討治惡民，旬月盡平。召合遺散，得八百人，將還建業。

〔一〕發干見魏志管輅傳。
〔二〕陽羨見孫權傳卷首。
〔三〕毛本「募」作「璋」，誤。
〔四〕西安詳見太史慈傳。錢大昕曰：「兩漢、晉、宋志豫章郡並無西安縣。太平寰宇記：西安縣故城，在分寧縣西二十里，漢獻帝建安中置，開皇元年廢。寰宇記又云：武寧縣，古西安縣也，後漢建安中分海昏縣，立西安縣，晉太康元年改爲豫寧。」
〔五〕建昌見孫權傳黃武七年，又見太史慈傳。
〔六〕武猛校尉一人，吴置。

合肥之役，張遼奄至，諸將不備，陳武鬬死，宋謙、徐盛皆披走。璋身次在後，便馳進，横

馬斬謙、盛兵走者二人，兵皆還戰。權甚壯之，拜偏將軍，遂領百校，〔一〕屯半州。〔二〕

〔一〕潘眉曰：「百校當爲五校。」

〔二〕半州見張昭傳。

權征關羽，璋與朱然斷羽走道，到臨沮，住夾石。〔一〕璋部下司馬馬忠禽羽，并羽子平、都督趙累等。權即分宜都至秭歸二縣爲固陵郡，〔二〕拜璋爲太守，振威將軍，封溧陽侯。〔三〕甘寧卒，又并其軍。劉備出夷陵，璋與陸遜并力拒之，璋部下斬備護軍馮習等，所殺傷甚衆，拜平北將軍，〔四〕襄陽太守。

〔一〕臨沮見關羽傳，夾石見王昶傳。

〔二〕錢大昕曰：「至當作巫。魏氏春秋云建安二十四年，吴分巫、秭歸爲固陵郡是也。」吴增僅曰：「吴志潘璋傳：權分宜都巫、秭歸二縣爲固陵郡，以璋爲太守，攷其時爲建安二十一年。今考華陽國志：先主改巴東爲固陵郡，是時宜都屬先主，故以宜都之巫縣移入固陵。二十四年，關羽敗後，巫縣當入吴，還屬宜都，故是年權分巫、秭歸二縣與蜀對置固陵也。及章武元年，先主伐吴，復得巫、秭歸二縣地。似吴之固陵，當以是廢。二年，猇亭之役，吴復有二縣，宜又還屬宜都。故孫休時，又分宜都置建平也。」宜都郡見先主傳章武二年，巫見先主傳章武元年，秭歸見劉璋傳，又見魏志文紀黃初三年。

〔三〕溧陽見妃嬪傳何姬傳。

〔四〕洪飴孫曰：「平北將軍一人，第三品。」

魏將夏侯尚等圍南郡，分前部三萬人作浮橋，渡百里洲上，〔一〕諸葛瑾、楊粲並會兵赴救，未知所出，而魏兵日渡不絶。璋曰：「魏勢始盛，江水又淺，未可與戰。」便將所領，到魏上流五十里，伐葦數百萬束，縛作大筏，欲順流放火，燒敗浮橋。作筏適畢，伺水長當下，尚便引退。璋下備陸口。〔二〕權稱尊號，拜右將軍。

〔一〕百里洲即江陵中洲，見魏志張郃傳。

〔二〕陸口見孫權傳建安十五年。

璋爲人麤猛，禁令肅然，好立功夫。〔一〕所領兵馬不過數千，而其所在，常如萬人。征伐止頓，便立軍市，他軍所無，皆仰取足。然性奢泰，末年彌甚，服物僭擬。吏兵富者，或殺取其財物，數不奉法。監司舉奏，權惜其功，而輒原不問。〔二〕嘉禾三年卒。子平，以無行徙會稽。璋妻居建業，賜田宅，復客五十家。

〔一〕官本「功夫」作「功業」。官本攷證云：「各本皆誤，今改正。」何焯曰：「夫字疑。」

〔二〕黄武六年，孫權攻石陽，及至旋師，潘璋斷後，夜出錯亂，見朱然傳。

丁奉字承淵，廬江安豐人也。〔一〕少以驍勇爲小將，屬甘寧、陸遜、潘璋等。數隨征伐，戰鬭常冠軍，每斬將搴旗，身被創夷。稍遷偏將軍。孫亮即位，爲冠軍將軍，封都亭侯。

〔一〕安豐見魏志齊王紀嘉平五年，又見王基傳、毌丘儉傳。

魏遣諸葛誕、胡遵等攻東興，〔一〕諸葛恪率軍拒之。諸將皆曰：「敵聞太傅自來，上岸必遁走。」奉獨曰：「不然。彼動其境内，悉許、洛兵大舉而來，必有成規，豈虚還哉！無恃敵之不至，恃吾有以勝之。」及恪上岸，奉與將軍唐咨、吕據、留贊等，俱從山西上。〔二〕奉曰：「今諸軍行遲，若敵據便地，則難與争鋒矣。」〔三〕乃辟諸軍使下道，〔四〕帥麾下三千人徑進。時北風，奉舉帆二日至，遂據徐塘。〔五〕天寒雪，敵諸將置酒高會，〔六〕奉見其前部兵少，相謂曰：〔七〕「取封侯爵賞，正在今日！」乃使兵解鎧著冑，持短兵。敵人從而笑焉，〔八〕不爲設備。奉縱兵斫之，大破敵前屯。會據等至，魏軍遂潰。遷滅寇將軍，〔九〕進封都亭侯。〔一〇〕

〔一〕東興見魏志齊王紀嘉平四年。

〔二〕毛本「山」作「上」，誤。

〔三〕通鑑此句下有「我請趨之」四字。

〔四〕胡三省曰：「辟，讀如闢。辟諸軍，使避路而已軍前進也。」

〔五〕通鑑作「二日即至東關，遂據徐塘」。胡注：「徐塘蓋近東關。」趙一清曰：「方輿紀要卷二十六：徐塘在濡須水東，亦曰徐堨。諸葛誕傳『吴賊欲向徐堨』，即徐塘也。蓋在東關之東。」互見魏志諸葛誕傳。或曰：「徐塘當是涂塘。孫權傳：遣軍十萬作堂邑涂塘，以淹北道。」弼按：涂塘在今六合縣地，徐塘在今含山縣東南，實爲兩地，不得以字形相近而相混也。或説誤。

〔六〕通鑑作「時天雪寒，胡遵等方置酒高會」。

〔七〕通鑑作「謂其下曰」。

〔八〕諸葛恪傳：「恪遣將軍留贊、吕據、唐咨、丁奉爲前部。時天寒雪，魏諸將會飲，見贊等兵少，而解置鎧甲，不持矛戟，但兜鍪刀楯，倮身緣遏，大笑之。」

〔九〕滅寇將軍一人，吴置。

〔一〇〕陳景雲曰：「亭當作鄉。奉已封亭侯，更封鄉侯，斯爲進耳。如陳武、是儀進封都鄉侯是也。」潘眉曰：「前已封都亭侯，此則都鄉侯也。亭字誤。」

魏將文欽來降，以奉爲虎威將軍，從孫峻至壽春迎之，與敵追軍戰於高亭。〔一〕奉跨馬持矛，突入其陣中，斬首數百，獲其軍器，進封安豐侯。〔二〕

〔一〕高亭見孫亮傳五鳳二年。

〔二〕封本縣侯。

太平二年，魏大將軍諸葛誕據壽春來降，魏人圍之。〔一〕遣朱異、唐咨等往救，復使奉與黎斐解圍。奉爲先登，屯於黎漿，力戰有功，拜左將軍。〔二〕

〔一〕各本皆脱「將軍諸葛誕據壽春來降，魏人」十二字，惟元本有之。官本攷證及王鳴盛云元修宋本有此十二字，非也。

〔二〕王鳴盛曰：「各本太平二年下，作『魏大圍之』，似所圍者即奉也。下文何云復使奉解圍乎？元修宋板『魏大』下有『將軍諸葛誕據壽春來降魏人』凡十二字，然後接『圍之』云云，此脱去，故不可解。文選陸機辨亡論李善注引吴志，正與宋板同，而善所引於奉爲先登之下，即云黎斐力戰有功云云，此作史者因黎斐無傳，故於丁奉傳中帶敘黎斐事耳。俗刻誤衍屯於二字，又誤斐爲漿，遂以黎漿爲地名，而力戰有功，拜左將軍，似皆爲奉事矣。豈知上文奉先爲偏將軍，冠軍將軍，滅寇將軍，封都亭侯，又爲虎威將軍，進封安豐侯，何待此時方拜左將軍乎？下文敘建衡元年戰事畢，即云三年卒，其下乃又説奉有功驕矜云云，俗刻脱卒字，又不可讀矣。」侯康曰：「王氏據宋本及文選注補十二字，是矣。至以屯於二字爲衍文，改黎漿爲黎斐，則恐不然。通鑑亦作進屯黎漿，水經肥水注：芍陂瀆水東注黎漿水，黎漿東逕黎漿亭南，文欽之叛，吴軍北入，諸葛緒拒之于黎漿，即此水也。（案此事載鄧艾傳。）東注肥水，謂之黎漿水口也。是黎漿實有其地。又諸葛誕傳稱誕等渡黎漿水，晉書石苞傳：諸葛誕舉兵淮南，吴遣大將朱異、丁奉等來迎，誕等留輜重於都陸，輕兵渡黎水。黎水即黎漿水之省文。諸葛誕所以渡此者，正以丁奉屯黎漿水故也。參攷諸傳，佐證顯明，選注乃涉上文黎斐而誤，未可據彼單詞，輕改舊史也。（孫晧傳注引辨亡論及晉書陸機傳皆作鍾離斐，何焯疑爲鍾離牧之譌。）」弼按：王氏據元本補脱文，侯氏辨正王説之誤，均是。惟於王氏所云拜左將軍事未論及。按前後左右將軍在各雜號將軍之上，丁奉由虎威將軍因力戰有功進拜左將軍，史文無誤，王氏失辭矣。黎漿見魏志諸葛誕傳。沈家本曰：「侯氏之考黎漿也詳矣。然謂選注爲誤，恐又不然。李善因黎斐而引吴志，則所云力戰有功者，自謂黎斐，非謂丁奉也。恐今本屯於黎漿之下，尚有奪文耳。」

孫休即位，與張布謀，欲誅孫綝。布曰：「丁奉雖不能吏書，而計略過人，能斷大事。」休召奉告曰：「綝秉國威，將行不軌，欲與將軍誅之。」奉曰：「丞相兄弟，友黨甚盛，恐人心不同，不可卒制。可因臘會，有陛下兵以誅之也。」[一]休納其計，因會請綝，奉與張布目左右斬之。遷大將軍，加左右都護。永安三年，假節領徐州牧。六年，魏伐蜀，奉率諸軍向壽春，爲救蜀之勢。蜀亡，軍還。

[一] 通鑑作「有陛兵以誅之」。胡注：「卒讀曰猝。陛兵，宿衛之兵，夾殿陛者，所謂陛戟之士。」

休薨，奉與丞相濮陽興等從萬彧之言，共迎立孫皓，遷右大司馬左軍師。〔一〕寶鼎三年，皓命奉與諸葛靚攻合肥。奉與晉大將石苞書，搆而閒之，苞以徵還。〔二〕建衡元年，奉復帥衆治徐塘，因攻晉穀陽。〔三〕穀陽民知之，引去，奉無所獲。皓怒，斬奉導軍。三年，卒。〔四〕奉貴而有功，漸以驕矜，或有毀之者，皓追以前出軍事，徙奉家於臨川。〔五〕奉弟封，官至後將軍，先奉死。〔六〕

〔一〕洪飴孫曰：「吴以三公領之，不屬丞相。」

〔二〕晉書石苞傳：「自諸葛誕破滅，苞便鎮撫淮南，士馬彊盛，邊境多務。苞既勤庶事，又以威惠服物。淮北監軍王琛，輕苞素微，又聞童謠曰：宮中大馬幾作驢，大石壓之不得舒。因是密表苞與吴人交通。先時望氣者云東南有大兵起。及琛表至，武帝甚疑之。會荆州刺史胡烈表吴人欲大出爲寇，苞亦聞吴師將入，乃築壘遏水以自固。帝聞之，謂羊祜曰：吴人每來，常東西相應，無緣偏爾，豈石苞果有不順乎？祜深明之，而帝猶疑焉。會苞子喬爲尚書郎，上召之，經日不至。帝謂爲必叛，欲討苞而隱其事，遂下詔以苞不料賊勢，築壘遏水，勞擾百姓，策免其官。遣太尉義陽王望率大軍徵之，以備非常；又勅征東將軍琅邪王伷自下邳會壽春。苞用掾孫鑠計，放兵步出，住都亭待罪。帝聞之，意解。及苞詣闕，以公還第。苞自恥受任無効，而無怨色。」

〔三〕郡國志：「豫州沛國穀陽。」一統志：「今安徽鳳陽府靈壁縣西南。」趙一清曰：「方輿紀要卷二十一：穀陽城在宿州靈壁縣西北七十五里，漢縣，屬沛郡。應劭曰：縣在穀水之陽，穀水即睢水也。晉省。」通鑑：「晉泰始六年春，吴丁奉入渦口。」考異曰：「吴志丁奉傳：建衡元年，攻晉穀陽。晉帝紀不載，本傳不言入渦口，疑是一事。」

〔四〕各本皆無卒字。陳景雲曰：「三年下各本均脱卒字。奉卒於建衡三年，見孫皓傳。」（錢大昕説同。）趙一清曰：「宋書五行志：孫皓寶鼎元年，野豕入右司馬丁奉營。後奉見遣攻穀陽無功，皓怒斬其導軍。及舉大衆北出，奉及萬彧等相謂曰：若至華里，不得不各自還也。此謀泄，奉時雖已死，皓追討穀陽事，殺其子温，家屬皆遠徙。事亦見陸凱傳注。」

〔五〕互見孫晧傳鳳皇元年注引江表傳，臨川見孫亮傳太平二年。沈家本曰：「萬彧、留平與丁奉同謀，而奉先卒，故晧之毒酒，獨不及飲奉。然奉家之徙，當以此；或之毀，蓋泄其密語也。宋書五行志亦載其事，言晧追討穀陽事，殺其子温，家屬皆遠徙。此傳不言殺子温事，恐陳氏之疏也。又奉與陸凱、丁固謀廢晧，不果，事見凱傳。」

〔六〕杭世駿曰：「宋書王僧綽傳：初，太社西空地一區，吴時丁奉宅。孫晧流徙其家江左，初爲周顗、蘇峻宅，其後爲袁悦宅，又爲章武王司馬秀宅，皆以凶終。後給臧燾，亦頗遇喪禍，故是稱爲凶地。僧綽嘗以正遠自居，謂地無吉凶，請以爲第。始就造作，未及成而敗。」

評曰：凡此諸將，皆江表之虎臣，孫氏之所厚待也。以潘璋之不脩，權能忘過記功，其保據東南，宜哉！陳表將家支庶，而與冑子名人比翼齊衡，拔萃出類，不亦美乎！

吳書十一

三國志五十六

朱治朱然呂範朱桓傳第十一〔一〕

〔一〕局本奪「傳」字。劉咸炘曰：「當云三朱、呂範合傳之意，即評中所謂將領之才也。」

朱治字君理，丹陽故鄣人也。〔一〕初爲縣吏，後察孝廉，州辟從事，隨孫堅征伐。中平五年，拜司馬，從討長沙、零、桂等三郡賊周朝、蘇馬等，有功，〔二〕堅表治行都尉。從破董卓於陽人，〔三〕入洛陽，表治行督軍校尉，〔四〕特將步騎，東助徐州牧陶謙討黃巾。

〔一〕故鄣見孫權傳赤烏十三年。梁章鉅曰：「寰宇記卷九十四云、故鄣城即秦時鄣郡城，今俗號府頭是也。在湖州長興縣西南八十里。」

〔二〕孫堅傳：「長沙賊區星攻圍城邑，乃以堅爲長沙太守，克破星等。周朝、郭石亦起零、桂，與星相應，遂越境尋討，三郡肅然。」

〔三〕陽人見孫堅傳。

〔四〕督軍校尉一人，吴置。

會堅薨，治扶翼策，依就袁術。後知術政德不立，乃勸策還平江東。時太傅馬日磾在壽春，辟治爲掾，遷吴郡都尉。〔一〕是時吴景已在丹陽，而策爲術攻廬江，於是劉繇恐爲袁、孫所并，遂搆嫌隙。〔二〕而策家門盡在州下，〔三〕治乃使人於曲阿〔四〕迎太妃及權兄弟，所以供奉輔護，甚有恩紀。治從錢唐欲進到吴，吴郡太守許貢拒之於由拳，〔五〕治與戰，大破之。貢南就山賊嚴白虎，治遂入郡，領太守事。〔六〕策既走劉繇，東定會稽。

〔一〕吴郡都尉治錢唐，見程普傳。

〔二〕或曰：「説劉繇搆隙甚詳，此亦大節目。」

〔三〕劉繇爲揚州刺史，治曲阿。州下者，曲阿也。

〔四〕曲阿見孫策傳，吴改曰雲陽。

〔五〕由拳見孫策傳。吴黄龍三年改禾興，赤烏五年改嘉興。

〔六〕佔領吴郡，實爲朱治之功，然孫策殺許貢，貢客復仇，其因皆種於此。

權年十五，〔一〕治舉爲孝廉。〔二〕後策薨，治與張昭等共尊奉權。〔三〕建安七年，權表治爲九真太守，〔四〕行扶義將軍，〔五〕割婁、由拳、無錫、毗陵爲奉邑，〔六〕置長吏。征討夷越，佐定東南，禽截黄巾餘類陳敗、萬秉等。黄武元年，封毗陵侯，領郡如故。〔七〕二年，拜安國將軍，〔八〕金印紫綬，〔九〕徙封故鄣。〔一〇〕

〔一〕時在興平二年。
〔二〕權爲吳郡富春人，故郡察孝廉也。
〔三〕策領會稽，治領吳郡，地位相埒。策死權繼，年方二十，而治乃與張昭等共相尊奉者，實因與孫氏父子久相周旋，攻破嚴白虎亦由伯符勘定，而張昭、周瑜等謂權可共成大業，故委心服事，權雖領會稽，而仍屯吳，久已畛域不分矣。
〔四〕潘眉曰：「此九真太守當爲吳郡太守。初，孫策以治爲吳郡太守，尚未表於漢帝，至是權始表聞。下云割婁、由拳、無錫、毗陵爲奉邑，皆吳郡屬城，證一也。又云權優異之，自令督軍御史，典屬城文書，治領四縣租稅而已，明是吳郡太守，非九真太守，證二也。又云思戀土風，自表屯故鄣。（治，丹陽故鄣人。）歲餘還吳。既云還吳，則始自吳移屯故鄣可知，歲餘即還，又非交州所能往返，證三也。又云在郡三十一年。攷後漢書獻帝紀，孫策以興平元年據江東，是歲策即以朱治爲吳郡太守，自興平元年至黃武三年，（治以黃武三年卒。）正得三十一年，則治始終爲吳郡太守，未嘗遷轉，證四也。況是時吳止有會稽、吳郡、丹陽、豫章、廬陵、廬江六郡，未得九真；士燮弟䵋方爲九真太守，證五也。」沈家本曰：「治前以吳郡都尉領太守事，至是始表爲真太守，傳文衍一九字耳，不必改九真爲吳郡也。」弼按：孫賁傳：「過定豫章，上賁領太守。」此孫策上賁領豫章太守也。吳夫人傳：「策復以吳景爲丹陽太守，漢遣議郎王誧銜命南行，表景爲揚武將軍，領郡如故。」是孫策渡江所更置長吏，皆已表聞矣，不必待權始表也。或其時漢已命陳瑀行吳郡太守，（見孫策傳注引江表傳。）策與瑀相攻，故未及表聞歟？
〔五〕扶義將軍一人，吳置。
〔六〕婁見張昭傳；由拳見前；無錫見孫瑜傳；毗陵見諸葛瑾傳。奉邑解見周瑜傳。
〔七〕領吳郡也。
〔八〕安國將軍一人，吳置。杭世駿曰：「刀劍録云：朱君理拜安國將軍，作一佩刀，文曰安國。」
〔九〕續漢志輿服志云：「韍佩既廢，秦乃以采組連結於璲，光明章表，轉相結受，故謂之綬。」又云：「公侯將軍紫綬。」劉昭注：〔引〕「前書曰：太尉金印紫綬，將軍亦金印。漢官儀曰：馬防爲車騎將軍，銀印青綬。和帝以竇憲爲車騎將軍，始加金紫。」

〔一〇〕封本縣侯。

權歷位上將，及爲吴王，治每進見，權常親迎，執版交拜，饗宴贈賜，恩敬特隆，至從行吏，皆得奉贄私覿，其見異如此。〔一〕

〔一〕諸葛瑾傳：「吴郡太守朱治，權舉將也。權曾有以望之，而素加敬，難自詰讓。瑾揣知其故，爲書泛論，權喜笑曰：孤意解矣。」

初，權弟翊，性峭急，喜怒快意，治數責數，諭以道義。〔一〕權從兄豫章太守賁，女爲曹公子婦，〔二〕及曹公破荆州，威震南土，賁畏懼，欲遣子入質。治聞之，求往見賁，爲陳安危，

江表傳載治説賁曰：「破虜將軍昔率義兵入討董卓，聲冠中夏，義士壯之。討逆繼世，〔三〕廓定六郡，〔四〕特以君侯骨肉至親，器爲時生，故表漢朝，剖符大郡，兼建將校，仍關綜兩府，〔五〕榮冠宗室，〔六〕爲遠近所瞻。加討虜聰明神武，繼承洪業，〔七〕攬結英雄，周濟世務，軍衆日盛，事業日隆，雖昔蕭王之在河北，〔八〕無以加也。必克成王基，應運東南，故劉玄德遠布腹心，求見拯救，此天下所共知也。前在東聞道路之言，云將軍有異趣，〔九〕良用憮然。今曹公阻兵，傾覆漢室，幼帝流離，百姓元元未知所歸。而中國蕭條，或百里無煙，城邑空虚，〔一〇〕道殣相望，〔一一〕士歎於外，〔一二〕婦怨乎室。加之以師旅，因之以饑饉，以此料之，豈能越長江與我争利哉！將軍當斯時也，而欲背骨肉之親，違萬安之計，割同氣之膚，啖虎狼

之口，爲一女子，改慮易圖，失機毫釐，差以千里，豈不惜哉！」賁由此遂止。

〔一〕錢大昭曰：「治爲翊舉主。」弼按：翊爲左右邊鴻所殺，見翊傳。
〔二〕曹公爲子彰取賁女，見孫策傳。
〔三〕宋本、馮本「繼」作「係」，誤。
〔四〕會稽、吴郡、丹陽、豫章、廬陵及九江、廬江之半。
〔五〕孫賁傳：「建安十三年，使者劉隱奉詔拜賁爲征虜將軍，領郡如故。」
〔六〕此時權未即尊，不得有宗室之稱。
〔七〕宋本、馮本「繼」作「係」，誤。
〔八〕范書光武紀：「更始遣侍御史持節，立光武爲蕭王，悉令罷兵，詣行在所。光武辭以河北未平，不就徵。」
〔九〕毛本「趣」作「之」，誤。
〔一〇〕毛本無「邑」字，誤。
〔一一〕餓死爲殣。
〔一二〕毛本「士」作「十」，誤。

權常歎治憂勤王事。性儉約，雖在富貴，車服惟供事。〔一〕權優異之，自令督軍御史典屬城文書，治領四縣租税而已。〔二〕然公族子弟及吴四姓多出仕郡，郡吏常以千數，治率數年一遣詣王府，所遣數百人，每歲時獻御，權答報過厚。是時丹陽深地，頻有姦叛，亦以年向老，思戀土風，自表屯故鄣，鎮撫山越。諸父老故人，莫不詣門，治皆引進，與共飲宴，鄉黨以爲榮。在故鄣歲餘，還吴。黄武三年，卒。在郡三十一年，年六十九。〔三〕

〔一〕供字上下疑有脱字。
〔二〕即婁、由拳、無錫、毗陵也。
〔三〕當生於桓帝永壽二年，小孫堅一歲。

子才，素爲校尉領兵，既嗣父爵，遷偏將軍。

吴書曰：才字君業，爲人精敏，善騎射，權愛異之，常侍從游戲。少以父任爲武衛校尉，〔一〕領兵隨從征伐，屢有功捷。本郡議者以才少處榮貴，未留意於鄉黨，才乃歎曰：「我初爲將，謂跨馬蹈敵，當身履鋒，足以揚名，不知鄉黨復追迹其舉措乎！」於是更折節爲恭，留意於賓客，輕財尚義，施不望報。又學兵法，名聲始聞於遠近，會疾卒。

才弟紀，權以策女妻之，亦以校尉領兵。紀弟緯、萬歲，皆早夭。才子琬，襲爵爲將，至鎮西將軍。

〔一〕武衛校尉一人，吴置。

朱然字義封，治姊子也，本姓施氏。〔一〕初，治未有子，然年十三，乃啓策乞以爲嗣。策命丹陽郡以羊酒召然，然到吴，策優以禮賀。

〔一〕趙一清曰：「昌黎作太學博士施士丐墓銘曰：先生之祖，氏自施父，其後施常事孔子以彰，讎爲博士，延爲太尉。太尉之孫，始爲吳人，曰然、曰續，亦載其迹。然則是延之裔也。」

然嘗與權同學書，〔一〕結恩愛。〔二〕至權統事，〔三〕以然爲餘姚長，〔四〕時年十九。後遷山陰令，〔五〕加折衝校尉，〔六〕督五縣。權奇其能，分丹陽爲臨川郡，然爲太守，

臣松之案：此郡尋罷，非今臨川郡。〔七〕

授兵一千人。會山賊盛起，然平討，旬月而定。曹公出濡須，然備大塢及三關屯，〔八〕拜偏將軍。建安二十四年，從討關羽，別與潘璋到臨沮禽羽，〔九〕遷昭武將軍，封西安鄉侯。〔一〇〕

〔一〕各本均作「同書學」。

〔二〕然，赤烏十二年卒，年六十八，當生於光和五年，與孫權同歲。

〔三〕孫權統事在建安五年。

〔四〕餘姚見孫策傳。趙一清曰：「方輿紀要卷九十二：餘姚縣有新舊二城，舊城築於吳將朱然，周不及二里，後廢。」

〔五〕山陰見孫策傳。

〔六〕折衝校尉一人，吳置。

〔七〕吳增僅曰：「吳志朱然傳權分丹陽爲臨川郡，時當在建安末。裴注云：此郡尋罷。又周魴傳：魴譎曹休牋云：賊帥董嗣，負阻劫鈔，豫章、臨川，并受其害。裴注云：孫亮太平二年，始置臨川郡，是時未有臨川。今案：魴譎曹休在黃武七年，去建安末不過十年，疑彼時立郡，黃武中郡猶未省，故魴牋與豫章并言之。至黃武以後，郡始廢省。如彼時無臨川，魴安得言之？裴注偶出誤記，未敢信也。今據魴傳，列之於表。其所屬諸縣，大約西接豫章，東接丹

陽，南接新都，如臨城、石城等縣，皆是其地，與太平二年所置之臨川，名同而地異也。」弼按：本傳分丹陽郡在曹公出濡須之前，當在建安十年閒，不在建安末也。餘詳周魴傳。

〔八〕趙一清曰：「大隝即濡須隝也，三關屯即東興關也。關當三面之險，故吳人置屯於此。」

〔九〕見潘璋傳。

〔一〇〕西安見太史慈傳。

虎威將軍呂蒙病篤，權問曰：「卿如不起，誰可代者？」蒙對曰：「朱然膽守有餘，愚以爲可任。」〔一〕蒙卒，權假然節，鎮江陵。黃武元年，劉備舉兵攻宜都，〔二〕然督五千人，與陸遜并力拒備。然別攻破備前鋒，斷其後道，備遂破走。拜征北將軍，封永安侯。〔三〕

〔一〕李安溪曰：「蒙舉陸議、朱然，可謂知人。」

〔二〕宜都見先主傳章武二年。

〔三〕永安見孫休傳永安元年。

魏遣曹真、夏侯尚、張郃等攻江陵，魏文帝自住宛，〔一〕爲其勢援，〔二〕連屯圍城。〔三〕權遣將軍孫盛督萬人備州上，立圍塢，爲然外救。〔四〕郃渡兵攻盛，盛不能拒，即時卻退，〔五〕郃據州上圍守，然中外斷絕。權遣潘璋、楊粲等解而圍不解。〔六〕時然城中兵多腫病，堪戰者裁五千人。真等起土山，鑿池道，〔七〕立樓櫓，臨城弓矢雨注，將士皆失色，然晏如而無恐意，〔八〕方厲吏士，伺閒隙攻破兩屯。〔九〕魏攻圍然凡六月日，未退。〔一〇〕江陵令姚泰領兵備城北門，見外兵盛，城中人少，穀食欲盡，〔一一〕因與敵交通，謀爲内應。垂發，事覺，然治戮泰。尚等不能克，乃徹攻退還。由是然名震於敵國，改封當陽侯。〔一二〕

〔一〕南陽郡治宛，見魏志武紀卷首。

〔二〕魏文紀：「黄初三年十月，孫權復叛，帝自許昌南征，諸軍兵並進。十一月，行幸宛。四年三月，行自宛還洛陽宫。」

〔三〕圍江陵城也。

〔四〕通鑑：「吴將孫盛督萬人據江陵中州以爲南郡外援。」胡三省曰：「據潘璋傳，江陵中洲，即百里州也。」

〔五〕通鑑：「黄初四年春正月，曹真使張郃擊破吴兵，遂奪據江陵中洲。」

〔六〕錢儀吉曰：「解下脱圍字。」弼按：無圍字亦可通。潘璋傳：「魏將夏侯尚等圍南郡，分前部三萬人，作浮橋，渡百里洲上。諸葛瑾、楊粲並會兵赴救，未知所出，而魏兵日渡不絶。」通鑑：「曹真等圍江陵，破孫盛，吴王遣諸葛瑾等將兵往解圍，夏侯尚擊卻之，江陵中外斷絶。」

〔七〕宋本「池」作「地」，通鑑同。

〔八〕宋本「恐」作「怨」，誤。胡三省曰：「吕蒙所謂膽守，於此見之。」

〔九〕通鑑作「攻破魏兩屯」。

〔一〇〕或曰：「此舉則於魏郝昭之流也。」

〔一一〕通鑑作「穀食且盡」。

〔一二〕當陽見蜀志先主傳建安十三年。

六年，權自率衆攻石陽，〔一〕及至旋師，潘璋斷後。夜出錯亂，敵追擊璋，璋不能禁。然即還住拒敵，使前船得引極遠，徐乃後發。黄龍元年，拜車騎將軍、右護軍，領兗州牧。頃之，以兗州在蜀分，解牧職。

〔一〕孫權傳：「黄武五年秋七月，權聞魏文帝崩，征江夏，圍石陽，不克而還。」魏志明紀：「黄初七年八月，孫權攻江夏郡，太守文聘堅守，權退走。」弼按：黄初七年，即吴黄武五年，此傳云六年，誤。石陽見魏志文聘傳。

嘉禾三年，權與蜀克期大舉，權自向新城，〔一〕然與全琮各受斧鉞，爲左右督。會吏士疾病，故未攻而退。〔二〕

〔一〕孫權傳：「嘉禾三年五月，權率大衆圍合肥新城。」

〔二〕沈家本曰：「魏志明帝紀：景初元年，孫權遣將朱然等二萬人圍江夏郡，荆州刺史胡質等擊之，然退走。案：景初元年，吴之嘉禾六年也，在赤烏之前，此傳及吴主傳並不書。」

赤烏五年，征柤中，〔一〕

襄陽記曰：柤音如租税之租。柤中在上黄界，〔二〕去襄陽一百五十里。魏時夷王梅敷兄弟三人，部曲萬餘家屯此，分布在中廬宜城西山鄢、沔二谷中，〔三〕土地平敞，宜桑麻，有水陸良田。沔南之膏腴沃壤，謂之柤中。

魏將蒲忠、胡質各將數千人，要遮險隘，〔四〕圖斷然後，質爲忠繼援。時然所督兵將先四出，聞問不暇收合，便將帳下見兵八百人逆掩。忠戰不利，質等皆退。〔五〕

孫氏異同評曰：魏志及江表傳云：〔六〕然以景初元年、正始二年再出爲寇，所破胡質、蒲忠在景初元年。魏志承魏書，依違不説質等爲然所破，而直云然退耳。吴志説赤烏五年，於魏爲正始三年，魏將蒲

忠與朱然戰，忠不利，質等皆退。按魏少帝紀及孫權傳，是歲並無事，當是陳壽誤以吳嘉禾六年爲赤烏五年耳。〔七〕

九年，復征柤中，魏將李興等聞然深入，率步騎六千斷然後道，然夜出逆之，軍以勝反。〔八〕先是，歸義馬茂懷姦，覺誅，〔九〕權深忿之。然臨行上疏曰：「馬茂小子，敢負恩養。臣今奉天威，事蒙克捷，欲令所獲，震耀遠近，方舟塞江，使足可觀，以解上下之忿。惟陛下識臣先言，責臣後效。」權時抑表不出。然既獻捷，羣臣上賀，權乃舉酒作樂，而出然表曰：「此家前初有表，孤以爲難必，今果如其言，可謂明於見事也。」遣使拜然爲左大司馬、右軍師。〔一〇〕

〔一〕此爲赤烏四年事，潘眉有説，見後。柤中見魏志齊王紀正始二年。

〔二〕趙一清曰：「寰宇記卷百四十五引襄陽記黄下有西字。方輿紀要卷七十九：上黄城在襄陽府南漳縣東南五十里。酈道元云：晉平吳，割中廬之南鄉、臨沮之北鄉，置上黄縣，治軨鄉。」

〔三〕馮本「沔」作「汚」，誤。中廬見魏志劉表傳，宜城見魏志明紀景初元年。

〔四〕各本「要」上皆有「忠」字，吳本、毛本無之，誤。

〔五〕魏志胡質傳：「吳大將朱然圍樊城，質輕軍赴之，議者皆以爲賊盛，不可迫。質曰：樊城卑下兵少，故當進軍，爲之外援，不然危矣。遂勒兵臨圍，城中乃安。」此與本傳所載互異。蓋兩國兵爭，伐功諱敗，故記載各殊也。

〔六〕陳景雲曰：「志當作書，此謂王沈等所撰之魏書也。」

〔七〕潘眉曰：「陳志之誤，在以赤烏四年爲五年。魏少帝紀：正始二年五月，吳將朱然等圍襄陽之樊城。襄陽記：柤中去襄陽一百五十里。此一證也。晉書宣帝紀：魏正始二年吳將全琮寇芍陂，朱然、孫倫圍樊城，諸葛瑾、步騭抄柤中。二證也。宋書天文志：正始二年五月，吳將朱然圍樊城，諸葛瑾入柤中。三證也。魏志王淩傳：正始二年，吴大將全琮寇芍陂。即此事，四證也。魏正始二年，於吴爲赤烏四年，吴主傳赤烏四年書車騎將軍朱然圍樊，大將軍諸葛瑾取柤中。此又灼然一顯證，故此傳之誤在以四年爲五年。孫盛謂魏少帝(記)〔紀〕、孫權傳無此事，真可謂視睫不見，裴世期引之，全無辨證，最是疏處。」弼按：潘説極是。魏志齊王紀正始二年五月，吴將朱然等圍襄陽之樊城，太傅宣王率衆拒之。六月辛丑退。干寶晉紀詳述宣王退兵事，亦與本傳互異。

〔八〕魏志齊王紀正始七年注引漢晉春秋曰：「是年，吴將朱然入柤中，斬獲數千。」趙一清曰：「御覽卷八百六十七引吴書云：朱然破魏將李興等軍，斬首五百級，得鼓車三乘，拜然左大司馬，加賜御織絨帽。」

〔九〕孫權傳：「赤烏八年七月，將軍馬茂等圖逆，夷三族。」

〔一〇〕洪飴孫曰：「吴以三公領之，不屬丞相。」

然長不盈七尺，氣候分明，内行修絜，其所文采，惟施軍器，餘皆質素。終日欽欽，〔一〕常在戰場，〔二〕臨急膽定，尤過絶人。〔三〕雖世無事，每朝夕嚴鼓，〔四〕兵在營者，咸行裝就隊，以此玩敵，使不知所備，故出輒有功。〔五〕諸葛瑾子融、步騭子協，雖各襲任，〔六〕權特復使然總爲大督。又陸遜亦本功臣名將，存者惟然，〔七〕莫與比隆。寢疾二年，後漸增篤。權晝爲減膳，夜爲不寐，中使醫藥口食之物，相望於道。然每遣使表疾病消息，權輒召見，口自問訊，入賜酒食，出送布帛。自創業功臣疾病，權意之所鍾，呂蒙、淩統最重，然其次矣。年六十八，赤烏十二年卒。〔八〕權素服舉哀，爲之感慟。子績嗣。

〔一〕胡三省曰：「毛萇云：欽欽，言使人樂進也。」

〔二〕通鑑「常」作「若」。

〔三〕通鑑作「過絶於人」。

〔四〕胡三省曰：「嚴鼓，疾擊鼓也。今人謂之擂鼓。」

〔五〕胡三省曰：「雖不出兵，而常爲行備，敵人之覘者，玩以爲常，則不知所以備豫矣。」

〔六〕官本攷證曰：「宋本各作名。」

〔七〕陳景雲曰：「本當作卒。孫權傳：遜先然五年卒。云亦者，承上葛、步二人言之。」

〔八〕三月卒，見孫權傳。

績字公緒，〔一〕以父任爲郎，後拜建忠都尉。〔二〕叔父才卒，績領其兵。隨太常潘濬討五溪，〔三〕以膽力稱。遷偏將軍營下督，〔四〕領盜賊事，持法不傾。魯王霸注意交績，嘗至其廨，〔五〕就之坐，欲與結好；績下地住立，辭而不當。然卒，績襲業，拜平魏將軍、樂鄉督。〔六〕明年，〔七〕魏征南將軍王昶率衆攻江陵城，不克而退。績與奮威將軍諸葛融書曰：「昶遠來疲困，馬無所食，力屈而走，此天助也。今追之力少，可引兵相繼，吾欲破之於前，足下乘之於後，豈一人之功哉！宜同斷金之義。」〔八〕融答許績。績便引兵及昶於紀南，〔九〕紀南去城三十里，績先戰勝，而融不進，績後失利。〔一〇〕權深嘉績，盛責怒融。融兄大將軍恪貴重，故融得不廢。初，績與恪、融不平，及此事變，爲隙益甚。建興元年，遷鎮東將軍。二年春，恪向新城，要績并力，而留置半州，〔一一〕使融兼其任。冬，恪、融被害，績復還樂鄉，假節。太平二年，拜驃騎將軍。孫綝秉政，大臣疑貳，績恐吴必擾亂，而中國乘釁，乃密書結蜀，使爲并兼之慮。蜀遣右將軍閻宇將兵五千，增白帝守，〔一二〕以須績之後命。永安初，遷上大將軍、都護督，自巴丘上迄西陵。〔一三〕元興元年，就拜左大司馬。〔一四〕初，然爲治行喪竟，乞復本姓，權不許。績以五鳳中表還爲施氏，建衡二年卒。

〔一〕監本「緒」作「績」，誤。

〔二〕建忠都尉一人，吴置。

〔三〕五溪蠻夷，見蜀志先主傳章武元年。

〔四〕洪飴孫曰：「出征時置，非常制。」弼按：下文云領盜賊事，非出征時置也。

〔五〕胡三省曰：「廨，居隘翻；公宇也。」

〔六〕樂鄉見孫晧傳鳳皇元年。吴於瀕江要地皆置督。

〔七〕赤烏十三年。

〔八〕易繫辭：「二人同心，其利斷金。」正義曰：「二人若同齊其心，其纖利能斷截於金。金是堅剛之物，能斷而截之，甚言利之甚也。此謂二人心行同也。」

〔九〕水經注：「江陵西北有紀南城。」趙一清曰：「方輿紀要：紀南城在荆州府北十里。史記索隱：楚都郢，今江陵北紀南城是。」謝鍾英曰：「在今江陵西北三十里是也。」

〔一〇〕魏志王昶傳：「昶詣江陵，賊大將施績夜遁入江陵城，追斬數百級。昶欲引至平地，與合戰，績果追軍，與戰，克之。績遁走。」

〔一一〕半州見張昭傳。

〔一二〕白帝見蜀志先主傳建安十六年。

〔一三〕自今湖南岳州至今湖北宜昌也。魏志陳留王紀：「咸熙元年，自平蜀之後，吳寇屯逼永安，遣荆、豫諸軍掎角赴救，賊皆遁退。」

〔一四〕孫晧寶鼎三年，績入江夏。見晉書武帝紀泰始四年。

呂範字子衡，汝南細陽人也。〔一〕少爲縣吏，有容觀姿貌。邑人劉氏，家富女美，範求之。女母嫌，欲勿與。劉氏曰：「觀呂子衡，寧當久貧者邪？」遂與之婚。後避亂壽春，孫策見而異之，範遂自委昵，將私客百人歸策。時太妃在江都，〔二〕策遣範迎之。徐州牧陶謙謂範爲袁氏覘候，諷縣掠考範，範親客健兒篡取以歸。時唯範與孫河常從策，跋涉辛苦，危難不避，策亦親戚待之，〔三〕每與升堂，飲宴於太妃前。

〔一〕郡國志：「豫州汝南郡細陽。」一統志：「今安徽潁州府太和縣東，茨河西岸。」

〔二〕江都見孫策傳。

〔三〕元本「亦」作「以」。

後從策攻破廬江，還俱東渡，到横江、當利，破張英、于麋，下小丹陽、〔一〕湖熟，領湖熟相。〔二〕策定秣陵、曲阿，收笮融、劉繇餘衆，增範兵二千，騎五十匹。後領宛陵令，討破丹陽賊，〔三〕還吳，遷都督。

江表傳曰：策從容獨與範棊，範曰：「今將軍事業日大，士衆日盛，範在遠聞，綱紀猶有不整者，範願蹔領都督，〔四〕佐將軍部分之。」策曰：「子衡，卿既士大夫，〔五〕加手下已有大衆，立功於外，〔六〕豈宜復屈小職，知軍中細碎事乎！」範曰：「不然。今捨本土而託將軍者，非爲妻子也。〔七〕欲濟世務，猶同舟涉海，一事不牢，即俱受其敗。此亦範計，非但將軍也。」策笑，無以答。範出，便釋褠，著袴褶，〔八〕執鞭，詣閤下啓事，〔九〕自稱領都督，〔一〇〕策乃授傳，〔一一〕委以衆事。由是軍中肅睦，威禁大行。〔一二〕

〔一〕小丹陽詳見魏志陶謙傳。
〔二〕漢末湖熟爲侯國，故置相。
〔三〕橫江、當利、湖熟、秣陵、曲阿、宛陵、丹陽均見孫策傳。
〔四〕通鑑「蹔」作「暫」。
〔五〕毛本「士」作「上」，誤。
〔六〕胡三省曰：「範先領宛陵令，破丹陽賊而還。」
〔七〕胡三省曰：「呂範，汝南人。」
〔八〕胡三省曰：「褠，居侯翻，單衣也；著，陟略翻；褶，席入翻；袴褶，騎服也。」
〔九〕局本「閤」作「閣」，誤。
〔一〇〕毛本「自」作「曰」，誤。沈欽韓曰：「漢、魏以來，領兵將軍帳下有護軍，有都督。呂範願暫領都督，佐將軍部分，是也。」
〔一一〕胡三省曰：「傳，株戀翻，符傳也。」
〔一二〕胡三省曰：「老子云盜亦有道，儻無其道，安能爲盜哉！」

是時下邳陳瑀〔一〕自號吳郡太守，〔二〕住海西，〔三〕與彊族嚴白虎交通。策自將討虎，別遣範與徐逸攻瑀於海西，梟其大將陳牧。

九州春秋曰：初平三年，揚州刺史陳禕死，〔四〕袁術使瑀領揚州牧。後術爲曹公所敗於封丘，〔五〕南人叛瑀，〔六〕瑀拒之。術走陰陵，〔七〕好辭以下瑀，瑀不知權，而又怯，不即攻術。術於淮北集兵向壽春，瑀懼，使其弟公琰請和於術。〔八〕術執之而進，瑀走歸下邳。〔九〕

又從攻祖郎於陵陽，〔一〇〕太史慈於勇里。〔一一〕七縣平定，〔一二〕拜征虜中郎將，〔一三〕征江夏，〔一四〕還平鄱陽。〔一五〕

〔一〕瑀字公瑋，下邳淮浦人，陳球之子，陳登之從父也。瑀事詳見魏志袁術傳注引英雄記，又見魏志呂布傳注引先賢行狀，又見本志孫策傳注引江表傳。

〔二〕據江表傳，漢朝詔勅行吳郡太守、安東將軍陳瑀，則非自號可知。蓋瑀陰圖襲策，互相攻擊，故謂其假借朝命也。

〔三〕海西見孫策傳。

〔四〕宋本「禕」作「偉」。據英雄記云，揚州刺史陳温病死。

〔五〕封丘見魏志武紀初平四年。

〔六〕瑀字似應作術。

〔七〕陰陵見魏志袁術傳。

〔八〕范書陳球傳：「瑀弟琮，汝陰太守。」公琰當是琮字也。

〔九〕英雄記云：「瑀既領州，而術敗於封丘，南向壽春。瑀拒術不納，術退保陰陵，更合軍攻瑀，瑀懼，走歸下邳。」

〔一〇〕陵陽見孫策傳、吳夫人傳。孫策與孫河、呂範依吳景，合衆共討涇縣山賊祖郎，郎敗走。孫輔傳：「輔從策討陵陽，生得祖郎等。」案：祖郎事詳見孫輔傳注引江表傳。又按孫策傳注引江表傳，祖郎、嚴白虎等皆爲陳瑀所煽誘圖攻孫策者也。

〔一一〕太史慈傳：「孫策已平定宣城以東，惟涇以西六縣未服。」慈住涇縣，策躬自攻討，遂見囚執。」胡三省曰：「勇里在涇縣。」方輿紀要：「今涇縣西北。」

〔一二〕趙一清曰：「太史慈傳涇西六縣未服，連涇數之得七縣。」

〔一三〕征虜中郎將一人，吴置。

〔一四〕孫策攻黄祖，時吕範領桂陽太守，見孫策傳注引吴録。

〔一五〕鄱陽見孫權傳建安八年。趙一清曰：「方輿紀要卷八十五：鄱陽城在饒州府東六十里故縣渡，漢縣蓋治此，即吴芮所居也。後漢時，縣亦治焉。建安八年，鄱陽山越亂，孫權使吕範討平之。自晉以後，皆爲鄱陽郡治。志云：今府城本吴芮築，廣周七里，吴時周魴增九里三十步。或曰此即鄱陽故城，非今郡城也。郡城蓋唐初所築。」

策薨，奔喪于吴。後權復征江夏，範與張昭留守。

曹公至赤壁，與周瑜等俱拒破之，拜裨將軍，領彭澤太守，〔一〕以彭澤、柴桑、歷陽爲奉邑。〔二〕劉備詣京見權，〔三〕範密請留備。〔四〕後遷平南將軍，〔五〕屯柴桑。

〔一〕彭澤見孫策傳、劉繇傳。趙一清曰：「彭澤郡後廢入豫章。方輿紀要卷八十五：建安十四年，孫權置彭澤郡，以吕範領太守，尋廢。」吴增僅曰：「彭澤疑漢末曾作郡，後復省。」

〔二〕柴桑見孫權傳黄初二年，歷陽見孫策傳。趙一清曰：「陽當作陵。吴時歷陵屬鄱陽，三縣地相連，不應遠取九江。」弼按：趙説是。歷陵見孫晧傳天璽元年，彼傳亦誤以歷陵爲歷陽也。吴增僅曰：「歷陵縣屬豫章，漢志、續志同。建安中移屬鄱陽。孫晧傳：天璽元年，鄱陽言歷陽山石文理成字。裴注引江表傳云：歷陽縣有石山臨水，歷陽長表上言石印發。通鑑胡注云：鄱陽無歷陽縣，陽當作陵。又引饒州圖經云：鄱陽歷陵有石印山，洪志據之。然呂範傳以彭澤、柴桑、歷陽爲奉邑，彭澤、柴桑與歷陵地接，去漢九江郡之歷陽縣隔大江數百里，不應志、注並誤作歷陽，疑吴既省廬江之歷陽，而於鄱陽置郡時，又改豫章之歷陵爲歷陽也。惟寰宇記引吴志皓傳作鄱陽歷陵，未知孰是，今姑從寰宇記。」

〔三〕京見先主傳建安十三年。

〔四〕亦見魯肅傳注引漢晉春秋。此與周瑜所見相同。

〔五〕洪飴孫曰：「平南將軍一人，第三品。」

權討關羽，過範館，謂曰：「昔早從卿言，無此勞也。今當上取之，卿爲我守建業。」權破羽還，都武昌，〔一〕拜範建威將軍，封宛陵侯，〔二〕領丹陽太守，治建業，〔三〕督扶州以下至海，〔四〕轉以溧陽、懷安、寧國爲奉邑。〔五〕

〔一〕沈家本曰：「還疑當作遷。權得荆州後始都鄂，改名武昌。」弼按：還字屬上句讀，不誤。

〔二〕丹陽郡治宛陵，見孫策傳。

〔三〕丹陽郡徙治建業，詳見孫權傳嘉禾三年。

〔四〕賀齊傳：「出鎮江上督扶州以上至皖。」謝鍾英曰：「扶州當係江寧西南江中之洲，未能確指其地。」

〔五〕溧陽見何姬傳。宋書州郡志：「宣城太守，太康元年分丹陽立，領懷安令，吴立。」晉志：「宣城郡懷安。」洪亮吉曰：「懷安，吴分宛陵立。方輿紀要：今寧國縣東四十里。」寧國，見孫權傳赤烏十三年。

曹休、張遼、臧霸等來伐，〔一〕範督徐盛、全琮、孫韶等，以舟師拒休等於洞口。〔二〕遷前將

軍，假節，改封南昌侯。時遭大風，船人覆溺，死者數千。還軍，拜揚州牧。〔三〕

〔一〕此爲吴黄武元年、魏黄初三年事。

〔二〕洞口見曹休傳。

〔三〕魏志文紀黄初四年注載詔云：「征東諸軍與權黨吕範等水戰，斬首四萬，獲船萬艘。」曹休傳：「休爲征東大將軍，督張遼等及諸州郡二十餘軍，擊權大將吕範等於洞浦，破之。」董昭傳：「暴風吹賊船，悉詣休等營下，斬首獲生，賊遂迸散。」據魏志紀、傳所載，範軍大挫。此雖敵國夸張之辭，然孫權傳及本傳俱云船人覆溺，死者數千，亦不諱敗。是範軍無功可證，而封侯拜牧，儼若戰勝酬庸者，何也？蓋當時曹休率二十六軍而來，願將鋭卒，虎步江南，魏文且躬自督師，敕諸軍促渡，軍未前進，竟無所獲。吴則疆域無虞，魏則尹盧戰死，以少擊衆，退走敵軍，保境之功，誠不可没，徐盛、全琮同進爵賞。仲謀之善於御將，此亦其一端也。

性好威儀，州民如陸遜、全琮及貴公子，皆脩敬虔肅，不敢輕脱。〔一〕其居處服飾，於時奢靡，然勤事奉法，故權悦其忠，不怪其侈。

江表傳曰：人有白範與賀齊奢麗夸綺，服飾僭擬王者。權曰：「昔管仲踰禮，〔二〕桓公優而容之，無損於霸。今子衡、公苗，〔三〕身無夷吾之失，〔四〕但其器械精好，舟車嚴整耳。此適足作軍容，〔五〕何損於治哉！」告者乃不敢復言。

〔一〕康發祥曰：「遜，吴郡吴人；琮，吴郡錢唐人；皆隸揚州，故稱州民。」弼按：範辟陸遜爲別駕從事，舉茂才，見遜傳。

〔二〕論語：「邦君樹塞門，管氏亦樹塞門；邦君爲兩君之好，有反坫，管氏亦有反坫。」

〔三〕賀齊字公苗。

〔四〕管仲字夷吾。
〔五〕或曰：「作疑作壯。」

初，策使範典主財計，權時年少，私從有求，範必關白，不敢專許，當時以此見望。〔一〕權守陽羨長，〔二〕有所私用，策或料覆，〔三〕功曹周谷輒爲傳著簿書，〔四〕使無譴問，權臨時悦之。及後統事，以範忠誠，厚見信任，以谷能欺更簿書，不用也。〔五〕

〔一〕胡三省曰：「望，責望也，怨望也。」
〔二〕陽羨見孫權傳卷首。
〔三〕胡三省曰：「覆，審校也。」
〔四〕通鑑「傳」作「傅」。胡三省曰：「傅讀曰附。著，直略翻。」
〔五〕胡三省曰：「周世宗之待周美，我朝太祖之重竇儀，事亦類此。」

黄武七年，範遷大司馬，印綬未下，疾卒。權素服舉哀，遣使者追贈印綬。及還都建業，權過範墓呼曰：「子衡！」言及流涕，祀以太牢。

江表傳曰：初，權移都建業，大會將相文武，時謂嚴畯曰：〔一〕「孤昔歎魯子敬比鄧禹，吕子衡方吴漢，聞卿諸人，未平此論，今定云何？」畯退席曰：「臣未解指趣，謂肅、範受饒，褒歎過實。」權曰：「昔鄧仲華初見光武，〔二〕光武時受更始使，撫河北，行大司馬事耳，未有帝王志也。禹勸之以復漢業，是禹開初議之端矣。〔三〕子敬英爽有殊略，孤始與一語，便及大計，與禹相似，故比之。吕子衡忠篤亮直，性雖好奢，然以憂公爲先，不足爲損。避袁術自歸於兄，兄作大將，别領部曲，故憂兄事，乞爲都督，辦護脩整，加之恪勤，與吴漢相類，故方之。〔四〕皆有旨趣，非孤私之也。」畯乃服。

〔一〕宋本「時」作「特」。

〔二〕鄧禹字仲華。

〔三〕范書鄧禹傳：「禹聞光武安集河北，杖策北渡，追及於鄴。光武見之，甚歡。禹進説曰：諸將皆庸人崛起，志在財帛，朝夕自快而已，於今之計，莫如延攬英雄，務悦民心，立高祖之業，救萬民之命，以公而慮，天下不足定也。」

〔四〕吴漢不肯附王郎，而從光武，吕範避袁術，而歸孫策，事正相同。

範長子先卒，次子據嗣。據字世議，以父任爲郎。〔一〕後範寢疾，拜副軍校尉，〔二〕佐領軍事。範卒，遷安軍中郎將。〔三〕數討山賊，諸深惡劇地，所擊皆破。隨太常潘濬討五谿，〔四〕復有功。朱然攻樊，據與朱異破城外圍，〔五〕還拜偏將軍，入補馬閑右部督，〔六〕遷越騎校尉。太元元年，大風，江水溢流，〔七〕漸淹城門。權使視水，獨見據使人取大船以備害。〔八〕權嘉之，拜盪魏將軍。〔九〕權寢疾，以據爲太子右部督。〔一〇〕太子即位，拜右將軍。〔一一〕魏出東興，〔一二〕據赴討有功。明年，孫峻殺諸葛恪，〔一三〕遷據爲驃騎將軍，平西宫事。五鳳二年，假節，與峻等襲壽春，還遇魏將曹珍，破之於高亭。〔一四〕太平元年，帥師侵魏，未及淮，聞孫峻死，以從弟綝自代。據大怒，引軍還，欲廢綝。綝聞之，使中書奉詔，詔文欽、劉纂、〔一五〕唐咨等，使取據，又遣從兄慮〔一六〕以都下兵逆據於江都。〔一七〕左右勸據降魏，據曰：「恥爲叛臣！」遂自殺，〔一八〕夷三族。

〔一〕據爲孫壹之妹夫，見孫奐傳。

〔二〕副軍校尉一人，吳置。

〔三〕趙一清曰：「軍疑作東。」

〔四〕五谿見蜀志先主傳章武元年。

〔五〕馮本、吳本、毛本「異」作「冀」，誤。

〔六〕杜佑曰：「周官有校人、圉師、趣馬，掌十二閑之馬。」

〔七〕何焯校本「水」下增「盛」字。

〔八〕官本攷證曰：「御覽害作宮。」

〔九〕吳置盪魏將軍一人。

〔一〇〕洪飴孫曰：「太子右部督一人，吳置此官，疑典太子宿衛。」

〔一一〕孫和傳注引殷基通語云：左將軍呂據附魯王。本傳云：拜右將軍，不云拜左將軍。

〔一二〕東興見魏志齊王紀嘉平四年。

〔一三〕建興二年也。

〔一四〕高亭見孫亮傳五鳳二年。

〔一五〕馮本「纂」作「纂」，誤。

〔一六〕孫亮傳「慮」作「憲」。

〔一七〕詳見孫亮傳太平元年。

〔一八〕胡三省曰：「據父範佐孫策以造吳，故恥爲叛臣，自殺以明節。」

朱桓字休穆，吴郡吴人也。〔一〕孫權爲將軍，桓給事幕府，〔二〕除餘姚長。〔三〕往遇疫癘，穀食荒貴，桓分部良吏，隱親醫藥，飱粥相繼，士民感戴之。遷盪寇校尉，〔四〕授兵二千人，使部伍吴、會二郡，〔五〕鳩合遺散，期年之閒，得萬餘人。後丹陽、鄱陽山賊蜂起，攻没城郭，殺略長吏，處處屯聚。桓督領諸將，周旋赴討，應皆平定。稍遷裨將軍，封新城亭侯。〔六〕

〔一〕吴縣見孫策傳。
〔二〕「幕府」解見魏志袁紹傳注引魏氏春秋載紹檄州郡文。
〔三〕餘姚見孫權傳。
〔四〕盪寇校尉一人，吴置。
〔五〕吴郡、會稽二郡也。
〔六〕宋書州郡志：「揚州吴郡太守，新城令，浙江西南，名爲桐溪，吴立爲新城縣，後并桐廬。」一統志：「今浙江杭州府新城縣治。」

後代周泰爲濡須督。黄武元年，魏使大司馬曹仁步騎數萬向濡須，仁欲以兵襲取州上，僞先揚聲，欲東攻羨溪。〔一〕桓分兵將赴羨溪，既發，卒得仁進軍拒濡須七十里問，〔二〕桓遣使追還羨溪兵，兵未到，而仁奄至。時桓手下及所部兵在者五千人，諸將業業，各有懼心。〔三〕桓喻之曰：「凡兩軍交對，勝負在將，不在衆寡。諸君聞曹仁用兵行師，孰與桓邪？兵法所以稱客倍而主人半者，謂俱在平原，無城池之守，〔四〕又謂士衆勇怯齊等故耳。今仁既非智勇，〔五〕加其士卒甚怯，又千里步涉，人馬罷困，〔六〕桓與諸君，共據高城，〔七〕南臨大江，北背山陵，〔八〕以逸待勞，爲主制客，此百戰百勝之勢也。雖曹丕自來，尚不足憂，況仁等邪！」桓因偃旗鼓，外示虚弱，以誘致仁。仁果遣其子泰攻濡須城，分遣將軍常雕〔九〕督諸葛虔、王雙等，〔一〇〕乘油船别襲中洲。〔一一〕中洲者，部曲妻子所在也。〔一二〕仁自將萬人留橐皋，〔一三〕復爲泰等後拒。桓部兵將攻取油船，或别擊雕等，桓等身自拒泰，燒營而退，遂梟雕，生虜雙，送武昌，〔一四〕臨陣斬溺，死者千餘。〔一五〕權嘉桓功，封嘉興侯，〔一六〕遷奮武將軍，領彭城相。〔一七〕

〔一〕羨溪見魏志蔣濟傳。

〔二〕宋本「問」作「閒」。李龍官曰：「當作問。言仁揚聲攻羨溪，實欲攻取濡須，此時卒得其進軍音問也。」

〔三〕孔安國曰：「業業，危懼意。」

〔四〕通鑑「池」作「隍」。

〔五〕馮本「仁」作「人」，誤。

〔六〕胡三省曰：「罷讀曰疲。」

〔七〕宋本「君」作「軍」。

〔八〕濡須山在和州界，謂之東關；七寶山在無爲界，謂之西關。

〔九〕錢大昭曰：「吴主傳作常彫，古字通。」

〔一〇〕趙一清曰：「此别一王雙。」

〔一一〕胡三省曰：「油船，蓋以油皮爲之，外施油以扞水。」嚴衍曰：「此中洲乃濡須入江之中洲，非江陵之中洲也。」

〔一二〕通鑑「部曲」上有「桓」字。

〔一三〕橐皋見孫亮傳五鳳二年。

〔一四〕潘眉曰：「魏將王雙於蜀後主建興六年爲諸葛亮所斬，此傳云生虜雙送武昌，當是雙初被虜，至權稱藩於魏時，與于禁等同遣還，故仍爲魏將，後乃爲亮所斬也。」弼按：權稱藩，遣于禁等還，在黄初元年；生虜王雙在吴黄武二年，即魏黄初四年，孫權改年臨江拒守之後，潘説誤。

〔一五〕魏志蔣濟傳：「黄初三年，與大司馬曹仁征吴，濟别襲羨谿。仁欲攻濡須洲中。濟曰：賊據西岸，列船上流，而兵入舟中，是謂自内地獄，危亡之道也。仁不從，果敗。」互見孫權傳黄武三年。

〔一六〕嘉興見孫策傳。

〔一七〕趙一清曰：「此亦遥領。」

黄武七年，鄱陽太守周魴譎誘魏大司馬曹休，休將步騎十萬至皖城以迎魴。〔一〕時陸遜爲元帥，全琮與桓爲左右督，各督三萬人擊休。休知見欺，當引軍還，自負衆盛，儌於一戰。〔二〕桓進計曰：「休本以親戚見任，非智勇名將也。今戰必敗，敗必走，走當由夾石、挂車，〔三〕此兩道皆險阸，若以萬兵柴路，〔四〕則彼衆可盡，而休可生虜。臣請將所部以斷之。若蒙天威，得以休自效，便可乘勝長驅，進取壽春，割有淮南，以窺許、洛，〔五〕此萬世一時，不可失也。」〔六〕權先與陸遜議，遜以爲不可，故計不施行。〔七〕

〔一〕皖城見魏志明紀太和二年。

〔二〕宋本「儌」作「邀」。

〔三〕胡三省曰：「元豐九域志：舒州桐城縣北有挂車鎮，有挂車嶺，鎮因嶺而得名。」趙一清曰：「方輿紀要卷二十六：

淮南有兩硤石，在壽州淮水上者曰北硤石，在桐城者曰南硤石。薛氏謂淮西山澤無水隔者，有六安、舒城走南硤之路，南硤所以蔽皖也。漢建安十九年，孫權攻皖，張遼自合肥馳救，至硤石，聞城已破，築壘硤石南而還，謂之南硤戍。吴黄武六年，曹休攻皖，陸遜、朱桓等拒之，休敗，追至硤石，斬獲無算。今山爲控扼要口，北拒廬、鳳，南指江、黄，此爲通道。挂車嶺在懷寧府桐城縣西四十里，上有挂車石。漢都長安，江淮往來，此爲要路。九域志：桐城縣有挂車鎮，以挂車嶺而名。一清案：惜哉，此謀之不用也。君子是以知吴之不能跨涉中原也明矣。」夾石互見魏志蔣濟傳、臧霸傳、本志吕蒙傳。

〔四〕胡三省曰：「柴路，謂以柴塞路也。」

〔五〕胡三省曰：「漢末都許，魏時都洛。」

〔六〕胡三省曰：「言歷萬世，惟有此一時機會可乘也。」

〔七〕蔣濟、滿寵上疏言，曹休深入必敗，各見魏志本傳。孫權傳：「黄武七年八月，權至皖口，使將軍陸遜督諸將大破休於石亭。」

黄龍元年，拜桓前將軍，領青州牧，假節。嘉禾六年，魏廬江主簿吕習請大兵自迎，欲開門爲應。桓與衛將軍全琮俱以師迎，既至，事露，軍當引還。城外有溪水，去城一里所，廣三十餘丈，深者八九尺，淺者半之。諸軍勒兵渡去，桓自斷後。時廬江太守李膺整嚴兵騎，欲須諸軍半渡，因迫擊之。及見桓節蓋在後，卒不敢出，其見憚如此。

是時全琮爲督，權又令偏將軍胡綜宣傳詔命，參與軍事。琮以軍出無獲，〔一〕議欲部分諸將，有所掩襲。桓素氣高，恥見部伍，乃往見琮，問行意，感激發怒，與琮校計。琮欲自解，因曰：「上自令胡綜爲督，綜意以爲宜爾。」〔二〕桓愈恚恨，還乃使人呼綜。綜至軍門，桓出迎之，顧謂左右曰：「我縱手，汝等各自去。」〔三〕有一人旁出，語綜使還。桓出，不見綜，知左右所爲，因斫殺之。桓佐軍進諫，刺殺佐軍，遂託狂發，詣建業治病。權惜其功能，故不罪。

孫盛曰：書云：臣無作威作福，作威作福，則凶于而家，害于而國。〔四〕桓之賊忍，殆虎狼也，人君且猶不可，況將相乎！語曰：得一夫而失一國，縱罪虧刑，失孰大焉。〔五〕

使子異攝領部曲，令醫視護。數月，復遣還中洲。〔六〕權自出祖送，〔七〕謂曰：「今寇虜尚存，王塗未一，孤當與君共定天下，欲令君督五萬人，專當一面，以圖進取，想君疾未復發也。」〔八〕桓曰：「天授陛下聖姿，當君臨四海，猥重任臣，以除姦逆，臣疾當自愈。」

吴録曰：桓奉觴曰：「臣當遠去，願一捋陛下鬚，無所復恨。」權馮几前席，桓進前捋鬚，曰：「臣今日真可謂捋虎鬚也。」權大笑。

〔一〕孫權傳：「嘉禾六年十月，遣衛將軍全琮襲六安，不克。」

〔二〕劉家立曰：「綜疑作琮。」

〔三〕或曰：「寫伎躁人，如見裂眦張眉，惟用一縱字。」

〔四〕尚書洪範篇之辭。孔傳云：「言惟君得專威福也。」

〔五〕或曰：「孫盛論自當，然亦視事勢何如耳。主威方行，羣臣効命，區區一眚，遽壞長城，則亦未爲得也。故曰未可與權。」康發祥曰：「桓恚恨胡綜部分軍事，使氣擅殺，跋扈之跡，凶暴之行，所謂不待教而誅者也。孫權既不能伸司馬之威，已失刑政，而承祚作傳，復賞其義勇，尤屬寡識。記曰：勇能害上，不登於明堂。桓雖驍勇，何所取哉！」

〔六〕桓爲濡須督，部曲妻子，皆在中洲。

〔七〕詩大雅烝民篇：「仲山甫出祖。」鄭箋云：「祖者，將行犯軷之祭也。」

〔八〕或曰：「將將之術，權可無愧。」

桓性護前，〔一〕恥爲人下，每臨敵交戰，節度不得自由，輒嗔恚憤激。然輕財貴義，兼以彊識，與人一面，數十年不忘，部曲萬口，妻子盡識之。愛養吏士，贍護六親，俸祿產業，皆與共分。及桓疾困，舉營憂戚。年六十二，赤烏元年卒。〔二〕吏士男女，無不號慕。又家無餘財，權賜鹽五千斛，以周喪事。子異嗣。

〔一〕蜀志關羽傳：「諸葛亮知羽護前。」

〔二〕當生於熹平六年，小孫策二歲。

異字季文，以父任除郎，

文士傳曰：張惇子純〔一〕與張儼及異俱童少，往見驃騎將軍朱據。據聞三人才名，欲試之，告曰：「老鄙相聞，饑渴甚矣。夫驃褭以迅驟爲功，〔二〕鷹隼以輕疾爲妙，〔三〕其爲吾各賦一物，然後乃坐。」儼乃賦犬曰：「守則有威，出則有獲，韓盧、宋鵲，書名竹帛。」〔四〕純賦席曰：「席以冬設，簟爲夏施，〔五〕揖讓而坐，君子攸宜。」異賦弩曰：「南嶽之幹，鍾山之銅，應機命中，獲隼高墉。」〔六〕三人各隨其目所見而賦之，皆成而後坐，據大歡悅。

後拜騎都尉，代桓領兵。赤烏四年，隨朱然攻魏樊城，建計破其外圍，還拜偏將軍。魏廬江太守文欽營住六安，〔七〕多設屯砦，〔八〕置諸道要，以招誘亡叛，爲邊寇害。異乃身率其手下二千人，掩破欽七屯，斬首數百，遷揚武將軍。權與論攻戰，辭對稱意。權謂異從父驃騎將軍據曰：「本知季文惛定，見之復過所聞。」〔九〕十三年，文欽詐降，密書與異，欲令自迎。異表呈欽書，因陳其僞，不可便迎。權詔曰：「方今北土未一，欽云欲歸命，宜且迎之。若嫌其有譎者，但當設計網以羅之，盛重兵以防之耳。」乃遣呂據督二萬人，與異并力，至北界，〔一〇〕欽果不降。建興元年，遷鎮南將軍。是歲，魏遣胡遵、諸葛誕等出東興，〔一一〕異督水軍攻浮梁，壞之，魏軍大破。

吳書曰：異又隨諸葛恪圍新城，〔一二〕城既不拔，異等皆言宜速還豫章，襲石頭城，〔一三〕不過數日可拔。〔一四〕恪以書曉異，異投書於地曰：「不用我計，而用傒子言！」〔一五〕恪大怒，立奪其兵，遂廢還建業。〔一六〕

太平二年，假節，爲大都督，救壽春圍，不解。還軍，爲孫綝所枉害。〔一七〕

吳書曰：綝要異相見，將往，恐陸抗止之，異曰：「子通，家人耳，〔一八〕當何所疑乎！」遂往。綝使力人於坐上取之。異曰：「我吳國忠臣，有何罪乎！」乃拉殺之。

〔一〕張純事見孫和傳及注引吳録，又顧邵傳注引吳録云：「張敦字叔方，吳郡人」，即張惇。下文張儼、朱異皆吳郡吳人，三人皆童少，又同里，故同往見朱據也。張儼事見蜀志諸葛亮傳注引張儼默記。

〔二〕吳本、毛本「褭」作「馬」，誤。爾雅釋畜：「玄駒，褭驂。」郭璞注：「玄駒，小馬，别名褭驂耳。或曰：此即騕褭，古之良馬名。」陸德明音義云：「褭，奴了反。字林云：騕褭，良馬。騕，烏了反。」郭注上林賦云：騕褭，神馬，日行萬里。」

〔三〕爾雅釋鳥：「鷹隼醜，其飛也翬。」郭璞注：「鼓翅翬翬然疾。」陸德明音義云：「鷹字或作鹰。隼，西尹反。」

〔四〕廣雅釋獸：「韓獹宋浞，犬屬。」疏證：「初學記引字林云：獹，韓良犬也；浞，宋良犬也。獹通作盧。齊風盧令篇傳云：盧，田犬也。秦策云：譬若馳韓盧而逐蹇兔也。少儀：守犬、田犬，則授擯者，既受乃問犬名。鄭注云：名謂若韓盧宋鵲之屬。正義云：戰國策云韓子盧者，天下之壯犬也。又魏文帝説諸方物，亦云狗於古則韓盧宋鵲。則浞、鵲音同字異耳。孫叢子執節篇：申叔問曰：犬馬之名，皆因其形色而名焉，惟韓盧宋鵲獨否，何也？子順答曰：盧，黑色；鵲，白黑色。」

〔五〕詩小雅斯干篇：「下莞上簟，乃安斯寢。」鄭箋云：「莞，小蒲之席也。竹葦曰簟。」

〔六〕詩大雅皇矣篇：「以伐崇墉。」毛傳云：「墉，城也。」

〔七〕六安見孫堅傳。

〔八〕砦音寨，蒲落也，又壘也，通作柴寨。

〔九〕趙一清曰：「唐人詩有乖覺字，即憎也。乖、憎同音，今人習用之，蓋吴語也。」李龍官曰：「憎訓悶，訓惡，與語意不合，應作獪，言其狡獪也。」弼按：憎字疑爲膽字之誤，定字屬上句讀。朱然傳：臨急膽定，尤過絶人。本傳上文孫權與論攻戰，辭對稱意，當亦謂其膽定也。顧承傳：孫權與顧雍書曰：「貴孫子直，令問休休，至於相見，過於所聞。」與此傳見之復過所聞，語意相同。若定字屬下句，似不成語。孫權所以告朱據者，乃嘉獎季文之詞，若云狡獪，恐不然也。

〔一〇〕胡三省曰：「北界謂魏、吴分界之地，在魏廬江郡南，於吴爲北。」

〔一一〕東興見魏志齊王紀嘉平四年。

〔一二〕合肥新城也。

〔一三〕趙一清曰：「方輿紀要卷八十四：石頭驛在南昌府章江門外十里，有石頭渚。水經注：贛水經豫章郡北，水之西岸有盤石，謂之石頭，津步之處。汪藻曰：自豫章郡絶江而西，有山屹然，並江而出者，石頭渚也。阻江負城，十里而近。」謝鍾英曰：「石頭即豫章。」弼按：此與秣陵之石頭城，同名異地。

〔一四〕是時吴兵正攻合肥新城，何以云宜速還豫章？豫章本爲吴地，何以云襲石頭城？殊不可解。

〔一五〕宋本「俟」作「傒」。江右人曰「傒」。或曰：「異苑云：諸亮恪爲丹陽太守，獵西山之閒，有物如小兒，伸手引人。恪令民去故地，參佐問之，恪曰：此事在白澤圖，曰西山之閒，有神如小兒，名傒。此所云傒子，疑即用此。」

〔一六〕諸葛恪傳：「恪恥城不下，忿形於色，將軍朱異有所是非，恪怒，立奪其兵。」

〔一七〕孫綝殺異於鑊里，見孫亮傳太平二年。通鑑：「魏甘露二年，吴朱異率三萬人進屯安豐，魏兗州刺史州泰擊破朱異於陽淵。復遣朱異前解壽春之圍，異留輜重於都陸，進屯黎漿，石苞、州泰又擊破之。太山太守胡烈以奇兵五千襲都陸，盡焚異資糧。異將餘兵食葛葉，走歸孫綝，綝使異更死戰，異以士卒乏食，不從綝命。綝怒，斬異於鑊里。綝既不能拔出諸葛誕，而喪敗士衆，自戮名將，由是吴人莫不怨之。」

〔一八〕孫綝字子通。

評曰：朱治、吕範以舊臣任用，朱然、朱桓以勇烈著聞，吕據、朱異、施績咸有將領之才，克紹堂構。若範、桓之越隘，〔一〕得以吉終。至於據、異，無此之尤，而反罹殃者，所遇之時殊也。

〔一〕吕範居處服飾，於時奢靡，謂之越禮。朱桓素氣高，恥見部伍，又性護前，恥爲人下，皆爲隘。

吳書十二

三國志五十七

虞陸張駱陸吾朱傳第十二〔一〕

〔一〕劉咸炘曰：「此皆以剛直遭忌害者，其人實非同類共事也。」弼按：駱統、陸瑁未遭忌害，劉説稍誤。或曰：「此傳大約以直諫爲綫索，窮困爲歸宿，反覆讀之，如小雅之變音，離騷之苦調。」

虞翻字仲翔，會稽餘姚人也。〔一〕

吳書曰：翻少好學，有高氣。年十二，客有候其兄者，不過翻，翻追與書曰：「僕聞虎魄不取腐芥，磁石不受曲鍼，過而不存，不亦宜乎！」客得書奇之，由是見稱。〔二〕

太守王朗，命爲功曹。孫策征會稽，翻時遭父喪，衰絰詣府門，朗欲就之，翻乃脱衰入見，勸朗避策。朗不能用，拒戰敗績，亡走浮海。翻追隨營護，到東部侯官，侯官長閉城不受，翻往説之，然後見納。〔三〕

吳書曰：翻始欲送朗到廣陵，朗惑王方平訊，〔四〕言「疾來邀我，南岳相求」，故遂南行。既至侯官，又欲

投交州，翻諫朗曰：「此妄書耳，交州無南岳，安所投乎！」乃止。〔五〕

朗謂翻曰：「卿有老母，可以還矣。」

翻別傳曰：〔六〕朗使翻見豫章太守華歆，圖起義兵。翻未至豫章，聞孫策向會稽，翻乃還。會遭父喪，以臣使有節，不敢過家，星行追朗至侯官。朗遣翻還，然後奔喪。〔七〕而傳云「孫策之來，翻衰經詣府門，勸朗避策」，則爲大異。

翻既歸，策復命爲功曹，待以交友之禮，身詣翻第。〔八〕

江表傳曰：策書謂翻曰：「今日之事，當與卿共之，〔九〕勿謂孫策作郡吏相待也。」

〔一〕餘姚見孫策傳。

〔二〕何焯曰：「陳琳檄吴文：虞文繡砥礪清節，耽學好古，仲翔能負析薪。文繡之名，注家未及，詳翻別傳，自序云：臣亡考日南太守歆。」侯康曰：「北堂書鈔卷一百二引會稽典録云：虞歆字文肅，歷郡守，節操高厲。魏曹植爲東阿王，東阿先有三十碑，銘多非實，植皆毁除之。以歆碑不虛，獨全焉。按：文肅當作文繡，文選吴都賦注又作文秀。」

〔三〕賀齊傳「建安元年，孫策臨郡。（臨會稽郡。）時王朗奔東冶，侯官長商升爲朗起兵」，即此事。侯官詳見魏志王朗傳浮海至東冶注。侯官、東冶辨論極多，劉昭、沈約已涉疑似。然王朗傳云朗浮海至東冶，本傳云朗亡走浮海，虞翻追隨營護，到東部侯官，則已至今福州界。即如續漢志所云章安故冶爲不誤，亦已至今台州界。然據賀齊傳所載進兵情形，則確至今福州界矣。侯康有説，見後漢書補注續、三國志補注續；沈家本有説，見諸史瑣言卷十六，均以文繁不録。惟胡三省注，詳引古書，敘次有條貫，且分別辨正，兹全録之。胡三省曰：「前漢志冶縣屬會稽郡。師古曰：故閩越地，光武改曰章安。晉志曰：建安郡故秦閩中郡，漢高祖五年以立閩越王。及武帝滅之，徙其人，名爲東冶。後漢改爲候官都尉，及吴置建安郡。洪氏隸釋據西漢志曰：會稽西部都尉治錢唐，南部都尉治回浦。李宗諤圖經曰：文帝時以山陰爲都尉治。元狩中徙治錢唐，爲西部；元鼎中又立東部都尉，治冶。光武改回浦爲章安，以治立東候官。吳孫亮傳曰：五鳳中，以會稽東部爲臨海郡；孫休傳：永安中，以會稽南部爲建安郡。沈約宋志曰：東陽太守本會稽西部都尉，又曰：臨海太守本會稽東部都尉。前漢都尉治鄞，後漢分會稽爲吳郡，疑是都尉徙治章安。續漢志：章安故冶，光武更名。晉太康記：本鄞縣南之回浦鄉，章帝立，未詳孰是。又曰：司馬彪云章安是故冶，然則臨海亦冶地也。張勃吳録曰：是句踐冶鑄之所，後分爲會稽東南二部都尉，東部臨海是也，南部建安是也。杜佑通典曰：後漢改冶縣爲候官都尉，後分冶縣爲會稽東南二都尉，今福州是南部，台州是東部。又曰：二漢會稽西部都尉理婺州。數説異同，各有脱誤。嘗參訂之，自秦置會稽郡，其治在今吳門。至順帝分置吳郡，而會稽徙郡於山陰，以浙江爲兩郡之境，故錢唐在西漢時屬會稽，所以爲西部治所；及會稽移於浙東，則西部亦移於婺女。回浦後改章安，乃會稽之東部，今台州蓋其地。冶縣則是南部，在吳屬建安郡，至唐遂爲福州。太康記嘗云回浦本鄞之南鄉，或云東部治鄞，因致休文之疑。然鄞及回浦皆西漢縣名，謂西漢割鄞而置縣，或未可知。至章帝時，回浦已非鄉矣。太康所紀亦誤也。前志注會稽之冶縣云：本閩越地。續志曰：章安故冶，閩越地，光武更名。因脱其中數字，故劉昭補注惑於太康記，而休文復不能剖判也。當云章安故回浦，章帝更名；東候官故冶，閩越地，光武更名，於文乃足。此郡之末有東部侯國四字，卻是衍文，侯與候相近，而南部所治，故文有錯亂。班史注回浦爲南部，司馬彪謂章安是故冶，張勃謂分冶爲東南二都尉，杜佑謂二漢西部皆在婺女，圖經以冶爲東部，皆誤也。余按洪説甚詳，其言錢唐西漢時屬會稽，所以爲西部治所，此語亦恐有未安處。」

〔四〕宋本「訊」作「記」，一作「計」。

〔五〕魏志王朗傳：「朗詣策，策詰讓而不害。」

〔六〕虞翻別傳，隋、唐志未著録。章宗源曰：「虞翻別傳見三國志注，亦見太平御覽。」侯康曰：「虞翻別傳見本傳注，書中直稱孫策、孫權名，則非吳人撰，然亦當三國時人也。」

〔七〕以上爲別傳語，以下爲裴注語。
〔八〕或曰：「策謂權曰：舉賢任能，我不如卿。此言謙也，權不能容翻，而策待之甚厚，有過之無不及也。」
〔九〕此與語太史慈之語相同。

策好馳騁游獵，翻諫曰：「明府用烏集之衆，驅散附之士，皆得其死力，雖漢高帝不及也。至於輕出微行，從官不暇嚴，吏卒長苦之。〔一〕夫君人者，不重則不威，〔二〕故白龍魚服，困於豫且；〔三〕白虵自放，劉季害之。〔四〕願少留意。」〔五〕策曰：「君言是也。然時有所思，端坐悒悒，〔六〕有裨諶草創之計，〔七〕是以行耳。」

吳書曰：策討山越，斬其渠帥，悉令左右分行逐賊，獨騎與翻相得山中。翻問左右安在？策曰：「悉行逐賊。」翻曰：「危事也！」令策下馬：「此草深，卒有驚急，馬不及縈策，但牽之，執弓矢以步；翻善用矛，請在前行。」得平地，勸策乘馬。策曰：「卿無馬，柰何？」答曰：「翻能步行，日可三百里，〔八〕自征討以來，吏卒無及翻者。明府試躍馬，翻能疏步隨之。」行一大道，〔九〕得一鼓吏，策取角自鳴之，部曲識聲，大小皆出，遂從周旋，平定三郡。

江表傳曰：策討黃祖，旋軍欲過取豫章，特請翻語曰：「華子魚自有名字，〔一〇〕然非吾敵也。加聞其戰具甚少，若不開門讓城，金鼓一震，不得無所傷害，卿便在前，具宣孤意。」翻即奉命辭行，徑到郡，請被褠葛巾，與敵相見，謂歆曰：「君自料名聲之在海內，孰與鄙郡故王府君？」〔一一〕歆曰：「不及也。」翻曰：「豫章資糧多少，器仗精否，士民勇果，孰與鄙郡？」又曰：「不如也。」翻曰：「討逆將軍智略超世，用兵如神，前走劉揚州，〔一二〕君所親見；南定鄙郡，亦君所聞也。今欲守孤城，自料資糧，已知不足，不早爲計，悔無及也。今大軍已次椒丘，〔一三〕僕便還去，明日日中迎檄不到者，與君辭矣！」翻既去，歆明旦出城，遣吏迎策。策既定豫章，引軍還吳，饗賜將士，計功行賞。謂翻曰：「孤昔再至壽春，見馬日磾及與中州士大夫會，語我東方人多才耳，但恨學問不博，語議之閒，有所不及耳。孤意猶謂未耳。卿博學洽聞，故前欲令卿一詣許，交見朝士，以折中國妄語兒。卿不願行，便使子綱；〔一四〕恐子綱不能結兒輩舌也。」翻曰：「翻是明府家寶，而以示人，人儻留之，則去明府良佐，故前不行耳。」策笑曰：「然。」因曰：「孤有征討事，未得還府，卿復以功曹爲吾蕭何，〔一五〕守會稽耳。」後三日，便遣翻還郡。

臣松之以爲王、華二公於擾攘之時，抗猛鋭之鋒，俱非所能。歆之名德，實高於朗，而江表傳述翻説華云「海内名聲，孰與於王」，此言非也。然王公拒戰，華逆請服，實由孫策初起，名微衆寡，故王能舉兵，豈武勝哉？策後威力轉盛，勢不可敵，華量力而止，非必用仲翔之説也。若使易地而居，亦華戰王服耳。

按吳歷載翻謂歆曰：「竊聞明府與王府君齊名中州，海内所宗，雖在東垂，常懷瞻仰。」歆答曰：「孤不如王會稽。」翻復問：「不審豫章精兵，何如會稽？」對曰：「大不如也。」翻曰：「明府言不如王會稽，謙光之譚耳；〔一六〕精兵不如會稽，實如尊教。」因述孫策才略殊異，用兵之奇。歆乃答云當去。（此説爲勝也）翻出，歆遣吏迎策。二説有不同。〔一七〕（此説爲勝也。）

〔一〕宋本「長」作「常」，通鑑同。

〔二〕胡三省曰：「重，尊重；威，威嚴。言不尊重，則無威嚴。」

〔三〕胡三省曰：「張衡東京賦之辭。注云：説苑曰：吳王欲從民飲酒，伍子胥諫曰：不可。昔白龍下清泠之淵，化爲魚，漁者豫且射中其目。白龍上訴。天帝曰：當是之時，若安置而形？白龍對曰：我下清泠之淵，化爲魚。天帝曰：魚固人之所射也，豫且何罪！夫白龍，天帝貴畜也；豫且，宋國之賤臣也。白龍不化，豫且不射。今棄萬乘之位，而從布衣之士飲酒，臣恐其有豫且之患矣。王乃止。且，子余翻。」

〔四〕史記高祖本紀：「高祖姓劉氏，字季。夜徑澤中，令一人行前，行前者還報曰：前有大蛇當徑，願還。高祖醉，曰：壯士行，何畏！乃前拔劍擊斬蛇。有一老嫗，夜哭曰：吾子，白帝子也，化爲蛇，當道，今爲赤帝子斬之，故哭。」

〔五〕胡三省曰：「爲孫策死於輕出張本。」

〔六〕悒，音邑，不安也，猶鬱鬱也。

〔七〕論語：「子曰：爲命，裨諶草創之。」何晏集解：「孔曰裨諶，鄭大夫氏名也。謀於野則獲，於國則否。鄭國將有諸侯之事，則使乘車以適野，而謀作盟會之辭。」正義曰：「使裨諶適草野以創制之。左傳襄公三十一年：裨諶能謀，謀於野則獲，謀於邑則否。杜注：此才性之蔽也。」

〔八〕馮本、監本「三」作「二」。

〔九〕宋本「一」作「及」。

〔一〇〕胡三省曰：「華歆字子魚。自有名字，言其名聞當時也。」

〔一一〕謂會稽太守王朗也。

〔一二〕劉繇也。

〔一三〕椒丘見華歆傳。

〔一四〕張紘字子綱。

〔一五〕監本「吾」作「善」，誤。

〔一六〕胡三省曰：「易云：謙尊而光。」

〔一七〕魏志華歆傳：「孫策略地江東，歆知策善用兵，乃幅巾奉迎。」歆傳注引吴歷、華嶠譜敍、江表傳，與此傳注所引，互有詳略。

翻出爲富春長，〔一〕策薨，諸長吏并欲出赴喪，翻曰：「恐鄰縣山民，或有奸變，遠委城郭，必致不虞。」因留制服行喪。諸縣皆效之，咸以安寧。

吴書曰：策薨，權統事。定武中郎將暠，策之從兄也，屯烏程，〔二〕整帥吏士，欲取會稽。會稽聞之，使民守城，以俟嗣主之命，因令人告諭暠。

會稽典録載翻説暠曰：「討逆明府，不竟天年，今攝事統衆，宜在孝廉。翻已與一郡吏士，嬰城固守，必欲出一旦之命，爲孝廉除害，執事圖之！」〔三〕於是暠退。

臣松之案：此二書所説策亡之時，翻猶爲功曹，與本傳不同。

後翻州舉茂才，漢召爲侍御史，曹公爲司空，辟，皆不就。〔四〕

吴書曰：翻聞曹公辟，曰：〔五〕「盜跖欲以餘財污良家邪？」遂拒不受。

〔一〕富春見孫堅傳。

〔二〕烏程見孫堅傳。

〔三〕宋本「執事」上有「惟」字。

〔四〕趙一清曰：「寰宇記卷九十六：御史床在會稽縣東南四里，虞翻爲長沙桓王所重，特設此床以表賢。翻仕漢至御史，故梁元帝玄覽賦云：御史之床猶在，都護之門不修。」一清案：漢以侍御史徵翻，翻不就，蓋未嘗一日立漢庭也。記云仕漢，誤耳。南史竟陵王子良傳：爲會稽太守，郡閣下有虞翻舊床，罷任還，乃致以歸。」姚振宗曰：「隋志易家稱吴侍御史虞翻，與集部稱後漢侍御史虞翻集異。本傳云：漢召爲侍御史，不就；孫權以爲騎都尉，徙交州，卒。是翻仕吴至騎都尉，未嘗爲侍御史。然攷釋文敘録稱後漢侍御史，又傳注引會稽典録：孫亮時，太守濮陽興與書佐朱育問答，興稱翻爲御史，育亦稱翻爲侍御史。又韋昭注國語，亦稱爲故侍御史。此從後追述之詞，類皆以漢所授官爲稱號，今仍從隋志題後漢侍御史，其稱吴者，非其實也。」

〔五〕馮本「聞」作「閒」，誤。

翻與少府孔融書，并示以所著易注。〔一〕融答書曰：「聞延陵之理樂，〔二〕覩吾子之治易，乃知東南之美者，非徒會稽之竹箭也。又觀象雲物，察應寒温，原其禍福，與神合契，可謂探賾窮通者也。」會稽東部都尉張紘又與融書曰：「虞仲翔前頗爲論者所侵，美寶爲質，雕摩益光，〔三〕不足以損。」

〔一〕釋文敘録：「周易虞翻注十卷，字仲翔，會稽餘姚人，後漢侍御史。」隋書經籍志：「周易九卷，吴侍御史虞翻注。」唐經籍志：「周易九卷，虞翻注。」藝文志：「周易虞翻注九卷。」平湖孫堂輯本序曰：「三國志本傳載其五世傳易，獻帝時作易注，奏上之。其書久佚，集解所録，以經文準之，殆不能半。然虞之大義，至今未泯者，不可謂非李氏之功。今以集解爲主，而更采他書附益之，釐爲十卷。」武進張惠言周易虞氏義序曰：「虞氏之學既世，又具見馬、鄭、荀、宋氏書，考其是否，故其義爲精。又古書亡而漢、魏師説可見者十餘家，惟鄭、荀、虞三家略有梗概可指説，而虞又較備。然則求七十子之微言，田何、楊叔、丁將軍之所傳者，舍虞氏之注，其何所自焉？故求其條貫，明其統例，釋其疑滯，信其亡缺，爲虞氏義九卷。」

〔二〕謂吴季札。

〔三〕宋本「雕」作「彫」。

孫權以爲騎都尉，翻數犯顏諫爭，權不能悅。又性不協俗，多見謗毀，坐徙丹陽涇縣。〔一〕呂蒙圖取關羽，稱疾還建業，以翻兼知醫術，請以自隨，亦欲因此令翻得釋也。〔二〕後蒙舉軍西上，南郡太守麋芳開城出降。〔三〕蒙未據郡城，而作樂沙上。翻謂蒙曰：「今區區一心者，麋將軍也；城中之人豈可盡信，何不急入城持其管籥乎！」蒙即從之。時城中有伏計，賴翻謀不行。關羽既敗，權使翻筮之，得兑下坎上，節，五爻變之臨。翻曰：「不出二日，必當斷頭。」果如翻言。〔四〕權曰：「卿不及伏羲，可與東方朔爲比矣。」

〔一〕涇縣見孫策傳。

〔二〕此即後世保舉開復之意，愛惜人才，用心如此。

〔三〕呂蒙傳注引吴書云：「將軍士仁在公安，蒙令虞翻説降。翻謂蒙曰：此譎兵也。遂將仁至南郡，太守麋芳城守，蒙以仁示之，遂降。」

〔四〕李安溪曰：「孔融稱其觀雲物，察寒温，蓋學於京、焦之法者。」趙一清曰：「卦變又與今説不同。節，五爻陽也，動則變陰，二陽在下，四陰在上，臨之象也。臨卦辭云：至于八月，有凶。自二至五，乃隔三四兩爻，不出二日，是以一爻當一日也。」

魏將于禁爲羽所獲，繫在城中。權至，釋之，請與相見。他日，權乘馬出，引禁并行。翻呵禁曰：「爾降虜，何敢與吾君齊馬首乎！」欲抗鞭擊禁，〔一〕權呵止之。後權於樓船會羣臣飲，禁聞樂流涕，翻又曰：「汝欲以僞求免邪？」權悵然不平。〔二〕

吴書曰：後權與魏和，欲遣禁還歸北。翻復諫曰：「禁敗數萬衆，身爲降虜，又不能死。北習軍政，〔三〕得禁必不如所規。還之雖無所損，猶爲放盜；不如斬以令三軍，示爲人臣有二心者。」權不聽，羣臣送禁，翻謂禁曰：「卿勿謂吴無人，吾謀適不用耳！」〔四〕禁雖爲翻所惡，然猶盛歎翻，魏文帝常爲翻設虚坐。

〔一〕通鑑作「抗鞭欲擊禁」。胡注：「抗，舉也。」

〔二〕曹丕踐阼，孫權稱藩，方藉于禁爲通好之郵，翻屢斥禁，宜其不平。

〔三〕元本「北」作「比」。

〔四〕左傳文公十三年：「繞朝贈士會以策曰：子無謂秦無人，吾謀適不用也。」

權既爲吴王，歡宴之末，自起行酒，翻伏地陽醉，不持。權去，翻起坐。〔一〕權於是大怒，手劍欲擊之，〔二〕侍坐者莫不遑遽，〔三〕惟大司農劉基起抱權，諫曰：〔四〕「大王以三爵之後，〔五〕手殺善士，雖翻有罪，天下孰知之？且大王以能容賢畜衆，〔六〕故海内望風。今一朝棄之，可乎？」權曰：「曹孟德尚殺孔文舉，孤於虞翻何有哉！」基曰：「孟德輕害士人，天下非之，大王躬行德義，欲與堯舜比隆，何得自喻於彼乎？」翻由是得免。〔七〕權因勅左右：「自今酒後言殺，皆不得殺。」〔八〕

〔一〕胡三省曰：「翻爲是者，所以諫也。」

〔二〕胡三省曰：「手劍，手援劍也。記曰：子手弓。」

〔三〕宋本「遑」作「惶」，通鑑同。

〔四〕劉繇傳「權爲吳王，遷基大農」，不作大司農。近人某氏藏燉煌出土舊鈔吳志殘卷，自惟大農以下，至張温傳臣自遠境止，凡七十九行。某氏歷舉大司農爲刊本之誤，已於劉繇傳及魏志文紀黄初元年辨正。舊鈔所舉，多不足據。如本傳手殺善士，即指權手劍欲擊翻之事，鈔本無手字。雖翻有罪，天下孰知之？此言天下無人知翻之罪也。鈔本作天下誰不知之，則語意相反矣。又如曹孟德尚殺孔文舉，孤於虞翻何有哉！本極明顯。鈔本删去尚字、有字，則語氣索然矣。其他多類是，好古敏求，則可；佞古而爲古愚，則不可也。

〔五〕胡三省曰：「古者臣侍君宴，不過三爵，懼其失節也。」

〔六〕通鑑「畜」作「蓄」。

〔七〕互見劉繇傳。

〔八〕何焯曰：「則前此之殺者有矣，孫晧昏虐，權之貽也。」

翻嘗乘船行，與麋芳相逢，芳船上人多欲令翻自避，先驅曰：「避將軍船！」翻厲聲曰：「失忠與信，何以事君？傾人二城，而稱將軍，可乎！」芳闔户不應，而遽避之。後翻乘車行，又經芳營，門吏閉門，車不得過。翻復怒曰：「當閉反開，當開反閉，豈得事宜邪！」芳聞之，有慙色。

翻性疏直，數有酒失。〔一〕權與張昭論及神仙，翻指昭曰：「彼皆死人，而語神仙，世豈有仙人也！」權積怒非一，遂徙翻交州。〔二〕雖處罪放，而講學不倦，門徒常數百人。〔三〕

翻别傳曰：權即尊號，翻因上書曰：「陛下膺明聖之德，體舜、禹之孝，歷運當期，順天濟物，奉承策命。〔四〕臣獨抃舞，罪棄兩絶，〔五〕拜賀無階，仰瞻宸極，且喜且悲。臣伏自刻省，命輕雀鼠，性輶毫釐，〔六〕罪惡莫大，不容于誅，昊天罔極，全宥九載，〔七〕退當念戮，〔八〕頻受生活，復偷視息。臣年耳順，思咎憂憤，形容枯悴，髮白齒落，雖未能死，自悼終没，不見宮闕百官之富，不覩皇輿金軒之飾，仰觀巍巍衆民之謡，傍聽鍾鼓侃然之樂，永隕海隅，棄骸絶域，不勝悲慕，逸豫大慶，悦以忘罪。」

又爲老子、論語、國語訓注，皆傳於世。〔九〕

翻別傳曰：翻初立易注，奏上曰：「臣聞六經之始，莫大陰陽，是以伏羲仰天縣象，而建八卦，觀變動六爻爲六十四，以通神明，以類萬物。臣高祖父故零陵太守光，少治孟氏易，〔一〇〕曾祖父故平輿令成，〔一一〕纘述其業，至臣祖父鳳，爲之最密。臣先考故日南太守歆，〔一二〕受本於鳳，〔一三〕最有舊書，世傳其業，至臣五世。前人通講，多玩章句，雖有祕説，於經疏闊。臣生遇世亂，長於軍旅，習經於枹鼓之閒，講論於戎馬之上，蒙先師之説，依經立注。又臣郡吏陳桃，夢臣與道士相遇，放髮被鹿裘，布易六爻，撓其三以飲臣，臣乞盡吞之。道士言，易道在天，三爻足矣。豈臣受命，應當知經！所覽諸家解，不離流俗，義有不當實，輒悉改定，以就其正。孔子曰：『乾元用九而天下治。』聖人南面，蓋取諸離。斯誠天子所宜協陰陽、致麟鳳之道矣。謹正書副上，惟不罪戾。」〔一四〕翻又奏曰：「經之大者，莫過於易。自漢初以來，海内英才，其讀易者，解之率少。至孝靈之際，潁川荀諝號爲知易，〔一五〕臣得其注，有愈俗儒，至所説西南得朋，東北喪朋，顛倒反逆，了不可知。孔子歎易曰『知變化之道者，其知神之所爲乎！』以美大衍四象之作，而上爲章首，尤可怪笑。又南郡太守馬融，名有俊才，其所解釋，復不及諝。〔一六〕孔子曰『可與共學，未可與適道』，豈不其然！若乃北海鄭玄，〔一七〕南陽宋忠，〔一八〕雖各立注，忠小差玄，而皆未得其門，難以示世。」又奏鄭玄解尚書違失事因，〔一九〕「臣聞周公制禮，以辨上下。孔子曰：『有君臣然後有上下，有上下然後禮義有所錯。』是故尊君卑臣，禮之大司也。伏見故徵士北海鄭玄所注尚書，以顧命康王執瑁，古『月』〔二〇〕似『同』，從誤作『同』，既不覺定，復訓爲杯，謂之酒杯；〔二一〕成王疾困憑几，洮頮爲濯，以爲澣衣成事，『洮』字虛更作『濯』，以從其非。〔二二〕又古大篆『丣』字讀當爲桺，古桺、丣同字，而以爲昧；〔二三〕分北三苗，『北』古『別』字，〔二四〕又訓北，言北猶別也。若此之類，誠可怪也。〔王〕〔玉〕人職曰：天子執瑁以朝諸侯，謂之酒杯；天子頮面，謂之澣衣；古篆丣字，反以爲昧，甚違不知蓋闕之義。於此數事，誤莫大焉。宜命學官，定此三事。又馬融訓注，亦以爲同者大同天下，今經益『金』就作『銅』字，詁訓言天子副璽，雖皆不得，猶愈於玄。然此不定，臣没之後，而奮乎百世，雖世有知者，懷謙莫或奏正。又玄所注五經，違義尤甚者百六十七事，不可不正。行乎學校，傳乎將來，臣竊恥之。」翻放棄南方，云「自恨疏節，骨體不媚，犯上獲罪，當長没海隅，生無可與語，死以青蠅爲弔客，使天下一人知己者，足以不恨。」以典籍自慰，依易設象，以占吉凶。又以宋氏解玄頗有繆錯，更爲立注，〔二五〕并著明揚、釋宋，以理其滯。臣松之案：翻云古大篆丣字讀當言桺，古桺、丣同字，竊謂翻言爲然。故劉、畱、聊、桺同用此字，以從聲故也。與日辰卯字，字同音異。然漢書王莽傳論卯金刀，故以爲日辰之卯，今未能詳正。然世多亂之，故翻所説云。荀諝，荀爽之別名。〔二六〕

〔一〕何焯曰：「自有酒失，何以正君？此權之所以不能容也。」

〔二〕趙一清曰：「御覽卷百八十引樓承先別傳曰：樓玄到廣州，密步虞仲翔故宅，出遂徘徊躑躅，哀喉慘愴，不能自勝耳。」杭世駿曰：「會稽記云：昔虞翻嘗登緒山，望四郭，誡子孫曰：可留江北居，後世祿位當過於我，聲名不及爾，然相繼代興。居江南必不昌。」

〔三〕諸葛瑾傳：「虞翻以狂直流徙，惟瑾屢爲之說。」

〔四〕宋本「策」作「革」。

〔五〕馮本「兩」作「雨」，誤。

〔六〕詩大雅烝民篇：「德輶如毛。」鄭箋云：「輶，輕也。」

〔七〕姚振宗曰：「權稱尊號，翻上書言全宥九載，則被放在魏文帝黄初二年。又言臣年耳順，至年七十，當卒於吴赤烏二年，在南凡十九年也。」弼按：鈔本作年七十九卒。果如所言，則在南二十九年矣。與上文在南十餘年不合，不問而知其誤矣。

〔八〕疑作「退念當戮」。

〔九〕釋文敍録：「老子虞翻注二卷，論語虞翻注十卷。」隋書經籍志：「梁有虞翻注老子二卷，亡；梁有虞翻注論語十卷，亡；春秋外傳國語二十一卷，虞翻注。」二唐志同。侯康曰：「韋昭解内時稱賈、唐二君，或稱三君，則兼虞仲翔也。」姚振宗曰：「錢塘汪遠孫有國語三君注輯存四卷，馬氏玉函山房輯虞氏注一卷。」弼按：仲翔所著書，老子、論語、國語訓注外，尚有多種，今彙録於下。隋書經籍志：「梁有周易日月變例六卷，虞翻、陸績撰，亡。」虞翻孝經注，隋、唐志皆不載。唐玄宗御注孝經序曰：「韋昭、王肅，先儒之領袖，虞翻、劉邵，抑又次焉。」虞翻奏上鄭注五經違失事因，見後注引翻別傳。虞翻川瀆記，章宗源隋志考證曰：「太平寰宇記江南東道：虞仲翔川瀆記曰：太湖東通長洲松江水，南通烏程霅谿水，西通義興荆谿水，北通晉陵滆湖水，東連嘉興韭谿水，凡五通，謂之五湖。」姚振宗曰：「李兆洛地理今釋：晉陵郡縣始於南宋，非吴時所當有。又吴大帝以立太子和，改禾興爲嘉興，事在赤烏五年，時翻已前卒，亦非翻所及知。此或爲樂史改稱，或別有虞仲翔其人。」虞翻太玄注十四卷，本傳注引翻別傳曰：「又以宋氏解玄頗有繆誤，更爲立注，并著明揚、釋宋，以理其滯。」隋書經籍志：「梁有揚子太玄經十四卷，虞翻注，亡。」

唐經籍志：「揚子太玄經十四卷，虞翻注。」隋書經籍志：「易律曆一卷，虞翻撰；周易集林律曆一卷，虞翻撰。」宋史藝文志：「虞翻注京房周易律曆一卷。」隋書經籍志：「後漢侍御史虞翻集二卷，梁三卷，録一卷。」

〔一〇〕漢書藝文志：「易經十二篇，施、孟、梁丘三家。」儒林傳：「孟喜字長卿，東海蘭陵人，從田王孫受易。」釋文敍録：「孟喜章句十卷。」

〔一一〕汝南郡治平輿，見魏志武紀卷首。

〔一二〕宋本「先」作「亡」。日南郡見魏志陳留王紀咸熙元年。歆字文纁，注見前。

〔一三〕所謂有本之學。

〔一四〕姚振宗曰：「此奏稱聖人、天子，蓋上之漢朝，而并示孔融。考孔融被殺在獻帝建安十三年，則奏上此書及奏論荀諝、馬融、鄭玄、宋忠易注得失，又奏鄭玄解尚書違失事因，及玄注五經違義諸章奏，皆在建安十三年之前。」弼按：翻奏中有臣没之後一語，若諸奏在建安十三年以前，則翻尚止三十餘歲，必不爲此語。仲翔潛心著述，當在流徙交州之後，此奏或在是時。觀其評論孔融、鄭玄、宋忠，似在諸人死後，至文舉見其易注，或爲少年草創之本。

〔一五〕范書荀淑傳：「淑字季和，潁川潁陰人。子爽，字慈明，一名諝。幼而好學，年十二，能通春秋、論語。潁川爲之語曰：荀氏八龍，慈明無雙。著禮、易傳。」荀悦漢紀云：「臣悦叔父故司空爽，著易傳，據爻象承應陰陽變化之義，以十篇之文解説經意，由是兗、豫之言易者，咸傳荀氏學。」隋書經籍志：「周易十一卷，漢司空荀爽注。」

〔一六〕范書馬融傳：「融字季長，扶風茂陵人。融才高博洽，爲世通儒，施養諸生，嘗有千數。涿郡盧植、北海鄭玄皆其徒也。融注孝經、論語、詩、易、三禮、尚書。」荀悦漢紀曰：「孝桓帝時，故南郡太守馬融著易解，頗生異説，頗行於世。」釋文敍録：「扶風馬融爲易傳。」又曰：「馬融傳十卷。七録云九卷。」隋書經籍志：「梁有漢南郡太守馬融注周易一卷，亡。」（姚振宗曰：「此引七録與釋文九卷異，或經傳各自爲編，七録别有此一本。」）唐經籍志：「周易十卷，馬融章句。」唐藝文志：「周易馬融章句十卷。」歷城馬國翰輯本序曰：「周易馬氏傳，宋、元以來無傳。茲就釋文、正義、集解三書所引，并他書閒見者，輯録爲三卷。」姚振宗曰：「又有張惠言易義別録、平湖孫堂漢魏廿一家易注輯本各一卷。」

〔一七〕范書鄭玄傳：「玄字康成，北海高密人。先始通京氏易，西入關，因涿郡盧植事扶風馬融。玄注周易，稱爲純儒。」儒林傳：「陳元、鄭衆皆傳費氏易，其後馬融亦爲其傳。融授鄭玄，玄作易注。」隋書經籍志：「周易九卷，後漢大司農鄭玄注。」

〔一八〕宋忠事見魏志劉表傳。

〔一九〕「因」疑「曰」字之誤。宋本「因」作「目」。范書儒林傳：「扶風杜林傳古文尚書，林同郡賈逵爲之作訓，馬融作傳，鄭玄注解，由是古文尚書遂顯於世。」釋文敘録：「古文尚書鄭玄注九卷。」隋書經籍志：「尚書九卷，鄭玄注。」唐經籍志：「古文尚書九卷，鄭玄注。」藝文志：「鄭玄注古文尚書九卷。」鄭學録曰：「唐陸元朗撰釋文，孔沖達撰正義，皆以僞孔傳爲主，鄭注由是寖亡。宋末，王應麟采輯爲一卷。」侯康曰：「虞翻奏鄭注尚書違失四事，近王鳴盛、江聲、孫星衍諸家，皆申鄭難虞。」

〔二〇〕錢大昕曰：「即冒字，與日月之月異。」

〔二一〕錢大昕曰：「今本尚書同瑁連文。同爲爵名，瑁爲天子執瑁之瑁，各是一物。仲翔謂古冃似同，鄭氏從誤作同，又訓爲酒杯，以此譏鄭之失，則古本只有瑁字，古文作冃，而鄭作同也。今本尚書出於梅賾，或亦習聞仲翔説，兼取二文，以和合鄭、虞之義乎？馬融本亦作同，漢人又有加金旁作銅字者，并見仲翔説。」

〔二二〕錢大昕曰：「濯即古洮字。周禮春官守祧，古文祧爲濯；詩佻佻公子，韓詩作嬥嬥。蓋古文兆旁與翟旁多相通用，仲翔譏鄭更字，非也。」

〔二三〕錢大昕曰：「説文：戼，象開門；丣，象閉門。戼爲春門，萬物已出；丣爲秋門，萬物已入。戼、丣二文相似，漢人往往誤讀。堯典宅西曰昧谷，伏生今文本作柳穀，鄭康成依賈逵所奏，定爲昧谷。昧、戼聲相近，故仲翔譏之，謂其誤丣爲戼也。攷周禮縫人衣翣柳之材，鄭注引書度西曰柳穀爲證。又尚書大傳秋祀柳穀，鄭注：柳，聚也，齊人語。則康成亦讀爲桞，未嘗與戼混也。」

〔二四〕錢大昕曰：「説文：兆，別也，从二八。兆、北字形相似，故誤爲北。」

〔二五〕馮本、毛本「注」作「法」。

〔二六〕何焯曰：「丣即大篆酉字，與戼不同，古文作𠨐。」裴謂字同音異，誤矣。詳説文第十五卷。」詁經精舍文集卷十有論吳志虞翻傳、論鄭、馬違失數事當否文三篇，辭繁未録。

初，山陰丁覽，〔一〕太末徐陵，〔二〕或在縣吏之中，或衆所未識。翻一見之，便與友善，終成顯名。

會稽典録曰：覽字孝連，八歲而孤，家又單微，清身立行，用意不苟，推財從弟，以義讓稱。仕郡至功曹，守始平長。〔三〕爲人精微潔淨，門無雜賓。孫權深貴待之，未及擢用，會病卒，甚見痛惜，殊其門戶。覽子固，字子賤，本名密，避滕密，改作固。〔四〕固在襁褓中，闞澤見而異之，曰：「此兒後必致公輔。」固少喪父，獨與母居，家貧守約，色養致敬，族弟孤弱，與同寒温。翻與固同僚書曰：「丁子賤塞淵好德，堂構克舉，野無遺薪，斯之爲懿，其美優矣。令德之後，惟此君嘉耳。」歷顯位，孫休時，固爲左御史大夫；孫晧即位，遷司徒。晧悖虐，固與陸凱、孟宗同心憂國，年七十六卒。〔五〕子彌，字欽遠，仕晉至梁州刺史。孫潭，光祿大夫。〔六〕徐陵字元大，歷三縣長，所在著稱，遷零陵太守。時朝廷俟以列卿之位，故翻書曰：「元大受上卿之遇，叔向在晉，未若於今。」其見重如此。陵卒，僮客土田或見侵奪，駱統爲陵家訟之，求與丁覽、卜清等爲比，〔七〕權許焉。陵子平，字伯先，童齓知名。翻甚愛之，屢稱歎焉。諸葛恪爲丹陽太守，討山越，以平威重思慮，可與効力，請平爲丞。稍遷武昌左部督，傾心接物，士卒皆爲盡力。初，平爲恪從事，意甚薄；及恪輔政，待平益疏。〔八〕恪被害，子建亡走，爲平部曲所得，平使遣去，別爲他軍所獲。平兩婦歸宗，〔九〕敬奉情過乎厚。其行義敦篤，皆此類也。

〔一〕山陰見孫堅傳。

〔二〕郡國志：「會稽郡太末。」惠棟曰：「太當作大，孟康音闥。」王先謙曰：「三國吳改屬東陽郡。」一統志：故城今浙江衢州府龍游縣治。」

〔三〕宋書州郡志：「臨海太守，始豐令，吳立曰始平，晉武帝太康元年更名。」互見孫權傳南始平注。

〔四〕見孫晧傳元興元年注引吳歷。

〔五〕丁固事見孫晧傳寶鼎三年注引吳書。

〔六〕晉書丁潭傳：「潭字世康。元帝稱制，潭上書陳時事損益。及帝踐阼，拜駙馬都尉，爲琅邪王裒郎中令。會裒薨，潭上書求行終喪，詔使除服，心喪三年。遷王導驃騎司馬，出爲東陽太守，以清潔見稱。成帝踐阼，以爲散騎常侍、侍中。蘇峻作亂，帝蒙塵於石頭，唯潭及侍中鍾雅、劉超等隨從，不離帝側。峻誅，以功賜爵永安伯，累遷光祿大夫。王導嘗謂孔敬康有公才而無公望，丁世康有公望而無公才。子話，位至散騎侍郎。」

〔七〕「清」疑作「靜」，卜靜見顧邵傳。

〔八〕余紹宋曰：「上云恪以平威重思慮，可與効力，請爲丞；此又云待之甚薄、益疏，似相矛盾。」弼按：余說見龍游縣志卷十七人物傳。

〔九〕陳景雲曰：「婦當作姊。既曰歸宗敬奉，必女兄也。」朱邦衡曰：「或姑或姊，未可知，統曰婦爲是。」

在南十餘年，年七十卒。〔一〕

吴書曰：翻雖在徙棄，心不忘國，常憂五谿宜討，〔二〕以遼東海絶，〔三〕聽人使來屬，尚不足取，今去入財以求馬，〔四〕既非國利，又恐無獲。欲諫不敢，作表以示呂岱，岱不報，爲愛憎所白，〔五〕復徙蒼梧猛陵。〔六〕

江表傳曰：後權遣將士至遼東，於海中遭風，多所没失，〔七〕權悔之，乃令曰：「昔趙簡子稱諸君之唯唯，不如周舍之諤諤。〔八〕虞翻亮直，善於盡言，國之周舍也。前使翻在此，此役不成。」促下問交州，翻若尚存者，給其人船，發遣還都；若以亡者，送喪還本郡，使兒子仕宦。會翻已終。〔九〕

歸葬舊墓，妻子得還。〔一〇〕

會稽典録曰：孫亮時，有山陰朱育〔一一〕少好奇字，凡所特達，依體象類，造作異字千名以上。〔一二〕仕郡門下書佐。太守濮陽興正旦宴見掾吏，言次問：「太守昔聞朱潁川問士於鄭召公，〔一三〕韓吴郡問士於劉聖博，〔一四〕王景興問士於虞仲翔，〔一五〕嘗見鄭、劉二答，而未覩仲翔對也。欽聞國賢，思覩盛美有日矣，書佐寧識之乎？」育對曰：「往過習之。昔初平末年，王府君以淵妙之才，超遷臨郡，思賢嘉善，樂采名俊，問功曹虞翻曰：『聞玉出崑山，珠生南海，遠方異域，各生珍寶。且曾聞士人歎美貴邦，舊多英俊，徒以遠於京畿，含香未越耳。功曹雅好博古，寧識其人邪？』翻對曰：『夫會稽上應牽牛之宿，〔一六〕下當少陽之位，東漸巨海，西通五湖，〔一七〕南暢無垠，北渚浙江，南山攸居，實爲州鎮，昔禹會羣臣，〔一八〕因以命之。山有金木鳥獸之殷，水有魚鹽珠蚌之饒，海嶽精液，善生俊異，是以忠臣繼踵，〔一九〕孝子連閭，下及賢女，靡不育焉。』王府君笑曰：『地勢然矣，士女之名，可悉聞乎？』翻對曰：『不敢及遠，略言其近者耳。往者孝子句章董黯〔二〇〕盡心色養，喪致其哀，單身林野，鳥獸歸懷，怨親之辱，白日報讎，海內聞名，昭然光著。〔二一〕太中大夫山陰陳囂，漁則化盜，居則讓鄰，感侵退藩，遂成義里；攝養車嫗，行足厲俗。自揚子雲等上書薦之，粲然傳世。〔二二〕太尉山陰鄭公，清亮質直，不畏彊禦。〔二三〕魯相山陰鍾離意，稟殊特之姿，孝家忠朝，宰縣相國，所在遺惠，〔二四〕故取養有君子之譽，魯國有丹書之信。及陳宮、費齊，〔二五〕皆上契天心，功德治狀，記在漢籍。有道山陰趙曄，〔二六〕徵士上虞王充，〔二七〕各洪才淵懿，學究道源，著書垂藻，駱繹百篇，釋經傳之宿疑，解當世之槃結，或上窮陰陽之奧祕，下據人情之歸極。〔二八〕交阯刺史上虞綦母俊，〔二九〕拔濟一郡，讓爵土之封。決曹掾上虞孟英，三世死義。〔三〇〕主簿句章梁宏，功曹史餘姚駟勳，〔三一〕主簿句章鄭雲，皆敦終始之義，引罪免居。門下督盜賊餘姚伍隆，鄮〔三二〕主簿任光，〔三三〕章安小吏黃他，〔三四〕身當白刃，濟君於難。揚州從事句章王脩〔三五〕委身授命，垂聲來世。河內太守上虞魏少英，遭世屯蹇，忘家憂國，列在八俊，爲世英彥。〔三六〕尚書烏傷楊喬，〔三七〕桓帝妻以公主，辭疾不納。〔三八〕近故太尉上虞朱公，天姿聰亮，欽明神武，策無失謨，征無遺慮，是以天下義兵，思以爲首。〔三九〕上虞女子曹娥，父溺江流，投水而死，立石碑紀，炳然著顯。』〔四〇〕王府君曰：『是既然矣，潁川有巢、許之逸軌，吳有太伯之三讓，貴郡雖士人紛紜，於此足矣。』翻對曰：『故先言其近者耳，若乃引上世之事，及抗節之士，亦有其人。昔越王翳讓位，逃于巫山之穴，〔四一〕越人薰而出之，斯非太伯之儔邪？〔四二〕且太伯外來之君，非其地人也。若以外來言之，則大禹亦巡於此而葬之矣。〔四三〕鄞大里黃公，潔己暴秦之世，〔四四〕高祖即阼，不能一致，惠帝恭讓，出則濟難。〔四五〕徵士餘姚嚴遵，〔四六〕王莽數聘，抗節不行。光武中興，然後俯就，矯手不拜，志陵雲日。〔四七〕皆著於傳籍，較然彰明，豈如巢、許流俗遺譚，不見經傳者哉！』王府君笑曰：『善哉，話言也！賢矣，非君不著。太守未之前聞也。』〔四八〕濮陽府君曰：「御史所云，既聞其人，〔四九〕亞斯以下，書佐寧識之乎？」育曰：「瞻仰景行，敢不識之？近者太守上虞陳業，潔身清行，志懷霜雪，貞亮之信，同操柳下，遭漢中微，委官棄祿，遁迹黟、歙，以求其志，〔五〇〕高邈妙蹤，天下所聞，故桓文遺之尺牘之書，比竟三高。〔五一〕其聰明大略，忠直謇諤，則侍御史餘姚虞翻、偏將軍烏傷駱統；其淵懿純德，則太子少傅山陰闞澤，學通行茂，作帝師儒；其雄姿武毅，立功當世，則後將軍賀齊，勳成績著；其探極祕術，言合神明，則太史令上虞吳範；〔五二〕其文章之事，〔五三〕立言粲盛，則御史中丞句章任爽，〔五四〕鄱陽太守章安虞翔，各馳文檄，曄若春榮。處士鄮盧敘〔五五〕弟犯公憲，自殺乞代。吳寧斯敦、〔五六〕山陰祁庚、上虞樊正，咸代父死罪。其女則松楊柳朱、〔五七〕永寧瞿素，〔五八〕或一醮守節，〔五九〕喪身不顧；或遭寇劫賊，死不虧行。皆近世之事，尚在耳目。」〔六〇〕府君曰：「皆海內之英也。吾聞秦始皇二十五年，以吳越地爲會稽郡，治吳。〔六一〕漢封諸侯王，以何年復爲郡，而分治於此？」育對曰：「劉賈爲荆王，賈爲英布所殺，又以劉濞爲吳王。〔六二〕景帝四年，濞反，誅，乃復爲郡，治於吳。〔六三〕元鼎五年，除東越，因以其地爲治，〔六四〕并屬於此，而立東部都尉，〔六五〕後徙章安。陽朔元年，又徙治鄞，〔六六〕或有寇害，復徙句章。〔六七〕到永建四年，劉府君上書，浙江之北，以爲吳郡，會稽還治山陰。〔六八〕自永建四年，歲在己巳，以至今年，積百二十九歲。」府君稱善。是歲，吳之太平三年，〔六九〕歲在丁丑。育後仕朝，常在臺閣，爲東觀令，〔七〇〕遙拜清河太守，加位侍中，推刺占射，文藝多通。〔七一〕

〔一〕鈔本作年七十九，誤。辨正見前。

〔二〕五谿見蜀志先主傳章武元年。吳黃龍三年，潘濬討武陵蠻夷。

〔三〕官本攷證曰：「海絶疑作絶海。」

〔四〕宋本「入」作「人」。吳嘉禾元年，孫權加公孫淵爵位。

〔五〕胡三省曰：「讒佞之人，有愛有憎，而無公是非，故謂之愛憎。白，陳奏也。」顧炎武曰：「愛憎，憎也。言憎而並及愛，古人之辭，寬緩不迫故也。」

〔六〕郡國志：「交州蒼梧郡猛陵。」劉昭注引地道記曰：「龍山，合水所出。」一統志：「故城今廣西梧州府蒼梧縣西北。」馬與龍曰：「據鬱水注，當在蒼梧縣西南。」

〔七〕何焯曰：「遭風没失，乃泊成山而爲田豫所破。」弼按：此事在魏太和六年，吳嘉禾元年。

〔八〕史記趙世家：「趙簡子有臣曰周舍，好直諫。周舍死，簡子每聽朝，常不説，大夫請辠。簡子曰：大夫無辠。吾聞千羊之皮，不如一狐之腋。諸大夫朝，徒聞唯唯，不聞周舍之諤諤，是以憂也。簡子由此能附趙邑，而懷晉人。」韓詩外傳：「趙簡子有臣曰周舍，立於門下三日三夜，簡子使問之曰：子欲見寡人何事？周舍對曰：願爲諤諤之臣，墨筆操牘，從君之過，而日有記也，月有成也，歲有効也。簡子居則與之居，出則與之出。居無幾何，而周舍死，簡子如喪子。後與諸大夫飲於洪波之臺，酒酣，簡子涕泣，諸大夫皆出走，曰：臣有罪而不自知。簡子曰：大夫皆無罪。昔者吾有周舍，有言曰：千羊之皮，不若一狐之腋；衆人諾諾，不若一士之諤諤。昔者商紂默默而亡，武王諤諤而昌。今自周舍之死，吾未嘗聞吾過也，吾亡無日矣，是以寡人泣也。」

〔九〕翻卒於赤烏二年，在吳遺使遼東之後，故孫權有歎悔之言。何焯曰：「悔赦虞翻，泣謝陸抗，此權所以稍過於亡國之主。」

〔一〇〕袁宏三國名臣序贊曰：「仲翔高亮，性不和物，好是不羣，折而不屈。屢摧逆鱗，直道受黜，嘆過孫、陽，放同賈、屈。」

〔一一〕山陰見孫堅傳。

〔一二〕隋書經籍志：「梁有異字二卷，朱育撰，亡。」姚振宗曰：「據廣韻、玉篇引，當作異字苑。」馬國翰輯本序曰：「郭忠恕汗簡引朱育集字、朱育集古字、朱育集奇字、朱育字略凡二十一條，玉篇、廣韻引異字苑七條、異字音二，要是一書，而引者意爲標題，故互有參差也。今并輯各依所引録之。隋書經籍志又有幼學二卷，朱育撰，亡。唐經籍志：初學篇一卷，朱嗣卿撰。藝文志：朱嗣卿幼學篇一卷。小學攷曰：隋志云朱育，唐志云朱嗣卿。嗣卿，蓋育字也。」潘眉曰：「朱育字嗣卿，見唐書藝文志。官至侍中、東觀令，見會稽典録。好奇字，著幼學篇，蓋爰歷、博學之流也，見梁七録。名即字也。周禮外史掌達書名于四方，大行人九歲屬瞽史諭書名，聘禮記百名以上書於策，不及百名書於方。」弼按：周禮鄭注云：「古曰名，今曰字。」又云：「書名，書文字也。古曰名。聘禮曰百名以上，至十一歲，又偏省焉。」朱育事又見鍾離牧傳注引會稽典録。

〔一三〕范書鄧騭傳：「朱寵字仲威，京兆人。初辟鄧騭府，稍遷潁川太守，治理有聲。」袁宏後漢紀：「朱寵，京兆杜陵人。初爲潁川太守，表孝悌儒義，理冤獄，撫孤老。功曹、主簿皆選明經有高行者。每出行縣，使文學祭酒佩經書前驅，頓止亭傳，輒復教授；周旋阡陌，勸課農桑。寵以正月歲首宴賜羣吏，問功曹吏鄭凱曰：聞貴郡山川，多產奇士，前賢往哲，可得聞乎？對曰：鄙郡炳嵩山之靈，受中岳之精，是以聖賢龍蟠，俊乂鳳集。昔許由、巢父恥受堯禪，洗耳河濱，重道輕帝，遁世高跱。樊仲父者，志潔心遐，恥飲山河之功，賤天下之重，抗節參雲。公儀、許由俱出陽城。留侯張良，奇謀輔世，玄算入微，濟生民之命，恢帝王之略，功成而不居，爵厚而不受，出于輔成。胡元安體曾參之至行，履樂正之純業，喪親泣血，骨立形存，精誠洞于神明，雉兔集其左右，出于潁陽。彪義山英姿秀偉，逸才挺出，究孔聖之房奧，存文、武于將墜，文麗春華，辭蔚藻績，出于昆陽。杜伯夷經學稱于師門，政事熙于國朝，清身不苟，有於陵之操；損己存公，有公儀之節。以榮華爲塵埃，以富貴爲厚累，草廬蓬門，藜藿不供，出于定陵。寵曰：太原周伯況、汝南周彥祖，皆辭徵聘之寵，隱林藪之中，清邁夷、齊，節擬古人，恐貴郡之士，未有如此者也。凱對曰：此二賢但讓公卿之榮耳，若許由不受堯位，樊仲父不屈當世，以此准之，不以遠乎！寵徵入爲大鴻臚，拜太尉。」惠棟曰：「鄭凱字召公，見會稽典録。」

〔一四〕未詳。

〔一五〕陳本「虞」作「王」，誤。

〔一六〕漢書地理志：「粤地牽牛婺女之分壄也。其君禹後，帝少康之庶子云，封於會稽。」

〔一七〕「五湖」見蜀志許靖傳。

〔一八〕官本攷證曰：「羣臣疑作羣后。」元本「臣」作「日」，誤。

〔一九〕宋本、元本、馮本「繼」作「係」，誤。

〔二〇〕句章見孫堅傳。

〔二一〕或曰：「仲翔論士，首孝子。」侯康曰：「御覽三百七十八及四百八十二引會稽典録云：董黯字孝治，句章人。家貧，採薪供養，得甘果，奔走以獻母。母甚肥悦。鄰人家富，有子不孝，母甚瘦。不孝子疾孝治母肥，常苦辱之，孝治不報。及母終，負土成墳，鳥獸助其悲號。喪竟，殺不孝子，置冢前以祭，詣獄自繫，會赦得免。」

〔二二〕侯康曰：「御覽一百五十七引會稽典録云：陳囂與民紀伯爲鄰，伯夜竊藩囂地自益。囂見之，伺伯去後，密拔其藩一丈，以地益伯。伯覺之，慙惶，既還所侵，又卻一丈。太守周府君高囂德義，刻石旌別其閭，號曰義里。又卷四百十九引典録云：陳囂同縣車嫗，年八十餘，無子。慕囂仁義，欲求寄命。囂迎嫗，出家財以供餚膳。嫗以壽終，殯畢，皆免其奴，令守嫗墓，財物付與。嫗内外衣服不入殯者，以植槨中，制服三日，由是著名流，稱上國矣。又卷四百七十四引典録云：陳囂，山陰人。宗正劉向、黄門侍郎楊雄薦囂行義，可厲薄俗。孝成皇帝特以公車徵，囂時已年七十，每朝請，上常待以師傅之禮。又卷九百三十五引謝承後漢書云：會稽陳囂，少時於郭外水邊捕魚，人有盜取之者，囂見，避之草中，追以魚遺之。盜慚不受，自是無復盜其魚。」

〔二三〕范書鄭弘傳：「弘字巨君，會稽山陰人。少爲鄉嗇夫，太守第五倫行春，見而深奇之，召署督郵，舉孝廉。弘師同郡河東太守焦貺，貺被收捕，疾病於道亡没。弘獨上章，爲貺訟罪，由是顯名。建初八年，代鄭衆爲大司農。舊交阯七郡貢獻轉運，皆從東冶汎海而至，風波艱阻，沈溺相係。弘奏開零陵、桂楊嶠道，於是夷通。在職二年，所息省三億萬計。元和元年，代鄧彪爲太尉。時舉將第五倫爲司空，班次在下，帝聽置雲母屏風，以爲故事。」

〔二四〕鍾離意事，詳見本志鍾離牧傳注。

〔二五〕趙一清曰：「此別一陳宫。」

〔二六〕范書儒林傳趙曄傳：「曄字長君，會稽山陰人。詣杜撫受韓詩，卒業迺歸。州召補從事，不就；舉有道，卒於家。曄著吴越春秋、詩細、歷神淵，蔡邕至會稽，讀詩細而歎息，以爲長於論衡。邕還京師傳之，學者咸誦習焉。」

〔二七〕上虞見孫策傳。范書王充傳：「充字仲任，會稽上虞人。充少孤，鄉里稱孝。後到京師，受業太學，師事扶風班彪，博通衆流百家之言。後歸鄉里，屏居教授。仕郡爲功曹，以數諫爭不合，去。充好論說，始若詭異，終有理實。以爲俗儒守文，多失其真，乃閉户潛思，絶慶弔之禮，户牖墻壁，各著刀筆，著論衡八十五篇，二十餘萬言，釋物類同異，正時俗嫌疑。刺史董勤辟爲從事，轉治中，自免還家。友人同郡謝夷吾上書，薦充才學，肅宗特詔公車徵，病不行。」謝承書曰：「夷吾薦充曰：充之天才，非學所加，雖前世孟軻、孫卿，近漢楊雄、劉向、司馬遷，不能過也。」

〔二八〕宋本「據」作「攄」。

〔二九〕後治左氏春秋，永初中舉孝廉，拜左校令士，爲交州刺史，見萬姓統譜。

〔三〇〕侯康曰：「王充論衡齊世篇云：會稽孟章父英，爲郡決曹掾。郡將撾殺非辜，事至復考，英引罪自予，卒代將死。章後復爲郡功曹，從役攻賊，兵卒北敗，爲賊所射，以身代將，卒死不去。又太平御覽卷四百二十一引會稽典録云：孟英字公房，上虞人。爲郡掾史。王憑坐罪未應死，太守下縣殺憑，憑家詣闕稱冤，詔書下州檢考。英出定文書，悉著英名，楚毒慘至，辭色不變，言太守病，不關衆事。英以冬至日入占病，因竊印以封文書，下縣殺憑，非太守意也。繫歷冬夏，肉皆消爛，遂不食而死。又後漢書循吏傳：孟嘗字伯周，會稽上虞人也。其先三世爲郡吏，并伏節死難。孟英疑即孟嘗之先世矣。」

〔三一〕侯康曰：「御覽六百四十九引會稽典録云：梁宏，句章人也。太守尹興，召署主簿。是時楚王英謀反，妄疏天下牧守，謀發，興在數中，徵詣廷尉。宏與門下掾陸續等傳考詔獄，掠毒慘至，辭氣益壯。又宏、勳事亦見後漢書陸續傳。」惠棟曰：「駟姓，春秋時鄭大夫公子駟之後。」

〔三二〕原注：「莫候反」。

〔三三〕錢大昕曰：「各本作劕殑候主簿任光。攷字書無劕字，蓋鄮字之譌。鄮，莫候反。本小字夾注，誤入正文，又誤合莫反二字爲殑也。」（趙一清、潘眉説同。）李龍官曰：「鄮，音茂，縣名，屬會稽，今之寧波慈谿。」弼按：郡國志：「會稽郡鄮。」説文：「鄮從邑，貿聲。」一統志：「故城今浙江寧波府鄞縣東。」此任光與南陽之任光同名，別爲一人。

〔三四〕章安見孫權傳黄武四年。

〔三五〕此與北海之王脩同姓名。

〔三六〕范書黨錮傳序：「李膺、荀昱、杜密、王暢、劉佑、魏朗、趙典、朱㝢爲八俊。俊者，言人之英也。」魏朗傳：「朗字少英，會稽上虞人。少爲縣吏，兄爲鄉人所殺，朗白日操刃報讎於縣中，遂亡命。詣太學，授五經，京師長者李膺之徒爭從之。後竇武等誅，朗以黨被急徵，行至牛渚自殺。」惠棟曰：「會稽典録云：朗被徵，乃慷慨曰：丈夫與陳仲舉、李元禮俱死，得非乘龍上天乎！海内列名八俊。」黄以周儆季雜箸子敘曰：「朗著書數十篇，號魏子。意林仍庾仲容子鈔，舊題十卷。隋、唐志入儒家，止存三卷，原書之散佚久矣。今搜集其説，僅得十八事，幸箸書之意，尚見於殘編斷簡中。朗持己矜嚴，深有誡於李膺之徒也。喜怒不見容，治病用道術，似又致力於黄、老家言者。黄、老家善保身，朗卒死於黨錮，爲其與李膺、陳蕃相善也。讀其書，知其與陳、李之婞直，大不相侔矣。范書竟從當時陷害之言，入之黨錮，謬哉！」

〔三七〕郡國志：「會稽郡烏傷。」三國吴改屬東陽郡。一統志：「故城今浙江金華府義烏縣治。」

〔三八〕范書楊琁傳：「琁字機平，會稽烏傷人。父扶，交阯刺史。兄喬，爲尚書，容儀偉麗，數上言政事。桓帝愛其才貌，詔妻以公主。喬固辭不聽，遂閉口不食，七日而死。」

〔三九〕范書朱儁傳：「儁字公偉，會稽上虞人。少孤，母常販繒爲業，儁以孝養致名。本縣長山陽度尚見而奇之。光和元年，拜儁交阯刺史，斬梁龍，降者數萬人，旬月盡定，以功封都亭侯。及黃巾起，公卿多薦儁有才異，與皇甫嵩討潁川、汝南、陳國諸賊，悉破平之。董卓擅政，以儁宿將，外甚親納而心實忌之。及關東兵盛，卓議徙都長安，儁輒止之。卓後入關，留儁守洛陽。徐州刺史陶謙以儁名臣，數有戰功，可委以大事，乃與諸豪桀共推儁爲太師，同討李傕等，奉迎天子。會李傕用周忠、賈詡策，徵儁入朝，儁遂就徵爲太僕。郭汜留質儁，儁素剛，即日發病卒。」

〔四〇〕范書列女傳：「孝女曹娥者，會稽上虞人也。父盱，能弦歌，爲巫祝。漢安二年五月五日，於縣江泝濤迎婆娑神，溺死，不得屍骸。娥年十四，乃沿江號哭，晝夜不絕聲，旬有七日，遂投江而死。至元嘉元年，縣長度尚改葬娥於江南道旁，爲立碑焉。」

〔四一〕錢大昕曰：「會稽志：巫山在山陰縣北十八里。」

〔四二〕史記越世家：「王翁卒，子王翳立。」索隱曰：「莊子云：越人三弑其君，子搜患之，逃乎丹穴，不肯出。越人薰之以艾，乘以王輿。淮南子云：子搜，越王翳也。」

〔四三〕史記夏本紀：「帝禹東巡狩，至于會稽而崩。」

〔四四〕郡國志：「會稽郡鄮。」一統志：「故城今浙江寧波府奉化縣東。」

〔四五〕錢大昕曰：「陳留志：夏黃公姓崔名廣，字少通，齊人。隱居夏里修道，故號曰夏黃公。仲翔以爲會稽鄮人。仲翔去西京未遠，當得其實。」弼按：此即商山四晧之一。

〔四六〕何焯曰：「嚴遵是君平，育於先賢之名，亦有誤乎？范史云：一名遵者，亦惑於此語也。」

〔四七〕范書逸民傳：「嚴光字子陵，一名遵，會稽餘姚人。少有高名，與光武同游學。及光武即位，光乃變名姓，隱身不見。帝思其賢，乃令以物色訪之，除爲諫議大夫。不屈，乃耕於富春山，後人名其釣處爲嚴陵瀨焉。」

〔四八〕以上爲朱育述王景興、虞仲翔問答之語。

〔四九〕虞翻爲漢侍御史，故以稱之。

〔五〇〕李慈銘曰：「水經漸江篇注云：浙江又北歷黟山，會稽陳業，絜身清行，遁迹此山。」

〔五一〕侯康曰：「初學記人部五引謝承會稽先賢傳云：業字文理，兄渡海傾命，時依止者五六十人，骨肉消爛，不可辨別。業仰皇天，誓后土曰：聞親戚者，必有異焉。因割臂流血，以洒骨上，應時歃血，餘皆流去。又太平御覽卷四百二十一引會稽先賢傳云：郡守蕭府君卒，業與書佐魯雙率禮送喪。雙道溺於水，業因掘泥揚波，援出其尸。又水經漸江水注云：沛國桓儼，避地會稽，聞陳業履行高潔，往候不見。儼後浮東海，入交州，臨去遺書與業，繫白樓亭柱而去。（儼書載藝文類聚三十一。）案：此即朱育所謂桓文遺之尺牘之書，比竟三高者也。『文』下脱『林』字。文林，桓儼字。陳景雲謂桓文當作桓王，非是。」李慈銘曰：「三國志辨誤云：文當作王，謂長沙桓王也。慈銘案：此上文云近者太守上虞陳業，絜身清行，遁迹黟、歙云云。予初校三國志，亦疑桓文當作桓王，後讀水經漸江篇注云：沛國桓儼，避地會稽，聞陳業履行高潔，往候不見。儼後浮海，南入交州，臨去遺書與業，不因行李，繫白樓亭柱而去。考後漢書桓曄字文林，一名嚴（注引東觀記嚴作礹。）初平中，避地會稽，遂浮海客交阯。曄即儼也。嚴、礹皆儼之誤。乃知此注所云桓文者，當作桓文林，脱去一字耳，非桓王也。」李清植曰：「比竟三高句，詞旨不明，疑指上文所引越王翳、鄞大里黄公、餘姚嚴遵，而比竟三高，或當作竟比三高。」

〔五二〕以上諸人，本志有傳。

〔五三〕宋本「事」作「士」。

〔五四〕宋本、馮本「爽」作「奕」。黄以周曰：「意林任子十卷，名奕，仍庾仲容子鈔舊題也。高似孫子略載庾原目作任弁，弁乃奕之誤。奕，吳句章人。王伯厚四明七觀賦注引會稽典録朱育語，嚴鐵橋據魏志王昶傳注任嘏著書三十八卷，及隋志道家有任子道論十卷，遂謂意林任子名奕，奕當作嘏。不知嘏自有書名道論，非此任子也。任奕之言尚儒術，任嘏之言述黃、老，其書意恉迥異。意林所録爲任奕，原注不誤。」

〔五五〕陳景雲曰：「鄧當作鄮，否或鄮字之誤。朱育舉上虞陳業以下十餘人應郡守之問，其人皆不出本郡，鄧乃汝南屬縣，與會稽無預。」侯康曰：「乾道四明圖經正作鄮。然會稽三賦云，鄧、斯、祈、樊，自殺以代皐，即用此注鄧盧敘、斯敦、祁庚、樊正事，而以鄧爲姓，則宋時已有誤本矣。」錢大昕曰：「鄧非會稽屬縣，當是鄮字之譌。乾道四明圖經亦以爲鄮人，惟盧作虞爲異。二字形相涉，正史固多舛譌，圖經亦傳寫之本，未能決其是非也。」

〔五六〕宋書州郡志：「東陽太守吳寧令。漢獻帝興平二年，孫氏分諸暨立。」郡國志諸暨注引越絕曰：「興平二年，分立吳寧縣。」水經注：「吳寧溪出吳寧縣，經烏傷縣爲烏傷溪。」方輿紀要：「今浙江金華府東陽縣東二十七里。」

〔五七〕松楊見孫晧傳天紀四年注引搜神記。潘眉曰：「松楊當爲松陽，説見賀齊傳。」

〔五八〕郡國志：「會稽郡永寧。永和三年以章安縣東甌鄉爲縣。」三國吳改屬臨海郡。宋書州郡志：「永嘉太守，晉明帝太寧元年分臨海立。永寧令，漢順帝永建四年分章安東甌鄉立，或云順帝永和三年立。賀齊爲永寧長，孫綝封永寧侯，即此。」一統志：「故城今浙江温州府永嘉縣治。」李慈銘曰：「官本攷證云：瞿一作翟。慈銘案：藝文類聚人部二引列女傳曰：會稽翟素者，翟氏之女也。受聘未及配，適遭亂，賊欲犯之，臨之以刃。素曰：我可得而殺，不可得而辱。賊遂殺素。又人部十九引皇甫謐列女後傳曰：會稽翟素，婢名青，乞代素，賊遂殺素，復欲犯青。青曰：向欲代素者，恐被恥獲害耳，今素已死，我何以生爲！賊復殺之。初學記人部、太平御覽人事部引，亦皆作翟素。」弼按：官本攷證無「瞿亦作翟」四字，不知李氏何所據。

〔五九〕禮記少儀篇「醮者」鄭注云：「酌始冠曰醮。」又昏義篇「父親醮子而命之迎」鄭注云：「酌而無酬酢曰醮。」

〔六〇〕虞翻、朱育之答，可作會稽郡人物志。

〔六一〕史記秦始皇本紀：「二十五年，王翦遂定荊江南地，降越君，置會稽郡。」

〔六二〕漢書高帝紀：「六年，以故東陽郡、鄣郡、吴郡五十三縣立劉賈爲荆王。十一年，淮南王布反，東擊殺荆王劉賈。十二年，詔曰：吴，古之建國也。日者荆王兼有其地，今死亡後。朕欲復立吴王，其議可者。長沙王臣等言，沛侯濞厚重，請立爲吴王。」地理志：「會稽郡，秦置，高帝六年爲荆國，十二年更名吴。」

〔六三〕漢書景帝紀：「三年正月，吴王濞等舉兵反。二月，諸將破七國，追斬吴王濞於丹徒。」史記、漢書誅吴王濞皆在景帝三年，此云四年，誤。

〔六四〕何焯校改「治」當作「冶」。漢書閩粤王傳：「漢五年復立無諸爲閩粤王，王閩中故地，都冶。」（史記作「都東冶」。）師古曰：「地名，即侯官縣是也。冶，音（戈）〔弋〕者反。」何焯曰：「按朱育傳，漢滅東粤以爲冶，冶之爲縣，在國滅之後。又其民盡徙，故領於會稽之東部都尉，史因後日之名書之。」

〔六五〕漢書武帝紀：「元鼎六年秋，東越王餘善反。元封元年，東越殺王餘善降。詔曰：東越險阻，反覆爲後世患，遷其民於江、淮閒，遂虚其地。」

〔六六〕漢書地理志會稽郡無章安，續漢志：「章安故冶，閩粤地，光武更名。」劉昭注引晉太康記云：「本鄞縣南之（迴）〔回〕浦鄉，章帝章和元年立，未詳云云。」此則徙章安在成帝陽朔元年之前，是前漢已有章安，異一。章安與冶爲兩地，異二。是朱育所云，與兩漢志全不相符，宜學者多疑兩漢志之有誤，詳見本傳侯官注。

〔六七〕沈家本曰：「東越以元封元年滅，元鼎五年尚不得云除也。御覽職官部三十九引臨海記曰：漢元鼎五年立都尉府於侯官，以鎮撫二越，所謂東南一尉者也。州郡部引郡國志則云：元鼎六年立都尉，居侯官，以禦兩越。五年與六年雖不同，而曰鎮撫，曰禦，則都尉爲兩越未滅時所立。朱育之言，固不足信矣。且兩越未滅，侯官既爲冶地，則閩越王所都，漢安得即其都立都尉哉！則臨海記及郡國志之言，恐亦未足信也。東部之立，諸書既并言在元鼎中，其言或有所據；第都尉所治，未必在侯官，漢志東部都尉治回浦，疑都尉初立，即在其地，至東漢時更曰章安，始終未嘗徙也。」

〔六八〕水經漸江水注：「永建中，陽羡長周嘉上書，以縣遠赴會至難，求得分置，遂以浙江西爲吳，以東爲會稽。」元和志蘇州下：後漢順帝永建四年，陽羡令周嘉、山陰令殷重上書，求分爲二郡，遂割淛江以東爲會稽，淛江以西爲吳郡。又越州下：後漢順帝時，陽羡令周嘉上書，以吳、越二國，周旋一萬一千里，以浙江山川險絶，求得分置，遂分浙江以西爲吳郡，以東爲會稽郡。

〔六九〕「三」應作「二」。吳太平二年，歲在丁丑。

〔七〇〕東觀令見孫晧傳建衡三年。

〔七一〕姚振宗曰：「推刺占射者，善推逆刺占候及射覆之術也。隋書經籍志梁又有毛詩答雜問七卷，吳侍中韋昭、侍中朱育等撰，亡。會稽土地記一卷，朱育撰。唐經籍志雜傳類：會稽記四卷，朱育撰。藝文志雜傳類：朱育會稽記四卷。案：朱育對太守濮陽興訪本郡人物及吳會分郡始末，凡千數百言，似即此書之緣起。隋志『土地記一卷』，兩唐志似合人物、土地爲一書，故四卷，又以其書人物爲多，故入傳記類。」

翻有十一子，〔一〕第四子汜最知名，〔二〕永安初，從選曹郎爲散騎中常侍，後爲監軍使者，討扶嚴，〔三〕病卒。〔四〕

會稽典録曰：汜字世洪，生南海，〔五〕年十六，父卒，還鄉里。孫綝廢幼主，迎立琅邪王休。休未至，綝欲入宮，圖爲不軌，召百官會議，皆惶怖失色，徒唯唯而已。〔六〕汜對曰：「明公爲國伊、周，〔七〕處將相之位，〔八〕擅廢立之威，將上安宗廟，〔九〕下惠百姓，大小踴躍，自以伊、霍復見。〔一〇〕今迎王未至，而欲入宮，如是，羣下摇蕩，衆聽疑惑，非所以永終忠孝，揚名後世也。」綝不懌，竟立休。休初即位，汜與賀邵、王蕃、薛瑩俱爲散騎中常侍，以討扶嚴功，拜交州刺史、冠軍將軍、餘姚侯。〔一一〕尋卒。

汜弟忠，宜都太守；〔一二〕

會稽典録曰：忠字世芳，翻第五子。貞固幹事，好識人物。造吴郡陸機於童齔之年，稱上虞魏遷於無名之初，終皆遠致，〔一三〕爲著聞之士。交同縣王岐於孤宦之族，〔一四〕仕進先至宜都太守，忠乃代之。晉征吴，忠與夷道監陸晏、晏弟中夏督景〔一五〕堅守不下，城潰被害。〔一六〕忠子譚，〔一七〕字思奥。晉陽秋稱譚清貞有檢操，外如退弱，内堅正，有膽幹。仕晉，歷位内外，終於衛將軍，追贈侍中左光禄大夫，開府儀同三司。〔一八〕

聳，越騎校尉，累遷廷尉，湘東、河間太守；

會稽典録曰：聳字世龍，翻第六子也。清虚無欲，進退以禮。在吴歷清官，入晉除河間相。〔一九〕王素聞聳名，厚敬禮之。聳抽引人物，務在幽隱孤陋之中。時王岐難聳，以高士所達，必合秀異，聳書與族子察曰：「世之取士，曾不招未齒於丘園，索良才於總猥，所譽依已成，所毁依已敗，此吾所以歎息也。」聳疾俗喪祭無度，弟昺卒，祭以少牢，酒飯而已。當時族黨，并遵行之。

昺，廷尉、尚書、濟陰太守。〔二〇〕

會稽典録曰：昺字子文，〔二一〕翻第八子也。少有倜儻之志，仕吴黄門郎，以捷對見異，超拜尚書侍中。晉軍來伐，遣昺持節都督武昌已上諸軍事，昺先上還節蓋印綬，然後歸順。在濟陰，抑彊扶弱，甚著威風。

〔一〕御覽四百九十、又七百三十九載虞翻與某書云：「此中小兒年四歲矣，似欲聰哲，雖蝦不生鯉子，此子似人，欲爲求婦，不知所向，君爲訪之，忽怪老癡譽此兒也。」御覽五百四十一載虞翻與弟書云：「長子容當爲求婦，其父如此，誰肯嫁之者？造求小姓，足使生子，天其福人，不在舊族。（楊）〔揚〕雄之才，非出孔氏之門，芝草無根，醴泉無源，家聖受禪，父頑母嚚，虞家世法出癡子。」御覽九百七十四載虞翻書云：「有數頭男皆如奴僕，伯安雖癡，諸兒不及，觀我所生，有兒無子。伯安三男，阿思似父，思其兩弟，有似人也。去日南遠，恐如甘蔗，近杪即薄。」

〔二〕胡三省曰：「汜音祀。」

〔三〕扶嚴見孫晧傳建衡三年。

〔四〕汜破交阯，見孫晧傳建衡元年、三年。

〔五〕南海郡見孫晧傳天紀三年。

〔六〕胡三省曰：「唯唯，諾也。」

〔七〕伊尹、周公也。

〔八〕通鑑「位」作「任」。

〔九〕各本「將」作「勢」，屬上句讀，誤。宋本作「將」，通鑑同。

〔一〇〕伊尹、霍光也。

〔一一〕封本縣侯。

〔一二〕宜都見蜀志先主傳章武二年。

〔一三〕元本「致」作「敢」，一云作「到」。

〔一四〕「岐」一作「歧」。

〔一五〕毛本「景」作「京」，誤。

〔一六〕晉書虞潭傳：「父忠，仕至宜都太守。吴之亡也，堅壁不降，遂死之。」王濬傳：「剋吴西陵，獲宜都太守虞忠；剋荆門、夷道二城，獲監軍陸晏；剋樂鄉，獲水軍督陸景。」又見本志陸抗傳。

〔一七〕宋本「譚」作「潭」，晉書本傳同。

〔一八〕晉書虞潭傳：「潭舉秀才，爲醴陵令。張昌之亂，郡縣多從之，潭獨起兵斬昌，賜爵都亭侯。陳敏反，潭討敏弟讚於江州，領廬陵太守。又與諸軍共平陳恢，轉南康太守，進爵東鄉侯。元帝召補丞相軍諮祭酒。帝爲晉王，徙右衛將軍，遷宗正卿，以疾告歸。沈充等攻逼京都，潭於本縣起義軍赴國難。明帝手詔潭爲冠軍將軍，領會稽內史。會充已擒，徵拜尚書。成帝即位，出爲吴興太守，進封零陵縣侯。蘇峻反，加潭督五郡軍事。峻平，以母老去官，詔轉吴國內史，進爵武昌縣侯。潭修滬瀆壘，以防海抄，百姓賴之。咸康中，進衛將軍。」晉書列女傳：「虞潭母孫氏，孫權族孫女也，適虞忠。忠亡，遺孤藐爾，孫氏誓不改節，訓潭以忠義，傾資産以餽戰士，貿環佩以爲軍資。拜武昌侯太夫人，加金章紫綬。潭立養堂於家，王導以下，皆就拜謁。咸和末卒，年九十五。成帝遣使弔祭，謚曰定夫人。」

〔一九〕趙一清曰：「晉書天文志：虞喜作安天論，喜族祖河閒相聳立穹天論，吴太常姚信造昕天論。虞喜、虞聳、姚信皆好奇狥異之説，非極數談天者也。困學紀聞曰：月令正義穹天，虞氏所説，不知其名。天文録云虞昺作穹天論，晉志『虞聳立穹天論』，非昺也。」

〔二〇〕錢大昕曰：「河閒、濟陰二郡，不在吴封内，蓋入晉後所授官，於史例不當書。」弼按：會稽典録已言明河閒相、濟陰太守爲晉官，惟陳壽不應入傳耳。

〔二一〕宋本作「字世文」。

陸績字公紀，吴郡吴人也。〔一〕父康，漢末爲廬江太守。〔二〕

謝承後漢書曰：康字季寧，少惇孝悌，勤修操行。太守李肅察孝廉，肅後坐事伏法，康斂尸送喪還潁川。行服禮終，舉茂才，歷三郡太守，所在稱治。〔三〕後拜廬江太守。

績年六歲，於九江見袁術，〔四〕術出橘，績懷三枚，去，拜辭墮地。術謂曰：「陸郎作賓客，而懷橘乎？」績跪答曰：「欲歸遺母。」術大奇之。〔五〕孫策在吳，張昭、張紘、秦松爲上賓，共論四海未泰，須當用武、治而平之。績年少末坐，〔六〕遥大聲言曰：「昔管夷吾相齊桓公，九合諸侯，一匡天下，不用兵車。孔子曰：『遠人不服，則脩文德以來之。』今論者不務道德懷取之術，而惟尚武，績雖童蒙，竊所未安也。」昭等異焉。〔七〕

〔一〕監本、官本奪「吳郡」二字，誤。吳縣見孫策傳。

〔二〕陸康事見孫堅傳注引吳録。范書陸康傳：「康祖父續，在獨行傳。父褒，有志操，連徵不至。靈帝欲鑄銅人，詔調民田，畝斂十錢。康上疏諫，書奏，檻車徵詣廷尉。侍御史劉岱爲表陳解釋，免歸田里。會廬江賊攻没四縣，拜康廬江太守，康擊破賊。獻帝即位，天下大亂，康蒙險遣孝廉計吏奉貢，朝廷詔書策勞，加忠義將軍，秩中二千石。」袁術遣將孫策攻康事，見孫策傳注。廬江郡見孫堅傳。

〔三〕范書陸康傳：「康少仕郡，以義烈稱，除高成令，以恩信爲治，寇盜亦息。州郡表上其狀，光和元年，遷武陵太守，轉守桂陽、樂安二郡，所在稱之。」

〔四〕據孫權傳、陸遜傳，遜卒於吳赤烏八年，年六十三，當生於漢光和六年。遜長績數歲，績當生於中平五年。至初平四年，袁術據淮南，（見范書獻紀。）淮南即九江，績於九江見術，正年六歲也。孫策於興平元年從袁術，術遣策攻陸康，當在此時。（見孫策傳。）康遣陸遜及親戚還吳，遜爲之綱紀門户，（見陸遜傳。）則績與遜還吳矣。

〔五〕范書陸康傳：「少子績，當時幼年，曾謁袁術，懷橘墮地者也，有名稱。」

〔六〕孫策死於建安五年，績建安五年年十三歲，已與上賓同坐，可異也。陸康爲孫策所攻破，而其子乃爲坐上客，似覺離奇；不知策之攻康，本爲袁術所遣，非出本謀，術死嫌釋，績之處境，與劉基相同，無足異也。

〔七〕趙一清曰：「御覽卷二百六十四引陸績別傳曰：太守王朗命爲功曹，風化肅穆，郡内大治。」弼按：孫策取會稽在建安元年，王朗命陸績爲功曹當在初平、興平之際，是時績方數歲，何能爲功曹？別傳所云似不可信。

績容貌雄壯，博學多識，星曆算數，〔一〕無不該覽。〔二〕虞翻舊齒名盛，龐統荊州令士，年亦差長，皆與績友善。孫權統事，辟爲奏曹掾，〔三〕以直道見憚，出爲鬱林太守，〔四〕加偏將軍，給兵二千人。績既有躄疾，〔五〕又意在儒雅，非其志也。雖有軍事，著述不廢，作渾天圖，〔六〕注易〔七〕釋玄，〔八〕皆傳於世。豫自知亡日，乃爲辭曰：「有漢志士，吳郡陸績，幼敦詩、書，長玩禮、易。受命南征，遘疾遇厄，遭命不幸，嗚呼悲隔！」又曰：「從今已去，六十年之外，車同軌，書同文，恨不及見也。」年三十二，卒。〔九〕長子宏，會稽南部都尉，〔一〇〕次子叡，長水校尉。〔一一〕

績於鬱林所生女，名曰鬱生，適張溫弟白。姚信集有表稱之曰：〔一二〕「臣聞唐、虞之政，舉善而教，旌德擢異，三王所先。是以忠臣烈士，顯名國朝，淑婦貞女，表迹家閭。蓋所以闡崇化業，廣殖清風，使苟有令性，〔一三〕幽明俱著，苟懷懿姿，士女同榮。故王蠋建寒松之節，而齊王表其里；〔一四〕義姑立殊絶之操，而魯侯高其門。〔一五〕臣竊見〔一六〕故鬱林太守陸績女子鬱生，少履貞特之行，幼立匪石之節，〔一七〕年始十三，適同郡張白。侍廟三月，婦禮未卒，白遭罹家禍，遷死異郡。鬱生抗聲昭節，義形於色，冠蓋交横，誓而不許。奉白姊妹嶮巇之中，蹈履水火，志懷霜雪，義心固於金石，體信貫於神明，送終以禮，邦士慕則。臣聞昭德以行，顯行以爵，苟非名爵，則勸善不嚴。故士之有誄，魯人志其勇；〔一八〕杞婦見書，齊人哀其哭。〔一九〕乞蒙聖朝，斟酌前訓，上開天聰，下垂坤厚，褒鬱生以義姑之號，以厲兩髦之節，〔二〇〕則皇風穆暢，士女改視矣。」

〔一〕馮本「算」作「等」，誤。

〔二〕趙一清曰：「隋書天文志：北極辰也，其紐星天之樞也。天運無窮，三光迭耀，而極星不移，故曰居其所而衆星拱之。賈逵、張衡、陸績、王蕃皆以北極紐星爲樞，是不動處也。」

〔三〕續百官志：「郡國皆置諸曹掾史，諸曹略如公府曹。」孫權是時爲討虜將軍，領會稽太守，辟績爲奏曹掾，當爲會稽郡之奏曹掾也。

〔四〕鬱林郡見孫權傳赤烏二年。鬱林屬交州，孫權出績爲鬱林太守，當在建安十五年、士燮奉承節度之後。趙一清曰：「唐書陸龜蒙傳：陸氏在姑蘇，其門有巨石，遠祖績爲鬱林守，罷歸無裝，舟輕不可越海，取石爲重，人號鬱林石，世保其居。」

〔五〕禮記王制篇：「瘖聾跛躄」。釋文云：「跛，彼我反；躄，必亦反；兩足不能行也。」

〔六〕姚振宗曰：「晉書天文志：諸論天者雖多，然精于陰陽者，張平子、陸公紀之徒，咸以爲推步七曜之道，度歷象昏明之證候，校以四八之氣，考以漏刻之分，占晷景之往來，求形驗于事情，莫密于渾象者也。張平子既作銅渾天儀，其後陸績亦造渾象。開元占經卷一：後漢末吴人陸績，字公紀，于孫權時又作渾天儀説，造渾天圖，曾于土室居令不覺晝夜，已在内推步度數，擊鼓與外相應，而不失毫釐。」弼按：開元占經一又二載陸績渾天儀説，開元占經六十七載陸績渾天圖。

〔七〕釋文序録：「後漢偏將軍鬱林太守陸績述十三卷。七志云：録一卷。」隋書經籍志：「周易十五卷，吴鬱林太守陸績注。」唐經籍志：「周易十三卷，陸績注。」藝文志：「陸績注十三卷。」四庫提要曰：「陸氏易解一卷，吴陸績撰。原本散佚。明姚士粦采釋文集解及績京氏易傳注輯爲此本，凡一百五十條。昔宋王應麟輯鄭氏易注爲學者所重，士粦此本，雖不及應麟蒐討之勤博，而掇殘賸存什一於千百，亦可以見陸氏易注之大略矣。」張惠言易義別録輯本序曰：「公紀注京氏易傳，則其易，京氏也。余嘗以爲京氏既爲易章句，又別爲易傳飛候之書，以謂易合萬象，不可執一隅，然則積算之法，殆不用之章句，以易傳飛候求易者，爲京氏者之末失也。今觀公紀所述，凡納甲、六親、九族、四氣、刑德、生尅，未嘗一言及之。至言六爻發揮，旁通卦爻之變，有與孟氏相出入者。京氏自言其易即孟氏學，公紀儻得之耶？京氏章句既亡，由公紀之説，京氏之大指庶幾見之。公紀以年少與仲翔爲友，觀其書，亦幾欲與荀、虞頡頏矣。」又曰：「余嘗善陸績治易京氏，而其言純粹，與干寶絶不相類。」又曰：「隋經籍志：績又與虞翻同撰日月變例六卷。」

〔八〕陸績述玄曰：「績習常見同郡鄒邠字伯岐與邑人書，歎楊子雲所述太玄，連推求玄本，不能得也。鎮南將軍劉景升遣梁國成奇修好鄙州，奇將玄經自隨，時雖幅寫一通，年尚暗稚，甫學書，毛詩王誼人事，未能深索玄道真，故不爲也。後數年，專精讀之，半歲間粗覺其意，於是草創注解未能也。章陵宋仲子爲作解詁，後奇復銜命尋盟，仲子以所解付奇，與安遠將軍彭城張子布，績得覽焉。仲子之思慮，誠爲深篤，然玄道廣遠，淹廢歷載，師讀斷絶，難可一備，故往往有違本錯誤，績智慧豈能弘裕？顧聖人有所不知，匹夫誤有所達，加緣先王詢于芻蕘之誼，故遂卒有所述，就以仲子解爲本，其合於道者，因仍其説；其失者，因釋而正之。所以不復爲一解，欲令學者瞻覽彼此，論其曲直，故合聯之爾。夫玄之大義，揲蓍之謂，而仲子失其指歸。休咎之占，靡所取定，雖得文間義説，大體乖矣。書曰：若綱在綱，有條而弗紊。今綱不正，欲弗紊，不可得已。績不敢苟好著作，以虚譽也。庶合道真，使玄不爲後世所尤而已。」常璩蜀郡楊雄贊云：「其玄淵源懿，後世大儒張衡、崔子玉、宋仲子、王子雍（按：王肅字子雍，魏人。）皆爲注解，吴郡陸公紀尤善于玄，稱雄聖人。」隋書經籍志：「楊子太玄經十卷，陸績、宋衷譔。」（按：「譔」當爲「注」。）唐經籍志：「楊子太玄經十二卷，楊雄撰，陸績注。」藝文志：「陸績注楊子太玄經十二卷。」宋志：「玄測一卷，漢宋衷解，吴陸績釋之。」

〔九〕當卒於建安二十四年，故自述曰「有漢志士」。

〔一〇〕會稽南部即建安郡，詳見孫權傳赤烏二年。

〔一一〕陸瑁傳：「瑁從父績早亡，二男一女，皆數歲以還，瑁迎攝養，至長乃別。」

〔一二〕釋文敘録：「周易姚信注十卷。字德祐。七録云：十二卷，字元直，吴興人，吴太常卿。」隋書經籍志：「周易十卷，吴太常姚信注。」唐經籍志：「周易十卷，姚信注。」藝文志：「姚信注十卷。」秀水朱彝尊經義考曰：「阮孝緒云姚信字元直，陸德明云信字德祐。按吴志陸績傳注引姚信集，有表請賜績女鬱生以義姑之號；又陸遜傳姚信以親附太子，枉見流徙；又孫和傳寶鼎二年十二月，遣守丞相孟仁、太常姚信等備官僚中軍步騎二千人，以靈輿法駕，東迎神於明陵。又晉書范平傳平研覽墳、索，徧該百氏，姚信、賀邵之徒，皆從受業。又南史姚察傳察讓選部書曰：臣九世祖信，名高往代云云。」姚振宗曰：「陸遜傳云遜外生顧譚、顧承、姚信并以親附太子，枉見流徙，似與二顧并爲遜之外生。孫權時嘗爲太子和官屬，孫晧即位，謚父和爲文皇帝，改葬明陵，時信以太常奉使迎神云。」隋書經籍志：「梁又有姚信集二卷，録一卷，今亡。」唐經籍志：「姚信集十卷。」嚴可均曰：「姚信有士緯十卷，姚氏新書二卷，集二卷。陸績傳注引姚信集，晉、宋、隋書天文志引姚氏昕天論，藝文類聚二十三引姚信誡子。」

〔一三〕爾雅釋詁：「令，善也。」

〔一四〕史記田單列傳：「燕之初入齊，聞畫邑人王蠋賢，令軍中曰環畫邑三十里無入，以王蠋之故。已而使人謂蠋曰：齊人多高子之義，吾以子爲將，封子萬家。蠋固謝。燕人曰：子不聽，吾引三軍而屠畫邑。王蠋曰：忠臣不事二君，貞女不更二夫，齊王不聽吾諫，故退而耕於野。國既破亡，吾不能存，今又劫之以兵爲君將，是助桀爲暴也。與其生而無義，固不如烹。遂經其頸於樹枝，自奮絶脰而死。齊亡大夫聞之曰：王蠋，布衣也，義不北面於燕，況在位食禄者乎！乃相聚如莒求諸子，立爲襄王。」

〔一五〕列女傳曰：「魯孝義保者，魯孝公稱之保母。初，孝公父武公與長子括、中子戲朝周宣王，宣王立戲爲魯太子。武公薨，戲立，是爲懿公。孝公於時號公子稱。括之子伯御與魯人作亂，攻殺懿公而自立，求稱于宫中，將殺之。義保聞伯御欲殺稱，乃衣其子以稱之衣，臥於稱之臥處，伯御殺之，義保遂抱稱以逃。周天子殺伯御，立稱，爲孝公。

魯人高義保之義，故謂之義保。」

〔一六〕毛本「竊」作「切」，誤。

〔一七〕詩邶風柏舟篇：「我心匪石，不可轉也。」毛傳云：「石雖堅，尚可轉。」

〔一八〕禮記檀弓上曰：「魯莊公及宋人戰於乘丘，縣賁父御，卜國爲右。馬驚敗績，公墜，佐車受綏。公曰：末之卜也。縣賁父曰：他日不敗績，而今敗績，是無勇也，遂死之。圉人浴馬，有流矢在白肉，公曰：非其罪也，遂誄之。士之有誄，自此始也。」

〔一九〕孟子曰：「華周、杞梁之妻，善哭其夫，而變國俗。」列女傳曰：「齊人杞梁襲莒，戰而死。其妻乃就夫尸於城下，哭之七日而城崩。妻遂投淄水而死。」

〔二〇〕詩鄘風柏舟篇「髧彼兩髦」，毛傳云：「髧，兩髦之貌。髦者，髮至眉，子事父母之飾。」

張温字惠恕，吴郡吴人也。〔一〕父允，以輕財重士，名顯州郡，爲孫權東曹掾，卒。温少脩節操，容貌奇偉，權聞之，以問公卿曰：「温當今與誰爲比？」大司農劉基曰：「可與全琮爲輩。」太常顧雍曰：「基未詳其爲人也，温當今無輩。」權曰：「如是，張允不死也。」徵到延見，〔二〕文辭占對，觀者傾竦，權改容加禮。罷出，張昭執其手曰：「老夫託意，君宜明之。」拜議郎、選曹尚書，徙太子太傅，甚見信重。

〔一〕監本、官本作「吴郡人也」，誤。

〔二〕御覽「延」作「廷」。

時年三十二，以輔義中郎將使蜀。〔一〕權謂温曰：「卿不宜遠出，恐諸葛孔明不知吾所以與曹氏通意，〔二〕以故屈卿行。若山越都除，便欲大搆於蜀。〔三〕行人之義，受命不受辭也。」温對曰：「臣入無腹心之規，出無專對之用，懼無張老延譽之功，〔四〕又無子産陳事之效。然諸葛亮達見計數，必知神慮屈申之宜，加受朝廷天覆之惠，推亮之心，必無疑貳。」温至蜀，詣闕拜章曰：「昔高宗以諒闇昌殷祚於再興，〔五〕成王以幼沖隆周德於太平，功冒溥天，聲貫罔極。今陛下以聰明之姿，等契往古，總百揆於良佐，參列精之炳燿，遐邇望風，莫不欣賴。吳國勤任旅力，清澄江滸，願與有道平一宇內，委心協規，有如河水，軍事興煩，使役乏少。是以忍鄙倍之羞，〔六〕使下臣温，通致情好。陛下敦崇禮義，未便耻忽。臣自入遠境，及即近郊，頻蒙勞來，恩詔輒加，以榮自懼，悚怛若驚。謹奉所齎函書一封。」〔七〕蜀甚貴其才。還，〔八〕頃之，使入豫章，部伍出兵，事業未究。

〔一〕互見孫權傳黄武三年。趙一清曰：「御覽卷四百七引吳録曰：温英才瓌瑋，拜中郎將，聘蜀，與諸葛亮結金蘭之好焉。」

〔二〕孫權傳：「黄武元年，時揚、越蠻夷多未平集，内難未弭，故權卑辭上書，求自改悔。」又云：「然猶與魏文帝相往來，至後年乃絶。」

〔三〕鈔本「蜀」作「丕」。某氏謂孫權當日和蜀圖魏之策，略得此一字正之，瞭然在心目間，所云誠是，鈔本亦惟此一字可取。然猶有疑者，張温使蜀在吳黄武三年，自黄武元年曹丕三路進兵，孫權改元，臨江拒守，江陵、洞浦苦戰連年，已大搆矣，何謂便欲？惟吳、蜀初通，舊嫌未釋，公瑾遺謀，西規涼、益，行人覘國，授以密謀，證以仲謀之反覆操縱，亦爲情理中應有之事，則作蜀字亦可通。後見諸葛治國有經，專主聯吴攻魏，遂寢斯議，亦在意中。據此推論，似亦不得謂蜀字爲誤也。

〔四〕國語晉語：「悼公知張老之智而不詐也，使爲元候，始合諸侯于虚朾以救宋，使張老延君譽于四方，且觀道逆者。」韋注云：「張老，晉大夫張孟，元候，中軍候奄。延，陳也，陳君之稱譽於四方，且觀察諸侯之有道德與逆亂者。」

〔五〕尚書説命篇：「王宅憂，亮陰三祀。」孔傳云：「陰，默也。」正義云：「陰者，幽闇之義。」釋文云：「亮，本又作諒。」

〔六〕論語：「曾子曰：出辭氣，斯遠鄙倍矣。」集解云：「能順而説之，則無惡戾之言入於耳。」

〔七〕何焯曰：「以當日人心思漢，有不自知其出諸口者。然於敵國之體，則失辭矣。以殷宗、傅説稱漢君臣，則勤任旅力者，不自同東藩乎？」或曰：「此章失體，又自稱下臣，非所謂不辱君命者。」

〔八〕御覽八百十五載温上表云：「劉禪送臣温熟錦五端。」

權既陰銜温稱美蜀政，〔一〕又嫌其聲名大盛，〔二〕衆庶炫惑，恐終不爲己用，思有以中傷之。〔三〕會暨豔事起，〔四〕遂因此發舉。豔字子休，亦吴郡人也。〔五〕温引致之，以爲選曹郎，至尚書。〔六〕豔性狷厲，〔七〕好爲清議，見時郎署混濁淆雜，多非其人，欲臧否區別，賢愚異貫。彈射百僚，〔八〕覈選三署，〔九〕率皆貶高就下，降損數等；其守故者，十未能一；其居位貪鄙，志節汙卑者，皆以爲軍吏，置營府以處之。〔一〇〕而怨憤之聲積，浸潤之譖行矣。〔一一〕競言豔及選曹郎徐彪，

吴録曰：彪字仲虞，廣陵人也。〔一二〕

專用私情，憎愛不由公理。〔一三〕豔、彪皆坐自殺。〔一四〕温宿與豔、彪同意，數交書疏，聞問往還，

即罪温。〔一五〕權幽之有司，下令曰：「昔令召張温，虚己待之，既至顯授，有過舊臣，何圖凶醜，專挾異心。昔暨豔父兄，附于惡逆，寡人無忌，故進而任之，欲觀豔何如。察其中間，形態果見。而温與之結連死生，豔所進退，皆温所爲頭角，更相表裏，共爲腹背，非温之黨，即就疵瑕，爲之生論。又前任温董督三郡，指撝吏客及殘餘兵，時恐有事，欲令速歸，故授棨戟，奬以威柄。乃便到豫章，表討宿惡，寡人信受其言，特以繞帳、帳下、解煩兵五千人付之。〔一六〕後聞曹丕自出淮、泗，〔一七〕故豫勑温，有急便出。而温悉内諸將，布於深山，被命不至，賴丕自退。不然，已往豈可深計！又殷禮者，本占候召，而温先後乞將到蜀，扇揚異國，爲之譚論。〔一八〕又禮之還，當親本職，而令守尚書户曹郎，如此署置，在温而已。又温語賈原，當薦卿作御史；語蔣康，當用卿代賈原。專衒賈國恩，爲己形勢，揆其姦心，無所不爲。不忍暴於市朝，今斥還本郡，〔一九〕以給廝吏。〔二〇〕嗚呼温也，免罪爲幸！」

〔一〕衒，憾也。王鳴盛曰：「權下令歷數温罪，所謂欲加之罪，何患無辭，然絶不言其稱美蜀政，惟責其將殷禮到蜀，扇揚異國，亦是借題影射。駱統申理，亦不及美蜀政，作史者探權隱情，表而出之，最妙。」李安溪曰：「揣權之意，衒温在稱蜀德太美耳。扇揚蜀人，爲禮譚論，此從而爲之辭耳。但權意不顯，故統無由致辨，獨作史者忖度數言，爲深探情實耳。」

〔二〕顧雍謂「當今無輩」。

〔三〕張温、沈友皆以多才見忌，惜哉！沈友事見孫權傳建安九年注引吴録。

〔四〕胡三省曰：「暨，居乙翻，姓也。葉夢得石林燕語曰：元豐五年，黄冕仲榜唱名，有暨陶者，主司初以洎音呼之，三呼不應。蘇子容時爲試官，神宗顧蘇，蘇曰：當以入聲呼之。果出應。上曰：何以知爲入聲？蘇言：三國志吴有暨豔，陶恐其後。遂問陶鄉貫，曰：崇安人。上喜曰：果吴人也。」何焯曰：「陶九成云：暨當音結。」

〔五〕錢大昭曰：「豔事詳見此傳，而陸瑁、朱據傳皆載之，失之繁矣。」劉咸炘曰：「瑁、據傳所載，與此相備，不爲繁。但豔可作傳而不作，殆由吴書本無耳。因仍舊記，不能更加鎔裁，則承祚之失也。」

〔六〕胡三省曰：「漢置四曹尚書，其一曰常侍曹，主丞相、御史公卿事。光武改常侍爲吏部曹，主選舉祠祀。靈帝以梁鵠爲選部尚書，魏復改選部爲吏部，吴蓋循東都之制。」

〔七〕御覽「狷」作「峭」。

〔八〕御覽「彈」作「指」。

〔九〕通鑑「選」作「奏」。胡注：「三署，謂五官、左、右三署郎也。」

〔一〇〕何焯曰：「置營府以處之，是自合其黨而使聚以謀我也。」

〔一一〕張温、暨豔奏丞相孫邵事，見孫權傳黃武四年注引吴録。

〔一二〕宋、元本、馮本此注在「憎愛不由公理」下。

〔一三〕御覽作「愛憎」。

〔一四〕胡三省曰：「坐自殺，謂賜死也。」隋書經籍志：「吴選曹尚書暨豔集二卷，梁三卷，録一卷。」唐經籍志：「暨豔集二卷。」御覽三百四十八引暨豔集云：「角弩既調，射者又工，多獲鶉鳥，能無貇傷？」

〔一五〕藝文類聚九十四、御覽八百九十九載張温自理表云：「昔百里奚賢秦穆公，欲干之。穆公好牛，奚因賃官以養牛，蹏上乘肉三寸。公使禽息行牛，息入言之，公不信，怒；息後言之，公又怒。吏曰：再怒，其主罪，當使守門。公出游，登車，禽息跪而請之曰：夫養牛者，願君勿忘也。公乃問百里奚：曰，臣之所長，非養牛者也，乃養民也。公公視牛察之，乃知賢人也。遂與同車而出，謝禽息。息曰：所以不死者，君未知客也，今已知之矣。乃觸門而死云云。」惜其文不全。

〔一六〕洪飴孫曰：「帳下左右部督各一人，吴所置，掌宿衛兵。」

〔一七〕吴黄武三年、四年，魏文皆出廣陵，見孫權傳及注引吴録。

〔一八〕李安奚曰：「恨只在此。」何焯曰：「此吴王假以示意，其刻骨之恨，故在表辭。以暨豔事坐温者，温方衆望所歸，欲移衆之怨豔者，使之怨温，又吴王之謬術也。暨、徐之獄，類魏崔、毛誅廢事，惟蜀無之。」

〔一九〕官本「郡」作「部」，誤。

〔二〇〕胡三省曰：「廝音斯，賤也。」

將軍駱統表理温曰：「伏惟殿下，天生明德，神啓聖心，招髦秀於四方，置俊乂於宫朝。多士既受普篤之恩，張温又蒙最隆之施。而温自招罪譴，孤負榮遇，念其如此，誠可悲疚。然臣周旋之閒，爲國觀聽，深知其狀，故密陳其理。温實心無他情，事無逆迹，但年紀尚少，鎮重尚淺，〔一〕而戴赫烈之寵，體卓偉之才，亢臧否之譚，效褒貶之議，於是務勢者妒其寵，爭名者嫉其才，玄默者非其譚，瑕釁者諱其議，此臣下所當詳辨，明朝所當究察也。〔二〕昔賈誼，至忠之臣也；漢文，大明之君也。然而絳、灌一言，賈誼遠退。何者？疾之者深，譖之者巧也。然而誤聞於天下，失彰於後世。〔三〕故孔子曰『爲君難，爲臣不易』也。温雖智非從横，武非虓虎，然其弘雅之素，英秀之德，文章之采，論議之辨，卓躒冠羣，煒曄曜世，世人未有及之者也。故論温才即可惜，言罪則可恕。若忍威烈以赦盛德，宥賢才以敦大業，固明朝之休光，四方之麗觀也。國家之於暨豔，不内之忌族，〔四〕猶等之平民，是故先見用於朱治，〔五〕次見舉於衆人，中見任於明朝，亦見交於溫也。君臣之義，義之最重，朋友之交，交之最輕者也。國家不嫌與豔爲最重之義，是以溫亦不嫌與豔爲最輕之交也。時世寵之於上，溫竊親之於下也。〔六〕夫宿惡之民，放逸山險，則爲勁寇，將置平土，則爲健兵。故溫念在欲取宿惡，以除勁寇之害，而增健兵之鋭也。但自錯落，功不副言。然計其送兵，以比許晏，數之多少，溫不減之，用之彊羸，溫不下之，至於遲速，溫不後之，故得及秋冬之月，赴有警之期，不敢忘恩而遺力也。溫之到蜀，共譽殷禮，雖臣無境外之交，亦有可原也。境外之交，謂無君命而私相從，非國事而陰相聞者也。若以命行，既脩君好，因敘己情，亦使臣之道也。故孔子使鄰國，則有私覿之禮；〔七〕季子聘諸夏，亦有燕譚之義也。〔八〕古人有言，欲知其君，觀其所使，見其下之明明，知其上之赫赫。溫若譽禮，能使彼歎之，誠所以昭我臣之多良，明使之得其人，顯國美於異境，揚君命於他邦。是以晉趙文子之盟于宋也，稱隨會於屈建；〔九〕楚王孫圉之使于晉也，譽左史於趙鞅。〔一〇〕亦向他國之輔，而歎本邦之臣，經、傳美之以光國，而不譏之以外交也。王靖內不憂時，外不趨事，溫彈之不私，推之不假，於是與靖遂爲大怨，此其盡節之明驗也。靖兵衆之勢，幹任之用，皆勝於賈原、蔣康，溫尚不容私以安於靖，豈敢賣恩以協原、康邪？又原在職不勤，當事不堪，溫數對以醜色，彈以急聲，若其誠欲賣恩作亂，則亦不必貪原也。凡此數者，校之於事既不合，參之於衆亦不驗。臣竊念人君雖有聖哲之姿，非常之智，然以一人之身，御兆民之衆，從層宮之內，瞰四國之外，照羣下之情，求萬機之理，猶未易周也；固當聽察羣下之言，以廣聰明之烈。今者人非温既殷勤，臣是温又契闊，辭則俱巧，意則俱至，各自言欲爲國，誰其言欲爲私？倉卒之閒，猶難即别。然以殿下之聰叡，察講論之曲直，若潛神留思，纖粗研核，情何嫌而不宣，事何昧而不昭哉！温非親臣，臣非愛温者也。昔之君子，皆抑私忿，以增君明，彼獨行之於前，臣恥廢之於後，故遂發宿懷於今日，納愚言於聖德，〔一一〕實盡心於明朝，非有念於温身也。」〔一二〕權終不納。

〔一〕温年三十二，不得謂之少。

〔二〕李安溪曰：「切深著明，果可危哉，果可危哉！」

〔三〕李安溪曰：「引喻頗切近。」

〔四〕姜宸英曰：「忌族，即尚書圮族。」

〔五〕朱治爲吳郡太守，豔蓋先爲郡吏也。

〔六〕韓菼曰：「統所謂意巧者也，亦嫌歸過君上。」

〔七〕論語鄉黨篇：「私覿，愉愉如也。」集解：「鄭曰：覿，見也。既享，乃以私禮見。」正義曰：「此記爲君使，聘問鄰國之禮容也。」

〔八〕吳季札歷聘諸國。

〔九〕左傳襄公二十七年：「宋公及諸侯之大夫盟于蒙門之外。子木問於趙孟曰：范武子之德何如？（楚屈建字子木；趙孟，趙文子；范武子，隨會也。）對曰：夫子之家事治，言於晉國無隱情；其祝使陳信於鬼神，無愧辭。」

〔一〇〕國語：「楚大夫王孫圉聘于晉，定公饗之，趙鞅鳴玉以相問於圉曰：楚之白珩猶在乎？對曰：楚之爲寶者，有左史倚相，能道訓典，以敘百物，以朝夕獻善敗于寡君，使寡君無忘先王之業，又能上下説乎鬼神，順道其欲惡，使神無有怨痛于楚國。」

〔一〕韓菼曰：「權特借端中傷耳，統詞意雖佳，顧就事折辨，不足挽救，必如子瑜之解殷模，或庶幾乎！」劉咸炘曰：「載此表，明其寃也。」

〔二〕宋本「德」作「聽」。

後六年，温病卒。〔一〕二弟祗、白，亦有才名，〔二〕與温俱廢。

會稽典録曰：餘姚虞俊歎曰：〔三〕「張惠恕才多智少，華而不實，怨之所聚，有覆家之禍，吾見其兆矣。」諸葛亮聞俊憂温，意未之信；及温放黜，亮乃歎俊之有先見。亮初聞温敗，未知其故，〔四〕思之數日，曰：「吾已得之矣。其人於清濁太明，善惡太分。」臣松之以爲莊周云「名者，公器也，不可以多取」，張温之廢，豈其取名之多乎！多之爲弊，古賢既知之矣，是以遠見之士，退藏於密，不使名浮於德，不以華傷其實，既不能被褐韞寶，挫廉逃譽，使才映一世，聲蓋人上，沖用之道，庸可暫替！温則反之，能無敗乎？權既疾温名盛，而駱統方驟言其美，至云「卓躒冠羣，煒曄曜世，世人未有及之者也」。斯何異燎之方盛，又撝膏以熾之哉！文士傳曰：温姊妹三人，皆有節行。爲温事，已嫁者皆見録奪。其中妹先適顧承，官以許嫁丁氏，成婚有日，遂飲藥而死。吴朝嘉歎，鄉人圖畫，爲之贊頌云。〔五〕

〔一〕隋書經籍志雜史類：「三史略二十九卷，吴太子太傅張温撰。」唐經籍志雜史類：「三史要略三十卷，張温撰。」姚振宗曰：「三史者，史記、漢書、東觀記也。蜀孟光鋭意三史，三史之學盛行於時。隋志：吴輔義中郎將張温集六卷。」

〔二〕張白事見陸績傳注引姚信集。

〔三〕侯康曰：「御覽卷四百九十一引會稽典録云：邵員字德方，餘姚人，與同縣虞俊鄰居。員先不知俊十餘年，俊至吳，與張温、朱據等會，清談干雲，温等敬服，于是吳中盛爲俊談。員聞而愧曰：吾與仲明遊居比屋，曾不能甄其英秀，播其風烈，而令他邦稱我之傑。」

〔四〕李安溪曰：「未之信者，以蜀待吳也；未知其故者，欲決之於天也。」

〔五〕張温姊妹三人，皆有節行，張白之婦陸鬱生，年十三，即守義，可謂一門節義。

駱統字公緒，會稽烏傷人也。〔一〕父俊，官至陳相，爲袁術所害。〔二〕

謝承後漢書曰：俊字孝遠，有文武才幹。少爲郡吏，察孝廉，補尚書郎，擢拜陳相。值袁術僭號，兄弟忿爭，天下鼎沸，羣賊并起。陳與北界，〔三〕奸慝四布，俊厲威武，保疆境，賊不敢犯。養濟百姓，災害不生，歲獲豐稔。後術軍衆饑困，就俊求糧，俊疾惡術，初不應答。術怒，密使人殺俊。

統母改適，爲華歆小妻，〔四〕統時八歲，遂與親客歸會稽。其母送之，拜辭上車，面而不顧，其母泣涕於後。御者曰：「夫人猶在也。」〔五〕統曰：「不欲增母思，故不顧耳。」事適母甚謹。時饑荒，鄉里及遠方客多有困乏，統爲之飲食衰少。其姊仁愛有行，寡居無子，〔六〕見統甚哀之，數問其故。統曰：「士大夫糟糠不足，我何心獨飽！」姊曰：「誠如是，何不告我，而自苦若此？」乃自以私粟與統，又以告母，母亦賢之，遂使分施，由是顯名。

〔一〕烏傷見虞翻傳。

〔二〕范書孝明八王傳：「獻帝初，義兵起，陳王寵屯陽夏，國相會稽駱俊素有威恩，時天下飢荒，鄰郡人多歸就之。俊傾資振贍，并得全活。後袁術求糧於陳，而俊拒絶之，術忿恚，遣客詐殺俊及寵，陳由是破敗。」章懷注引謝承書曰：「俊拜陳國相，人有産子，厚致米肉，達府主意，生男女者，以駱爲名。袁術使部曲將張闓陽私行到陳，之俊所，俊往從飲酒，因詐殺俊，一郡吏人，哀號如喪父母。」會稽典録云：「俊，孝靈皇帝擢拜陳相，汝南葛陂盜賊并起，陳與接境，四面受敵。俊厲吏民爲保障之計，出倉見穀，以贍貧民，鄰郡士庶，咸往歸之，身捐奉禄，給其衣食。」

〔三〕何焯校改「北」作「比」。

〔四〕「小妻」解見魏志文德郭后傳。周壽昌曰：「駱統之母，本統父俊之小妻也，觀下云事適母甚謹可知。」

〔五〕梁章鉅曰：「此御者稱統母爲夫人耳，然古者子之稱母皆曰夫人。列女傳珠厓二義傳：女初曰：夫人哀初之孤。後漢書：劉表以書諫袁譚：今仁君見憎於夫人。文苑英華載獨孤良弼路公碑：年八歲，丁尊夫人艱。是唐時猶沿此稱也。」

〔六〕宋本「居」作「歸」，故私粟得自主也。

孫權以將軍領會稽太守，統年二十，試爲烏程相，〔一〕民户過萬，咸歎其惠理。權嘉之，召爲功曹，行騎都尉，妻以從兄輔女。統志在補察，苟所聞見，夕不待旦。常勸權以尊賢接士，勤求損益，饗賜之日，可人人別進，問其燥溼，〔二〕加以密意，誘諭使言，察其志趣，令皆感恩戴義，懷欲報之心。權納用焉。出爲建忠中郎將，〔三〕領武射吏三千人。及淩統死，復領其兵。

〔一〕烏程見孫堅傳。

〔二〕胡三省曰：「人之居處，避溼就燥。問其燥溼者，問其居處何如也。」

〔三〕各本皆奪「中」字。

是時徵役繁數，重以疫癘，民户損耗，統上疏曰：「臣聞君國者，以據疆土爲彊富，制威福爲尊貴，曜德義爲榮顯，永世胤爲豐祚。然財須民生，彊賴民力，威恃民勢，福由民殖，德俟民茂，義以民行。六者既備，然後應天受祚，保族宜邦。〔一〕書曰：『衆非后無能胥以寧，后非衆無以辟四方。』〔二〕推是言之，則民以君安，君以民濟，不易之道也。今彊敵未殄，海内未乂，三軍有無已之役，〔三〕江境有不釋之備，徵賦調數，由來積紀，加以殃疫死喪之災，郡縣荒虚，田疇蕪曠，聽聞屬城，民户浸寡，又多殘老，〔四〕少有丁夫，聞此之日，心若焚燎。思尋所由，小民無知，既有安土重遷之性，且又前後出爲兵者，生則困苦無有温飽，死則委棄骸骨不反，是以尤用戀本畏遠，同之於死。每有徵發，羸謹居家重累者先見輸送。〔五〕小有財貨，傾居行賂，不顧窮盡。輕剽者則迸入險阻，黨就羣惡。百姓虚竭，嗷然愁擾，愁擾則不營業，不營業則致窮困，致窮困則不樂生，故口腹急則姦心動，而攜叛多也。又聞民間，非居處小能自供，生産兒子，多不起養；屯田貧兵，亦多棄子。天則生之，而父母殺之，既懼干逆和氣，感動陰陽；且惟殿下開基建國，乃無窮之業也，彊鄰大敵，非造次所滅，疆埸常守，非期月之戍，而兵民減耗，後生不育，非所以歷遠年致成功也。夫國之有民，猶水之有舟，停則以安，擾則以危，〔六〕愚而不可欺，弱而不可勝，是以聖王重焉，禍福由之；故與民消息，觀時制政。方今長吏親民之職，惟以辦具爲能，〔七〕取過目前之急，〔八〕少復以恩惠爲治，副稱殿下天覆之仁、勤恤之德者。官民政俗，日以彫敝，漸以陵遲，勢不可久。夫治疾及其未篤，除患貴其未深，願殿下少以萬機餘閒，留神思省，補復荒虚，深圖遠計，育殘餘之民，阜人財之用，參曜三光，等崇天地，臣統之大願，足以死而不朽矣！」權感統言，深加意焉。

〔一〕李安溪曰：「合道之言。」
〔二〕或曰：「統所引書，非後出古文也。」
〔三〕宋本「有」作「以」，誤。
〔四〕毛本「殘」作「賤」，誤。
〔五〕毛本「見」作「是」，誤。
〔六〕李安溪曰：「此蓋以舟喻民，與古載舟覆舟之譬相反。」
〔七〕宋本「辦」作「辨」。
〔八〕或曰：「過疑作適。」

以隨陸遜破蜀軍於宜都，〔一〕遷偏將軍。黄武初，曹仁攻濡須，使别將常雕等襲中洲，統與嚴圭共拒破之，封新陽亭侯，〔二〕後爲濡須督。數陳便宜，前後書數十上，所言皆善，文多故不悉載。尤以占募在民閒長惡敗俗，生離叛之心，急宜絶置。〔三〕權與相反覆，終遂行之。年三十六，黄武七年卒。〔四〕

〔一〕宜都見蜀志先主傳章武二年。
〔二〕新陽在汝南郡境，疑爲陽新之誤。陳景雲曰：「凡列侯之歿，其有子嗣爵與否，史必詳書之。而駱統與是儀傳獨闕，疑有脱文。統子名秀，爲時顯士，見陸遜傳注。又孫休傳中有司鹽校尉駱秀，即其人也。則駱統非無後者。」

〔三〕何焯曰：「時兵民初分，故統言若此，今則漸以相安，又難變矣。」
〔四〕隋書經籍志：「吴偏將軍駱統集十卷，梁有録一卷。」唐經籍志：「駱統集十卷。」

陸瑁〔一〕字子璋，丞相遜弟也。〔二〕少好學篤義。陳國陳融、〔三〕陳留濮陽逸、〔四〕沛郡蔣纂、廣陵袁迪等，皆單貧有志，就瑁遊處，

迪孫曄，字思光，作獻帝春秋，云〔五〕迪與張紘等俱過江，〔六〕迪父綏爲太傅掾。張超之討董卓，〔七〕以綏領廣陵事。

瑁割少分甘，與同豐約。及同郡徐原，〔八〕爰居會稽，素不相識，臨死遺書，託以孤弱，〔九〕瑁爲起墳立墓，〔一〇〕收導其子。又瑁從父績早亡，一男一女，〔一一〕皆數歲以還，瑁迎攝養，至長乃別。州郡辟舉，皆不就。

〔一〕胡三省曰：「瑁音冒。」
〔二〕錢大昭曰：「陸績傳既在同卷中，此當云績從子，下卷遜傳當云瑁兄。乃承祚於遜傳則書里居，於瑁則書遜弟，疑其顛倒失次。」弼按：朱據爲朱桓之弟，（據爲桓子異從父，見異傳。）賀邵爲賀齊之孫，均各書籍貫，其失亦同。
〔三〕隋書經籍志：「梁又有陳子要言十四卷，吴豫章太守陳融撰，亡。」唐經籍志：「陳子要言十四卷，陳融撰。」藝文志同。馬國翰輯本序曰：「融，陳國人，附見吴志陸瑁傳，僅載里居。隋志題吴豫章太守，此官爵之可見者。七録法家載陳子要言十四卷，隋志云亡，唐志復著録。今惟御覽引二節，附攷爲卷。」姚振宗曰：「宋刻全本意林，有陳子要言一條，馬氏輯本失采。」

〔四〕逸子興，有傳，見後。

〔五〕袁暐獻帝春秋見魏志武紀興平元年。

〔六〕迪、紘皆廣陵人。

〔七〕超爲廣陵太守，討董卓見魏志臧洪傳。

〔八〕趙一清曰：「原字德淵，見呂岱傳。」

〔九〕呂岱稱徐原爲益友，原死哭之甚哀，何以徐原託孤於素不相識之陸瑁？原官侍御史，何以爰居會稽，此皆事之可疑者。

〔一〇〕宋本作「起立墳墓」。

〔一一〕宋本作「二男一女」，各本皆誤。朱良裘曰：「陸績傳：長子宏，次子叡。此作一男，疑誤。」

時尚書曁豔盛明臧否，差斷三署，〔一〕頗揚人闇昧之失，以顯其謫。〔二〕瑁與書曰：「夫聖人嘉善矜愚，〔三〕忘過記功，以成美化。加今王業始建，將一大統，此乃漢高棄瑕録用之時也。〔四〕若令善惡異流，貴汝潁月旦之評，〔五〕誠可以厲俗明教，然恐未易行也。宜遠模仲尼之泛愛，〔六〕中則郭泰之弘濟，〔七〕近有益於大道也。」豔不能行，卒以致敗。

〔一〕胡三省曰：「三署謂五官、左、右三署也。」

〔二〕謫，罰也。

〔三〕胡三省曰：「論語：君子嘉善而矜不能。」

〔四〕胡三省曰：「謂棄其瑕玷，而録其材用。」

〔五〕胡三省曰：「漢末汝南許劭與從兄靖，俱有高名，好共覈論鄉黨人物，每月輒更其品題，故汝南俗有月旦評。」

〔六〕胡三省曰：「論語載孔子之言曰：泛愛衆，而親仁。」

〔七〕通鑑「中」作「近」，下句「近」作「庶」。胡三省曰：「郭泰善人倫，而不爲危言覈論，奬拔士人，成名者甚衆，而不絶左原、賈淑之陰惡，所謂容濟也。」

嘉禾元年，公車徵瑁，拜議郎，選曹尚書。〔一〕孫權忿公孫淵之巧詐反覆，欲親征之。瑁上疏諫曰：「臣聞聖王之御遠夷，羈縻而已，不常保有。故古者制地，謂之荒服，言慌惚無常，不可保也。今淵東夷小醜，屏在海隅，雖託人面，與禽獸無異。國家所爲不愛貨寶、遠以加之者，非嘉其德義也，誠欲誘納愚弄，以規其馬耳。淵之驕黠，恃遠負命，此乃荒貊常態，豈足深怪？昔漢諸帝，亦嘗鋭意以事外夷，馳使散貨，充滿西域。雖時有恭從，然其使人見害，財貨并没，不可勝數。今陛下不忍悁悁之忿，欲越巨海，身踐其土，羣臣愚議，竊謂不安。何者？北寇與國，壤地連接，苟有閒隙，應機而至。夫所以越海求馬，曲意於淵者，爲赴目前之急，除腹心之疾也。而更棄本追末，捐近治遠，忿以改規，激以動衆，斯乃猾虜所願聞，〔二〕非大吴之至計也。又兵家之術，以功役相疲，勞逸相待，得失之閒，所覺輒多。〔三〕且沓渚去淵，道里尚遠，〔四〕今到其岸，兵勢三分，使彊者進取，次當守船，又次運糧，行人雖多，難得悉用；加以單步負糧，經遠深入，賊地多馬，邀截無常。若淵狙詐，與北未絶，動衆之日，脣齒相濟。〔五〕若實孑然，無所憑賴，〔六〕其畏怖遠迸，或難卒滅。〔七〕使天誅稽於朔野，山虜承閒而起，〔八〕恐非萬安之長慮也。」權未許。

〔一〕胡三省曰：「吳選曹尚書，即魏選部尚書。」
〔二〕胡三省曰：「北寇、猾虜，皆謂魏也。」
〔三〕胡三省曰：「兵法以逸待勞，又曰逸則能勞之。言敵人用智以疲我，苦不自覺，比我覺知，則得失之間，相去多矣。」
〔四〕沓渚見魏志齊王紀景初三年及公孫度傳。胡三省曰：「遼東郡有沓氏縣，西南臨海渚。應劭曰：沓，長答翻。又據陳壽志，景初三年以遼東東沓縣吏民渡海居齊郡界，爲新沓縣，即沓渚之民也。」
〔五〕胡三省曰：「此慮魏乘吳伐遼之閒，而南侵也。」
〔六〕通鑑作「了然」。胡三省曰：「了然，猶言曉然也。」蜀本作孑，然文義尤長。孑，孤孑也，謂淵孤立，孑然無援也。」
〔七〕胡三省曰：「迸，北孟翻。卒讀曰猝。」
〔八〕通鑑「承」作「乘」。胡三省曰：「山虜，謂丹陽、豫章、鄱陽、廬陵、新都等郡山越也。乘，蜀本作承。」

璯重上疏曰：「夫兵革者，固前代所以誅暴亂、威四夷也。然其役皆在姦雄已除，天下無事，從容廟堂之上，以餘議議之耳。至於中夏鼎沸，九域槃㸦之時，〔一〕率須深根固本，愛力惜費，務自休養，以待鄰敵之闕，未有正於此時，舍近治遠，以疲軍旅者也。〔二〕昔尉佗叛逆，僭號稱帝，于時天下乂安，百姓殷阜，帶甲之數，糧食之積，可謂多矣；然漢文猶以遠征不易，重興師旅，告喻而已。〔三〕今凶桀未殄，疆埸猶警，雖蚩尤、鬼方之亂，〔四〕故當以緩急差之，未宜以淵爲先。願陛下抑威住計，〔五〕暫寧六師，潛神嘿規，以爲後圖，天下幸甚！」〔六〕權再覽璯書，嘉其詞理端切，遂不行。

〔一〕宋本「㸦」作「牙」，通鑑作「盤互」。胡三省曰：「盤互，謂各盤據而互爲敵也。」劉家立曰：「古互字俱作牙，漢書谷永傳百官盤互，顔注：「盤結而交互也。」弼按：後漢書滕撫傳「磐牙連歲」，章懷注：「磐牙，謂相連結。」惠棟曰：「孫愐云：互俗作㸦。前書劉向傳：宗族磐互，易大畜：豶豕之牙，鄭康成讀爲互。易説互體，亦作牙，音吾。」

〔二〕胡三省曰：「舍讀曰捨。」

〔三〕史記南越尉佗列傳：「南越王尉佗者，真定人也。姓趙氏，佗，秦時用爲南海龍川令。南海尉任囂死，佗行南海尉事。秦已破滅，佗自立爲南越武王，迺乘黄屋左纛稱制，與中國侔。及孝文帝元年，召陸賈往使，因讓佗自立爲帝，佗爲書謝。」

〔四〕史記五帝本紀：「黄帝乃徵師諸侯，與蚩尤戰於涿鹿之野，遂禽殺蚩尤。」易乾鑿度：「孔子曰：既濟九三，高宗伐鬼方，三年克之。」

〔五〕宋本「住」作「任」。

〔六〕韓菼曰：「此疏更爲簡切，能規大勢。」

初，瑁同郡聞人敏見待國邑，憂於宗脩，〔一〕惟瑁以爲不然，後果如其言。〔二〕

〔一〕宋本「憂」作「優」。

〔二〕梁章鉅曰：「此事他無所見，此又不具本末，似可删。」

赤烏二年，瑁卒。子喜，亦涉文籍，〔一〕好人倫，〔二〕孫晧時爲選曹尚書。

吴録曰：喜字文仲，瑁第二子也。入晉，爲散騎常侍。〔三〕瑁孫曄，字士光，至車騎將軍，儀同三司。〔四〕曄弟玩，字士瑶。晉陽秋稱玩器量淹雅，位至司空，追贈太尉。〔五〕

〔一〕御覽「亦」作「頗」。

〔二〕「人倫」解見蜀志龐統傳。

〔三〕晉書陸喜傳：「喜字恭仲。父瑁，吴吏部尚書。喜仕吴，累遷吏部尚書。少有聲名，好學有才思。嘗爲自敘，其略曰：劉向省新語而作新序，桓譚詠新序而作新論。余不自量，感子雲之法言而作言道，覩賈子之美才而作訪論，觀子政洪範而作古今麻，覽蔣子通萬機而作審機，讀幽通、思玄、四愁而作娱賓、九思，真所謂忍愧者也。其書近百篇。吴平，又作西州清論傳於世，借稱諸葛孔明以行其書也。太康中，詔以喜爲散騎常侍。子育，爲尚書郎、弋陽太守。

〔四〕晉書陸曄傳：「曄伯父喜，吴吏部尚書，父英，高平相、員外散騎常侍。曄少有雅望，從兄機每稱之曰：我家世不乏公矣。預討華軼功，封平望亭侯。時帝以侍中皆北士，宜兼用南人，曄以清貞著稱，遂拜侍中。明帝即位，以平錢鳳功，進爵江陵伯。帝不豫，遺詔曄録尚書事。成帝踐阼，開府儀同三司。蘇峻之亂，隨帝在石頭，舉動方正，不以凶威變節。峻平，加衛將軍，以勳進爵爲公。封次子嘏新康子。咸和中，歸里拜墓，以疾卒，年七十四。追贈侍中車騎大將軍，謚曰穆。子諶，散騎常侍。」

〔五〕晉書陸玩傳：「玩弱冠有美名，元帝引爲丞相參軍。王導請婚於玩，玩却之。蘇峻之亂，與兄曄俱守宫城，玩潛説匡術歸順，以功封興平伯。尋王導、郗鑒、庾亮相繼薨，以玩有德望，遷侍中司空。玩謙讓，不辟掾屬。成帝聞而勸之，乃辟寒素有行之士，誘納後進，謙若布衣。薨，年六十四，謚曰康。子始嗣，歷侍中尚書。」

吾粲〔一〕字孔休，吴郡烏程人也。〔二〕

吴録曰：粲生數歲，孤城嫗見之，〔三〕謂其母曰：「是兒有卿相之骨。」

孫河爲縣長，粲爲小吏，河深奇之。河後爲將軍，得自選長吏，表粲爲曲阿丞，〔四〕遷爲長史，

治有名迹。雖起孤微，與同郡陸遜、卜静等比肩齊聲矣。〔五〕孫權爲車騎將軍，召爲主簿，出爲山陰令，還爲參軍校尉。〔六〕

〔一〕胡三省曰：「姓譜：吾本己姓，夏昆吾氏之後。」

〔二〕烏程見孫堅傳。

〔三〕盧明楷曰：「趙達傳注云孤城鄭嫗能相人，此云孤城嫗，即其人也。疑脱一鄭字。孤城或當作菰城，烏城縣舊固名爲菰城也。」

〔四〕曲阿見孫策傳。

〔五〕步騭傳：「潁川張昭云：吾粲由於牧豎，顧豫章揚其善。」

〔六〕參軍校尉一人，吴置。

黄武元年，與吕範、賀齊等俱以舟師拒魏將曹休於洞口，值天大風，諸船綆紲斷絶，〔一〕漂没著岸，爲魏軍所獲，或覆没沈溺。其大船尚存者，水中生人皆攀緣號呼，他吏士恐船傾没，皆以戈矛撞擊不受。粲與黄淵獨令船人以承取之，左右以爲船重必敗，粲曰：「船敗，當俱死耳！人窮，柰何棄之！」粲、淵所活者百餘人。

〔一〕通鑑作「綆纜悉斷」。胡注：「綆，古杏翻；纜，盧瞰翻；皆索也。所以維舟者也。」

還，遷會稽太守，召處士謝譚爲功曹，譚以疾不詣，粲教曰：「夫應龍以屈伸爲神，鳳皇以嘉鳴爲貴，何必隱形於天外，潛鱗於重淵者哉！」粲募合人衆，拜昭義中郎將，與吕岱討平山越，〔一〕入爲屯騎校尉、少府，遷太子太傅。遭二宫之變，抗言執正，明嫡庶之分，〔二〕欲使魯王霸出駐夏口，遣楊竺不得令在都邑。又數以消息語陸遜，遜時駐武昌，連表諫爭，由此爲霸、竺等所譖害，下獄誅。〔三〕

〔一〕粲獲廬陵賊李桓，見孫權傳嘉禾五年。
〔二〕詳見孫和傳。
〔三〕互見陸遜傳。

朱據字子範，吴郡吴人也。有姿貌膂力，又能論難。黄武初，徵拜五官郎中，補侍御史。是時選曹尚書暨豔疾貪汙在位，欲沙汰之。據以爲天下未定，宜以功覆過，棄瑕取用，舉清厲濁，足以沮勸；若一時貶黜，懼有後咎。豔不聽，卒敗。

權咨嗟將率，發憤歎息，追思吕蒙、張温，以爲據才兼文武，可以繼之，由是拜建義校尉，〔一〕領兵屯湖熟。〔二〕黄龍元年，權遷都建業，徵據尚公主，〔三〕拜左將軍，封雲陽侯。〔四〕謙虚接士，輕財好施，禄賜雖豐，而常不足用。〔五〕嘉禾中，始鑄大錢，一當五百。後據部曲應受三萬緡，工王遂詐而受之，典校吕壹疑據實取，考問主者，〔六〕死於杖下。據哀其無辜，厚棺斂之。壹又表據吏爲據隱，故厚其殯。權數責問據，據無以自明，藉草待罪。數月，〔七〕典軍吏劉助覺，言王遂所取，〔八〕權大感悟，曰：「朱據見枉，況吏民乎！」乃窮治壹罪，賞助百萬。

〔一〕建義校尉一人，吴置。

〔二〕湖熟見孫策傳。

〔三〕據尚公主，即魯育，字小虎。據死後，公主改配劉纂。據女爲孫休夫人，見妃嬪傳孫休朱夫人傳。

〔四〕雲陽即曲阿，見孫策傳。

〔五〕據稱隱蕃有王佐才，後蕃謀叛伏誅，據禁止，歷時乃解，見胡綜傳。

〔六〕胡三省曰：「主者，據軍吏也。」

〔七〕通鑑「月」作「日」。

〔八〕胡三省曰：「劉助覺其事而言之。」

赤烏九年，遷驃騎將軍。遭二宮搆爭，據擁護太子，言則懇至，義形於色，守之以死，〔一〕

殷基通語載據爭曰：「臣聞太子國之本根，雅性仁孝，天下歸心；今卒責之，將有一朝之慮。昔晉獻用驪姬而申生不存，〔二〕漢武信江充而戾太子冤死。〔三〕臣竊懼太子不堪其憂，雖立思子之宫，無所復及矣。」

遂左遷新都郡丞。〔四〕未到，中書令孫弘譖潤據，因權寢疾，弘爲詔書，〔五〕追賜死，〔六〕時年五十七。孫亮時，二子熊、損，各復領兵，爲全公主所譖，皆死。〔七〕永安中，追録前功，以熊子宣襲爵雲陽侯，尚公主。孫晧時，宣至驃騎將軍。

〔一〕互見孫和傳。

〔二〕晉獻公嬖驪姬，驪姬譖太子申生，太子自縊于新城，見左傳僖公四年。

〔三〕漢書武帝紀：「征和二年，江充等掘蠱太子宫，太子與皇后謀斬充，太子亡，皇后自殺。太子自死于湖。」戾太子傳：「武帝末，江充用事，充與太子有隙，充典治巫蠱，遂至太子宫掘蠱，得桐木人。太子收捕充，斬充以徇。太子亡至湖，自經。上憐太子無辜，乃作思子宫，爲歸來望思之臺於湖，天下聞而悲之。」

〔四〕新都郡見孫權傳建安十三年。

〔五〕「弘」疑作「私」。

〔六〕此赤烏十三年事。赤烏十二年，據猶領丞相，見孫權傳。何焯曰：「魏有孫資，吴有孫宏，皆敗國政；蜀用董允，何可比也。」

〔七〕熊損死事詳見孫綝傳。損妻爲孫峻妹，見孫休朱夫人傳。錢大昕曰：「妃嬪傳：太平中，孫亮知朱主爲全主所害，問朱主死意。全主懼曰：我實不知，皆據二子熊、損所白。亮殺熊、損。孫綝傳云：亮内嫌綝，乃推魯育見殺本末，責怒虎林督朱熊、熊弟外部督朱損不匡正孫峻，乃令丁奉殺熊於虎林，殺損於建業。以二傳推之，熊、損之死，出於亮意，非由全主所譖。謂全主諉罪二人則可，謂之譖不可也。」

評曰：虞翻古之狂直，固難免乎末世，然權不能容，非曠宇也。陸績之於楊玄，是仲尼之左丘明，老聃之嚴周矣。〔一〕以瑚璉之器，〔二〕而作守南越，不亦賊夫人歟！〔三〕張温才藻俊茂，而智防未備，用致艱患。駱統抗明大義，辭切理至，值權方閉不開。陸瑁篤義規諫，君子有稱焉。吾粲、朱據遭罹屯蹇，以正喪身，悲夫！

〔一〕史記老莊申韓列傳：「老子者，楚苦縣厲鄉曲仁里人也。姓李氏，名耳，字伯陽，謚曰聃。著書上下篇，言道德之意五千餘言而去，莫知其所終。莊子者，蒙人也，名周。周嘗爲蒙漆園吏，與梁惠王、齊宣王同時。其學無所不闚，然其要歸本於老子之言，故其著書十餘萬言，大抵率寓言也。」漢書王貢兩龔鮑傳序云：「蜀有嚴君平，依老子、嚴周之指，著書十餘萬言。」師古曰：「嚴周即莊周。」

〔二〕論語：「子貢問曰：賜也何如？子曰：女器也。曰：何器也？曰：瑚璉也。」何晏集解：「包曰：瑚璉，黍稷之器。夏曰瑚，殷曰璉，周曰簠簋。宗廟之器貴者。」

〔三〕論語：「子路使子羔爲費宰，子曰：賊夫人之子。」

吴書十三

三國志五十八

陸遜傳第十三 子抗

陸遜字伯言，吴郡吴人也。本名議，〔一〕世江東大族。遜祖紆，字叔盤，敏淑有思學，守城門校尉。父駿，字季才，淳懿信厚，爲邦族所懷，官至九江都尉。〔三〕陸氏世頌曰：〔二〕

遜少孤，隨從祖廬江太守康在官。〔四〕袁術與康有隙，將攻康，康遣遜及親戚還吴。遜年長於康子績數歲，爲之綱紀門户。

〔一〕魏志明紀太和二年、青龍二年皆書陸議，蜀志先主傳、黄權傳亦書陸議。

〔二〕隋、唐志未著録。

〔三〕九江郡之都尉也。續百官志：「唯邊郡往往置都尉，稍有分縣，治民比郡。」應劭曰：「每有據賊，郡臨時置都尉，事訖罷之。」范書滕撫傳：「朝廷博求將帥，三公舉撫有文武才，拜爲九江都尉。」

〔四〕陸康事見陸績傳。

孫權爲將軍，遜年二十一，〔一〕始仕幕府，〔二〕歷東西曹令史，出爲海昌屯田都尉，〔三〕並領縣事。

陸氏祠堂像贊曰：〔四〕海昌，今鹽官縣也。〔五〕

縣連年亢旱，遜開倉穀以振貧民，勸督農桑，百姓蒙賴。時吴會稽、丹陽多有伏匿，遜陳便宜，乞與募焉。〔六〕會稽山賊大帥潘臨，舊爲所在毒害，歷年不禽。遜以手下召兵，討治深險，〔七〕所向皆服，部曲已有二千餘人。鄱陽賊帥尤突作亂，復往討之，拜定威校尉，〔八〕軍屯利浦。〔九〕

〔一〕遜卒於吴赤烏八年，年六十三，當生於漢光和六年；年二十一，當在建安八年也。

〔二〕「幕府」解見魏志袁紹傳。

〔三〕海昌都尉解見孫權傳赤烏五年海鹽注。續百官志：「邊郡置農都尉，主屯田殖穀。」

〔四〕沈家本曰：「陸氏祠堂像贊，隋、唐志不著録，未詳何人之詞。」

〔五〕宋書州郡志：「吴郡太守，鹽官令，漢舊縣。吴記云鹽官本屬嘉興，吴立爲海昌都尉，治此，後改爲縣，非也。」水經沔水注：「谷水又東南逕鹽官縣故城南，舊吴海昌都尉治。晉太康中，分嘉興立。太康地道記：吴有鹽官縣。」吴增僅曰：「寰宇記引吴録地理云：鹽官本名海昌，後改爲鹽官，屬吴郡。今考吴志陸遜傳，遜初爲海昌都尉，并領縣事。裴注引陸氏祠堂像贊曰：海昌，今鹽官縣。夫曰并領縣事，則承上海昌言之，謂以海昌都尉領海昌縣事也。蓋吴初立縣曰海昌，後改曰鹽官，故吴録曰本名海昌也。晉沿吴舊，仍曰鹽官，故陸氏祠堂像贊曰：海昌，今鹽官也。參合史志，疑吴録爲確，今從之。」楊守敬曰：「水經注兩説并存，吴録地理即沈志所引之吴記，觀寰宇記又引沈約非之之語，可見至陸氏祠堂像贊當必晉時之書，不足以證吳有鹽官。」洪亮吉曰：「沈志云：『鹽官漢舊縣，非吳立。』今考漢地理志、郡國志俱無此縣，疑當以吳記爲是。又陸氏祠堂像贊海昌今鹽官縣，云今，則舊爲都尉治，新改爲縣可知。」方輿紀要：「鹽官，今浙江嘉興府海鹽縣南二十里。」

〔六〕「與募焉」三字疑有誤。

〔七〕召字疑誤。

〔八〕胡三省曰：「定威校尉，孫權創置。」

〔九〕趙一清曰：「利浦即當利浦，見孫策傳。」

權以兄策女配遜，數訪世務。遜建議曰：「方今英雄棊跱，豺狼闚望，克敵寧亂，非衆不濟；而山寇舊惡，〔一〕依阻深地。夫腹心未平，難以圖遠，可大部伍，取其精銳。」〔二〕權納其策，以爲帳下右部督。〔三〕會丹陽賊帥費棧〔四〕受曹公印綬，扇動山越，爲作内應。權遣遜討棧，棧支黨多而往兵少，遜乃益施牙幢，分布鼓角，夜潛山谷閒，鼓譟而前，應時破散。遂部伍東三郡，〔五〕彊者爲兵，羸者補户，〔六〕得精卒數萬人。宿惡蕩除，所過肅清，還屯蕪湖。〔七〕

〔一〕胡三省曰：「舊惡，謂自舊爲惡者。」

〔二〕胡三省曰：「言可大爲部伍，擇取精銳也。」或曰：「取疑作收。」

〔三〕帳下左右部督見張温傳。

〔四〕胡三省曰：「費，父沸翻，姓也。棧，士限翻。」

〔五〕胡三省曰：「東三郡，丹陽、新都、會稽也。」
〔六〕胡三省曰：「羸，倫爲翻。」
〔七〕宋本作「無湖」，以宋書校之，良是。蕪湖見太史慈傳。

會稽太守淳于式表遜枉取民人，愁擾所在。〔一〕遜後詣都，言次稱式佳吏。〔二〕權曰：「式白君而君薦之，何也？」遜對曰：「式意欲養民，是以白遜。若遜復毁式以亂聖聽，不可長也。」權曰：「此誠長者之事，顧人不能爲耳。」

〔一〕胡三省曰：「言遜之所在人民，皆愁擾也。」或曰：「當是所在愁擾，傳寫訛倒耳。」
〔二〕胡三省曰：「孫權時都秣陵，言次，謂言論之次，猶今言語次。」

呂蒙稱疾詣建業，遜往見之，謂曰：「關羽接境，如何遠下？後不當，可憂也！」蒙曰：「誠如來言，然我病篤。」遜曰：「羽矜其驍氣，陵轢於人，始有大功，意驕志逸，得務北進，〔一〕未嫌於我，有相聞病，必益無備。今出其不意，自可禽制。不見至尊，〔二〕宜好爲計。」〔三〕蒙至都，權問：「誰可代卿者？」蒙對曰：「陸遜意思深長，才堪負重，觀其規慮，終可大任。而未有遠名，非羽所忌，無復是過。若用之，當令外自韜隱，内察形便，然後可克。」〔四〕權乃召遜，拜偏將軍右部督代蒙。

〔一〕宋本「得」作「但」，通鑑同。

〔二〕宋本「不」作「下」，通鑑同。

〔三〕胡三省曰：「英雄之士，所見略同，呂蒙所以知其意思深長也。」

〔四〕胡三省曰：「兵事尚密，遜之言雖當蒙之心，蒙未敢容易爲遜言之。」

遜至陸口，〔一〕書與羽曰：「前承觀釁而動，以律行師，小舉大克，一何巍巍！敵國敗績，利在同盟，聞慶拊節，想遂席卷，共獎王綱。近以不敏，受任來西，延慕光塵，思稟良規。」〔二〕又曰：「于禁等見獲，遐邇欣歎，以爲將軍之勳足以長世，雖昔晉文城濮之師，〔三〕淮陰拔趙之略，〔四〕蔑以尚茲。聞徐晃等步騎駐旌，〔五〕闚望麾葆。操猾虜也，忿不思難，恐潛增衆，以逞其心。雖云師老，猶有驍悍。且戰捷之後，常苦輕敵，古人杖術，軍勝彌警，願將軍廣爲方計，以全獨克。僕書生疏遲，忝所不堪，喜鄰威德，樂自傾盡，雖未合策，猶可懷也。儻明注仰，有以察之。」〔六〕羽覽遜書，有謙下自託之意，意大安，無復所嫌。〔七〕遜具啓形狀，陳其可禽之要。權乃潛軍而上，使遜與呂蒙爲前部，至即克公安、南郡。遜徑進，領宜都太守，〔八〕拜撫邊將軍，〔九〕封華亭侯。〔一〇〕備宜都太守樊友委郡走，諸城長吏及蠻夷君長皆降。遜請金銀銅印，以假授初附。是歲，建安二十四年十一月也。

〔一〕陸口見孫權傳建安十五年。

〔二〕或曰：「書詞字字斟酌，真是玩敵於掌。」

〔三〕晉文公城濮之戰，楚師敗績，見左傳僖公二十八年。

〔四〕史記淮陰侯列傳：「淮陰侯韓信者，淮陰人也。韓信與張耳以兵數萬，欲東下井陘擊趙，選輕騎二千人，人持一赤幟，從閒道萆山而望趙軍，誡曰：趙見我走，必空壁逐我，若疾入趙壁，拔趙幟，立漢赤幟。」

〔五〕馮本「步」作「少」。趙一清曰：「下云恐潛增衆，則少字義長。」

〔六〕或曰：「妙，又效忠言，益使不疑，蓋英雄未可以非道罔也。」又曰：「句句是推獎以驕之，卑屈以玩之。」

〔七〕胡三省曰：「果墮蒙計。」

〔八〕宜都見蜀志先主傳章武二年。趙一清曰：「宋書州郡志：宜都太守，太康地志、王隱地道記、何志並云吳分南郡立。張勃吳録云劉備立。案吳志呂蒙平南郡，據江陵，陸遜別取宜都，獲秭歸、枝江、夷道縣。初，權與備分荆州，而南郡屬備，則是備分南郡立宜都，非吳立也。習鑿齒云魏武平荆州，分南郡枝江以西爲臨江郡。建安十五年，劉備改爲宜都。一清案：劉封傳以孟達爲宜都太守，是也。」

〔九〕撫邊將軍一人，吳置。

〔一〇〕潘眉曰：「華亭至唐始置縣，吳時則亭侯也。郡縣志：華亭谷在華亭縣西三十五里，陸遜封於此。」吳士鑑曰：「御覽一百七十引輿地志曰：吳大帝以陸遜爲華亭侯，以其所居爲封也。華亭谷出佳魚、蓴菜，故陸機云：千里蓴菜，未下鹽豉。」又曰：「敦煌石室殘本修文殿御覽引晉八王故事曰：陸機爲成都王所誅，顧左右而歎曰：今日欲聞華亭鶴唳，不可復得。華亭吳由拳縣郊外野也，有清泉茂林。吳平後，機兄弟素游於此，十有餘年耳。元和郡縣圖志二十五曰：華亭谷在華亭縣西三十五里，陸遜、陸抗宅在其側。遜封華亭侯，陸機云華亭鶴唳，此地是也。讀史方輿紀要二十四曰：崑山在松江府西北二十三里，其西爲長谷，亦曰華亭谷。杜佑曰：華亭縣以華亭谷而名。世説尤悔篇注語林曰：機爲河北都督，聞警角之聲，謂孫丞曰：聞此不如華亭鶴唳。故臨刑而有此歎。」

遜遣將軍李異、謝旌等將三千人，攻蜀將詹晏、陳鳳。〔一一〕異將水軍，旌將步兵，斷絶險要，即破晏等，生降得鳳。又攻房陵太守鄧輔、〔二〕南鄉太守郭睦，〔三〕大破之。秭歸大姓文布、鄧凱等〔四〕合夷兵數千人，首尾西方。遜復部旌討破布、凱，布、凱脱走，蜀以爲將。遜令人誘之，布帥衆還降。前後斬獲招納，凡數萬計。權以遜爲右護軍、鎮西將軍，進封婁侯。〔五〕

吴書曰：權嘉遜功德，欲殊顯之，雖爲上將軍列侯，猶欲令歷本州舉命，乃使揚州牧呂範就辟别駕從事，舉茂才。〔六〕

〔一〕胡三省曰：「詹，姓也。周有詹父，楚有詹尹。」

〔二〕房陵郡詳見魏志文紀延康元年新城太守注。吴增僅曰：「房陵縣漢屬漢中郡，華陽國志、元和志皆云漢末爲郡。通鑑：先主遣孟達攻房陵，殺太守蒯祺。胡注云：此郡疑劉表所置，使蒯祺領之。今考劉表據有荆州八郡，內無房陵。疑建安二十年張魯來降時，魏武所置，至黄初元年，復合於新城也。」

〔三〕南鄉見魏志鍾繇傳注及蜀志呂乂傳。洪亮吉曰：「南鄉郡，漢建安十三年魏武分南陽西界置。」謝鍾英曰：「孫權傳建安二十五年秋，尚無南鄉郡。水經注建安中，南鄉建國碑云建安末置南鄉郡，太康三年地記建安中分南陽立南鄉郡，沈志魏分南陽立南鄉郡。考文帝紀建安二十五年二月，改元延康；十月受禪，改元黄初；十一月，郡國縣道多所改易。南鄉置郡，當在此時。建國碑據一歲之始，故云漢末；沈志據一歲之終，則云魏置。兩説雖異，其實則一。太康地記混言建安中立，猶未得實。洪氏不詳繹國志，而從舊圖經、晉志序例、容齋隨筆謂建安十三年置，非也。又陸遜傳云：建安二十四年，攻南鄉太守郭睦，大破之。今考孫權傳：建安二十四年，牋與曹公，乞討羽自效；十二月，獲羽，定荆州。是其時吴方請降，無緣與魏交兵，則陸遜傳所云南鄉太守者，係字之譌，不足爲據。」弼按：本傳所云房陵太守鄧輔、南鄉太守郭睦，皆蜀所置也。與上文陸遜領宜都太守，而劉備宜都太守樊友委城走，情事相同。當時三方各相署置，不盡爲曹氏所命也。又按隸續載晉南鄉太守司馬整碑陰中曹掾有南陽人，將吏有陰、酇諸縣人，是魏之南鄉有南陽縣，（本楊守敬說。）可以釋謝氏據孫權傳建安二十五年尚無南鄉郡之惑。弼又按：通鑑：建安二十四年，荊州刺史胡脩、南鄉太守傅方皆降於關羽。是建安二十五年以前，有南鄉郡之證。胡脩、傅方降羽事，見晉書文帝紀。

〔四〕監本、官本「文」作「艾」。秭歸見魏志文紀黃初三年。

〔五〕婁縣見張昭傳。

〔六〕或曰：「已封侯而猶以茂才爲榮選。」

時荊州士人新還，仕進或未得所，遜上疏曰：「昔漢高受命，招延英異，光武中興，羣俊畢至，苟可以熙隆道教者，未必遠近。今荊州始定，人物未達，臣愚慺慺，乞普加覆載抽拔之恩，令并獲自進，然後四海延頸，思歸大化。」權敬納其言。

黃武元年，劉備率大衆來向西界，權命遜爲大都督、〔一〕假節，督朱然、潘璋、宋謙、韓當、徐盛、鮮于丹、孫桓等五萬人拒之。備從巫峽、建平連圍至夷陵界，〔二〕立數十屯，以金錦爵賞誘動諸夷，使將軍馮習爲大督，張南爲前部，輔匡、趙融、廖淳、傅肜等各爲別督，先遣吳班將數千人於平地立營，欲以挑戰。諸將皆欲擊之，遜曰：「此必有譎，且觀之。」

吳書曰：諸將并欲迎擊備，遜以爲不可，曰：「備舉軍東下，銳氣始盛，且乘高守險，難可卒攻，攻之縱下，猶難盡克，若有不利，損我大勢，非小故也。今但且獎厲將士，廣施方略，以觀其變。若此間是平原曠野，當恐有顛沛交馳之憂，今緣山行軍，勢不得展，自當罷於木石之間，徐制其弊耳。」〔三〕諸將不解，以爲遜畏之，各懷憤恨。

備知其計不可，〔四〕乃引伏兵八千，從谷中出。遜曰：「所以不聽諸君擊班者，揣之必有巧故也。」遜上疏曰：「夷陵要害，國之關限，〔五〕雖爲易得，亦復易失。失之非徒損一郡之地，荆州可憂。今日爭之，當令必諧。備干天常，不守窟穴，而敢自送。臣雖不材，憑奉威靈，以順討逆，破壞在近。尋備前後行軍，多敗少成，推此論之，不足爲慼。臣初嫌之，水陸俱進，今反舍船就步，處處結營，察其布置，必無他變。〔六〕伏願至尊高枕，不以爲念也。」〔七〕諸將并曰：「攻備當在初，今乃令入五六百里，相銜持經七八月，〔八〕其諸要害皆以固守，擊之必無利矣。」遜曰：「備是猾虜，更嘗事多，其軍始集，思慮精專，未可干也。今住已久，不得我便，兵疲意沮，計不復生，犄角此寇，〔九〕正在今日！」乃先攻一營，不利。諸將皆曰：「空殺兵耳。」遜曰：「吾已曉破之之術。」乃勑各持一把茅，以火攻拔之。一爾勢成，〔一〇〕通率諸軍同時俱攻，斬張南、馮習及胡王沙摩柯等首，〔一一〕破其四十餘營。〔一二〕備將杜路、劉寧等，窮逼請降。備升馬鞍山，〔一三〕陳兵自繞。遜督促諸軍，四面蹙之，土崩瓦解，死者萬數。備因夜遁，驛人自擔，燒鐃鎧斷後，僅得入白帝城。〔一四〕其舟船器械，水步軍資，一時略盡，尸骸漂流，塞江而下。備大慚恚曰：「吾乃爲遜所折辱，豈非天邪！」〔一五〕

〔一〕胡三省曰：「孫權始命呂蒙爲大督，以取關羽；今又復命陸遜爲大都督，以拒劉備。大都督之號，蓋昉此。」

〔二〕通鑑「圍」作「營」。建平見孫休傳永安三年、孫皓傳天紀四年注引干寶晉紀。胡三省曰：「水經注：巫峽首尾一百六十里。巫縣屬建平郡，則巫峽正在建平郡界。至夷陵則爲宜都郡界，然孫休永安三年始分宜都立建平郡，此時未有建平也，史追書耳。杜佑曰：「吳建平，今巴東郡。」

〔三〕胡三省曰：「罷讀曰疲。魏人言陸議見兵勢，正由此耳。」

〔四〕通鑑「不可」作「不行」。

〔五〕胡三省曰：「自三峽下夷陵，連山疊嶂，江行其中，廻旋湍激，至西陵峽口，始漫爲平流。夷陵正當峽口，故以爲吳之關限。」

〔六〕何焯曰：「水陸并進，則及鋒而用，舍船就步，則師老運艱，漸見釁隙，敵得以逸待勞，伺變擊怠也。」

〔七〕錢振鍠曰：「長江上流，建瓴之勢，舫船載卒，不費汗馬之勞。先主有上流之勢而不用，舍船就步，吾不得其說也。意者，恐順流而下，將逆流而反，軍若不利，將不善其歸也。然則先主非致死之軍，直畏死不敢進也。相持至七八月，此豈報仇雪恨之師哉！正孫子所謂縻軍，非忿兵也。」

〔八〕通鑑作「相守經七八月」。

〔九〕胡三省曰：「左傳：晉人角之，諸戎掎之。角者，當前與之角；掎者，從後掎其足也。」

〔一〇〕胡三省曰：「言一拔營之頃，而兵之勝勢成也。一爾，猶言一如此也。」

〔一一〕趙一清曰：「方輿紀要卷七十四：定莋廢縣，漢屬越嶲郡。華陽國志云：摩沙，夷所居。沙摩疑是摩沙。」

〔一二〕李安溪曰：「吳人只有火攻一策耳，伯言久已籌及，故俟其傍巖依樹，結營既密，而後用之。表權及告諸將，猶不肯顯言也。」錢振鍠曰：「陸遜破先主，無他奇策，只令軍士各持一把茅耳。意先主連營，皆伐山木爲之，故易火；若土石爲之，遜其如之何！」

〔一三〕胡三省曰：「今峽州夷陵縣有馬鞍山。」趙一清曰：「方輿紀要卷七十八：馬鞍山在夷陵州西北二十里。」

〔一四〕白帝城見蜀志先主傳建安十七年。胡三省曰：「漢主初連兵入夷陵界，沿路置驛，以達于白帝。及兵敗，諸軍潰散，惟驛人自擔所棄鐃鎧，燒之于隘以斷後，僅得脱也。」據水經注，燒鎧斷道處，地名石門，在秭歸縣西。杜佑曰：「歸州巴東縣有石門山，劉備斷道處。鐃，尼交翻；如鈴無舌而有秉。周禮：以金鐃止鼓，軍中所用也。斷，丁管翻。」趙一清曰：「江表傳：備舍船步走，燒皮鎧以斷道，使兵以錦挽車，走入白帝。」

〔一五〕胡三省曰：「依險行兵，敵扼其衝，情見勢屈，敵乘其懈。至於失師，此非天也。」

初，孫桓別討備前鋒於夷道，〔一〕爲備所圍，求救於遜。遜曰：「未可。」諸將曰：「孫安東公族，〔二〕見圍已困，柰何不救？」遜曰：「安東得士衆心，城牢糧足，無可憂也。待吾計展，欲不救安東，安東自解。」及才略大施，〔三〕備果奔潰。桓後見遜曰：「前實怨不見救，定至今日，〔四〕乃知調度自有方耳。」

〔一〕宜都郡治夷道，見蜀志先主傳章武二年。

〔二〕孫桓爲安東中郎將。桓爲孫河之子，河本姓俞，孫策愛之，賜姓爲孫，列之屬籍，故曰公族。

〔三〕宋本「才」作「方」，通鑑同。

〔四〕胡三省曰：「言至今日，而事始定。」

當禦備時，諸將軍或是孫策時舊將，或公室貴戚，各自矜恃，不相聽從。遜案劍曰：「劉備天下知名，曹操所憚，今在境界，此彊對也。〔一〕諸君并荷國恩，當相輯睦，共翦此虜，上報所受，〔二〕而不相順，非所謂也。僕雖書生，受命主上，國家所以屈諸君使相承望者，以僕有尺寸可稱，能忍辱負重故也。〔三〕各任其事，〔四〕豈復得辭！軍令有常，不可犯矣。」〔五〕及至破備，計多出遜，諸將乃服。權聞之，曰：「君何以初不啓諸將違節度者邪？」遜對曰：「受恩深重，任過其才，又此諸將或任腹心，或堪爪牙，或是功臣，皆國家所當與共克定大事者。臣雖駑懦，竊慕相如、寇恂相下之義，以濟國事。」〔六〕權大笑稱善，加拜遜輔國將軍，〔七〕領荊州牧，即改封江陵侯。

〔一〕胡三省曰：「彊對，猶言彊敵。」

〔二〕胡三省曰：「高爵厚禄，受恩多矣，總兵扞敵，受任重矣，皆當有以上報。」

〔三〕胡三省曰：「忍辱，言能容諸將；負重，則自任也。」

〔四〕宋本「任」作「在」，通鑑作「任」。

〔五〕通鑑「矣」作「也」。胡三省曰：「言將行軍法。」

〔六〕史記廉頗藺相如列傳：「趙以相如功大，拜爲上卿，位在廉頗之右。廉頗曰：我爲趙將，有攻城野戰之大功，而藺相如徒以口舌爲勞，而位居我上，宣言曰：我見相如，必辱之。相如聞，不肯與會。每朝時，常稱病，不欲與廉頗爭列。告其舍人曰：兩虎共鬭，勢不俱生。吾所以爲此者，以先國家之急，而後私讎。廉頗聞之，肉袒負荊，卒相與驩，爲刎頸之交。」范書寇恂傳：「恂拜潁川太守，執金吾賈復在汝南，部將殺人於潁川，恂戮之於市，復以爲恥。（歎）還過潁川，謂左右曰：今見恂，必手劍之。恂知其謀，不欲與相見。帝曰：天下未定，兩虎安得私鬭，今日朕分之。於是并坐極歡，遂共車同出，結友而去。」

〔七〕胡三省曰：「晉職官志：輔國大將軍，位從公，其號蓋始於漢獻帝以命伏完，然猶未加大。」

又備既住白帝，徐盛、潘璋、宋謙等各競表言備必可禽，乞復攻之。權以問遜，遜與朱然、駱統以爲曹丕大合士衆，外託助國討備，内實有姦心，謹決計輒還。〔一〕無幾，魏軍果出，三方受敵也。

吴録曰：劉備聞魏軍大出，書與遜云：「賊今已在江陵，〔二〕吾將復東，將軍謂其能然不？」遜答曰：「但恐軍新破，創痍未復，始求通親，〔三〕且當自補，未暇窮兵耳。若不推算，〔四〕復以傾覆之餘，遠送以來者，無所逃命。」

〔一〕胡三省曰：「曹公不追關羽，陸遜不再攻劉備，其所見固同也。以智遇智，三國所以鼎立歟？」何焯曰：「大勝之後，將驕卒惰，泝流仰攻，轉饋又難，一有失利，前功盡棄。昭烈老于兵，得蜀已固，非若曹仁之在南郡，可懼而走也。連兵于西，主客異勢，決還者中人所能知也，盛、璋、謙如豖突耳。」

〔二〕通鑑作「江漢」。

〔三〕胡三省曰：「通親，謂通使而交親也。創，初良翻。」

〔四〕宋本「推」作「惟」。

備尋病亡，子禪襲位，諸葛亮秉政，與權連和。時事所宜，權輒令遜語亮，并刻權印，以置遜所。權每與禪、亮書，常過示遜，輕重可否，有所不安，便令改定，以印封行之。〔一〕

〔一〕胡三省曰：「釋名云：印，信也，所以封物以爲驗也。亦曰因也，封物相因付也。」

七年，〔一〕權使鄱陽太守周魴〔二〕譎魏大司馬曹休，休果舉衆入皖，乃召遜假黄鉞，爲大都督，逆休。

陸機爲遜銘曰：〔三〕魏大司馬曹休侵我北鄙，乃假公黄鉞，統御六師及中軍禁衛而攝行王事，主上執

鞭，百司屈膝。吴録曰：假遜黄鉞，吴王親執鞭以見之。〔四〕

休既覺知，恥見欺誘，自恃兵馬精多，遂交戰。遜自爲中部，令朱桓、全琮爲左右翼，三道俱進，果衝休伏兵，因驅走之。追亡逐北，徑至夾石，〔五〕斬獲萬餘，牛馬驢騾車乘萬兩，軍資、器械略盡。〔六〕休還，疽發背死。諸軍振旅過武昌，權令左右以御蓋覆遜，入出殿門，凡所賜遜，皆御物上珍，於時莫與爲比。遣還西陵。〔七〕

〔一〕吴黄武七年，魏太和二年。

〔二〕各本「周」作「孫」，誤。宋、元本不誤。

〔三〕陸機所作銘，當在機集中。

〔四〕胡三省曰：「此猶古之王者遣將，跪而推轂之意也。」

〔五〕夾石見朱桓傳。

〔六〕胡三省曰：「休蓋未嘗整陳交戰而敗也。乘，繩證翻；兩，音亮。」

〔七〕趙一清曰：「御覽卷六百八十七引吴書云：陸遜破曹休於石亭還，上脱翠帽以遺遜。又卷六百九十六引吴書云：上脱御金校帶以賜遜，又親以帶之爲鉤絡帶。又卷七百七十引吴書云：遜破休，當還西陵，公卿并爲祖道；上賜御船一舫，繒綵舟也。一清案：是役也，孫權儻從朱桓之謀，則曹休幾至隻輪不返，惜爲遜所阻耳。傳專敍彼長，不言其短，是爲曲筆。」

黄龍元年，拜上大將軍、〔一〕右都護。〔二〕是歲，權東巡建業，留太子、皇子及尚書九官，〔三〕徵遜輔太子，并掌荆州及豫章三郡事，董督軍國。〔四〕時建昌侯慮〔五〕於堂前作鬭鴨欄，〔六〕頗施小巧。遜正色曰：「君侯宜勤覽經典，以自新益，用此何爲！」慮即時毀徹之。射聲校尉松於公子中最親，戲兵不整，遜對之髡其職吏。南陽謝景〔七〕善劉廙之先刑後禮之論，〔八〕遜呵景曰：「禮之長於刑久矣，廙以細辯而詭先聖之教，皆非也。君今侍東宮，宜遵仁義，以彰德音，若彼之談，不須講也。」

〔一〕上大將軍，解見諸葛瑾傳。周壽昌曰：「此官是似吳爲陸遜創置，遜卒，惟呂岱一拜之，不聞有他人也。或謂魏曹真曾拜此官，考真傳是拜上軍大將軍，後轉中軍大將軍，非此官也。」弼按：施績於永安初遷上大將軍，見績傳。

〔二〕吳置左右都護。

〔三〕胡三省曰：「九官，九卿也。」

〔四〕胡三省曰：「三郡，豫章、鄱陽、廬陵也。三郡本屬揚州，而地接荆州，又有山越，易相扇動，故使遜兼掌之。」

〔五〕孫權傳：「黄武七年，封子慮爲建昌侯。」

〔六〕魏文帝遣使求鬬鴨，見孫權傳黄初二年注引江表傳。趙一清曰：「方輿紀要卷七十七：鴨欄磯在岳州府臨湘縣東北十五里，相傳吳孫慮作鬬鴨欄於此，今有鴨闌水。水經江水注：右歷鴨蘭磯北，江中山也。東得鴨蘭、治浦二口，夏浦也。」周壽昌曰：「今尚名鴨欄，在臨湘縣城陵磯之下游，再下則爲茅埠，屬湖北武昌地界矣。」弼按：茅埠爲今沔陽新堤。

〔七〕謝景事見孫登傳及注引江表傳。

〔八〕上「之」字衍。或曰：「魏志劉廙南陽安衆人，與丁儀共論刑禮，傳於世。蓋謝景鄉里前輩也。」

遜雖身在外，乃心於國，上疏陳時事曰：「臣以爲科法嚴峻，下犯者多。頃年以來，將吏罹罪，雖不愼可責，然天下未一，當圖進取，小宜恩貸，以安下情。且世務日興，良能爲先，自不姦穢入身，難忍之過，〔一〕乞復顯用，展其力效。此乃聖王忘過記功，以成王業。昔漢高舍陳平之愆，用其奇略，終建勳祚，功垂千載。夫峻法嚴刑，非帝王之隆業；有罰無恕，非懷遠之弘規也。」

〔一〕官本攷證曰：「自不，元本作自非。」

權欲遣偏師取夷州及朱崖，〔一〕皆以諮遜。遜上疏曰：「臣愚以爲四海未定，當須民力，以濟時務。今兵興歷年，見衆損減，陛下憂勞聖慮，忘寢與食，將遠規夷州，以定大事，臣反覆思惟，未見其利。萬里襲取，風波難測，民易水土，必致疾疫，今驅見衆，經涉不毛，〔二〕欲益更損，欲利反害。又珠崖絕險，民猶禽獸，得其民不足濟事，無其兵不足虧衆。今江東見衆，自足圖事，但當畜力而後動耳。〔三〕昔桓王創基，〔四〕兵不一旅，而開大業。陛下承運，拓定江表。臣聞治亂討逆，須兵爲威，農桑衣食，民之本業，而干戈未戢，民有飢寒。臣愚以爲宜育養士民，寬其租賦，衆克在和，義以勸勇，則河渭可平，九有一統矣。」權遂征夷州，得不補失。〔五〕

〔一〕宋本「朱」作「珠」，下同。夷州見孫權傳黃龍二年，「州」作「洲」。珠崖見孫權傳赤烏五年。

〔二〕「不毛」解見蜀志諸葛亮傳。

〔三〕局本「當」作「常」，誤。

〔四〕孫權傳：「黃龍元年，追尊兄討逆將軍策爲長沙桓王。」

〔五〕孫權傳云得夷洲數千人還，事在黃龍二年，魏太和六年。陸遜引兵向廬江，見魏志滿寵傳；魏青龍元年，陸議入淮沔，見魏明紀，本傳均未載。

及公孫淵背盟，權欲往征，〔一〕遜上疏曰：「淵憑險恃固，拘留大使，名馬不獻，實可讎忿。蠻夷猾夏，未染王化，鳥竄荒裔，拒逆王師，至令陛下爰赫斯怒，欲勞萬乘，汎輕越海，不慮其危，而涉不測。方今天下雲擾，羣雄虎爭，英豪踴躍，張聲大視。陛下以神武之姿，誕膺期運，破操烏林，敗備西陵，禽羽荆州，斯三虜者，當世雄傑，皆摧其鋒。聖化所綏，萬里草偃，〔二〕方蕩平華夏，總一大猷。〔三〕今不忍小忿，而發雷霆之怒，違垂堂之戒，〔四〕輕萬乘之重，此臣之所惑也。臣聞志行萬里者，〔五〕不中道而輟足；圖四海者，匪懷細以害大。彊寇在境，荒服未庭，陛下乘桴遠征，〔六〕必致闚鬪，慼至而憂，悔之無及。若使大事時捷，則淵不討自服。今乃遠惜遼東衆之與馬，〔七〕柰何獨欲捐江東萬安之本業而不惜乎？乞息六師，以威大虜，早定中夏，垂耀將來。」權用納焉。〔八〕

〔一〕事在嘉禾二年。

〔二〕胡三省曰：「言如風行而草偃也。」

〔三〕胡三省曰：「猷，道也，謀也。」

〔四〕胡三省曰：「千金之子，坐不垂堂。以喻權不當自越海而加兵於遼東。」

〔五〕通鑑「志」作「之」。

〔六〕胡三省曰：「桴，芳無翻。編竹木渡水，大者曰栰，小者曰桴。」
〔七〕胡三省曰：「謂權所以遠惜遼東而不忍棄絶之者，以其民衆與其地產馬也。」
〔八〕薛綜、陸瑁均上疏諫。何焯曰：「伯言固有遠猷，此則中智所悉，其文可不載。」

嘉禾五年，權北征，使遜與諸葛瑾攻襄陽。〔一〕遜遣親人韓扁齎表奉報，還，遇敵於沔中，鈔邏得扁。〔二〕瑾聞之甚懼，書與遜云：「大駕已旋，賊得韓扁，具知吾闊狹。且水乾，〔三〕宜當急去。」遜未答，方催人種葑豆，〔四〕與諸將奕棊、射戲如常。瑾曰：「伯言多智略，其當有以。」自來見遜，遜曰：「賊知大駕以旋，無所復慼，〔五〕得專力於吾。又已守要害之處，兵將意動，〔六〕且當自定以安之，施設變術，然後出耳。今便示退，賊當謂吾怖，仍來相蹙，必敗之勢也。」乃密與瑾立計，令瑾督舟船，遜悉上兵馬，以向襄陽城。敵素憚遜，遽還赴城。瑾便引船出，遜徐整部伍，張拓聲勢，步趨船，敵不敢干。〔七〕軍到白圍，〔八〕託言住獵，潛遣將軍周峻、張梁等擊江夏新市、安陸、石陽。〔九〕石陽市盛，峻等奄至，人皆捐物入城，城門噎不得關，敵乃自斫殺己民，然後得闔。斬首獲生，凡千餘人。〔一〇〕

臣松之以爲遜慮孫權已退，魏得專力於己，既能張拓形勢，使敵不敢犯，方舟順流，無復怵惕矣，何爲復潛遣諸將，奄襲小縣？〔一一〕致令市人駭奔，自相傷害，俘馘千人，未足損魏，徒使無辜之民，橫罹荼酷，與諸葛渭濱之師，何其殊哉！用兵之道既違，失律之凶宜應，其祚無三世，及孫而滅，豈此之餘殃哉！〔一二〕

其所生得，皆加營護，不令兵士干擾侵侮。將家屬來者，使就料視；若亡其妻子者，即給衣糧，厚加慰勞，發遣令還。或有感慕相攜而歸者，鄰境懷之。

臣松之以爲此無異殘林覆巢，而全其遺鷇，曲惠小仁，何補大虐！

江夏功曹趙濯、弋陽備將裴生及夷王梅頤等，并帥支黨來附遜，遜傾財帛，周贍經恤。

〔一〕據孫權傳，權遣陸遜、諸葛瑾等屯江夏、沔口，權率大衆圍合肥新城，爲嘉禾三年事。此事通鑑編於魏青龍二年，（即吳嘉禾三年。）嘉禾五年，吳無北征事，本傳「五年」當爲「三年」之誤。

〔二〕胡三省曰：「扁，補典翻，又音篇。邏，郎佐翻。」

〔三〕胡三省曰：「乾音干。」

〔四〕胡三省曰：「葑，菜也，謂之蔓菁。豆，菽也。」

〔五〕通鑑「慼」作「憂」。

〔六〕胡三省曰：「謂敵既知權還，料遜兵當退，已分守要害之處，欲以遮截遜所部兵，既無進取之氣，而有遮截之慮，則其意恐動，將至於或降或潰也。」

〔七〕通鑑「干」作「逼」。

〔八〕胡三省曰：「蓋立圍屯於白河口，因以爲名。」趙一清曰：「方輿紀要卷七十九：白河在襄陽府東北十里，其上流即河南南陽府，湍、淯諸水所匯流也。自新野縣流入界，經光化縣東至故鄧城東南入於沔水。三國時，於河口立圍屯。魏青龍二年，吳陸遜引兵向襄陽，不克而還，行到白圍，是也。一清案：安陸是時屬魏，而周魴傳魴譎曹休牋云別遣從弟孫奐治安陸城，修立邸閣，則漢安陸縣故城也。蓋其地爲魏、吳邊邑，故一彼一此，疆埸無常所也。」

〔九〕新市見孫皎傳，安陸見魏志蔣濟傳，石陽見魏志文聘傳。胡三省曰：「新市、安陸二縣，皆屬江夏郡。魏初以文聘爲江夏太守，屯石陽，舟車湊焉，頗爲繁富。沈約曰：江夏曲陵縣，本名石陽，晉武帝太康元年改名曲陵，宋明帝泰始六年併曲陵入安陸縣。」

〔一〇〕通鑑輯覽曰：「孫吳人才，周瑜而後，當推陸遜。白圍之戰，持以鎮静，實不可及。若瑾之舉措驚皇，適足僨事耳。」

〔一一〕本傳言石陽市盛，胡三省亦云石陽繁富，何得謂之小縣？

〔一二〕何焯曰：「渭濱之規模自遠，此舉聊以解權之忿恥，但詆其無遠略可也。觀朱桓傳與胡綜相激事，足明遜非得已矣。」韓菼曰：「江東諸將，率皆踔厲風發，趨時赴功，若鷙鳥之擊，欲如老將持重，守便宜規遠略者不多見；伯言之敵先主，或庶幾焉。他如鄱陽之誘敵，石陽之潛師，無足取也。」

又魏江夏太守逯式〔一〕兼領兵馬，頗作邊害，而與北舊將文聘子休宿不協。遜聞其然，即假作答式書云：「得報懇惻，知與休久結嫌隙，勢不兩存，欲來歸附。輒以密呈來書表聞，撰衆相迎。宜潛速嚴，更示定期。」以書置界上，式兵得書以見式，式惶懼，遂自送妻子還洛。由是吏士不復親附，遂以免罷。〔二〕

臣松之以爲邊將爲害，蓋其常事，使逯式得罪，代者亦復如之，自非狡焉思肆，將成大患，何足虧損雅慮，尚爲小詐哉！〔三〕以斯爲美，又所不取。

〔一〕原注：「逯音録。」

〔二〕何焯曰：「此自爲將者所不廢，但作史者可不載。大抵吳志繁長，未削者多，裴注之論尤乖錯。」

〔三〕毛本「何」作「自」，宋本「雅」作「唯」，均誤。

六年，中郎將周祗乞於鄱陽召募，事下問遜。遜以爲此郡民易動難安，不可與召，恐致賊寇。而祇固陳取之，郡民吴遽等果作賊殺祇，攻没諸縣。豫章、廬陵宿惡民，并應遽爲寇。遜自聞，輒討即破，遽等相率降，遜料得精兵八千餘人，三郡平。〔一〕

〔一〕鄱陽、豫章、廬陵三郡。

時中書典校吕壹〔一〕竊弄權柄，擅作威福，遜與太常潘濬同心憂之，言至流涕。後權誅壹，深以自責，語在權傳。〔二〕

〔一〕洪飴孫曰：「吴置校事，典校文書，屬中書。顧雍傳：吕壹、秦博爲中書，典校諸官府及州郡文書，壹等因此漸作威福，遂造作榷酤障管之利，舉罪糾姦，纖介必聞，重以深案醜誣，毁短大臣，排陷無辜。雍等皆見舉白，用被譴讓。步騭傳亦云：中書吕壹典校文書，多所糾舉。騭上疏曰：伏聞諸典校擿抉細微，吹毛求瑕，重案深誣，趨欲陷人，以成威福，無罪無辜，横受大刑。朱據傳稱典校吕壹，陸遜傳中書典校吕壹，是儀傳又稱典校郎，惟赤烏元年傳及陸凱傳稱校事，蓋與魏志約略相同。」

〔二〕見權傳赤烏元年。

時謝淵、謝厷等各陳便宜，欲興利改作，〔一〕

會稽典録曰：謝淵字休德，少修德操，躬秉耒耜，既無慼容，又不易慮，由是知名。舉孝廉，稍遷至建武將軍，雖在戎旅，猶垂意人物。駱統子名秀，被門廷之謗，衆論狐疑，莫能證明。淵聞之，歎息曰：「公緒早夭，同盟所哀，聞其子志行明辨，而被闇昧之謗，望諸夫子烈然高斷，而各懷遲疑，非所望也。」秀卒見明，無復瑕玷，終爲顯士，淵之力也。〔二〕

吴歷稱云，謝厷才辯有計術。

以事下遜。遜議曰：「國以民爲本，彊由民力，財由民出。夫民殷國弱，民瘠國彊者，未之有也。故爲國者，得民則治，失之則亂，若不受利，而令盡用立効，亦爲難也。是以詩歎『宜民宜人，受禄于天』。乞垂聖恩，寧濟百姓，數年之間，國用少豐，然後更圖。」

〔一〕謝厷事又見潘濬傳。

〔二〕侯康曰：「御覽五百十六引會稽典録云：謝淵字休德，山陰人。其先鉅鹿太守夷吾之後也。世漸微替，仕進不繼，至淵兄弟，一時俱興。兄咨，字休度，少以質行自立，幹局見稱，官至海昌都尉。淵起於衰末，兄弟修德，貧無慼容，歷位建威將軍。按裴注亦引典録，與此不同，故復録之。」

赤烏七年，代顧雍爲丞相，詔曰：「朕以不德，應期踐運，王塗未一，姦宄充路，夙夜戰懼，不遑鑒寐。〔一〕惟君天資聰叡，明德顯融，統任上將，匡國弭難。夫有超世之功者，必膺光大之寵；懷文武之才者，必荷社稷之重。昔伊尹隆湯，吕尚翼周，内外之任，君實兼之。今以君爲丞相，使使持節守太常傅常授印綬。君其茂昭明德，修乃懿績，敬服王命，綏靖四方。於乎！總司三事，以訓羣寮，可不敬與？君其勖之！其州牧都護領武昌事如故。」

〔一〕官本攷證曰：「鑒寐，元本作假寐。」

先是二宫并闕，中外職司，多遣子弟給侍。全琮報遜，遜以爲子弟苟有才，不憂不用，不宜私出，以要榮利；〔一〕若其不佳，終爲取禍。且聞二宫勢敵，必有彼此，此古人之厚忌也。

琮子寄，果阿附魯王，輕爲交搆。遜書與琮曰：「卿不師日磾，而宿留阿寄，〔二〕終爲足下門戶致禍矣。」琮既不納，更以致隙。及太子有不安之議，遜上疏陳：「太子正統，宜有盤石之固，〔三〕魯王藩臣，當使寵秩有差，彼此得所，上下獲安。謹叩頭流血以聞。」書三四上，及求詣都，欲口論適庶之分，以匡得失。既不聽許，而遜外生顧譚、顧承、姚信，〔四〕并以親附太子，枉見流徙。太子太傅吾粲坐數與遜交書，下獄死。〔五〕權累遣中使責讓遜，遜憤恚致卒。〔六〕時年六十三，〔七〕家無餘財。

〔一〕胡三省曰：「私出，謂出私門也。」

〔二〕漢書金日磾傳：「弄兒壯大不謹，自殿下與宮人戲。日磾適見之，惡其淫亂，遂殺弄兒。弄兒即日磾長子也。上聞之，大怒。日磾頓首謝，具言所以殺弄兒狀，上甚哀，爲之泣，已而心敬日磾。」師古曰：「磾，音丁奚反。」胡三省曰：「宿，音秀；留，音溜；阿，相傳從安入聲。」

〔三〕趙一清曰：「盤當作磐。」

〔四〕顧承傳：「嘉禾中，承與舅陸瑁俱以禮徵。」瑁，遜弟也。通鑑：「太常顧譚，遜之甥也。」姚信事見陸績傳注引姚信集。

〔五〕顧譚、顧承、吾粲事，各見本傳。

〔六〕胡三省曰：「恚，於避翻。」

〔七〕遜，赤烏八年二月卒，見孫權傳。趙一清曰：寰宇記卷九十五引吳地記云：二陸宅在長谷，谷在吳縣東北二百里，有崑山，遜父祖墓在焉。故陸機思鄉詩：髣髴谷水陽，婉孌崑山陰。崑山有陸遜墓。」

初，暨豔造營府之論，遜諫戒之，以爲必禍。又謂諸葛恪曰：「在我前者，吾必奉之同升；在我下者，則扶持之。今觀君氣陵其上，意蔑乎下，〔一〕非安德之基也。」又廣陵楊竺，少獲聲名，而遜謂之終敗，勸竺兄穆令與別族。其先覩如此。長子延，早夭；次子抗，襲爵。孫休時，追謚遜曰昭侯。〔二〕

〔一〕胡三省曰：「蔑者，視之若無。」

〔二〕袁宏三國名臣序贊曰：「伯言蹇蹇，以道佐世，出能勤功，入能獻替。謀寧社稷，解紛挫鋭，正以招疑，忠而獲戾。」

抗字幼節，孫策外孫也。〔一〕遜卒時，年二十，拜建武校尉，〔二〕領遜衆五千人，送葬東還，〔三〕詣都謝恩。孫權以楊竺所白遜二十事問抗，禁絶賓客，中使臨詰，抗無所顧問，事事條答，權意漸解。赤烏九年，遷立節中郎將，〔四〕與諸葛恪換屯柴桑。〔五〕抗臨去，皆更繕完城圍，葺其牆屋，居廬桑果，不得妄敗。恪入屯，儼然若新。而恪柴桑故屯，頗有毀壞，深以爲慚。太元元年，就都治病。病差，〔六〕當還，權涕泣與別，謂曰：「吾前聽用讒言，與汝父大義不篤，以此負汝。前後所問，一焚滅之，莫令人見也。」〔七〕建興元年，拜奮威將軍。太平二年，魏將諸葛誕舉壽春降，拜抗爲柴桑督，赴壽春，破魏牙門將偏將軍，遷征北將軍。永安二年，拜鎮軍將軍，都督西陵，自關羽至白帝。〔八〕三年，假節。孫晧即位，加鎮軍大將軍，領益州牧。〔九〕建衡二年，大司馬施績卒，拜抗都督信陵、西陵、夷道、樂鄉、公安諸軍事，治樂鄉。〔一〇〕

〔一〕孫權以兄策女配遜，見遜傳。

〔二〕建武校尉一人，吳置。

〔三〕胡三省曰：「自荆州東還葬吳。」

〔四〕立節中郎將一人，吳置。

〔五〕柴桑見孫權傳黄初二年。

〔六〕胡三省曰：「差，楚懈翻，病瘳也。」

〔七〕胡三省曰：「一焚滅之，言一切悉焚滅之也。」

〔八〕關羽瀨見甘寧傳，白帝城見蜀志先主傳建安十七年。顧炎武曰：「此於文難曉。按甘寧傳曰，隨魯肅鎮益陽，拒關羽。羽號有三萬人，自擇選鋭士五千人，投縣上流十餘里淺瀨，云欲夜涉渡。肅以兵千人益寧，寧乃夜往。羽聞之，住不渡，而結柴營，今遂名此處爲關羽瀨。據此，則當云自益陽至白帝也。」趙一清曰：「關羽瀨與白帝城文義相對，上删瀨字，下去城字，史之省文，然不可通也。」潘眉曰：「關羽下當有瀨字，即甘寧傳所云關羽瀨也。在益陽茱萸江上。水經注：益陽縣西有關羽瀨，南對甘寧故壘也。」弼按：孫吳於沿江要地置督，分段管轄，自關羽瀨至白帝城，即西陵督之轄境。

〔九〕是時蜀已亡，故遥領益州牧也。

〔一〇〕晉書地理志：「建平郡信陵。」宋書州郡志：信陵疑是吳立。會稽典録：鍾離牧子盛戍西陵，謂宜城信陵爲建平援。水經注：江水又東逕信陵城南。一統志：「信陵故城今湖北宜昌府歸州東。」胡三省曰：「水經注：樂鄉城在南平郡之孱陵縣，江水逕其北，江水又東逕公安縣北。宋白曰：樂鄉者，春秋鄀國之地，其城陸抗所築，在松滋縣界。晉地理志信陵縣屬建平郡。沈約曰：疑是吳立。水經注曰：江水自夔城而東，逕信陵縣南，又東過夷陵縣南，夷陵即西陵也。樂鄉城在今江陵府松滋縣東，樂鄉城北江中有沙磧，對岸踏淺可渡，江津要害之地也。」趙一清曰：「寰宇記卷百四十六云：東晉孝武帝時，荆州刺史桓沖以苻堅彊盛，自襄陽退屯，上疏云：孱陵縣界，地名上明，田土膏粱，可以資業軍人，在吴時樂鄉城以上四十餘里。樂鄉城即吴時陸抗所築，在松滋縣界。」

抗聞都下政令多闕，憂深慮遠，乃上疏曰：「臣聞德均則衆者勝寡，力侔則安者制危，蓋六國所以兼并於彊秦，西楚所以北面於漢高也。今敵跨制九服，非徒關右之地；割據九州，豈但鴻溝以西而已。國家外無連國之援，内非西楚之彊，庶政陵遲，黎民未乂，〔一〕而議者所恃，徒以長川峻山，限帶封域，此乃守國之末事，〔二〕非智者之所先也。臣每遠惟戰國存亡之符，近覽劉氏傾覆之釁，考之典籍，驗之行事，中夜撫枕，臨餐忘食。昔匈奴未滅，去病辭館；〔三〕漢道未純，賈生哀泣。〔四〕况臣王室之出，〔五〕世荷光寵，身名否泰，與國同慼，死生契闊，義無苟且，夙夜憂怛，念至情慘。夫事君之義，犯而勿欺，人臣之節，匪躬是殉，謹陳時宜十七條如左。」十七條失本，故不載。

〔一〕陳本「乂」作「久」，誤。

〔二〕宋本「守國」作「書傳」。

〔三〕漢書霍去病傳：「上爲治第，令視之。對曰：匈奴不滅，無以家爲也。由是上益重愛之。」

〔四〕漢書賈誼傳：「誼數上疏陳政事，多所欲匡建，其大略曰：臣竊惟時勢，可爲痛哭者一，可爲流涕者二，可爲長太息者六。」

〔五〕錢大昭曰：「抗爲桓王外孫，故云。」

時何定弄權，閹官預政，抗上疏曰：「臣聞開國承家，小人勿用，〔一〕靖譖庸回，唐書攸戒，〔二〕是以雅人所以怨刺，仲尼所以歎息也。春秋已來，爰及秦、漢，傾覆之釁，未有不由斯者也。小人不明理道，所見既淺，雖使竭情盡節，猶不足任，況其姦心素篤，而憎愛移易哉！苟患失之，無所不至。今委以聰明之任，假以專制之威，而冀雍熙之聲作，肅清之化立，不可得也。方今見吏，殊才雖少，然或冠冕之胄，少漸道教；或清苦自立，資能足用；自可隨才授職，抑黜羣小，然後俗化可清，庶政無穢也。」

〔一〕易師卦：「大君有命，開國承家，小人勿用。象曰：大君有命，以正功也；小人勿用，必亂邦也。」

〔二〕左傳文公十八年：「少皥氏有不才子，毀信廢忠，崇飾惡言，靖譖庸回，服讒蒐慝，以誣盛德。」杜注：崇，聚也；靖，安也；庸，用也；回，邪也；服，行也；蒐，隱也；慝，惡也。盛德，賢人也。」

鳳皇元年，西陵督步闡據城以叛，遣使降晉。抗聞之，日部分諸軍，令將軍左奕、吾彥、蔡貢等徑赴西陵，敕軍營更築嚴圍，自赤谿至故市，〔一〕內以圍闡，外以禦寇，晝夜催切，〔二〕如敵以至，衆甚苦之。諸將咸諫曰：「今及三軍之鋭，亟以攻闡，比晉救至，闡必可拔，何事於圍，而以弊士民之力乎？」抗曰：「此城處勢既固，糧穀又足，且所繕修備禦之具，皆抗所宿規。〔三〕今反身攻之，〔四〕既非可卒克，〔五〕且北救必至，至而無備，表裏受難，何以禦之？」諸將咸欲攻闡，抗每不許。宜都太守雷譚，言至懇切，抗欲服衆，聽令一攻，攻果無利，圍備始合。晉車騎將軍羊祜率師向江陵，諸將咸以抗不宜上，〔六〕抗曰：「江陵城固兵足，無所憂患。〔七〕

假令敵没江陵，〔八〕必不能守，所損者小；如使西陵槃結，〔九〕則南山羣夷，皆當擾動，〔一〇〕則所憂慮，難可而言也。〔一一〕吾寧棄江陵而赴西陵，況江陵牢固乎！」〔一二〕初，江陵平衍，道路通利，〔一三〕抗勑江陵督張咸作大堰遏水，漸漬平中，以絶寇叛。〔一四〕祜欲因所遏水，浮船運糧，揚聲將破堰以通步軍。抗聞，使咸亟破之。諸將皆惑，屢諫不聽。祜至當陽，〔一五〕聞堰敗，乃改船以車運，大費損功力。晉巴東監軍徐胤率水軍詣建平，〔一六〕荆州刺史楊肇至西陵，抗令張咸固守其城，公安督孫遵巡南岸禦祜，〔一七〕水軍督留慮、鎮西將軍朱琬拒胤，〔一八〕身率三軍，憑圍對肇。〔一九〕將軍朱喬、營都督俞贊〔二〇〕亡詣肇，抗曰：「贊，軍中舊吏，知吾虚實者，吾常慮夷兵素不簡練，若敵攻圍，必先此處。」即夜易夷民，〔二一〕皆以舊將充之。〔二二〕明日，肇果攻故夷兵處，抗命旋軍擊之，矢石雨下，肇衆傷死者相屬。肇至經月，計屈夜遁。抗欲追之，而慮闡畜力項領，〔二三〕伺視閒隙，兵不足分，於是但鳴鼓戒衆，若將追者。肇衆兇懼，悉解甲挺走，〔二四〕抗使輕兵躡之，肇大破敗，祜等皆引軍還。抗遂陷西陵城，誅夷闡族及其大將吏，自此以下，所請赦者數萬口。〔二五〕修治城圍，東還樂鄉，貌無矜色，謙沖如常，故得將士歡心。

晉陽秋曰：抗與羊祜推僑、札之好，〔二六〕抗嘗遺祜酒，祜飲之不疑；抗有疾，祜饋之藥，抗亦推心服之。〔二七〕於時以爲華元、子反復見於今。〔二八〕

漢晉春秋曰：羊祜既歸，增修德信，以懷吴人。〔二九〕陸抗每告其邊戍曰：「彼專爲德，我專爲暴，是不戰而自服也。各保分界，無求細益而已。」〔三〇〕於是吴、晉之閒，〔三一〕餘糧栖畝而不犯，牛馬逸而入境，可宣告而取也。汭上獵，吴獲晉人先傷者，皆送而相還。〔三一〕抗嘗疾，求藥於祜，祜以成合與之，曰：「此上藥也。近始自作，未及服，以君疾急，故相致。」抗得而服之，諸將或諫，抗不答。孫晧聞二境交和，以詰於抗。抗曰：「夫一邑一鄉，不可以無信義之人，而況大國乎？臣不如是，正足以彰其德耳，於祜無傷也。」或以祜、抗爲失臣節，兩譏之。〔三三〕

習鑿齒曰：夫理勝者，天下之所保；信順者，萬人之所宗。雖大猷既喪，義聲久淪，狙詐馳於當塗，權略周乎急務，負力從横之人，臧獲牧豎之智，未有不憑此以創功，捨兹而獨立者也。是故晉文退舍，而原城請命；〔三四〕穆子圍鼓，訓之以力；〔三五〕冶夫獻策，而費人斯歸；〔三六〕樂毅緩攻，而風烈長流。〔三七〕觀其所以服物制勝者，豈徒威力相詐而已哉！〔三八〕自今三家鼎足，四十有餘年矣，吴人不能越淮、沔而進取中國，中國不能陵長江以争利者，力均而智侔，道不足以相傾也。夫殘彼而利我，未若利我而無殘；振武以懼物，未若德廣而民懷。匹夫猶不可以力服，而況一國乎？力服猶不如以德來，而況不制乎？是以羊祜恢大同之略，思五兵之則，〔三九〕齊其民人，均其施澤，振義網以羅彊吴，明兼愛以革暴俗，易生民之視聽，馳不戰乎江表。故能德音悦暢，而襁負雲集，殊鄰異域，義讓交弘。自吴之遇敵，未有若此者也。抗見國小主暴，而晉德彌昌，人積兼己之善，而己無固本之規，百姓懷嚴敵之德，闔境有棄主之慮，思所以鎮定民心，緝寧外内，奮其危弱，抗權上國者，莫若親行斯道，以侔其勝。使彼德靡加吾，而此善流聞，歸重邦國，弘明遠風，折衝於枕席之上，校勝於帷幄之内，傾敵而不以甲兵之力，保國而不浚溝池之固，信義感於寇讎，丹懷體於先日。豈設狙詐以危賢，徇己身之私名，貪外物之重我，闇服之而不備者哉！由是論之，苟守局而保疆，一卒之所能；協數以相危，〔四〇〕小人之近事；積詐以防物，臧獲之餘慮；威勝以求安，明哲之所賤。賢人君子所以拯世垂範，舍此而取彼者，其道良弘故也。

〔一〕水經江水注：「江水出西陵峽，東南流，逕故城洲，洲附北岸，洲頭曰郭洲，長二里，廣一里，上有步闡故城，方圓稱洲，周迴略滿，故城洲上城周五里，吳西陵督步騭所築也。孫皓鳳凰元年，騭息闡復爲西陵督，據此城降晉，晉遣太傅羊祜接援，未至，爲陸抗所陷也。江水又東逕故城北，所謂陸抗城也。城即山爲墉，四面天險，北對夷陵縣之故城，城南臨大江。」胡三省曰：「遠安縣在江北，有孤山，有陸抗故城，有丹山，時有赤氣。赤溪當出於丹山，故市即步騭故城，所居成市，而闡別築城，故曰故市。」謝鍾英曰：「步騭城今湖北宜昌府東湖縣城南，赤谿今東湖縣西北五里。」吳熙載曰：「赤谿疑巴東縣，故市疑巫山縣東。」弼按：謝說是，吳說誤。

〔二〕胡三省曰：「切，迫也。」

〔三〕胡三省曰：「抗先嘗督西陵。」

〔四〕通鑑無「身」字。

〔五〕通鑑作「不可猝拔」。

〔六〕胡三省曰：「自樂鄉而西赴西陵爲上。」

〔七〕通鑑作「無可憂者」。

〔八〕通鑑「没」作「得」。

〔九〕通鑑作「如晉據西陵」。

〔一〇〕胡三省曰：「南山謂江南諸山，羣夷所依阻。」

〔一一〕陳本「而」作「竟」，通鑑作「其患不可量也」。

〔一二〕趙一清曰：「此即江陵城東北，所謂北海之地也。說見魏志王昶傳。」

〔一三〕通鑑作「初，抗以江陵之北，道路平易」。

〔一四〕通鑑「平中」作「平土」。胡注：「堰，於扇翻。今江陵有三海八櫃，引諸湖及沮、漳之水注之，瀰漫數百里，即作堰之故智也。漸，將廉翻。」吳熙載曰：「江陵東北，諸湖所匯。」

〔一五〕當陽見蜀志先主傳建安十三年。

〔一六〕建平郡見孫休傳永安三年。

〔一七〕胡三省曰：「防托南岸，使祜軍不得渡而已。」

〔一八〕胡三省曰：「恐胤順流東下，故以水軍拒之。」

〔一九〕胡三省曰：「憑長圍以對之，則彼爲客，我爲主。」

〔二〇〕胡三省曰：「姓譜：俞，古善醫俞跗之後。」

〔二一〕通鑑「民」作「兵」。

〔二二〕通鑑作「皆以精兵守之」。

〔二三〕「項領」解見魏志蘇則傳注引魏名臣奏。

〔二四〕胡三省曰：「兇，許拱翻；恐懼聲。挺，待鼎翻；拔也。挺走，拔身而走也。」

〔二五〕胡三省曰：「元非同謀而脅從者，請而赦之。」

〔二六〕解見孫皓傳寶鼎元年注引吳録。

〔二七〕晉書羊祜傳：「祜與陸抗相對，使命交通。抗稱祜之德量，雖樂毅、諸葛孔明不能過也。抗嘗病，祜饋之藥，抗服之無疑心。人諫抗，抗曰：羊祜豈酖人者！」水經江水注：「江津戍南對馬頭岸，昔陸抗屯此，與羊祜相對，大宏信義。」盛弘之荆州記：「灌羊湖西三十里有馬頭戍，吳大司馬陸抗所屯。」

〔二八〕公羊傳宣公十五年：「楚莊王圍宋，軍有七日之糧爾，盡此不勝，將去而歸爾。於是使司馬子反乘堙而闚宋城，宋華元亦乘堙而出見之。司馬子反曰：子之國何如？華元曰：易子而食之，析骸而炊之。司馬子反曰：吾軍亦有七日之糧爾。反于莊王，莊王怒曰：吾使子往視之，子曷爲告之？司馬子反曰：以區區之宋，猶有不欺人之臣，可以楚而無乎？是以告之也。」

〔二九〕晉書羊祜傳：「石城以西，盡爲晉有，自是前後降者不絶。乃增修德信，以懷柔初附，慨然有吞并之心。」

〔三〇〕晉書羊祜傳作「各保分界而已，無求細利」。

〔三一〕陳本「晉」作「楚」，誤。

〔三二〕晉書羊祜傳：「每會衆江、沔游獵，常止晉地。若禽獸先爲吴人所傷，而爲晉兵所得者，皆封還之。」

〔三三〕通鑑輯覽曰：「羊祜刈穀償絹，送還獵獸，特用是愚弄邊界之人，豈真所云修德信者？甚至遺酒餽藥，使命頻通，不惟身犯外交，直廢棄軍律矣。論者率以此事爲賢，故不可以不辨。」

〔三四〕左傳僖公二十五年：「晉侯圍原，命三日之糧，原不降，命去之。諜出曰：原將降矣。軍吏曰：請待之。公曰：信，國之寶也，民所庇也。得原失信，何以庇之？所亡滋多。退一舍而原降。」

〔三五〕以上下文推之，「訓」上當有「而」字。左傳昭公十五年：「晉荀吴帥師伐鮮虞，圍鼓，鼓人或請以城叛，穆子弗許。鼓人告食竭力盡，而後取之。克鼓而反，不戮一人。」春秋大事表云：「鼓在今直隸正定府晉州西，今州治即漢志所云鼓聚也。」

〔三六〕左傳昭公十三年：「叔弓圍費，弗克，敗焉。季平子怒，令見費人執之，以爲囚俘。冶區夫曰：非也。若見費人，寒者衣之，饑者食之，爲之令主，而共其乏困，費來如歸，南氏亡矣。平子從之，費人叛南氏。」

〔三七〕史記樂毅傳：「樂毅留徇齊，五歲下齊七十餘城，皆爲郡縣以屬燕。」

〔三八〕毛本「徒」作「徙」，誤。

〔三九〕漢書吾丘壽王傳：「臣聞古者作五兵，非以相害，以禁暴討邪也。」師古曰：「五兵，謂矛、戟、弓、劍、戈。」

〔四〇〕官本考證曰：「協數，北宋本作挾數。」

加拜都護。〔一〕聞武昌左部督薛瑩徵下獄，抗上疏曰：「夫俊乂者，國家之良寶，社稷之貴資，庶政所以倫敘，四門所以穆清也。〔二〕故大司農樓玄、散騎中常侍王蕃、少府李勖，〔三〕皆當世秀穎，一時顯器，既蒙初寵，從容列位，而并旋受誅殛，或圮族替祀，〔四〕或投棄荒裔。蓋周禮有赦賢之辟，春秋有宥善之義。書曰：『與其殺不辜，寧失不經。』而蕃等罪名未定，大辟以加，心經忠義，身被極刑，豈不痛哉！且已死之刑，固無所識，至乃焚爍流漂，棄之水濱，懼非先王之正典，或甫侯之所戒也。〔五〕是以百姓哀聳，士民同慼。蕃、勖永已，悔亦靡及，誠望陛下赦召玄出，而頃聞薛瑩卒見逮錄。瑩父綜納言先帝，傅弼文皇，〔六〕及瑩承基，内厲名行，今之所坐，罪在可宥。臣懼有司未詳其事，如復誅戮，益失民望。乞垂天恩，原赦瑩罪，哀矜庶獄，清澄刑網，則天下幸甚！」

〔一〕胡三省曰：「吳官有左右都護，盡護諸將也。」

〔二〕尚書舜典：「賓于四門，四門穆穆。」孔傳云：「穆穆，美也。四門，四方之門。四方諸侯來朝者，舜賓迎之，皆有美德。」

〔三〕樓玄、王蕃，各見本傳；李勖見孫晧傳建衡元年、二年。

〔四〕尚書堯典：「方命圮族。」孔傳云：「圮，毀也；族，類也。」

〔五〕尚書有吕刑篇。孔傳云：後爲甫侯，故或稱甫刑。

〔六〕孫晧追謚父和曰文皇帝。和爲太子，薛綜爲少傅。

時師旅仍動，百姓疲弊，抗上疏曰：「臣聞易貴隨時，〔一〕傳美觀釁。〔二〕故有夏多罪，而殷湯用師；紂作淫虐，而周武授鉞。〔三〕苟無其時，玉臺有憂傷之慮，〔四〕孟津有反旆之軍。〔五〕今不務富國彊兵，力農畜穀，使文武之才效展其用，百揆之署無曠厥職，明黜陟以厲庶尹，審刑賞以示勸沮，〔六〕訓諸司以德，〔七〕而撫百姓以仁，然後順天乘運，席卷宇内，而聽諸將徇名，窮兵黷武，動費萬計，士卒彫瘁，寇不爲衰，而我已大病矣。今爭帝王之資，而昧十百之利，此人臣之姦便，非國家之良策也。昔齊魯三戰，魯人再剋，〔八〕而亡不旋踵。何則？大小之勢異也。〔九〕況今師所剋獲，不補所喪哉！且阻兵無衆，古之明鑒，誠宜暫息進取小規，以畜士民之力，觀釁伺隙，庶無悔吝。」

〔一〕易隨卦：「隨，大亨，貞，无咎，而天下隨時，隨時之義大矣哉！」

〔二〕左傳宣公十二年：「隨武子曰：會聞用師，觀釁而動。」

〔三〕胡三省曰：「湯數夏之罪曰：有夏多罪，天命殛之。武王數紂之罪曰：淫酗肆虐，穢德彰聞，戎商必克。」

〔四〕新序：「桀作瑶臺，罷民力，殫民財。」

〔五〕史記周本紀：「是時諸侯不期而會盟者，八百諸侯。諸侯皆曰：紂可伐矣。武王曰：女未知天命，未可也。乃還師。」

〔六〕各本「賞」作「罰」，宋本作「賞」。

〔七〕胡三省曰：「諸司，謂百執事之人、有司存者。」

〔八〕宋本「剋」作「克」，下「克」字同。

〔九〕胡三省曰：「祖張儀說齊湣王之言，而略變其文。」

二年春，就拜大司馬、荆州牧。三年夏，疾病，〔一〕上疏曰：「西陵、建平，國之蕃表，〔二〕既處下流，〔三〕受敵二境。〔四〕若敵汎舟順流，舳艫千里，星奔電邁，俄然行至，非可恃援他部以救倒縣也。此乃社稷安危之機，非徒封疆侵陵小害也。臣父遜昔在西垂陳言，以爲西陵國之西門，雖云易守，亦復易失。若有不守，非但失一郡，則荆州非吳有也。如其有虞，當傾國爭之。臣往在西陵，得涉遜迹，前乞精兵三萬，而至者循常，〔五〕未肯差赴。自步闡以後，益更損耗。今臣所統千里，受敵四處，外禦彊對，〔六〕内懷百蠻，而上下見兵，財有數萬，羸弊日久，難以待變。臣愚以爲諸王幼沖，未統國事，可且立傅相，輔導賢姿，無用兵馬，以妨要務。〔七〕又黄門豎宦，〔八〕開立占募，兵民怨役，〔九〕逋逃入占。乞特詔簡閲，一切料出，以補疆埸受敵常處，使臣所部足滿八萬，省息衆務，信其賞罰，雖韓、白復生，〔一〇〕無所展巧。若兵不增，此制不改，而欲克諧大事，此臣之所深慼也。若臣死之後，乞以西方爲屬。〔一一〕願陛下思覽臣言，則臣死且不朽。」

〔一〕胡三省曰：「疾有加而無瘳曰病。」

〔二〕胡三省曰：「蕃，籬也；表，外也。謂二郡爲蕃籬於外也。」

〔三〕通鑑作「上流」。

〔四〕胡三省曰：「謂二郡之境，西距巴、夔，北接魏興、上庸，二面皆受敵也。處，昌呂翻。」

〔五〕通鑑作「主者」。胡注：「主者，謂居本兵之職者也。」

〔六〕胡三省曰：「彊對，猶言彊敵也。」

〔七〕胡三省曰：「謂十一王各給三千兵也。」

〔八〕宋本「豎宦」作「豎官」，通鑑作「宦官」。

〔九〕通鑑「怨」作「避」。

〔一〇〕韓信、白起也。

〔一一〕胡三省曰：「陸抗固知吴之將亡，特就職分上言之耳。」

秋，遂卒。〔一〕子晏嗣。晏及弟景、玄、機、雲，分領抗兵。〔二〕晏爲裨將軍、夷道監。〔三〕天紀四年，晉軍伐吴，龍驤將軍王濬順流東下，所至輒尅，終如抗慮。〔四〕景字士仁，以尚公主拜騎都尉，封毗陵侯。〔五〕既領抗兵，拜偏將軍、中夏督。〔六〕澡身好學，著書數十篇也。〔七〕

文士傳曰：陸景母張承女，諸葛恪外甥。〔八〕恪誅，景母坐見黜。景少爲祖母所育養，及祖母亡，景爲之心喪三年。

二月壬戌，晏爲王濬別軍所殺。癸亥，景亦遇害，〔九〕時年三十一。景妻，孫晧適妹，與景俱張承外孫也。〔一〇〕

景弟機，字士衡；雲，字士龍。〔一一〕

機雲別傳曰：〔一二〕晉太康末，俱入洛，〔一三〕造司空張華。華一見而奇之，曰：「伐吴之役，利在獲二儁。」遂爲之延譽，薦之諸公。〔一四〕太傅楊駿辟機爲祭酒，轉太子洗馬、尚書著作郎。雲爲吴王郎中令，出宰浚儀，〔一五〕甚有惠政，吏民懷之，生爲立祠。〔一六〕後并歷顯位。〔一七〕機天才綺練，文藻之美，獨冠於時。雲亦善屬文，清新不及機，而口辯持論過之。于時朝廷多故，機、雲并自結於成都王穎，穎用機爲平原相，雲清河内史。〔一八〕尋轉雲右司馬，甚見委仗。無幾，而與長沙王搆隙，遂舉兵攻洛，以機行後將軍，督王粹、〔一九〕牽秀等諸軍二十萬，士龍著南征賦以美其事。〔二〇〕機吴人，羇旅單宦，頓居羣士之右，多不厭服。機屢戰失利，死散過半。初，宦人孟玖，穎所嬖幸，乘寵豫權。雲數言其短，穎不能納，玖又從而毁之。是役也，玖弟超亦領衆配機，不奉軍令。機繩之以法，超宣言曰：「陸機將反。」及牽秀等譖機於穎，以爲持兩端，玖又搆之於内，穎信之，遣收機，并收雲及弟耽，并伏法。機兄弟既江南之秀，亦著名諸夏，并以無罪夷滅，天下痛惜之。〔二一〕機文章爲世所重，〔二二〕雲所著亦傳於世。〔二三〕初，抗之克步闡也，誅及嬰孩，識道者尤之，曰：「後世必受其殃！」及機之誅，三族無遺。〔二四〕孫惠與朱誕書曰：「馬援擇君，〔二五〕凡人所聞，不意三陸相攜暴朝，殺身傷名，可爲悼歎。」〔二六〕事亦并在晉書。

〔一〕藝文類聚四十七載陸機作吴大司馬陸抗誄云：「我公承軌，高風肅邁，明德繼體，徽旨奕世。昭德伊何，克俊克仁，德周能事，體合機神，禮交徒候，敬睦白屋，踧踖曲躬，吐食揮沐。爰及鰥寡，賑此惸獨，孚厥惠心，脱驂分禄。乃命我公，誕作元輔，位表百辟，名茂羣后。因是荆人，造我寧宇，備物典策，玉冠及斧，龍旂飛藻，靈鼓樹羽，質文殊塗，百行異轍，人翫其華，鮮識其實。於穆我公，因心則哲，經綸至道，終始自結，德與行滿，英與言溢。」

〔二〕通鑑輯覽曰：「善屬文而無臨敵才，乃命分將父兵，國之不恤，又豈所以恤抗乎！代斲傷手，莫甚于此。」

〔三〕宜都郡治夷道。

〔四〕詳見孫晧傳。

〔五〕毗陵見諸葛瑾傳。

〔六〕水經江水篇：「江水又東至華容縣西，夏水出焉。」酈注云：「江水左池爲中夏水，右則中郎浦出焉。」又云：「江水又逕南平郡孱陵縣之樂鄉城北，吳陸抗所築。後王濬攻之，獲吳水軍督陸景于此渚也。」晉書武紀：「王濬克夷道、樂鄉城，殺夷道監陸晏，水軍都督陸景。」蓋中夏爲水軍駐屯之所，故又稱水軍督也。

〔七〕隋書經籍志：「梁有典語十卷，典語別二卷，并吳中夏督陸景撰，亡。」唐經籍志：「典訓十卷，陸景撰。」藝文志：「陸景典訓十卷。」史通自敘篇：「夫開國承家，立身立事，一文一武，或出或處，雖賢愚壤隔，善惡區分，苟時無品藻，則理難銓綜。故陸景典語生焉。」嚴可均輯本序曰：「陸景有典語十卷，典語別二卷。舊唐志有典語，無典語別，新唐志作典訓，皆十卷。其書宋不著録，而民閒僅或流傳。三年前聞紹興王君理堂游幕山左，攜有宋寫殘本二卷。余未獲見之，僅從羣書治要寫出七篇，益以各書所載爲一卷，凡十七條。」馬國翰輯本序曰：「徐堅初學記卷九引陸景典語，太平御覽卷七十八作陸景典略。又歐陽詢藝文類聚卷二十三引吳陸景誡盈，疑是典語中之一篇，合輯爲卷，凡十一條。」姚振宗曰：「宋本意林有陸景典語二條，嚴、馬二家皆未采。又馬氏諸輯本皆不及羣書治要，故此所輯止十一條。」黄以周曰：「是書耿耿於任賢恤民，語皆切至。」朱邦衡曰：「澡身以下十字，疑爲裴注。」隋志：「梁又有陸景集一卷，亡。」

〔八〕張承妻爲諸葛瑾女，見張昭傳。

〔九〕本傳晏、景壬戌、癸亥兩日先後死，晉書武紀均繫於壬戌日。王濬傳：「壬戌，剋荆門、夷道二城，獲監軍陸晏；乙丑，剋樂鄉，獲水軍督陸景。」蓋當時兵亂，記載各殊，故時日互有歧異也。晏、景遇害事，又見虞翻傳注引會稽典録。

〔一〇〕張昭傳：「張承生女，孫權爲子和納之。」孫和張夫人見妃嬪傳，又見孫和傳。孫和、陸抗皆張承之壻，故孫皓、陸景皆爲張承外孫也。

〔一一〕機、雲事見孫皓傳末注引陸機辨亡論，又見宗室傳孫賁傳注引孫惠別傳。

〔一二〕沈家本曰：「機雲別傳，隋、唐志未著録。」

〔一三〕晉書陸機傳：「機父抗卒，領父兵爲牙門將，年二十而吴滅，退居舊里，閉門勤學，積有十年。」弼按：吴亡於晉太康元年，機、雲至太康末入洛，適十年也。

〔一四〕晉書陸機傳：「造太常張華，華素重其名，如舊相識。」文選文賦注引臧榮緒晉書曰：「機譽流京華，聲溢四表，被徵爲太子洗馬，與弟雲俱入洛。司空張華素重其名，相見如舊識，以文呈華，天才綺練，當時獨絶，新聲妙句，係蹤張、蔡。機妙解情理，識文體，故作文賦。」

〔一五〕浚儀見魏志陳思王植傳。

〔一六〕晉書陸雲傳：「雲出補浚儀令，縣居都會之要，名爲難理。雲到官肅然，下不能欺，市無二價。人有見殺者，主名不立，雲録其妻而無所問。十許日遣出，密令人隨後。謂曰：其去不出十里，當有男子候之與語，便縛來。既而果然，問之具服。云與此妻通，共殺其夫。聞妻得出，欲與語，憚近縣，故遠相候。於是一縣稱其神明。郡守害其能，屢譴責之，雲乃去官。百姓追思之，圖畫形象，配食縣社。」寰宇記云：「陸雲祠在浚儀縣東北三里。」

〔一七〕晉書陸機傳：「吴王晏出鎮淮南，以機爲郎中令。趙王倫輔政，引爲相國參軍，豫誅賈謐功，賜爵關中侯。倫將篡位，以爲中書郎。倫之誅也，齊王冏以機職在中書，九錫文及禪詔疑機與焉，遂收機等九人，付廷尉。賴成都王穎、吴王晏并救理之，得減死徙邊，遇赦而止。時中國多難，顧榮、戴若思等咸勸機還吴，機負其才望，而志匡世難，故不從。時成都王穎推功不居，勞謙下士，機既感全濟之恩，遂委身焉。」

〔一八〕錢大昕曰：「晉時郡置太守，王國則置内史，行太守事，然名稱率相亂。如陸雲稱清河内史，亦稱太守（陸氏異林）。」

〔一九〕宋本「椊」作「粹」，晉書同，此本誤。

〔二〇〕陸雲南征賦序云：「太安二年秋八月，奸臣羊玄之、皇甫商敢行稱亂，淩逼乘輿，天子蒙塵于外，自秋徂冬。大將軍敷命辟后，同恤社稷，乃身統三軍，以謀國難。自義聲所及，四海之内，朔漠之表，蒸徒贏糧而請奮，胡馬擬塞而思征。四方之會，衆以百萬，軍旅之盛，威靈之著，自古已來，未之有也。粤十月，軍次于朝歌，講武治戎，以觀兵于殷墟。于是美義征之舉，壯師徒之盛，乃作南征賦，以揚匡霸之勳云爾。」

〔二一〕機、雲死事，詳見宗室傳孫賁傳注引孫惠別傳。世説新語尤悔篇云：「陸平原河橋敗，爲盧志所讒。被誅，臨刑歎曰：『欲聞華亭鶴唳，可復得乎！』」劉孝標(引)〔注〕：「王隱晉書曰：成都王穎討長沙王乂，使陸爲都督前鋒諸軍事。機別傳曰：成都王長史盧志與機弟雲趣舍不同，又黄門孟玖求爲邯鄲令於穎，穎教付雲，雲時爲左司馬，曰：刑餘之人，不可以君民。玖聞此怨雲，與志讒搆日至。及機於七里澗大敗，玖誣機謀反所致。穎乃使牽秀斬機。先是夕夢黑幔繞車，手決不開，惡之。明旦秀兵奄至，機解戎服，箸衣幍見秀，容貌自若。遂見害，時年四十三，軍士莫不流涕。是日天地霧合，大風折木，平地尺雪。八王故事曰：華亭，吴由拳縣郊外墅也。有清泉茂林。吴平後，陸機兄弟共游於此十餘年。語林曰：機爲河北都督，聞警角之聲，謂孫丞曰：聞此不如華亭鶴唳。故刑而有此歎。」

〔二二〕晉書陸機傳：「機天才秀逸，辭藻宏麗。張華嘗謂之曰：人之爲文，常恨才少，而子更患其多。弟雲嘗與書曰：君苗見兄文，輒欲燒其筆硯。後葛洪著書，稱機文猶玄圃之積玉，無非夜光焉；五河之吐流，泉源如一焉。其弘麗妍贍，英鋭漂逸，亦一代之絶乎！其爲人所推服如此。然好游權門，與賈謐親善，以進趣獲譏。所著文章凡三百餘篇，并行於世。」吴士鑑曰：「書鈔一百四：陸雲與兄平原書云：前集兄文爲二十卷，書不工，紙不精，恨之。隋志：陸機集十四卷。注云：梁有四十七卷，録一卷，亡。唐志作十五卷。」黄逢元曰：「陸機集，宋志十卷，百三家集存二卷，又存巖輯本。」又曰：「晉紀四卷，陸機撰。隋志列古史，新、舊唐志作晉帝紀，列編年。元案：史通本紀篇云：陸機晉書列紀三祖，直序其事，竟不編年。年既不編，何紀之有？漢學堂叢書輯存四事，題言晉書。」

又曰：「洛陽記一卷，陸機撰，見隋志。水經穀水注、文選閒居賦注、後漢書光武紀注、書鈔一百四十五、寰宇記河南道引存，御覽一百七十九又引作洛陽地記。」又曰：「要覽三卷，陸機撰，見唐新、舊志，題云陸士衡撰。元陶宗儀説郛輯存一卷，馬國翰又補輯。元案：玉海五十四藝文載機自序云：省直之暇，乃集要覽之篇，上曰連璧，集其嘉名，取其連類；中曰述聞，實述余之所聞；下曰析名，乃搜同辨異也。」

〔二三〕晉書陸雲傳：「雲有二女無男，門生故吏，迎喪葬清河，修墓立碑，四時祠祭。所著文章三百四十九篇，又撰新書十篇，并行於世。」吳士鑑曰：「隋志：陸雲集十二卷，唐志、直齋書録解題并十卷，崇文總目作八卷，蓋宋時止存十卷或八卷也。」又云：「御覽六百二抱朴子外篇（今本佚）曰：陸子二篇，誠爲快書，其辭之富者，雖覃思不可損也；其理之約者，雖鴻筆不可益也。又曰：陸平原作子書未成，吾門生有在陸君軍中，常在左右，説陸君臨亡，曰：窮通時也，遭遇命也，古人貴立言，以爲不朽。吾所作子書未成，以此爲恨耳。余謂仲長統作昌言未竟而亡，後繆襲撰次之；桓譚新論未備而終，班固爲其成瑟道。今才士何不贊成陸公子書？案隋志道家類陸雲陸子十卷，即新書也。」

〔二四〕世説新語注引干寶晉紀曰：「初，陸抗誅步闡，百口皆盡，有識尤之。及機、雲見害，三族無遺。」何焯曰：「步氏夷滅，出於國典，本傳云：自將吏以下，所請赦者，數萬口。如別傳所言，又當以此責福報乎？但三世爲將，由來所忌，且機、雲本當與吳存亡，國亡之後，不思野哭自屏，而彈冠敵國，自結强藩，終致斯咎，爲可嗟惜耳。」姜宸英曰：「關羽擒于禁，據荆州，威震鄰邦，曹操膽落，此漢室將興之一機也。陸遜首創難端，致使劉氏君臣狼狽受斃，而操因得坐收漁人之利，成其篡謀，遜之罪也。機、雲之死，三族受殃，天道豈不好還哉！」弼按：何説通，姜説迂。

〔二五〕范書馬援傳：「建武四年，隗囂使援奉書洛陽，援至，引見於宣德殿。世祖笑迎謂援曰：卿遨遊二帝閒，今見卿，使人大慙。援頓首辭謝，因曰：當今之世，非獨君擇臣也，臣亦擇君矣。」

〔二六〕晉書陸雲傳載孫惠語，已見孫賁傳注引孫惠别傳。

評曰：劉備天下稱雄，一世所憚，陸遜春秋方壯，威名未著，摧而克之，〔一〕罔不如志。予既奇遜之謀略，又歎權之識才，所以濟大事也。及遜忠誠懇至，憂國亡身，庶幾社稷之臣矣。抗貞亮籌幹，咸有父風，〔二〕奕世載美，具體而微，可謂克搆者哉！〔三〕

〔一〕毛本「摧」作「權」，誤。

〔二〕吴本、陳本脱去「籌幹咸有父風」六字。

〔三〕各本皆脱去「者哉」二字，誤；宋、元本不誤。或曰：「陸遜忠純良實，諸葛之亞，非顧、步匹也。特爲作傳，史家有識。」又曰：「總遜生平，不出意思深長四字。」劉咸炘曰：「此評與周魯吕傳筆勢相近，蓋赤壁、夷陵二戰，實孫氏之所以立國也。評中直稱先主爲劉備，可知壽之於舊主，未深尊也。」

三國志五十九

吴書十四

吴主五子傳第十四〔一〕

〔一〕劉咸炘曰："稱子，仿漢書武五子，以中有太子也。"

孫登字子高，權長子也。〔二〕魏黄初二年，以權爲吴王，拜登東中郎將，〔三〕封萬户侯，〔三〕登辭侯不受。〔四〕是歲，立登爲太子，〔五〕選置師傅，〔六〕銓簡秀士，以爲賓友，於是諸葛恪、張休、顧譚、陳表等〔七〕以選入，侍講詩、書，出從騎射。權欲登讀漢書，習知近代之事，以張昭有師法，重煩勞之，乃命休從昭受讀，〔八〕還以授登。〔九〕登待接寮屬，略用布衣之禮，與恪、休、譚等或同輿而載，或共帳而寐。太傅張温言於權曰："夫中庶子官最親密，切問近對，宜用儁德。"於是乃用表等爲中庶子。〔一〇〕後又以庶子禮拘，復令整巾侍坐。〔一一〕黄龍元年，權稱尊號，立爲皇太子，〔一二〕以恪爲左輔，休右弼，譚爲輔正，表爲翼正都尉，〔一三〕是爲四友。而謝景、范慎、〔一四〕刁玄、〔一五〕羊衜等〔一六〕皆爲賓客，於是東宫號爲多士。〔一七〕

吴録曰：慎字孝敬，廣陵人。竭忠知己之君，纏綿三益之友，時人榮之。著論二十篇，〔一八〕名曰矯非。〔一九〕後爲侍中，出補武昌左部督，治軍整頓。孫晧移都，甚憚之，詔曰：「慎勳德俱茂，朕所敬憑，宜登上公，以副衆望。」以爲太尉。慎自恨久爲將，遂託老耄。軍士戀之，舉營爲之隕涕。鳳皇三年卒，子耀嗣。玄，丹陽人，衜，南陽人。

吴書曰：衜初爲中庶子，年二十。時廷尉監隱蕃交結豪傑，自衛將軍全琮等皆傾心敬待，惟衜及宣詔郎豫章楊迪拒絶不與通，時人咸怪之。而蕃後叛逆，衆乃服之。

江表傳曰：登使侍中胡綜〔二〇〕作賓友目〔二一〕曰：「英才卓越，超踰倫匹，則諸葛恪；精識時機，〔二二〕達幽究微，則顧譚；凝辨宏達，〔二三〕言能釋結，則謝景；〔二四〕究學甄微，游、夏同科，則范慎。」〔二五〕衜乃私駁綜曰：「元遜才而疏，〔二六〕子嘿精而很，〔二七〕叔發辨而浮，〔二八〕孝敬深而狹。」〔二九〕所言皆有指趣，而衜卒以此言見咎，不爲恪等所親。後四人皆敗，〔三〇〕吴人謂衜之言有徵。位至桂陽太守，卒。〔三一〕

〔一〕登不知所出，周壽昌有説，見後注。

〔二〕東中郎將，見魏志董卓傳。

〔三〕侯康曰：「藝文類聚卷五十一魏文帝册孫權太子登爲東中郎將封侯文云：蓋河、洛寫天意，符讖述聖心，昭晰著明，與天談也。故易曰：河出圖，洛出書，聖人則之。孫將軍歸心國朝，忠亮之節，同功佐命。而其子當爲魏將軍，著在圖讖，猶漢光武受命，李氏爲輔，王梁、孫咸并見符緯也。斯乃皇天啟祐大魏，永令孫氏仍世爲佐。其以登爲東中郎將，封縣侯，萬户。昔周嘉公旦，祚流七胤，漢禮蕭何，一門十侯。今孫將軍亦當如斯。若夫長平之榮，安豐之寵，方斯蔑如。」

〔四〕宋本「侯」作「疾」。

〔五〕吴王太子也。黄武四年，權爲太子登娉周瑜女，見程秉傳、周瑜傳。又權爲子登揀擇淑媛，娉芮玄女爲妃，見潘濬傳注引吴書。

〔六〕程秉爲太子太傅，見秉傳。

〔七〕表，陳武子，事見武傳。

〔八〕「命」，各本皆作「令」。范書列女傳：「扶風馬融伏於閣下，從班昭受讀。」王鳴盛曰：「漢人讀書，必有師法，無師不能讀。三國吴志吴主欲登讀漢書，使張昭之子休從昭受讀可見。」

〔九〕唐庚曰：「劉備教禪以漢書，而權亦令張休從昭受讀，還以授登。世以權、備之智，不足以知二帝三王，故所貽謀，止於如此。是大不然。伊尹之訓太甲，稱有夏先后，而不及唐、虞；周公之戒成王，稱商三宗，而不及唐、虞。豈伊、周之智，不足以知堯、舜、禹，亦取其近於時，切於事者已。權、備之教子，不忽近而慕遠，不貴名而賤實，此亦伊尹、周公之遺法也。」

〔一〇〕中庶子見魏志鮑勛傳。

〔一一〕東觀記云：「以中庶子入侍講。」沈志：「中庶子，漢置。古者世禄卿大夫之子，既爲副倅，謂之國子；天子諸侯，必有庶子官，以掌教之。」

〔一二〕趙一清曰：「方輿紀要卷二十引宫苑記云：西池，吴宣明太子孫登所鑿，亦謂之太子池，在建康宫西隅，因名。一清案：傳云謚宣，而記云宣明，誤也。」

〔一三〕胡三省曰：「輔正及翼正都尉，皆吴自創置之。」潘眉曰：「左輔右弼，輔正亦都尉名，與翼正均東宫官屬。」

〔一四〕范慎見孫晧傳建衡三年。

〔一五〕刁玄事見孫晧傳建衡三年注引江表傳。何焯曰：「古無刁字，宜從宋本作刀。」

〔一六〕原注：「衜，音道。」胡三省曰：「衜，古道字。」馮本音作「首」，誤。

〔一七〕侯康曰：「藝文類聚卷十六載吴張儼請立太子師傅表曰：昔賈誼爲漢文帝陳周成王爲太子，以周公爲太傅，召公爲太保，吕望爲太師。又立三少，皆上大夫，使與太子居處。左右前後，皆正人也。明禮義以導習之，故能光熙文、武，興隆周室。伏惟陛下命世應期，順乾作主；皇太子以天然之姿，爲國上嗣。朝廷以四海未定，國家多事，師傅之官，闕而未備。臣愚以爲高祖初基，天下造創，引張良、叔孫通出爲師表，入與朝政，宜博采周、漢，依舊儀用將相名官，輔弼太子，於是以熙贊洪業，增輝日月，實爲光大也。按儼此表年月不可考，其稱權爲陛下，則在權稱尊號後，姑附於此。」又曰：「釋慧皎高僧傳：支謙字恭明，一名越，本月支人。博覽經籍，莫不精究，世間伎藝，多所綜習。徧學異書，通六國語。其爲人細長黑瘦，眼多白而睛黄，時人爲之語曰：支郎眼中黄，形軀雖細是智囊。漢獻末亂，避地於吴，權召見，悦之，拜爲博士，使輔導東宫，與韋曜諸人共盡匡益。但生自外域，故吴志不載。」

〔一八〕毛本「十」作「士」，誤。

〔一九〕隋志：「梁有尚書王氏傳問二卷。尚書義二卷，范慎問，吴太尉劉毅答，亡。」侯康曰：「隋志當云吴太尉范順問，劉毅答。順、慎古通。」

〔二〇〕毛本「綜」作「琮」，誤。

〔二一〕胡三省曰：「目者，因其人之才品，爲之品題也。」

〔二二〕官本攷證曰：「御覽時作知。」

〔二三〕何焯曰：「魏氏春秋凝作淑。」弼按：通鑑「辨」作「辯」。

〔二四〕胡三省曰：「凝，堅定也；宏，闊遠也；達，明通也。好辯者每不能堅定其所守，故以能凝辯而證據宏遠明通者，可以釋難疑之糾結也。」

〔二五〕胡三省曰：「究，窮竟也；甄，察别也。」

〔二六〕諸葛恪字元遜。
〔二七〕顧譚字子嘿，譚傳作「默」。
〔二八〕謝景字叔發。宋本「辨」作「辯」，通鑑同。
〔二九〕范慎字孝敬。通鑑「狹」作「陿」。胡注：「陿與狹同。」
〔三〇〕何焯曰：「景、慎未嘗敗也。」
〔三一〕桂陽見蜀志先主傳建安十三年。

權遷都建業，徵上大將軍陸遜輔登鎮武昌，領宮府留事。登或射獵，當由徑道，常遠避良田，不踐苗稼；至所頓息，又擇空閒之地。其不欲煩民如此。嘗乘馬出，有彈丸過，左右求之，有一人操彈佩丸，咸以爲是。辭對不服，從者欲捶之，登不聽，使求過丸，比之非類，乃見釋。又失盛水金馬盂，〔一〕覺得其主，左右所爲，不忍致罰，呼責數之，長遣歸家，勑親近勿言。後弟慮卒，〔二〕權爲之降損。登晝夜兼行，到賴鄉，〔三〕自聞，即時召見。見權悲泣，因諫曰：「慮寢疾不起，此乃命也。方今朔土未一，四海喁喁，天戴陛下，而以下流之念，〔四〕減損太官殽饌，〔五〕過於體制，臣竊憂惶。」權納其言，爲之加膳。住十數日，欲遣西還，深自陳乞，以久離定省，子道有闕，〔六〕又陳陸遜忠勤，無所顧憂，權遂留焉。嘉禾三年，權征新城，〔七〕使登居守，總知留事。時年穀不豐，頗有盜賊，乃表定科令，所以防禦，甚得止姦之要。

〔一〕蕭常曰：「盛，音成。馬盂，言其大也。」或曰：「水盂於時已有。」
〔二〕孫權傳：「嘉禾元年，建昌侯慮卒。」

〔三〕賴鄉見孫休傳永安三年。
〔四〕「下流」解見魏志閻溫傳及武文世王公傳樂陵王茂傳。
〔五〕續百官志：「太官令一人，六百石，掌御飲食。」
〔六〕禮記曲禮曰：「凡爲人子之禮，冬溫而夏清，昏定而晨省。」
〔七〕合肥新城也。

初，登所生庶賤，徐夫人少有母養之恩，〔一〕後徐氏以妬廢處吳，而步夫人最寵。步氏有賜，登不敢辭，拜受而已。徐氏使至，所賜衣服，必沐浴服之。登將拜太子，辭曰：「本立而道生。欲立太子，宜先立后。」權曰：「卿母安在？」對曰：「在吳。」權默然。〔二〕

吳書曰：弟和，有寵於權。登親敬，待之如兄，常有欲讓之心。

〔一〕妃嬪傳吳主權徐夫人傳：「使母養子登。後權遷移，以夫人妒忌，廢處吳。」周壽昌曰：「孫登立爲太子，而不知所出，母以子貴之說，衰世亦有所不行。左傳：州吁，嬖人之子也。州吁雖寵，其母雖嬖，而卒莫詳其姓氏，只以嬖人兩字書之，此古之所謂賤妾也。」
〔二〕或曰：「有防微之慮者，當在此時。」

立凡二十一年，年三十三卒。〔一〕臨終，上疏曰：「臣以無狀，嬰抱篤疾，自省微劣，懼卒隕斃。臣不自惜，念當委離供養，埋胔后土，長不復奉望宮省，朝覲日月，生無益於國，死貽陛下重慼，以此爲哽結耳。臣聞死生有命，長短自天，周晉、顏回有上智之才，而尚夭折，〔二〕況臣愚陋，年過其壽，生爲國嗣，没享榮祚，於臣已多，亦何悲恨哉！方今大事未定，逋寇未討，萬國喁喁，係命陛下，危者望安，亂者仰治。願陛下棄忘臣身，割下流之恩，〔三〕修黄、老之術，篤養神光，加羞珍膳，廣開神明之慮，以定無窮之業，則率土幸賴，臣死無恨也。皇子和，仁孝聰哲，德行清茂，宜早建置，以繫民望。諸葛恪才略博達，器任佐時，張休、顧譚、謝景皆通敏有識斷，入宜委腹心，出可爲爪牙。范慎、華融矯矯壯節，有國士之風；羊衜辯捷，有專對之材；刁玄優弘，志履道真；裴欽博記，〔四〕翰采足用；蔣修、虞翻，〔五〕志節分明。凡此諸臣，或宜廊廟，或任將帥，皆練時事，明習法令，守信固義，有不可奪之志。此皆陛下日月所照，選置臣（宮）〔官〕，得與從事，備知情素，敢以陳聞。臣重惟當今方外多虞，師旅未休，當厲六軍，以圖進取。軍以人爲衆，衆以財爲寶，竊聞郡縣頗有荒殘，民物凋敝，姦亂萌生，是以法令繁滋，刑辟重切。臣聞爲政聽民，律令與時推移，誠宜與將相大臣詳擇時宜，博采衆議，寬刑輕賦，均息力役，以順民望。陸遜忠勤於時，出身憂國，謇謇在公，有匪躬之節。〔六〕諸葛瑾、步騭、朱然、全琮、朱據、吕岱、吾粲、闞澤、嚴畯、張承、孫怡，忠於爲國，通達治體，可令陳上便宜，蠲除苛煩，愛養士馬，撫循百姓。五年之外，十年之内，遠者歸復，近者盡力，兵不血刃，而大事可定也。臣聞鳥之將死，其鳴也哀，人之將死，其言也善。〔七〕故子囊臨終，遺言戒時，君子以爲忠。〔八〕豈況臣登，其能已乎！願陛下留意聽采，臣雖死之日，猶生之年也。」既絶而後書聞，權益以摧感，言則隕涕。是歲，赤烏四年也。〔九〕謝景時爲豫章太守，不勝哀情，棄官奔赴，拜表自劾。權曰：「君與太子從事，異於他吏。」使中使慰勞，聽復本職，發遣還郡。

諡登曰宣太子。

吴書曰：初葬句容，〔一〇〕置園邑，奉守如法。後三年，改葬蔣陵。〔一一〕

〔一〕登立於魏黄初二年，卒於吴赤烏四年，當生於漢建安十四年。孫權二十八歲始生長子登，年六十而登死。赤烏五年立和爲太子。赤烏十三年廢太子和，處故鄣，魯王霸賜死，立亮爲太子。孫權自登死後，信任讒閒，殺戮忠良，老耄昏憒，倒行逆施，吴國之亡，已肇於此矣。

〔二〕國語周語：「靈王二十二年，穀、洛鬬，將毁王宫，王欲壅之，太子晉諫曰：不可。」韋注：「晉靈王太子也。早卒，不立。」史記孔子弟子列傳：「顔回者，魯人也，字子淵，少孔子三十歲。回年二十九，髪盡白，蚤死。」

〔三〕「下流」見前。

〔四〕裴欽見嚴畯傳。

〔五〕何焯曰：「此虞翻字疑誤。於時仲翔没交州已十餘年矣，且未嘗厠迹官僚也。」官本攷證陳浩説同。弼按：虞翻死於赤烏二年，孫登死於赤烏四年五月，相距年餘，遠道或不及知，此「翻」字或不誤，何云已没十餘年，誤。

〔六〕易蹇卦之辭：「王臣蹇蹇，匪躬之故。」正義曰：「蹇，難也。有險在前，畏而不進，故稱爲蹇。志匡王室，能涉蹇難，而往濟蹇，故曰王臣蹇蹇也。盡忠於君，匪以私身之故，而不往濟君，故曰匪躬之故。」

〔七〕論語曾子之辭。

〔八〕左傳襄公十四年：「楚子囊還自伐吴，卒。將死，遺言謂子庚：必城郢。君子謂子囊忠。君薨，不忘增其名；將死，不忘衛社稷，可不謂忠乎。」

〔九〕陳本無「也」字，誤。

〔一〇〕句容見孫權傳赤烏八年。

〔一一〕孫權葬蔣陵。

子璠、希，皆早卒。次子英，封吳侯。五鳳元年，英以大將軍孫峻擅權，謀誅峻，事覺自殺，國除。吳歷曰：孫和以無罪見殺，衆庶皆懷憤歎。前司馬桓慮因此招合將吏，欲共殺峻立英，事覺，皆見殺，英實不知。

謝景者，字叔發，南陽宛人。在郡有治迹，吏民稱之，以爲前有顧劭，其次即景。數年，卒官。〔一〕

〔一〕趙一清曰：「水經贛水注：白社有徐孺子墓，吳嘉禾中，太守長沙徐熙於墓隧種松，太守南陽謝景於墓側立碑。」

孫慮字子智，登弟也。少敏慧，有才藝，權器愛之。黄武七年，封建昌侯。〔一〕後二年，〔二〕丞相雍等奏慮性聰體達，所尚日新，比方近漢，〔三〕宜進爵稱王。權未許。〔四〕久之，尚書僕射存上疏曰：〔五〕「帝王之興，莫不褒崇至親，以光羣后。故魯、衛於周，寵冠諸侯；〔六〕高帝五王，封列于漢；〔七〕所以藩屏本朝，爲國鎮衛。建昌侯慮，稟性聰敏，才兼文武，於古典制，宜正名號。陛下謙光，未肯如舊，羣寮大小，咸用於邑。〔八〕方今奸寇恣睢，金鼓未弭，腹心爪牙，惟親與賢。輒與丞相雍等議，咸以慮宜爲鎮軍大將軍，授任偏方，以光大業。」權乃許之，於是假節，開府，治半州。〔九〕吴書載權詔曰：「期運擾亂，凶邪肆虐，威罰有序，干戈不戢。以慮氣志休懿，武略夙昭，必能爲國佐定大業，故授以上將之位，顯以殊特之榮，寵以兵馬之勢，委以偏方之任。外欲威振敵虜，厭難萬里；内欲鎮撫遠近，慰卹將士；誠慮建功立事竭命之秋也。慮其内修文德，外經武訓，持盈若沖，〔一〇〕則滿而不溢，敬慎乃心，無忝所受。」慮以皇子之尊，富於春秋，遠近嫌其不能留意。及至臨事，遵奉法度，敬納師友，過於衆望。年二十，嘉禾元年卒。〔一一〕無子，國除。

〔一〕建昌見孫權傳黄武七年，又見太史慈傳。趙一清曰：「寰宇記卷百十一：孫慮城在建昌縣南一百里，城南有青石井，可深十丈，常冬夏有水。」

〔二〕黄龍二年。

〔三〕監本、官本「比」作「北」，誤。

〔四〕慮作鬬鴨欄，陸遜諫止，慮即時毁徹之，見遜傳。慮納潘濬女，見濬傳。

〔五〕李龍官曰：「存上有脱文，否則失其姓也。」錢大昭曰：「史失其姓。建衡元年有督軍徐存，與監軍李勖從建安海道擊交阯，未知是否。」

〔六〕周公封於魯，康叔封於衛，皆武王同母弟也。

〔七〕漢高帝八男，此言五王者，漢書有高五王傳，惠帝、文帝有紀，淮南王别有傳也。

〔八〕於邑，鬱結也。

〔九〕半州見張昭傳、薛綜傳。慮以薛綜爲長史，見綜傳，事在黄龍三年。趙一清曰：「方輿紀要卷八十五：半洲城在九江府西九十里，晉所築。一清案：孫慮封建昌侯，今南康府之建昌縣也，北去九江尋陽僅九十里耳，故開府於此。然必有城治，或晉時因其舊基修築之耳。」

〔一〇〕毛本「盈」作「隱」，誤。

〔一一〕當生於漢建安十八年，小孫登四歲，先登死十年。

孫和字子孝，慮弟也。少以母王有寵見愛，〔一〕年十四，〔二〕爲置宮衞，使中書令闞澤教以書藝；好學下士，甚見稱述。赤烏五年，立爲太子，時年十九。闞澤爲太傅，薛綜爲少傅，〔三〕而蔡穎、張純、封俌、嚴維等皆從容侍從。

吴書曰：和少岐嶷有智意，〔四〕故權尤愛幸，常在左右；衣服禮秩、雕玩珍異之賜，諸子莫得比焉。好文學，善騎射，承師涉學，精識聰敏，尊敬師傅，愛好人物。穎等每朝見進賀，和常降意，歡以待之。講校經義，綜察是非，及訪諮朝臣，考績行能，以知優劣，各有條貫。後諸葛豐僞叛以誘魏將諸葛誕，〔五〕權潛軍待之。和以權暴露外次，又戰者凶事，常憂勞憯怛，不復會同飲食。數上諫，戒令持重，務在全勝。權還，然後敢安。

張純字元基，敦之子。〔六〕

吴録曰：純少厲操行，學博才秀，切問捷對，容止可觀。拜郎中，補廣德令，〔七〕治有異績，擢爲太子輔義都尉。〔八〕

〔一〕妃嬪傳王夫人傳：「黄武中，得幸生和。」和當生於黄武三年，說見王夫人傳。

〔二〕嘉禾六年。

〔三〕闞澤、薛綜皆以赤烏六年卒，爲傅不過一年。此後吾粲爲太傅，自此遂二宫交搆。陸遜上疏，言太子正統，魯王藩臣，宜寵秩有差。書三四上，權不聽許，且累遣中使責讓遜，遜以赤烏八年憤恚致卒，和亦幽閉。直至赤烏十三年徙和於故鄣，魯王霸賜死，兩敗俱傷，而吴遂立幼主矣。

〔四〕「岐嶷」解見魏志明紀卷首注引魏書。

〔五〕李龍官曰：「諸葛誕即諸葛豐之後，此何以云諸葛豐？吴主赤烏十年傳注引江表傳作諸葛壹，是豐字乃壹字之訛。」

〔六〕張純事見顧邵傳及注引吴録，又見朱異傳注引文士傳。

〔七〕廣德見妃嬪傳徐夫人傳。

〔八〕輔義都尉一人，吴置。純事又見後注。

是時有司頗以條書問事，和以爲奸妄之人，將因事錯意，以生禍心，不可長也，表宜絶之。又都督劉寶白庶子丁晏，晏亦白寶。和謂晏曰：「文武在事，當能幾人，因隙搆薄，圖相危害，豈有福哉！」遂兩釋之，使之從厚。常言當世士人，宜講修術學，校習射御，以周世務，而但交游博弈，以妨事業，非進取之謂。後羣寮侍晏，言及博弈，以爲「妨事費日而無益於用，勞精損思而終無所成，非所以進德修業，積累功緒者也。且志士愛日惜力，君子慕其大者，高山景行，〔一〕恥非其次。夫以天地長久，而人居其閒，有白駒過隙之喻，〔二〕年齒一暮，榮華不再。凡所患者，在於人情所不能絶，誠能絶無益之欲以奉德義之塗，棄不急之務以修功業之基，其於名行，豈不善哉！夫人情固不能無嬉娱，〔三〕嬉娱之好，亦在於飲晏、琴書、射御之間，何必博弈，然後爲歡？」乃命侍坐者八人，各著論以矯之。於是中庶子韋曜退而論奏，〔四〕和以示賓客。時蔡穎好弈，直事在署者頗斅焉，故以此諷之。

〔一〕詩小雅車舝之章：「高山仰止，景行行止。」鄭箋云：「王亦庶幾古人有高德者，則慕仰之；有明行者，則而行之。」

〔二〕漢書魏豹傳：「人生一世間，如白駒過隙。」師古曰：「言其速疾也。白駒，謂日景也；隙，壁際也。」沈欽韓曰：「莊子盜跖篇：忽然無異騏驥之馳過隙也。」墨子兼愛篇：「人之生乎地上，無幾何也，譬猶駟馳而過郤也。」據此，則謂馬也。」

〔三〕宋本「固」作「猶」。

〔四〕曜論見本傳。

是後王夫人與全公主隙，〔一〕權嘗寢疾，和祠祭於廟，〔二〕和妃叔父張休居近廟，〔三〕邀和過所居，全公主使人覘視，〔四〕因言太子不在廟中，專就妃家計議；又言王夫人見上寢疾，有喜色。權由是發怒，夫人憂死，〔五〕而和寵稍損，懼於廢黜。魯王霸覬覦滋甚，〔六〕陸遜、吾粲、顧譚等數陳適庶之義，理不可奪，〔七〕全寄、楊竺爲魯王霸支黨，〔八〕譖愬日興。粲遂下獄誅，譚徙交州。權沈吟者歷年，〔九〕

殷基通語曰：初，權既立和爲太子，而封霸爲魯王。初拜，猶同宮室，禮秩未分。羣公之議，以爲太子、國王上下有序，禮秩宜異，於是分宮別僚，而隙端開矣。〔一〇〕自侍御賓客，造爲二端，仇黨疑貳，滋延大臣。丞相陸遜、大將軍諸葛恪、太常顧譚、驃騎將軍朱據、會稽太守滕胤、大都督施績、〔一一〕尚書丁密等奉禮而行，宗事太子；〔一二〕驃騎將軍步騭、鎮南將軍呂岱、大司馬全琮、左將軍呂據、中書令孫弘等附魯王，中外官僚、將軍大臣舉國中分。權患之，謂侍中孫峻曰：「子弟不睦，臣下分部，〔一三〕將有袁氏之敗，爲天下笑。一人立者，安得不亂！」於是有改嗣之規矣。〔一四〕

臣松之以爲袁紹、劉表謂尚、琮爲賢，本有傳後之意，異於孫權既以立和，而復寵霸，坐生亂階，自搆家禍，方之袁、劉，昏悖甚矣。步騭以德度著稱，爲吳良臣，而阿附於霸，事同楊竺，何哉？和既正位，適庶分定，就使才德不殊，猶將義不黨庶，況霸實無聞，而和爲令嗣乎！夫邪僻之人，豈其舉體無善，但一爲不善，衆美皆亡耳。騭若果有此事，則其餘不足觀矣。呂岱、全琮之徒，蓋所不足論耳。

後遂幽閉和。於是驃騎將軍朱據、尚書僕射屈晃率諸將吏，泥頭自縛，連日詣闕請和。〔一五〕權登白爵觀見，甚惡之，〔一六〕勑據、晃等無事忩忩。〔一七〕權欲廢和立亮，無難督陳正、五營督陳象〔一八〕上書，稱引晉獻公殺申生，立奚齊，晉國擾亂；〔一九〕又據、晃固諫不止。權大怒，族誅正、象，據、晃牽入殿，杖一百，〔二〇〕

吳歷曰：晃入口諫曰：「太子仁明，顯聞四海。今三方鼎跱，實不宜搖動太子，以生衆心。願陛下少垂聖慮，老臣雖死，猶生之年。」叩頭流血，辭氣不撓。權不納晃言，斥還田里。孫晧即位，詔曰：「故僕射屈晃，志匡社稷，忠諫忘身。封晃子緒爲東陽亭侯，〔二一〕弟幹、恭爲立義都尉。」〔二二〕緒後亦至尚書僕射。晃，汝南人，見胡沖答問。〔二三〕

吳書曰：張純亦盡言極諫，權幽之，遂棄市。

竟徙和於故鄣，〔二四〕羣司坐諫誅放者十數。衆咸冤之。

吳書曰：權寢疾，意頗感寤，欲徵和還立之。全公主及孫峻、孫弘等固爭之，〔二五〕乃止。

〔一〕宋本「隙」上多「有」字。

〔二〕通鑑：「吳主寢疾，遣太子禱於長沙桓王廟。」胡注：「孫策追謚長沙桓王。杜佑曰：孫權都建業，立兄長沙桓王廟於朱雀橋南。」

〔三〕張承生女，權爲子和納之；張休，承弟也，均見張昭傳。

〔四〕胡三省曰：「過，工禾翻。覘，丑廉翻；窺也。」

〔五〕互見妃嬪傳。

〔六〕左傳桓公二年：「是以民服事其上，而下無覬覦。」杜注：「下不冀望上位。覬，音冀；覦，羊朱翻。」

〔七〕各見本傳。

〔八〕周壽昌曰：「是時黨霸者，霸本傳內尚有吳安、孫奇，並無步騭，騭傳內亦無此事，即周昭論步騭，亦無一言及此，疑注引通語之言未可信。」

〔九〕胡三省曰：「沈吟者，欲決而未決之意，今人猶有此語。沈，持林翻。」

〔一〇〕胡三省曰：「和、霸之隙，亦兩宮僚屬交搆成之。」

〔一一〕績未爲大都督，朱然爲大督。

〔一二〕馮本、毛本「事」作「祀」，誤。

〔一三〕胡三省曰：「分部，謂各分部黨，若漢甘陵南北部。」

〔一四〕韓菼曰：「袁、劉固無論矣，如孟德、仲謀，目覩禍敗，而旋蹈其轍，多少英雄，到此便有兒女子氣。」

〔一五〕互見朱據傳。或曰：「速之廢耳，益知批鱗之無益，哲哉子房！」

〔一六〕胡三省曰：「白爵觀在建業宮中。觀，古玩翻。」

〔一七〕監本、官本「忩忩」作「忿忿」，誤。通鑑作「悤悤」。胡注：「悤悤，急遽不諦細也。」

〔一八〕胡三省曰：「吳主置左右無難營兵，又置五營營兵，各置督領之。」

〔一九〕朱據傳注引殷基通語載據諫爭，亦引晉獻事。

〔二〇〕何焯曰：「老悖昏惑，吳亡不待皓而決。」潘眉曰：「此陳正、陳象、朱據、屈晃四人，當以象字絕句。言族誅陳正、陳象，牽據、晃入殿，杖各一百。」弼按：通鑑作「族誅正、象，牽據、晃入殿，據、晃猶口諫，杖之各一百」。是廷杖之風，由來已遠，正、象忠諫，家族誅夷，朱據初尚公主，近復兼領丞相，貴戚重臣，辱之殿陛，專制淫威，無殊桀、紂矣。

〔二一〕東陽見魏志呂布傳。

〔二二〕立義都尉，吳置。

〔二三〕沖著吳歷，見魏志文紀黃初七年。沈家本曰：「隋、唐志不著，裴所引屈晃事，似傳記之屬。沖，胡綜子，見綜傳。吳天紀中，爲中書令，後仕晉。」

〔二四〕故鄣見孫權傳赤烏十三年。趙一清曰：「方輿紀要卷九十一：故鄣城在湖州府長興縣西南八十里。秦滅楚，置鄣縣，爲鄣郡。漢爲故鄣縣，屬丹陽郡，吳屬吳興郡。一清案：是時尚未置吳興縣，仍屬丹陽。」

〔二五〕胡三省曰：「爭者，恐和復立，爲己患也。」

太元二年正月，封和爲南陽王，遣之長沙。

吳書曰：和之長沙，行過蕪湖，有鵲巢于帆檣，故官寮聞之皆憂慘，以爲檣末傾危，非久安之象。或言鵲巢之詩，有「積行累功以致爵位」之言，今王至德茂行，復受國土，儻神靈以此告寤人意乎！〔一〕

四月，權薨，諸葛恪秉政。恪即和妃張之舅也。〔二〕妃使黃門陳遷之建業上疏中宮，并致問於恪。臨去，恪謂遷曰：「爲我達妃，期當使勝他人。」此言頗泄。又恪有徙都意，使治武昌宮，民間或言欲迎和。及恪被誅，孫峻因此奪和璽綬，〔三〕徙新都，〔四〕又遣使者賜死。和與妃張辭別，張曰：「吉凶當相隨，終不獨生活也。」〔五〕亦自殺，舉邦傷焉。

〔一〕趙一清曰：「方輿紀要卷九十：嚴州府淳安縣西三十里有普慈山，上有太子城，孫和嘗避難於此。」

〔二〕張承，諸葛瑾壻也。和妃，張承女也。爲瑾之外孫女，恪之甥女。

〔三〕胡三省曰：「南陽王璽綬也。」

〔四〕新都郡治始新，見孫權傳建安十三年。

〔五〕通鑑無「活也」二字。

孫休立，封和子皓爲烏程侯，〔一〕自新都之本國。休薨，皓即祚，其年，追謚父和曰文皇帝，改葬明陵，〔二〕置園邑二百家，令、丞奉守。後年正月，又分吴郡、丹陽九縣爲吴興郡，治烏程，〔三〕置太守，四時奉祠。有司奏言，宜立廟京邑。寶鼎二年七月，使守大匠薛珝〔四〕營立寢堂，號曰清廟。十二月，遣守丞相孟仁、〔五〕太常姚信等〔六〕備官僚〔七〕中軍步騎二千人，以靈輿法駕，東迎神於明陵。皓引見仁，親拜送於庭。〔八〕

吴書曰：比仁還，中使手詔，日夜相繼，〔九〕奉問神靈起居動止。巫覡言見和被服顔色如平生日，〔一〇〕皓悲嘉涕淚，〔一一〕悉召公卿尚書，詣闕門下受賜。

靈輿當至，使丞相陸凱奉三牲祭於近郊，皓於金城外露宿。〔一二〕明日，望拜於東門之外。其翌日，拜廟薦祭，歔欷悲感。比七日三祭，倡技晝夜娛樂。〔一三〕有司奏言：「祭不欲數，數則黷，宜以禮斷情。」然後止。

吴歷曰：和四子：晧、德、謙、俊。孫休即位，封德錢塘侯，謙永安侯，〔一四〕俊拜騎都尉。晧在武昌，吴興施但因民之不堪命，聚萬餘人劫謙，將至秣陵，欲立之。未至三十里，住擇吉日，但遣使以謙命詔丁固、諸葛靚。靚即斬其使，但遂前到九里，〔一五〕固、靚出擊，大破之。但兵裸身無鎧甲，臨陣皆披散。謙獨坐車中，遂生獲之。固不敢殺，以狀告晧，晧酖之，母子皆死。俊，張承外孫，〔一六〕聰明辨惠，〔一七〕爲遠近所稱，晧又殺之。〔一八〕

〔一〕烏程見孫堅傳。

〔二〕趙一清曰：「寰宇記卷九十四：烏程縣西陵山，孫晧改葬父和於此，號曰明陵，即卞山之别嶺也。」

〔三〕詳見孫晧傳寶鼎元年十月及注引晧詔。潘眉曰：「後年者，明年之明年也，正月當爲十月。分吴郡之烏程、陽羨、永安、餘杭、臨水及丹陽郡之故鄣、安吉、原鄉、於潛，共九縣爲吴興郡。其烏程、陽羨、餘杭、故鄣、於潛五縣，皆漢舊縣，其永安縣吴時分烏程、餘杭立，臨水縣吴時分餘杭立，安吉、原鄉二縣，漢靈帝中平二年分故鄣立。」

〔四〕毛本「珝」作「翊」，誤。珝爲薛綜子，見綜傳。

〔五〕孟仁事見孫晧傳注引吴録。

〔六〕姚信事見陸績傳注。

〔七〕何校本「官」作「宫」，宋本「僚」作「寮」。

〔八〕劉咸炘曰：「備載儀節，蓋吴所希有耳。」

〔九〕「日夜」各本皆誤作「曰使」。

〔一〇〕宋書禮志無「生」字。

〔一一〕宋本「嘉」作「喜」。

〔一二〕趙一清曰：「方輿紀要卷二十：金城在上元縣北三十五里。括地志：在江乘蒲洲上，相傳孫吳所築。」

〔一三〕侯康曰：「宋書樂志一：何承天曰：世咸傳吳朝無雅樂，案孫皓迎父喪明陵，唯云倡技晝夜不息，則無金石登歌可知矣。承天曰：或云今之神弦，孫氏以爲宗廟登歌也。史臣案：陸機孫權誄：肆夏在廟，雲翹承缺。機不容虛設此言。又韋昭於孫休世上鼓吹鐃歌十二曲，表曰：當付樂官善歌者習歌。然則吳朝非無樂官，善歌者乃能以歌辭被絲管，寧容止以神弦爲廟樂而已乎？」按韋昭所撰十二曲，見宋書樂志四。

〔一四〕俱見孫休傳永安元年。

〔一五〕趙一清謂九里即牛屯，見孫皓傳寶鼎元年。又云方輿紀要卷二十引史作九里汀。

〔一六〕云俊爲張承外孫者，當係俊爲張妃所生也。皓爲何姬所生，餘未詳。

〔一七〕宋本「辨」作「辯」。

〔一八〕昆弟相殘，慘無人道。

孫霸字子威，和同母弟也。〔一〕和爲太子，霸爲魯王，〔二〕寵愛崇特，與和無殊。頃之，和、霸不穆之聲聞於權耳，權禁斷往來，假以精學。督軍使者羊衜上疏曰：「臣聞古之有天下者，皆先顯別適庶，封建子弟，所以尊重祖宗，爲國藩表也。二宮拜授，海內稱宜，斯乃大吳興隆之基。頃聞二宮並絕賓客，遠近悚然，大小失望。竊從下風，聽採衆論，咸謂二宮智達英茂，自正名建號，於今三年，〔三〕德行內著，美稱外昭，西北二隅，〔四〕久所服聞。謂陛下當副順遐邇所以歸德，勤命二宮賓延四遠，使異國聞聲，思爲臣妾。今既未垂意於此，而發明詔，省奪備衛，抑絶賓客，使四方禮敬，不復得通，雖實陛下敦尚古義，欲令二宮專志於學，不復顧慮觀聽小宜，期於温故博物而已，〔五〕然非臣下傾企喁喁之至願也。或謂二宮不遵典式，此臣所以寢息不寧。就如所嫌，猶宜補察，密加斟酌，不使遠近得容異言。臣懼積疑成謗，久將宣流，而西北二隅，去國不遠，異同之語，易以聞達。聞達之日，聲論當興，將謂二宮有不順之愆，不審陛下何以解之？若無以解異國，則亦無以釋境内，境内守疑，異國興謗，非所以育巍巍、鎮社稷也。願陛下早發優詔，使二宮周旋禮命如初，則天清地宴，萬國幸甚矣。」時全寄、吴安、孫奇、楊竺等陰共附霸，圖危太子。譖毁既行，太子以敗，霸亦賜死。流竺尸于江，兄穆以數諫戒竺，得免大辟，猶徙南州。霸賜死後，又誅寄、安、奇等，咸以黨霸搆和故也。霸二子，基、壹。〔六〕五鳳中，封基爲吴侯，壹宛陵侯。基侍孫亮在内，太平二年，盜乘御馬，收付獄。亮問侍中刁玄曰：「盜乘御馬罪云何？」玄對曰：「科應死。然魯王早終，惟陛下哀原之。」亮曰：「法者，天下所共，何得阿以親親故邪？當思惟可以釋此者，柰何以情相迫乎！」玄曰：「舊赦有大小，或天下，亦有千里、五百里赦，隨意所及。」亮曰：「解人不當爾邪！」乃赦宫中，基以得免。孫晧即位，追和、霸舊隙，削基、壹爵土，與祖母謝姬俱徙會稽烏傷縣。〔七〕

〔一〕何焯曰：「同母二字衍。傳後云霸二子，與祖母謝姬俱徙烏傷，則和出自王，霸出自謝矣。」（盧明楷説同。）

〔二〕孫權爲子霸納劉基女，見劉繇傳。

〔三〕和立於赤烏五年，此疏當上於赤烏七年。

〔四〕胡三省曰：「蜀在西，魏在北。」

〔五〕何焯校本以「聽」字爲句，一本以「宜」字爲句。弼按：「宜」字疑誤。

〔六〕陳景雲曰：「此傳霸次子名壹，而孫奂庶子亦名壹，疑此傳壹字誤。」錢大昕、陳浩説同。

〔七〕烏傷見虞翻傳。

孫奮字子揚，霸弟也。母曰仲姬。太元二年，立爲齊王，居武昌。〔一〕權薨，太傅諸葛恪不欲諸王處江濱兵馬之地，〔二〕徙奮於豫章。〔三〕奮怒，不從命，又數越法度。恪上牋諫曰：「帝王之尊，與天同位，是以家天下，臣父兄，四海之内，皆爲臣妾。仇讎有善，不得不舉；親戚有惡，不得不誅；所以承天理物，先國後身，蓋聖人立制，百代不易之道也。昔漢初興，多王子弟，至於太彊，輒爲不軌；上則幾危社稷，〔四〕下則骨肉相殘，〔五〕其後懲戒，以爲大諱。自光武以來，諸王有制，惟得自娱於宫内，不得臨民，干預政事；其與交通，皆有重禁。〔六〕遂以全安，各保福祚。此則前世得失之驗也。近袁紹、劉表，各有國土，土地非狹，人衆非弱，以適庶不分，遂滅其宗祀。此乃天下愚智，所共嗟痛。大行皇帝覽古戒今，防芽遏萌，慮於千載。是以寢疾之日，分遣諸王，各早就國，詔策殷勤，科禁嚴峻，其所戒勑，無所不至。誠欲上安宗廟，下全諸王，使百世相承，無凶國害家之悔也。〔七〕大王宜上惟太伯順父之志，〔八〕中念河間獻王、東海王彊恭敬之節，〔九〕下當裁抑驕恣荒亂，〔一〇〕以爲警戒。而聞頃至武昌以來，多違詔勑，不拘制度，擅發諸將兵，治護宮室；又左右常從有罪過者，當以表聞，公付有司，而擅私殺，事不明白。〔一一〕大司馬呂岱，親受先帝詔勑，輔導大王，既不承用其言，令懷憂怖。華錡先帝近臣，忠良正直，其所陳道，當納用之，而聞怒錡，有收縛之語。又中書楊融，親受詔勑，所當恭肅，云正自不聽禁，〔一二〕當如我何！聞此之日，大小驚怪，莫不寒心。里語曰：明鏡所以照形，古事所以知今。大王宜深以魯王爲戒，改易其行，戰戰兢兢，盡敬朝廷，〔一三〕如此，則無求不得。若棄忘先帝法教，懷輕慢之心，臣下寧負大王，不敢負先帝遺詔；寧爲大王所怨疾，豈敢忘尊主之威，而令詔勑不行於藩臣邪？此古今正義，大王所照知也。夫福來有由，禍來有漸，漸生不憂，將不可悔。向使魯王早納忠直之言，懷驚懼之慮，〔一四〕享祚無窮，豈有滅亡之禍哉！夫良藥苦口，惟疾者能甘之；忠言逆耳，惟達者能受之。今者恪等慺慺，〔一五〕欲爲大王除危殆於萌芽，廣福慶之基原，是以不自知言至，〔一六〕願蒙三思。」奮得牋懼，遂移南昌，〔一七〕游獵彌甚，官屬不堪命。及恪誅，奮下住蕪湖，欲至建業觀變。傅相謝慈等諫奮，奮殺之。〔一八〕

慈字孝宗，彭城人，見禮論。〔一九〕撰喪服圖及變除行於世。〔二〇〕

坐廢爲庶人，徙章安縣。〔二一〕太平三年，封爲章安侯。

江表傳載亮詔曰：「齊王奮前坐殺吏，廢爲庶人，連有赦令，〔二二〕獨不見原，縱未宜復王，何以不侯？又諸孫兄弟作將，列在江渚，孤有兄，獨爾云何？」有司奏可，就拜爲侯。

〔一〕奮娶袁術孫女，見魏志袁術傳。

〔二〕孫休傳作「不欲諸王在濱江兵馬之地」。

〔三〕趙一清曰：「水經贛水注：王步側有城，云是孫奮爲齊王，鎮此城之渚，今謂之王步，蓋齊王之渚步也。郡東南二十餘里，又有一城，號曰齊王城，築道相連，蓋其離宮也。寰宇記卷一百六：齊城在洪州南昌縣東陸路二十里，諸葛恪徙齊王奮居於此。」

〔四〕胡三省曰：「謂吳、楚七國，淮南、濟北、燕、廣陵也。」

〔五〕胡三省曰：「謂如廣川王去之類。」

〔六〕胡三省曰：「光武設科禁，藩王不得交通賓客。」

〔七〕書洪範曰：「凶于而國，害於而家。」

〔八〕周太王三子，長曰太伯，次曰仲雍，次曰季歷。季歷之子曰昌，有聖德，太王欲傳國季歷以及昌。太伯、仲雍遂逃之荆蠻，讓國季歷，以成父之志。惟，思也。

〔九〕胡三省曰：「漢河閒獻王德，於武帝兄也；東海王彊，於明帝異母兄也。二王之事二帝，極爲恭順。」

〔一〇〕宋本「裁」作「存」，通鑑作「下存前世驕恣荒亂之王」。

〔一一〕胡三省曰：「吳諸王有常從吏兵，置常從督以領之。明，顯也；白，奏也。謂不顯奏其罪，而擅殺之也。從，才用翻。」

〔一二〕通鑑作「乃云正自不聽禁」。胡注：「謂不聽禁約也。」

〔一三〕通鑑「敬」作「禮」。弼按：作「敬」是。周瑜傳：「瑜獨先盡敬。」

〔一四〕胡三省曰：「驚當作兢。」

〔一五〕胡三省曰：「僂，盧侯翻。僂僂，恭謹貌。」

〔一六〕胡三省曰：「至，極也，切也。」

〔一七〕胡三省曰：「南昌縣，豫章郡治所。」

〔一八〕謝慈一作射慈，見孫休傳。

〔一九〕釋文敘録：「射慈字孝宗，彭城人，吴中書侍郎，齊王傅。禮記音一卷。」隋書經籍志：「禮記音義隱一卷，謝氏撰。」又曰：「梁有鄭玄、王肅、射慈、射貞、孫毓、繆炳音各一卷，亡。」唐經籍志：「禮記音二卷，謝慈撰。」藝文志：「射慈小戴禮記音二卷。」通志藝文略：「禮記音義隱二卷，謝慈撰。」王模輯本序曰：「經典序録，禮記音十三家内，有射慈禮記音，無義隱字。隋志有謝氏禮記音義隱一卷，又有射慈音一卷，則謝氏與射慈當爲二人，其禮記音與音義隱亦當爲二書也。經義攷竟作射慈音義隱，今從之而以正義、釋文所引隱義并鈔入焉，凡二十八條。」馬國翰輯本序曰：「唐時射音尚在，故正義及引之。然引稱謝玆，謝玆即射慈，其所説下室之饋，音兼乎義，此又謝氏即射慈之一證也。唐志二卷之音，即隋志一卷之音義隱，唐志標題書目，多與隋志不合，幸存射慈之名，猶可尋繹而參攷之也。今從釋文、正義輯録爲卷。」

〔二〇〕隋書經籍志：「梁有喪服變除圖五卷，吴齊王傅射慈撰，亡。」唐經籍志：「喪服天子諸侯圖二卷，謝慈撰。」藝文志：「射慈喪服天子諸侯圖一卷。」嚴可均全三國文曰：「射慈字孝宗，彭城人，一作謝慈。爲中書郎，領齊王奮傅，以諫被殺，有喪服圖及變除五卷。」又曰：「喪服變除今見於通典者凡二十條。」馬國翰輯本序曰：「裴松之注云撰喪服圖及變除行於世，蓋二書也。七録合之，云喪服變除圖五卷。唐藝文志有喪服天子諸侯圖一卷，已非梁時之舊本。今佚，從杜佑通典采得二十七節，又從御覽、南史、禮記正義各采一節，合而録之。與徐整答問爲多，整當是慈之門人，其書體例，亦鄭志之類。」

〔二一〕章安見孫權傳黄武四年。胡三省曰：「章安，前漢冶縣也，故閩越地。光武更名章安，屬會稽郡。沈約宋志曰：臨海太守本會稽東部都尉，前漢治鄞，後漢分會稽爲吴郡，疑是都尉徙治章安也。晉太康記曰：章安本鄞縣南之回浦鄉。余謂太康志所云即吴臨海郡之章安縣地，今台州黄巖縣章安鎮是也。奮徙章安，即臨海之章安也。」

〔二二〕局本「令」作「命」，誤。

建衡二年，孫皓左夫人王氏卒，〔一〕皓哀念過甚，朝夕哭臨，數月不出，由是民間或謂皓死，訛言奮與上虞侯奉當有立者。奮母仲姬墓在豫章，豫章太守張俊〔二〕疑其或然，埽除墳塋。〔三〕皓聞之，車裂俊，夷三族；誅奮及其五子，國除。〔四〕

江表傳曰：豫章吏十人乞代俊死，皓不聽。奮以此見疑，本在章安，徙還吴城禁錮，使男女不得通婚，或年三十、四十不得嫁娶。奮上表乞自比禽獸，使男女自相配偶。皓大怒，遣察戰齎藥賜奮，〔五〕奮不受藥，叩頭千下，曰：〔六〕「老臣自將兒子治生求活，無豫國事，乞丐餘年。」皓不聽，父子皆飲藥死。

臣松之案：建衡二年至奮之死，孫皓即位，尚猶未久，若奮未被疑之前，兒女年二十左右，至奮死時，不得年三十、四十也。若先已長大，自失時未婚娶，則不由皓之禁錮矣。此雖欲增皓之惡，然非實理。

〔一〕錢大昭曰：「妃嬪傳注引江表傳，則以左夫人爲張布女，即所奪衛尉馮朝子純妻也。此云王氏，爲不同矣。」

〔二〕趙一清曰：「此人即造豫章雙闕者。」

〔三〕胡三省曰：「埽，糞埽也；除，芟除荆棘。」

〔四〕官本「五」作「三」，誤。

〔五〕「察戰」見孫休傳永安五年。

〔六〕「千」，或改作「于」。俞正燮癸巳存稿卷七云：「叩頭千下，其事可憫。韋曜傳云：曜下獄置對曰：因被問，叩頭五百下。華覈救曜表曰：謹通進表，叩頭百下。蓋其時卑乞常語。公羊春秋：鄭伯乞盟。何休注云：使吾叩頭乞盟。然知東漢末常語，若此形容之文，非真叩頭千、叩頭五百也。稽首有定儀式，叩首則隨地匍匐自叩，無定儀式也。」

評曰：孫登居心所存，足爲茂美之德，慮、和並有好善之姿，規自砥礪，或短命早終，或不得其死，哀哉！霸以庶干適，奮不遵軌度，固取危亡之道也。然奮之誅夷，橫遇飛禍矣。〔一〕

〔一〕劉咸炘曰：「此論尚當暢言其兄弟嫌隙、叔姪誅殺之禍。」

吴書十五

賀全吕周鍾離傳第十五〔一〕

〔一〕劉咸炘曰：「合傳之意，評已著之，皆平東南蠻賊者，猶蜀志之李恢、吕凱、馬忠、張嶷也。」

賀齊字公苗，會稽山陰人也。〔二〕

虞預晋書曰：賀氏本姓慶氏。齊伯父純，儒學有重名，漢安帝時爲侍中，江夏太守。去官，與江夏黄瓊、漢中楊厚〔二〕俱公車徵。避安帝父孝德皇帝諱，〔三〕改爲賀氏。〔四〕齊父輔，永寧長。〔五〕

少爲郡吏，守剡長。〔六〕縣吏斯從，輕俠爲奸，〔七〕齊欲治之，主簿諫曰：「從，縣大族，山越所附，今日治之，明日寇至。」齊聞大怒，便立斬從。從族黨遂相糾合，衆千餘人，舉兵攻縣。齊率吏民，開城門突擊，大破之，威震山越。後太末、豐浦民反，〔八〕轉守太末長，誅惡養善，期月盡平。

〔一〕山陰見孫堅傳。

〔二〕潘眉曰：「漢中當爲廣漢。後漢書本傳云：厚，廣漢新都人也。蜀志周羣傳：舒學術於廣漢楊厚。」

〔三〕官本考證曰：「帝字爲後人妄增。」

〔四〕宋本無「氏」字，誤。范書黄瓊傳：「瓊字世英，江夏安陸人，魏郡太守香之子也。永建中，公卿多薦瓊者，於是會稽賀純、廣漢楊厚俱公車徵。瓊至，即拜議郎。瓊上疏順帝曰：臣前薦光禄大夫樊英、太中大夫薛包及會稽賀純、廣漢楊厚，未蒙御省。」范書李固傳：「固上疏曰：陛下撥亂龍飛，初登大位，聘南陽樊英、江夏黄瓊、廣漢楊厚、會稽賀純，策書嗟歎。」章懷注引謝承書曰：「賀純字仲真，會稽山陰人。少爲博士，博極羣藝，十辟公府，三舉賢良方正，五徵博士，四公車徵，皆不就。後徵拜議郎，數陳災異，上便宜數百事，多見省納。遷江夏太守。」晉書賀循傳：「循字彦先，會稽山陰人。其先慶普，漢世傳禮，世所謂慶氏學。族高祖純，博學有重名。漢安帝時，爲侍中，避安帝父諱，改爲賀氏。曾祖齊，仕吴爲名將；祖景，滅賊校尉；父邵，中書令，爲孫皓所殺，徙家屬邊郡。」

〔五〕永寧見虞翻傳。

〔六〕馮本、毛本「剡」作「郯」，誤。郡國志：「揚州會稽郡剡。」惠棟曰：「張勃吴録：縣有天姥岑。李善云：剡，植琰切。」潘眉曰：「齊，會稽郡人，少爲郡吏，守剡長。此剡乃會稽郡之剡縣，字正作剡，音上冉反，與東海郡之郯縣音談者異。今本作郯，從邑旁，誤。觀下云威震山越，可見。」梁章鉅曰：「剡即會稽郡之剡縣，世所稱剡中也。別本作郯，失之遠矣。」謝鍾英曰：「孔曄記：縣本在江東，賀齊爲剡令，移於今剡縣。」一統志：「故城今浙江紹興府嵊縣西南。」

〔七〕官本考證曰：「御覽斯作期。朱良裘曰斯姓，從名。然期亦姓也。」沈家本曰：「廣韻斯字注中正引此文，且斯姓至今爲大族，御覽非。」

〔八〕太末見虞翻傳。漢、晉志皆無豐浦。郡國志「太末縣」劉昭注：「建安四年孫氏分立豐安縣。」沈志：「東陽太守豐安令，漢獻帝興平二年孫氏分諸暨立。」（錢大昕曰：「二説互異，未知孰是。」）一統志：「豐安廢縣，在浙江金華府浦江縣西南。」（今之浦江，即唐之浦陽縣。）後日之豐安、浦陽，殆即由漢末之豐浦相沿而來。準以地望，介在太末、諸暨之閒，與史文相合，特地志無明文耳。

建安元年，孫策臨郡，〔一〕察齊孝廉。時王朗奔東治，〔二〕侯官長商升爲朗起兵，〔三〕策遣永寧長韓晏領南部都尉，〔四〕將兵討升，以齊爲永寧長。晏爲升所敗，齊又代晏領都尉事。升畏齊威名，遣使乞盟，齊因告喻，爲陳禍福，升遂送上印綬，出舍求降。賊帥張雅、詹彊等不願升降，反共殺升，雅稱無上將軍，彊稱會稽太守。賊盛兵少，未足以討，齊住軍息兵。雅與女壻何雄爭勢兩乖，齊令越人因事交構，遂致疑隙，阻兵相圖。齊乃進討，一戰大破，雅、彊黨震懼，率衆出降。

〔一〕臨會稽郡也。

〔二〕馮本、毛本「治」作「冶」，誤。東治見魏志王朗傳。

〔三〕侯官見虞翻傳。

〔四〕此即會稽南部都尉也。會稽南部即建安郡，詳見孫權傳赤烏二年。

侯官既平，而建安、漢興、南平復亂，〔一〕齊進兵建安，立都尉府，〔二〕是歲八年也。〔三〕郡發屬縣五千兵，各使本縣長將之，皆受齊節度。賊洪明、洪進、苑御、吴免、華當等五人，率各萬户，連屯漢興；吴五〔四〕六千户，别屯大潭；〔五〕鄒臨六千户，别屯蓋竹；〔六〕大潭〔七〕同出餘汗。〔八〕軍討漢興，經餘汗，齊以爲賊衆兵少，深入無繼，恐爲所斷，令松陽長丁蕃留備餘汗。〔九〕蕃本與齊鄰城，恥見部伍，辭不肯留。齊乃斬蕃，於是軍中震慄，無不用命。遂分兵留備，進討明等，連大破之。臨陣斬明，其免、當、進、御皆降。轉擊蓋竹，軍向大潭，三將又降。〔一〇〕凡討治斬首六千級，名帥盡禽，復立縣邑，料出兵萬人，拜爲平東校尉。〔一一〕十年，轉討上饒，分以爲建平縣。〔一二〕

〔一〕建安見孫權傳赤烏二年。胡三省曰：「建安本冶縣地，會稽南部都尉治焉。建安中分東侯官置建安縣，用漢年號也。今建寧府地漢興縣。沈約曰：漢末立，吴更名吴興。南平縣亦漢末立，晉武平吴，改曰延平，時皆屬南部都尉。」一統志：「漢興故城，今福建建寧府浦城縣治；南平故城，今福建延平府南平縣西南。」錢大昕曰：「漢興即吴興，此別一吴興，非烏程之吴興也。」梁章鉅曰：「漢曰漢興，吴曰吴興，唐曰唐興。」

〔二〕潘眉曰：「立都尉府者，立會稽南部都尉府於建安也。」洪亮吉曰：「會稽都尉府，建安八年置，吴永安三年廢。」（弼按：蓋改爲建安郡也。）謝鍾英曰：「會稽都尉府，寰宇記在建安縣東南三百里。鍾英按：今建寧府東南三百里。」

〔三〕何焯校增「建安」二字。弼按：前有「建安元年」，此不必增。

〔四〕原注：「姓吴名五。」

〔五〕一統志：「大潭，（志）今福建建寧府建陽縣治，相傳古閩越王築城於此以拒漢，下瞰溪潭，因名。」方輿紀要九十七：「大潭山，山勢蟠屈。」

〔六〕一統志：「蓋竹鎮在建陽縣南二十五里，漢建安中賊鄒臨別屯蓋竹，即此。」趙一清曰：「台州府黄巖縣、温州府平陽縣皆有蓋竹山，俱非建陽之蓋竹也。」

〔七〕「大潭」二字，何焯校衍。

〔八〕原注：「音干。」謝鍾英曰：「按當時兵勢，當在今建寧府松溪縣西，非鄱陽郡之餘汗縣。」

〔九〕陽松，宋本作松陽，松陽見孫晧傳天紀四年。潘眉曰：「楊松，晉、宋志皆作松陽。」李吉甫云：「縣有大松樹，因以爲名。後分章安縣立，時齊爲永寧長，永寧亦分章安縣東甌鄉立，故云鄰城。」梁章鉅曰：「虞翻傳注引會稽典録有節女松楊柳朱，古字楊、陽通用，益證此楊松爲誤倒也。」

〔一〇〕陳浩曰：「三將疑作二將。上云屯大潭、蓋竹者，吴五、鄒臨也。」

〔一一〕平東校尉一人，吴置。

〔一二〕上饒、建平見孫權傳建安十年。

十三年，遷威武中郎將，〔一〕討丹楊黟、歙。〔二〕時武彊、葉鄉、東陽、豐浦四鄉先降，〔三〕齊表言以葉鄉爲始新縣。而歙賊帥金奇萬户屯安勤山，毛甘萬户屯烏聊山，黟帥陳僕、祖山等二萬户屯林歷山。〔四〕林歷山四面壁立，高數十丈，徑路危狹，不容刀楯。賊臨高下石，不可得攻。軍住經日，〔五〕將吏患之。齊身出周行，觀視形便，陰募輕捷士，爲作鐵戈，密於隱險賊所不備處，以戈拓斬山爲緣道，〔六〕夜令潛上，乃多縣布以援下人，〔七〕得上百數人，〔八〕四面流布，俱鳴鼓角，齊勒兵待之。賊夜聞鼓聲四合，謂大軍悉已得上，驚懼惑亂，不知所爲，守路備險者，皆走還依衆。大軍因是得上，大破僕等，其餘皆降，凡斬首七千。〔九〕

抱朴子曰：昔吴遣賀將軍討山賊，賊中有善禁者，每當交戰，官軍刀劍不得拔，弓弩射矢皆還自向，輒致不利。賀將軍長情有思，乃曰：「吾聞金有刃者可禁，〔一〇〕蟲有毒者可禁，其無刃之物，無毒之蟲，則不可禁。彼必是能禁吾兵者也，必不能禁無刃物矣。」乃多作勁木白棓，〔一一〕選有力精卒五千人爲先登，盡捉棓。彼山賊恃其有善禁者，了不嚴備。於是官軍以白棓擊之，彼禁者果不復行，所擊殺者萬計。〔一二〕

齊復表分歙爲新定、黎陽、休陽，并黟、歙，凡六縣。〔一三〕權遂割爲新都郡，齊爲太守，〔一四〕立府於始新，加偏將軍。

〔一〕威武中郎將一人，吴置。

〔二〕丹楊、黟、歙俱見孫策傳。

〔三〕趙一清曰：「方輿紀要卷九十：嚴州府淳安縣，漢丹陽郡歙縣葉鄉地。孫吴析置始新縣，爲新都郡治。城在今縣西六十里威平鎮。武彊山在遂安縣西六十里，與歙之白漈諸嶺相錯。武彊溪在城南，源出武彊山。水經漸江水注云立始新之府於歙之華鄉，華鄉即葉鄉也。」弼按：葉鄉改名始新，即新都郡治，見孫權傳建安十三年，東陽郡見孫皓傳寶鼎元年，豐浦見前。

〔四〕趙一清曰：「郡國志注引魏氏春秋：歙有安勒、烏邪山，黟有林歷山，烏邪即烏聊也。」弼按：據此，則安勤山當作安勒山。一統志：「飛布山在安徽徽州府歙縣北，一名勒山，亦名主簿山。元和志作布射山，在縣北二十里，即吴時金奇屯處。烏聊山在歙縣城内東南隅，元和志謂山上有毛甘故城。林歷山在徽州府黟縣西南。」

〔五〕通鑑「日」作「月」。

〔六〕何焯曰：「戈當作杙，杙所以緣而上也。舊刻譌作戈，今以水經注校正。斬山字亦誤，當作塹，以杙拓塹。不然，拓斬二字連文，義可通乎？」官本考證曰：「杙音亦，所以緣而上也。新安志作鐵弋，以戈拓斬山作以戈拓塹，無山字。緣道下，太平御覽有道成二字。」潘眉曰：「兩戈字俱是弋字，今本譌爲戈。攷太平御覽三百三十七引韋昭吴書云乃作鐵弋，又云以弋拓山爲道，字正作弋。收弋部，不收戈部。蓋弋本是攻具，説文：樴，弋也。左傳襄公十七年：以弋抉其傷。即此。」

〔七〕胡三省曰：「縣讀曰懸。援，于元翻；引也。」

〔八〕通鑑作「得上者百餘人」。

〔九〕趙一清曰：「方輿紀要卷七十：栅源在淳安縣東北四十里，吴賀齊與山越戰，樹栅於此，因名。」

〔一〇〕官本考證曰：「御覽引此，吾聞下有『雄黄勝五兵還丹能威敵』十字。」

〔一一〕魏志鍾會傳云：「已作白棓。」裴注云：「棓與棒同。」

〔一二〕水經漸江水注：「孫權使賀齊討黟、歙山賊，賊固黟之林歷山，山甚峻絶，又工禁五兵。齊以鐵杙椓山，升出不意，又以白棓擊之，氣禁不行，遂用奇功平賊。於是立始新之府于歙之華鄉，令齊守之。」

〔一三〕新定、黎陽、休陽均見孫權傳建安十三年。胡三省曰：「權分歙縣爲始新、新定、休陽、黎陽，并黟爲六縣，置新都郡。晉武帝太康元年更名新安郡，唐睦州是也。宋改爲徽州。」

〔一四〕錢大昭曰：「新都郡已見大帝傳，此處可省。」弼按：彼略此詳，討平山越，齊功爲最，本傳詳述，實爲得宜。

十六年，吴郡餘杭民郎稚合宗起賊，復數千人；〔一〕齊出討之，即復破稚，表言分餘杭爲臨水縣。〔二〕

吴録曰：晉改爲臨安。

被命詣所在，〔三〕及當還郡，〔四〕權出祖道，作樂舞象。

吴書曰：權謂齊曰：「今定天下，都中國，使殊俗貢珍，狡獸率舞，非君誰與？」〔五〕齊曰：「殿下以神武應期，廓開王業，臣幸遭際會，得驅馳風塵之下，佐助末行，效鷹犬之用，臣之願也。若殊俗貢珍，狡獸率舞，宜在聖德，非臣所能。」

賜齊軿車駿馬，罷坐住駕，使齊就車。齊辭不敢，權使左右扶齊上車，令導吏卒兵騎，如在郡儀。權望之笑曰：「人當努力，非積行累勤，此不可得。」去百餘步，乃旋。

〔一〕餘杭見孫策傳。趙一清曰：「宗，宗賊也。此言合宗起賊，蓋合宗起共作賊，而章懷後書劉表傳注以宗黨共爲賊解之，非矣。」

〔二〕臨水見孫晧傳寶鼎元年注。

〔三〕孫權傳：「建安十六年，權徙治秣陵。」被命詣所在，當詣秣陵也。

〔四〕還新都郡也。

〔五〕尚書益稷篇：「百獸率舞，庶尹允諧。」正義曰：「百獸相率而舞，鳥獸感德如此，衆正官長，信皆和諧矣。」

十八年，豫章東部民彭材、李玉、王海等起爲賊亂，衆萬餘人。齊討平之，誅其首惡，餘皆降服。揀其精健爲兵，次爲縣户。遷奮武將軍。

二十年，從權征合肥，時城中出戰，徐盛被創失矛，齊引兵拒擊，得盛所失。〔一〕

江表傳曰：權征合肥，還，爲張遼所掩襲於津北，〔二〕幾至危殆。齊時率三千兵在津南迎權，權既入大船，會諸將飲宴，齊下席涕泣而言曰：「至尊人主，常當持重。今日之事，幾至禍敗，羣下震怖，若無天地，〔三〕願以此爲終身誡。」權自前收其淚曰：「大慙！〔四〕謹以剋心，〔五〕非但書諸紳也。」〔六〕

〔一〕官本考證曰：「御覽引此作徐盛被創失牙，齊引兵拒擊，得盛所失牙。」潘眉曰：「御覽引入牙部，不入矛部。今本作矛，誤。」趙一清曰：「牙，謂牙旗也。權作黃龍大牙，見胡綜傳。」

〔二〕逍遥津也。

〔三〕局本「天」作「人」，誤。

〔四〕胡三省曰：「權慙謝賀齊也。」

〔五〕通鑑作「謹（以）〔巳〕刻心。」

〔六〕胡三省曰：「論語：子張問於孔子，以孔子之言書諸紳。故以答賀齊。」何晏集解：「孔曰：紳，大帶也。」正義曰：「書之紳帶，意其佩服無忽忘也。以帶束腰，垂其餘以爲飾，謂之紳。」

二十一年，鄱陽民尤突受曹公印綬，化民爲賊，陵陽、始安、涇縣皆與突相應。〔一〕齊與陸遜討破突，〔二〕斬首數千，〔三〕餘黨震服，丹陽三縣皆降，〔四〕料得精兵八千人。拜安東將軍，封山陰侯，〔五〕出鎮江上，督扶州以上至皖。〔六〕

〔一〕陵陽、始安、涇縣俱見孫策傳。梁章鉅曰：「始安縣本屬零陵郡，屬吳，甘露元年改始安縣。當非此始安，且不與鄱陽相近。洪亮吉補疆域志丹陽郡領十六縣，有陵陽、涇，無始安；程普傳：討宣城、涇、安吳、陵陽、春穀諸賊；州郡志謂安吳，吳立。一統志謂在涇縣西南，因疑始安爲安吳之誤。如是，則三縣皆爲丹陽所屬矣。」

〔二〕陸遜傳：「鄱陽賊帥尤突作亂，遜往討之。」

〔三〕毛本「千」作「十」，誤。

〔四〕潘眉曰：「三縣，謂陵陽、始安、涇縣也。然始安初屬零陵郡，後又屬始安郡，非丹陽屬縣也。」弼按：據梁章鉅說，始安爲安吳，則皆爲丹陽屬縣矣。

〔五〕封本縣侯。

〔六〕扶州見呂範傳，皖見孫堅傳。呂範，丹陽太守，治建業，督扶州以下至海。

黃武初，魏使曹休來伐，齊以道遠後至，因住新市爲拒。〔一〕會洞口諸軍〔二〕遭風流溺，所亡中分，將士失色；賴齊未濟，偏軍獨全，諸將倚以爲勢。

〔一〕監本「住」作「往」，誤。

〔二〕洞口見魏志曹休傳。

齊性奢綺，尤好軍事，兵甲器械，極爲精好。所乘船雕刻丹鏤，青蓋絳襜，干櫓戈矛，葩瓜文畫，〔一〕弓弩矢箭，咸取上材；蒙衝鬬艦之屬，望之若山。休等憚之，遂引軍還。遷後將軍，假節，領徐州牧。

〔一〕宋本「瓜」作「爪」。

初，晉宗爲戲口將，以衆叛如魏，還爲蘄春太守，圖襲安樂，〔一〕取其保質。權以爲恥忿；因軍初罷，六月盛夏，出其不意，詔齊督麋芳、鮮于丹等襲蘄春，〔二〕遂生虜宗。〔三〕後四年，卒。〔四〕子達及弟景，皆有令名，爲佳將。〔五〕

會稽典録曰：景爲滅賊校尉，〔六〕御衆嚴而有恩；兵器精飾，爲當時冠絶。早卒。達頗任氣，多所犯迕，故雖有征戰之勞，而爵位不至。然輕財貴義，膽烈過人。子質，位至虎牙將軍。〔七〕景子卲，别有傳。〔八〕

〔一〕趙一清曰：「方輿紀要卷七十六：安樂璣在武昌縣。」

〔二〕毛本「蘄」作「斬」，誤。

〔三〕互見孫權傳黄武二年，又見胡綜傳。

〔四〕當卒於黄武六年。

〔五〕景子卲，傳見卷六十五。

〔六〕滅賊校尉一人，吴置。

〔七〕洪飴孫曰：「虎牙將軍一人，第三品。」

〔八〕趙一清曰：「此六字是承祚本書，非注也。」

全琮字子璜，吴郡錢唐人也。〔一〕父柔，漢靈帝時舉孝廉，補尚書郎右丞。〔二〕董卓之亂，棄官歸州，〔三〕辟别駕從事，詔書就拜會稽東部都尉。〔四〕孫策到吴，柔舉兵先附，策表柔爲丹陽都尉。〔五〕孫權爲車騎將軍，以柔爲長史，徙桂陽太守。〔六〕柔嘗使琮齎米數千斛到吴，有所市易。琮至，皆散用，空船而還。柔大怒，琮頓首曰：「愚以所市非急，而士大夫方有倒縣之患，故便振贍，不及啓報。」柔更以奇之。

徐衆評曰：〔七〕禮，子事父無私財，又不敢私施，所以避尊上也。棄命專財，而以邀名，未盡父子之禮。臣松之以爲子路問「聞斯行諸」，子曰「有父兄在」。琮輒散父財，誠非子道，然士類縣命，憂在朝夕，權其輕重，以先人急，斯亦馮諼市義、〔八〕汲黯振救之類，〔九〕全謂邀名，或負其心。

是時中州士人避亂，而南依琮居者以百數。琮傾家給濟，與共有無，遂顯名遠近。後權以爲奮威校尉，〔一〇〕授兵數千人，使討山越。因開募召，得精兵萬餘人，出屯牛渚，〔一一〕稍遷偏將軍。

〔一〕錢唐見孫堅傳。

〔二〕續百官志：「尚書左右丞各一人，四百石。」魏志武紀建安十八年注，有尚書左丞潘勖，此傳「郎」字疑衍。趙一清曰：「此有脱誤。」

〔三〕歸揚州也。

〔四〕會稽東部都尉見張紘傳。

〔五〕丹陽都尉見程普傳。

〔六〕桂陽郡見蜀志先主傳建安十三年。

〔七〕趙一清曰：「衆當作爰。」

〔八〕毛本「諼」作「媛」，誤。史記作「馮驩」。戰國策云：「孟嘗君使馮諼收責於薛，辭曰：責畢收，以何市而反？孟嘗君曰：視吾家所寡有者。驅而之薛，使吏召諸民當償者，悉來合券。券徧合，起，矯命以責賜諸民，因燒其券，民稱萬歲。長驅到齊，孟嘗君曰：以何市而反？馮諼曰：竊爲君市義。孟嘗君曰：市義柰何？曰：臣竊矯君命以責賜諸民，因燒其券，民稱萬歲，乃臣所以爲君市義也。」

〔九〕史記汲黯列傳：「汲黯字長孺，濮陽人也。河南失火，延燒千餘家，上使黯往視之。反報曰：家人失火，屋比延燒，不足憂也。臣過河南，河南貧人傷水旱萬餘家，或父子相食。臣謹以便宜持節發河南倉粟，以振貧民。臣請歸節，伏矯制之罪。上賢而釋之。」

〔一〇〕奮威校尉一人，吳置。

〔一一〕牛渚見孫策傳。

建安二十四年，劉備將關羽圍樊、襄陽，琮上疏陳羽可討之計，權時已與呂蒙陰議襲之，恐事泄，故寢琮表不答。〔一〕及禽羽，權置酒公安，顧謂琮曰：「君前陳此，孤雖不相答，今日之捷，抑亦君之功也。」於是封陽華亭侯。〔二〕

〔一〕呂蒙詭對陸遜，孫權不答全琮，軍事尚密，不得不爾。

〔二〕當時無陽華地名，陽華疑爲陽羨之誤。黃武元年，琮進封錢唐侯，遂封孫邵爲陽羨侯，見孫權傳黃武四年注引吳録。郝經續書陽華作新華。

黃武元年，魏以舟軍大出洞口，〔一〕權使呂範督諸將拒之，軍營相望。敵數以輕船鈔擊，琮常帶甲仗兵，伺候不休。頃之，敵數千人出江中，琮擊破之，梟其將軍尹盧。〔二〕遷琮綏南將軍，〔三〕進封錢唐侯。四年，假節，領九江太守。

〔一〕洞口見魏志曹休傳。

〔二〕互見孫權傳黃武元年。

〔三〕胡三省曰：「綏南將軍，吳所創置。」

七年，權到皖，使琮與輔國將軍陸遜擊曹休，破之於石亭。〔一〕是時丹陽、吳、會〔二〕山民復爲寇賊，攻沒屬縣。權分三郡險地爲東安郡，〔三〕琮領太守。

吳録曰：琮時治富春。〔四〕

至，明賞罰，招誘降附，數年中，得萬餘人。權召琮還牛渚，罷東安郡。〔五〕

江表傳曰：琮還，經過錢唐，脩祭墳墓，麾幢節蓋，曜於舊里。請會邑人，平生知舊，宗族六親，施散惠與，千有餘萬。本土以爲榮。

黄龍元年，遷衛將軍、左護軍、徐州牧。

吴書曰：初，琮爲將甚勇決，當敵臨難，奮不顧身。及作督帥，養威持重，每御軍，常任計策，不營小利。江表傳曰：權使子登出征，已出軍，次于安樂，〔六〕羣臣莫敢諫。琮密表曰：「古來太子未嘗偏征也，故從曰撫軍，守曰監國。今太子東出，非古制也，〔七〕臣竊憂疑。」權即從之，命登旋軍。議者咸以爲琮有大臣之節也。〔八〕

尚公主。〔九〕

〔一〕石亭見魏志明紀太和二年。

〔二〕吴郡、會稽也。

〔三〕三郡解見孫權傳黄武五年。

〔四〕富春見孫堅傳。

〔五〕據孫權傳，黄武五年秋，置東安郡，七年春罷，皆在破曹休石亭之前，此傳蓋追書之也。破曹休於石亭在黄武七年八月，魏志明紀在太和二年九月。錢大昕曰：「蓋琮從陸遜擊曹休在罷郡還牛渚之後，此傳於破曹休下始敘分置東安郡云云，失其次矣。」

〔六〕安樂見賀齊傳。

〔七〕左傳閔公二年：「晉侯使太子申生伐東山皋落氏，里克諫曰：太子奉冢祀，社稷之粢盛，以朝夕視君膳者也，故曰冢子。君行則守，有守則從，從曰撫軍，守曰監國，古之制也。故君之嗣適，不可以帥師。」

〔八〕姜宸英曰：「通語謂琮阿附魯王，則諫太子出征，未爲實録。」趙一清曰：「蓋不欲其獲兵權及有功耳，琮真奸臣也。」

弼按：此爲孫登之事，非孫和之事，姜、趙皆以後事推測前事，誤矣。

〔九〕琮尚公主即魯班，前配周瑜子循，循死，後配琮，即所謂全公主也。魯班與孫峻私通，見孫峻傳。

嘉禾二年，督步騎五萬征六安，〔一〕六安民皆散走，諸將欲分兵捕之，琮曰：「夫乘危徼倖，舉不百全者，非國家大體也。今分兵捕民，得失相半，豈可謂全哉！縱有所獲，猶不足以弱敵，而副國望也；如或邂逅，虧損非小。與其獲罪，琮寧以身受之，不敢徼功以負國也。」〔二〕

〔一〕六安見孫堅傳。

〔二〕孫權傳：「嘉禾二年，全琮征六安，不克。嘉禾六年，全琮襲六安，不克。」赤烏四年，琮略淮南，決芍陂，燒安成邸閣，收其人民，亦見孫權傳。

赤烏九年，遷右大司馬、左軍師。爲人恭順，善於承顏納規，言辭未嘗切迕。初，權將圍珠崖及夷州，〔一〕皆先問琮，琮曰：「以聖朝之威，何向而不克？然殊方異域，隔絶障海，〔二〕水土氣毒，自古有之，兵入民出，必生疾病，轉相污染，往者懼不能反，所獲何可多致？猥虧江岸之兵，以冀萬一之利，愚臣猶所不安。」權不聽，軍行經歲，士衆疾疫死者十有八九，權深悔之。後言次及之，琮對曰：「當是時，羣臣有不諫者，臣以爲不忠。」

〔一〕「圍」疑作「圖」。珠崖見孫權傳赤烏五年，夷州見孫權傳黄龍二年。

〔二〕趙一清曰：「障當作瘴。說文無瘴字，古段障爲之。」潘眉曰：「障，古瘴字。陸胤傳：蒼梧、南海，歲有舊風障氣之害。通作鄣。魏志公孫瓚傳云日南鄣氣，後漢書作瘴，俗字也。」

琮既親重，〔一〕宗族子弟，並蒙寵貴，賜累千金，〔二〕然猶謙虛接士，貌無驕色。十二年，卒。〔三〕子懌嗣。後襲業領兵，救諸葛誕於壽春，出城先降，魏以爲平東將軍，封臨湘侯。〔四〕懌兄子禕、儀、靜等亦降魏，皆歷郡守、列侯。〔五〕

吳書曰：琮長子緒，幼知名。奉朝請，出授兵，稍遷揚武將軍、牛渚督。孫亮即位，遷鎮北將軍。東關之役，緒與丁奉建議引兵先出，以破魏軍。封一子亭侯，年四十四卒。次子寄，坐阿黨魯王霸，賜死。小子吳，孫權外孫，封都鄉侯。

〔一〕趙一清曰：「御覽卷七百十引吳書曰：全琮年高，賜以履杖。」

〔二〕琮附魯王霸，見孫和傳注引殷基通語：琮子寄阿附魯王，見陸遜傳。

〔三〕孫權傳：「赤烏十年正月，全琮卒。」錢大昭曰：「二字疑誤。」

〔四〕長沙郡，治臨湘，見蜀志先主傳建安十三年。

〔五〕趙一清曰：「全琮諸孫無名靜者，此是因孫靜之孫曰彌、曰曼同降，而誤寫入耳。彌、曼二人見晉書文帝紀，而紀云：全端兄子禕及儀等奉其母來奔，儀兄靜時在壽春，用鍾會計作禕、儀書以譎靜。靜兄弟五人帥其衆來降。亦誤也。魏志鍾會傳作密爲輝、儀書，使親信入城告懌，懌開東門出降。諸葛誕傳亦作全懌，則靜字爲誤無疑。」弼按：趙說全誤，解在魏志鍾會傳。

呂岱字定公，廣陵海陵人也。〔一〕爲郡縣吏，避亂南渡。孫權統事，岱詣幕府，〔二〕出守吳丞。〔三〕權親斷諸縣倉庫及囚繫，長、丞皆見，〔四〕岱處法應問，甚稱權意。召署録事，〔五〕出補餘姚長，〔六〕召募精健，得千餘人。會稽東冶〔七〕五縣賊呂合、秦狼等爲亂，〔八〕權以岱爲督軍校尉，與將軍蔣欽等將兵討之，遂禽合、狼，五縣平定。拜昭信中郎將。〔九〕

吳書曰：建安十六年，岱督郎將尹異等，以兵二千人西誘漢中賊帥張魯到漢興寋城。〔一〇〕魯嫌疑斷道，事計不立，權遂召岱還。

〔一〕海陵見魏志張遼傳。
〔二〕「幕府」解見魏志袁紹傳。
〔三〕吳縣之丞也。續百官志：「縣丞一人，署文書，典知倉獄。」
〔四〕縣長、縣丞皆見也。
〔五〕將軍府之録事也。
〔六〕餘姚見孫策傳。
〔七〕馮本「治」作「治」，誤。
〔八〕互見蔣欽傳。
〔九〕昭信中郎將一人，吳置。
〔一〇〕漢興郡見魏志張既傳注引三輔決録注。寋，音蹇，見爾雅。

建安二十年，督孫茂等十將從取長沙三郡，〔一〕又安成、〔二〕攸、〔三〕永新、〔四〕茶陵〔五〕四縣吏共入陰山城，〔六〕合衆拒岱，岱攻圍，即降，三郡克定。〔七〕權留岱鎮長沙。安成長吴碭及中郎將袁龍等首尾關羽，復爲反亂；碭據攸縣，龍在醴陵。〔八〕權遣横江將軍魯肅攻攸，碭得突走。岱攻醴陵，遂禽斬龍。〔九〕遷廬陵太守。〔一〇〕

〔一〕長沙、零陵、桂陽三郡也。

〔二〕郡國志：「荆州長沙郡安城。」惠棟曰：「前志及州郡志皆作成。」王先謙曰：「成、城通作。三國吴改屬安城郡。」洪亮吉曰：「王烈之安城記：縣有兩鄉，漢縣理西鄉，吴縣理東鄉。」弼按：安成郡治安成，見孫晧傳寶鼎二年。

〔三〕見蜀志黄忠傳。

〔四〕洪亮吉曰：「永新，吴寶鼎二年分廬陵縣立。」謝鍾英曰：「永新，沈志：吴立，屬安成。寰宇記：吴寶鼎中分廬陵立。」鍾英按：據吕岱傳，永新爲漢末所置，洪氏從樂史説，非也。方輿紀要：今江西吉安府永新縣西三十五里。」

〔五〕茶陵見孫權傳赤烏八年。

〔六〕郡國志：「荆州桂陽郡陰山。」宋書州郡志：「湘東太守陰山令。陰山乃漢舊縣，而屬桂陽。吴湘東郡有此陰山縣，疑是吴所立。」水經注：「湘水東北過陰山縣西，洣水從東南來注之。」一統志：「今湖南長沙府攸縣西北六十里。」

〔七〕長沙、零、桂也。

〔八〕醴陵見顧雍傳。

〔九〕蔣超伯曰：「吴碭、袁龍皆蜀漢純臣，前將軍之心膂也，急宜表而出之。」

〔一〇〕廬陵郡見孫策傳。

延康元年，代步騭爲交州刺史。到州，高涼賊帥錢博乞降，〔一〕岱因承制以博爲高涼西郡都尉。〔二〕又鬱林夷賊〔三〕攻圍郡縣，岱討破之。是時桂陽、湞陽賊王金〔四〕合衆於南海界上，〔五〕首亂爲害。權又詔岱討之，生縛金，傳送詣都，斬首獲生凡萬餘人。〔六〕遷安南將軍，假節，封都鄉侯。

〔一〕郡國志：「交州合浦郡高涼。」劉昭注：「建安二十五年孫權立高梁郡。」（馬與龍曰：「吴志、宋志皆作高涼，涼、梁聲近致譌。」）宋書州郡志：「高涼太守。二漢有高涼縣，屬合浦。漢獻帝建安二十三年，吴分立，治思平縣。」御覽卷一百七十二引南越志云：「高涼本合浦縣也，吴建安十六年，衡毅、錢博拒步騭於高安峽，毅投水死，博與其屬亡於高涼。吕岱爲刺史，博既請降，承制以博爲高涼都尉，於是置郡焉。」侯康曰：「傳言延康元年，即建安二十五年也。蓋衡毅死於建安十六年，而錢博降於建安二十五年，是時始置郡，宋書州郡志繫之漢建安二十三年，非。續漢志注亦作二十五年。寰宇記嶺南道交州條下云，錢博乞降，多送金銀贖其罪。」吴增僅曰：「南越志與吴志吕岱傳合，則郡爲建安二十五年置也。惟晉志又云漢桓帝分交趾立高興，靈帝改曰高涼。沈志云吴又分合浦置高興郡。曰又置者，明先有此郡也。疑桓帝初置高興，靈帝改名高涼，後爲夷賊殘破，其郡遂廢。建安二十五年，吕岱到州，賊帥既降，於是復置高涼。孫晧初年，廣州新置，於是又分合浦置高興。晉志序例云歸命侯置郡十二，其一宜都。宜都爲劉氏所置，史志俱詳，未應晉志舛誤至此；此宜都疑高興誤文也。」（吴氏尚有説，見後。）謝鍾英曰：「據吕岱傳，是延康元年高涼爲合浦西部都尉，則沈志謂建安二十三年吴置高涼郡者，誤也。晉志：高涼郡吴置。今姑仍之，然置郡之年不可考矣。投荒録：高涼郡土厚而山環繞，高而稍涼，故以爲名。」洪亮吉曰：「沈志：高涼郡治恩平。一統志：恩平，今廣東肇慶府恩平縣北。」

〔二〕宋本「郡」作「部」。

〔三〕鬱林見孫權傳赤烏二年。

〔四〕郡國志：「荆州桂陽郡湞陽。」蘇林云：「湞，音撐柱之撐，音丈庚反。」王先謙曰：「吴改屬始興郡。一統志：今廣東韶州府英德縣治。」

〔五〕南海郡，治番禺，見孫皓傳天紀三年。

〔六〕侯康曰：「寰宇記交州條下云：時桂陽、湞陽、中宿、臨賀、荔浦、馮乘、謝水諸城賊王金、黄肅、梅伊、梅常、陳尤等蜂起，劫掠州郡。權詔岱討之，岱自討金，將軍曹杖、翟陽討尤，遂生獲金等，斬之。」

交阯太守士燮卒，〔一〕權以燮子徽爲安遠將軍，領九真太守；〔二〕以校尉陳時代燮。岱表分海南三郡爲交州，以將軍戴良爲刺史；海東四郡爲廣州，岱自爲刺史。〔三〕遣良與時南入，而徽不承命，舉兵戍海口以拒良等。岱於是上疏請討徽罪，督兵三千人晨夜浮海。或謂岱曰：「徽藉累世之恩，爲一州所附，未易輕也。」岱曰：「今徽雖懷逆計，未虞吾之卒至，〔四〕若我潛軍輕舉，掩其無備，破之必也。稽留不速，使得生心，嬰城固守，七郡百蠻，雲合響應，雖有智者，誰能圖之？」遂行，過合浦，〔五〕與良俱進。徽聞岱至，果大震怖，不知所出，即率兄弟六人肉袒迎岱，岱皆斬送其首。〔六〕徽大將甘醴、桓治等率吏民攻岱，岱奮擊，大破之，〔七〕進封番禺侯。於是除廣州，復爲交州如故。岱既定交州，復進討九真，斬獲以萬數。又遣從事南宣國化，暨徼外扶南、林邑、堂明諸王，各遣使奉貢。〔八〕權嘉其功，進拜鎮南將軍。

〔一〕燮卒於黄武五年。

〔二〕九真郡見孫皓傳建衡三年。

〔三〕互見孫權傳黄武五年，又見士燮傳。趙一清曰：「晉書地理志：黄武五年，割南海、蒼梧、鬱林三郡，立廣州；交阯、日南、九真、合浦四郡，爲交州。據此，三當作四，四當作三。又晉志云分交州之南海、蒼梧、鬱林、高涼四郡立廣州，則海東亦四郡也。高涼爲吳所立，此但數漢舊郡，故以四爲三。」吳增僅曰：「吕岱傳海南三郡，海東四郡，此七郡即交阯、日南、九真、合浦、南海、蒼梧、鬱林也，惟無高涼郡。高涼置於漢末，而傳乃云七郡百蠻，雲合響應，似吳初已省高涼。然薛綜傳：黄武中，綜上疏云：今日交州，雖名粗定，尚有高涼宿賊，若岱不復南，新刺史宜得精密，檢攝八郡，治高涼者，假其威權，庶可補復云云。陸胤傳：赤烏十一年，高涼渠帥黄吳等降云云。是吳初郡實未省，蓋因高涼本分合浦所置，仍舉漢之舊郡以爲言也。」

〔四〕卒，讀曰猝。

〔五〕合浦見魏志陳留王紀咸熙元年。

〔六〕詳見士燮傳。

〔七〕林國贊曰：「據士燮傳，桓治攻徽，徽伏誅後，無攻岱事。此傳云治攻岱，岱破之，則易攻徽爲攻岱，其誤甚矣。」弼按：攻徽在前，攻岱在後，本爲兩事，不得以士燮傳未載此事，遽指陳志爲誤也。

〔八〕郡國志：「交州日南郡象林。」劉昭注：「今之林邑國。」李兆洛云：「在占城西北。」晉書四夷傳云：扶南去林邑三千餘里，在大海灣中。其境廣袤三千里，王本女子，字葉柳；有外國人混潰擊降之，納以爲妻，而據其國。後裔衰微，其將范尋復世王扶南矣。武帝時，頻來貢。」丁謙曰：「扶南即古狼𦢈躶國，北史謂其國在林邑西南三千餘里，方位較合，蓋即今暹羅國地無疑。」晉書四夷傳又云：「林邑國本漢象林縣，馬援鑄銅柱處也，去南海三千里。後漢時，功曹區姓有子曰連，殺令自立爲王，其後王嗣絶，外孫范熊代立其國，太康中始來貢。」丁謙曰：「林邑即越南所都富春地，古爲越裳，漢置日南郡象林縣，晉改林邑。南齊書夷貊傳云：扶南國在日南之南大海西灣（原作「蠻」，誤）中，廣袤三千餘里，有大江水西流入海。其先有女人名柳葉爲王，爲激國人混填所征服，因以爲妻，王其國。子孫相傳，至吳、晉時國亂，別立大將范尋爲王，自是時通職貢。」丁謙曰「扶南在日南郡南海西大灣中，（今通稱暹羅灣。）即今暹羅及柬浦寨地，大江西流入海」，語似有誤。南史作「有大江廣十里，從西流東入海」，方爲正確。蓋此指湄公河發源於四川西北土司境，名瀾滄江，歷雲南至老撾，乃由暹羅北界東流至法屬西貢地入海。胡三省曰：「扶南在海大灣中，北距日南七千里。林邑國本漢象林縣地，直交趾海行三千里。堂明即道明國，在真臘北。徼，吉弔翻。」弼按：水經温水注載林邑事極詳，文繁未録。

黄龍三年，以南土清定，召岱還屯長沙漚口。〔一〕

王隱交廣記曰：吴後復置廣州，以南陽滕脩爲刺史。或語脩，蝦鬚長一丈，脩不信。其人後故至東海，取蝦鬚長四丈四尺，封以示脩，脩乃服之。

會武陵蠻夷蠢動，岱與太常潘濬共討定之。〔二〕嘉禾三年，權令岱領潘璋士衆，屯陸口，〔三〕後徙蒲圻。〔四〕四年，廬陵賊李桓、路合，會稽東冶賊隨春，南海賊羅厲等一時並起，權復詔岱督劉纂、唐咨等〔五〕分部討擊。春即時首降，岱拜春偏將軍，使領其衆，遂爲列將；桓、厲等皆見斬獲，傳首詣都。〔六〕權詔岱曰：「厲負險作亂，自致梟首；桓凶狡反覆，已降復叛。前後討伐，歷年不禽，〔七〕非君規略，誰能梟之？忠武之節，於是益著。元惡既除，大小震懾，其餘細類，埽地族矣。自今已去，國家永無南顧之虞，三郡晏然，〔八〕無怵惕之驚，又得惡民以供賦役，重用歎息。賞不踰月，國之常典，制度所宜，君其裁之。」〔九〕

〔一〕漚口見步騭傳。

〔二〕孫權傳：「黄龍三年二月，遣太常潘濬討武陵蠻夷。嘉禾三年，事畢還武昌。」

〔三〕潘璋傳：「璋備陸口，嘉禾三年卒。」

〔四〕晉書地理志：「長沙郡蒲圻。」（原誤作「沂」。）宋書州郡志：「江夏太守蒲圻，晉武帝太康元年立，本屬長沙。」胡三省曰：「水經注：陸水出長沙下雋縣西，逕蒲圻縣北，又逕蒲磯山，北入大江，謂之陸口。江水又逕蒲磯山北，對蒲磯洲，洲頭即蒲圻縣治。武昌志曰：蒲磯山今在嘉魚縣境，蓋蒲圻縣初置于此。宋白曰：蒲圻縣，漢沙羨縣地，吳黃武二年於沙羨縣置蒲圻縣，在荆江口，因湖以稱，故曰蒲圻。」寰宇記：「吳黃武二年置，在競江口。」一統志：「蒲圻故城，在湖北武昌府嘉魚縣西南。三國吳置屯，晉太康初置縣，隋移縣於鮑口，而此城廢。鮑口，即今治也。」洪亮吉曰：「蒲圻，吳黃武五年分沙羨立。元和郡縣志：因蒲圻湖以名。」謝鍾英曰：「按呂岱傳：潘濬卒，岱代濬領荆州文書，與陸遜並在武昌，故督蒲圻。陸遜卒，分武昌爲二部，岱督右部，自武昌上至蒲圻，是蒲圻吳屬武昌。洪氏從沈志隸長沙，非也。元和郡縣志：吳大帝分沙羨立；宋白曰：黃武二年立，在荆江口。方輿紀要：今武昌府蒲圻縣北。」吳增僅曰：「據寰宇記，黃武二年分沙羨置，屬長沙，吳於此置督，爲重鎮。據沈志，晉太康元年立，疑吳末所廢，至晉復立。」

〔五〕宋本「資」作「咨」，後文亦作「咨」，此誤。

〔六〕互見孫權傳嘉禾三年、四年、五年，赤烏元年。

〔七〕自嘉禾三年至赤烏元年始平。

〔八〕廬陵、會稽、南海三郡也。

〔九〕孫權傳：「赤烏元年，呂岱討廬陵賊畢，還陸口。」

潘濬卒，〔一〕岱代濬領荆州文書，與陸遜並在武昌，〔二〕故督蒲圻。〔三〕頃之，廖式作亂，攻圍城邑，〔四〕零陵、蒼梧、鬱林諸郡搔擾，岱自表輒行，星夜兼路。權遣使追拜岱交州牧，及遣諸將唐咨等駱驛相繼，攻討一年，破之，斬式及遣諸所僞署臨賀太守費楊等，〔五〕并其支黨，郡縣悉平。〔六〕復還武昌。時年已八十，〔七〕然體素精勤，躬親王事。奮威將軍張承與岱書曰：「昔旦、奭翼周，〔八〕二南作歌，〔九〕今則足下與陸子也。忠勤相先，勞謙相讓，功以權成，化與道合，君子歎其德，小人悅其美。加以文書鞅掌，賓客終日，罷不舍事，勞不言倦，又知上馬輒自超乘，不由跨躡，如此，足下過廉頗也，〔一〇〕何其事事快也！周易有之，禮言恭，德言盛，足下何有盡此美邪？」及陸遜卒，〔一一〕諸葛恪代遜，權乃分武昌爲兩部，岱督右部，自武昌上至蒲圻。遷上大將軍，拜子凱副軍校尉，監兵蒲圻。〔一二〕孫亮即位，拜大司馬。〔一三〕

〔一〕潘濬赤烏二年卒。

〔二〕陸遜傳：「黄武元年，遜領荆州牧。」孫權傳：「黄龍元年，徵陸遜輔太子登，掌武昌留事。」潘濬傳：「濬與陸遜俱駐武昌，共掌留事。」據諸傳所載，是岱代濬領荆州文書也，非領荆州牧也。下文張承書亦云文書鞅掌，可證。

〔三〕趙一清曰：「故當作改。」弼按：陸口、蒲圻皆爲吕岱屯地，故仍督屯地也，「故」字不誤。

〔四〕互見孫權傳赤烏二年。

〔五〕臨賀郡見孫權傳赤烏二年。

〔六〕胡三省曰：「當方面者，當如吕岱；委人以方面者，當如孫權。」

〔七〕赤烏三年，岱年八十。

〔八〕周公旦、召公奭。

〔九〕周南、召南也。

〔一〇〕史記廉頗傳：「趙王思復得廉頗，廉頗亦思復用於趙。趙王使使者視廉頗尚可用否，趙使者既見廉頗，廉頗爲之一飯斗米，肉十斤，披甲上馬，以示尚可用。」

〔一一〕陸遜赤烏八年卒。

〔一二〕呂岱附魯王霸，見孫和傳注引殷基通語。

〔一三〕孫奮傳：「諸葛恪上齊王牋云：大司馬呂岱，親受先帝詔勑，輔導大王。」

岱清身奉公，所在可述。初在交州，歷年不餉家，妻子饑乏。權聞之歎息，以讓羣臣曰：「呂岱出身萬里，爲國勤事，家門內困，而孤不早知。〔一〕股肱耳目，其責安在？」於是加賜錢米布絹，歲有常限。

〔一〕官本考證曰：「御覽無門字。」

始岱親近吳郡徐原，〔一〕慷慨有才志，岱知其可成，賜巾褠，〔二〕與共言論，後遂薦拔，官至侍御史。原性忠壯，好直言，岱時有得失，原輒諫諍，又公論之。〔三〕人或以告岱，岱歎曰：「是我所以貴德淵者也。」及原死，岱哭之甚哀，曰：「德淵，呂岱之益友，〔四〕今不幸，〔五〕岱復於何聞過！」談者美之。

〔一〕徐原事見陸瑁傳。

〔二〕胡三省曰：「釋名：巾，謹也。二十成人，士冠，庶人巾，言當自謹脩於四教。褠，單衣。漢、魏以來，士庶以爲禮服。褠，古侯翻。」

〔三〕胡三省曰：「公然於衆中論其得失。」

〔四〕論語：「孔子曰：益者三友。」

〔五〕論語曰：「不幸短命死矣。」

太平元年，年九十六，卒。〔一〕子凱嗣。遺令殯以素棺，疏巾布構，〔二〕葬送之制，務從約儉，〔三〕凱皆奉行之。

〔一〕九月己丑卒，見孫亮傳。周壽昌曰：「岱卒於孫亮即位之五年，岱長權二十歲。」
〔二〕馮本作「疏布巾構」。
〔三〕宋本作「儉約」。

周魴〔一〕字子魚，吳郡陽羨人也。〔二〕少好學，舉孝廉，爲寧國長，〔三〕轉在懷安。〔四〕錢唐大帥彭式等〔五〕蟻聚爲寇，以魴爲錢唐侯相，〔六〕旬月之閒，斬式首及其支黨，遷丹楊西部都尉。〔七〕黄武中，鄱陽大帥彭綺作亂，〔八〕攻没屬城，乃以魴爲鄱陽太守，與胡綜戮力致討，〔九〕遂生禽綺，送詣武昌，加昭義校尉。〔一〇〕被命密求山中舊族名帥〔一一〕爲北敵所聞知者，令譎挑魏大司馬揚州牧曹休。〔一二〕魴答，恐民帥小醜，不足杖任，事或漏泄，不能致休，乞遣親人齎牋七條以誘休。〔一三〕

〔一〕胡三省曰：「魴，符方翻。」
〔二〕陽羨見孫權傳卷首。
〔三〕寧國見孫權傳赤烏十三年。

〔四〕懷安見呂範傳。

〔五〕馮本「帥」作「師」，誤。

〔六〕黄武元年，全琮封錢唐侯。

〔七〕程普傳：「後徙丹陽都尉，居石城。」石城在丹陽郡之西，當即丹陽西部都尉治所也。

〔八〕互見孫權傳黄武四年、六年。蔣超伯曰：「漢季稱賊渠爲大帥，如彭式、彭綺是也。」綺事别見魏志劉放傳注。

〔九〕官本考證曰：「御覽綜下有等字。」官本「致」作「攻」。

〔一〇〕昭義校尉一人，吴置。

〔一一〕胡三省曰：「所謂山越宗帥也。」

〔一二〕胡三省曰：「魏揚州止得漢之九江、廬江二郡地，而江津要害之地，多爲吴所據。」

〔一三〕此黄武七年、魏太和二年事。何焯曰：「譎休七條，凡鄙寡要，何事塵穢簡牘？人才如魴，即傳可以不立。此與胡綜傳所載僞爲吴質三表，豈故鋪陳其事，以見吴人智略本疎，好行小慧，君臣皆草竊一時耶？」劉咸炘曰：「何説前隘後鑿。魴事於吴重要，自不可不書，史豈當止書人才高者耶？此牋自當書，亦非别有譏意，但失於不删省耳。」弼按：石亭之役，曹休大敗，設無賈逵之援，休幾不免。兵家譎詐，多建奇功，魴之七牋，休果墮計，史文備載，不爲無故也。

其一曰：「魴以千載徼幸，得備州民，〔一〕遠隔江川，敬恪未顯，瞻望雲景，天寔爲之。精誠微薄，名位不昭，雖懷焦渴，曷緣見明？狐死首丘，人情戀本，〔二〕而逼所制，奉覲禮違。每獨矯首西顧，未嘗不寤寐勞歎，展轉反側也。今因隙穴之際，得陳宿昔之志，非神啓之，豈能致此！不勝翹企，萬里託命。謹遣親人董岑、邵南等託叛奉牋。時事變故，列於别紙，惟明公君侯垂日月之光，照遠民之趣，永令歸命者有所戴賴。」

〔一〕吳郡隸揚州，故稱州民。

〔二〕禮記檀弓上：「太公封於營丘，比及五世，皆反葬於周。君子曰：樂樂其所自生，禮不忘其本。古之人有言曰：狐死正丘首，仁也。」鄭注：「正丘首，正首丘也。」

其二曰：「魴遠在邊隅，江汜分絕，恩澤教化，未蒙撫及，而於山谷之閒，遙陳所懷，懼以大義，未見信納。夫物有感激，計因變生，古今同揆。魴仕東典郡，始願已獲，銘心立報，永矣無貳。〔一〕豈圖頃者中被橫譖，禍在漏刻，危於投卵，進有離合去就之宜，退有誣罔枉死之咎，雖志行輕微，存没一節，顧非其所，能不悵然！敢緣古人，因知所歸，拳拳輸情，陳露肝膈。乞降春天之潤，哀拯其急，不復猜疑，絕其委命。事之宣泄，受罪不測，一則傷慈損計，二則杜絕向化者心，惟明使君遠覽前世，矜而愍之，留神所質，速賜祕報。魴當候望舉動，俟須嚮應。」〔二〕

〔一〕「矣」疑作「矢」。

〔二〕「俟」疑作「事」，「嚮」當作「響」。

其三曰：「魴所代故太守廣陵王靖，往者亦以郡民爲變，以見譴責。靖勤自陳釋，而終不解，因立密計，欲北歸命，不幸事露，誅及嬰孩。魴既目見靖事，且觀東主一所非薄，嫿不復厚，〔一〕雖或蹔舍，終見翦除。今又令魴領郡者，是欲責後效，必殺魴之趣也。雖尚視息，憂惕焦灼，未知軀命，竟在何時。人居世閒，猶白駒過隙，而常抱危怖，其可言乎！惟當陳愚，重自披盡，〔二〕懼以卑賤，未能采納，願明使君小垂詳察，〔三〕忖度其言。今此郡民，雖外名降首，〔四〕而故在山草，〔五〕看伺空隙，欲復爲亂；爲亂之日，魴命訖矣。東主頃者潛部分諸將，圖欲北進，吕範、孫韶等入淮，全琮、朱桓趨合肥，諸葛瑾、步騭、朱然到襄陽，陸議、潘璋等討梅敷。〔六〕東主中營自掩石陽，〔七〕别遣從弟孫奂〔八〕治安陸城，修立邸閣，〔九〕輦貲運糧，以爲軍儲；又命諸葛亮進指關西，江邊諸將無復在者，才留三千所兵守武昌耳。〔一〇〕若明使君以萬兵從皖南首江渚，魴便從此率厲吏民，以爲内應。此方諸郡，前後舉事，垂成而敗者，由無外援使其然耳。若北軍臨境，傳檄屬城，思詠之民，誰不企踵？願明使君上觀天時，下察人事，中參蓍龜，則足昭往言之不虚也。」

〔一〕或曰：「嫿，呼麥、乎麥二切。説文云：静好也。」

〔二〕馮本、官本「惟」作「推」，誤。

〔三〕宋本「小」作「少」。

〔四〕是時獲鄱陽賊帥彭綺。

〔五〕後文所謂山栖草藏也。

〔六〕梅敷見孫權傳延康元年。

〔七〕石陽見魏志文聘傳。

〔八〕孫奐，孫堅季弟孫靜子也。

〔九〕安陸見魏志蔣濟傳，邸閣解見魏志王基傳。

〔一〇〕蔣超伯曰：「所、許，古字通，見説文。」

其四曰：「所遣董岑、邵南少長家門，親之信之，有如兒子。是以特令齎牋，託叛爲辭，目語心計，不宣脣齒；骨肉至親，無有知者。又已勑之到州，當言往降，欲北叛來者，得傳之也。魴建此計，任之於天，若其濟也，則有生全之福；邂逅泄漏，則受夷滅之禍。常中夜仰天，告誓星辰，精誠之微，豈能上感？然事急孤窮，惟天是訴耳。遣使之日，載生載死，形存氣亡，魄爽恍惚。私恐使君未深保明，岑、南二人，可留其一，以爲後信。一齎教還，教還故當言悔叛還首。東主有常科，悔叛還者，皆自原罪。如是彼此俱塞，永無端原。縣命西望，涕筆俱下。」

其五曰：「鄱陽之民，實多愚勁，帥之赴役，未即應人，倡之爲變，聞聲響抃。今雖降首，盤節未解，山棲草藏，亂心猶存；而今東主圖興大衆，舉國悉出，江邊空曠，屯塢虛損，惟有諸刺姦耳。若因是際而騷動此民，一旦可得便會；然要恃外援，表裏機(牙)〔㸦〕，不爾以往，無所成也。今使君若從皖道進住江上，魴當從南對岸歷口爲應。〔一一〕若未徑到江岸，可住百里上，〔一二〕令此間民知北軍在彼，即自善也。此間民非苦飢寒而甘兵寇，苦於征討，樂得北屬，但窮困舉事，不時見應，尋受其禍耳。如使石陽及青、徐諸軍，首尾相銜，牽綴往兵，使不得速退者，則善之善也。魴生在江、淮，長於時事，見其便利，百舉百捷，時不再來，敢布腹心。」

〔一〕歷口地未詳。曹休由廬江郡皖縣進兵，即今日安慶府懷寧縣，南岸爲丹陽郡石城縣，在今池州府貴池縣西，意歷口或在此。方輿紀要卷二十七：「貴池縣城西五里，有池口河，其東源出石埭縣西百六十里之櫟山。」一統志作歷山。所謂歷口，未知即池口否？然無佐證，不敢臆斷也。

〔二〕趙一清曰：「百里，洲名也。水經江水注：枝江縣舊治沮中，後移出百里洲西，去郡一百六十里。縣左右有數十洲，槃布江中，其百里洲最大，中有桑田甘果，映江依洲。」弼按：此百里當指皖縣百里上，非謂枝江縣之百里洲也。下文今此閒民知北軍在彼，謂鄱陽郡民也。若遠在上游枝江之百里洲，鄱陽之民何得知之？

其六曰：「東主致恨前者不拔石陽，〔一〕今此後舉，大合新兵，并使潘濬發夷民，人數甚多。聞豫設科條，當以新羸兵置前，好兵在後。攻城之日，云欲以羸兵填塹，使即時破，雖未能然，是事大趣也。私恐石陽城小，不能久留往兵，明使君速垂救濟，誠宜疾密。王靖之變，其鑒不遠。今魴歸命，非復在天，正在明使君耳。若見救以往，則功可必成；如見救不時，則與靖等同禍。前彭綺時，聞旌麾在逢龍，〔二〕此郡民大小歡喜，並思立效。若留一月日閒，事當大成，恨去電速，東得增衆專力討綺，綺始敗耳。願使君深察此言。」

〔一〕孫權傳：「黃武五年秋七月，權聞魏文帝崩，征江夏，圍石陽，不克而還。」

〔二〕逢龍見魏志臧霸傳。

其七曰：「今舉大事，自非爵號無以勸之。乞請將軍、侯印各五十紐，郎將印百紐，校尉、都尉印各二百紐，得以假授諸魁帥，獎勵其志，并乞請幢麾數十，以爲表幟，使山兵吏民，目瞻見之，知去就之分已决，承引所救畫定。又彼此降叛，日月有人，闊狹之間，輒得聞知。今之大事，事宜神密，若省魴牋，乞加隱祕。伏知智度有常，防慮必深，魴懷憂震灼，啓事蒸仍，〔一〕乞未罪怪。」

〔一〕「蒸仍」未詳。

魴因别爲密表曰：「方北有逋寇，固阻河洛，久稽王誅，自擅朔土，臣曾不能吐奇舉善，上以光贊洪化，下以輸展萬一，憂心如擣，假寐忘寢。聖朝天覆，含臣無效，猥發優命，勑臣以前誘致賊休，恨不如計。令於郡界求山谷魁帥爲北賊所聞知者，令與北通。臣伏思惟，喜怖交集，竊恐此人不可卒得，假使得之，懼不可信，不如令臣譎休，於計爲便。此臣得以經年之冀願，逢值千載之一會，輒自督竭，竭盡頑蔽，撰立牋草以誑誘休者，如别紙。臣知無古人單複之術，〔一〕加卒奉大略，〔二〕伀矇狼狽，〔三〕懼以輕愚，忝負特施，豫懷憂灼。臣聞唐堯先天而天弗違，博詢芻蕘，以成盛勳。朝廷神謨，欲必致休於步度之中，靈贊聖規，休必自送，使六軍囊括，虜無孑遺，威風電邁，天下幸甚。謹拜表以聞，并呈牋草，懼於淺局，追用悚息。」被報施行，休果信魴，帥步騎十萬，輜重滿道，徑來入皖。魴亦合衆，隨陸遜横截休，〔四〕休幅裂瓦解，斬獲萬計。

〔一〕魯肅傳注引江表傳云：「當有單複。」魏志文紀末注引典論自序云：「以單攻複。」
〔二〕卒，讀曰猝。
〔三〕潘眉曰：「伀，與忪同。廣雅釋詁：伀，懼也。揚子方言：瀾沐、征伀，遑遽也。」
〔四〕此傳前書陸議，後書陸遜。

魴初建密計時，頻有郎官奉詔詰問諸事，魴乃詣部郡門下，〔一〕因下髮謝，〔二〕故休聞之，不復疑慮。事捷軍旋，權大會諸將歡宴。酒酣，謂魴曰：「君下髮載義，成孤大事，君之功名，當書之竹帛。」加裨將軍，賜爵關内侯。

徐衆評曰：〔三〕夫人臣立功效節，雖非一塗，然各有分也。爲將執桴鼓，則有必死之義，志守則有不假器之義；死必得所，義在不苟。魴爲郡守，職在治民，非君所命，自占誘敵，髡剔髮膚，以徇功名，雖事濟受爵，非君子所美。

賊帥董嗣負阻劫鈔，豫章、臨川，並受其害。

臣松之案：孫亮太平二年，始立臨川郡，是時未有臨川。〔四〕

吾粲、唐咨嘗以三千兵攻守，連月不能拔。魴表乞罷兵，得以便宜從事。魴遣閒諜，授以方策，誘狙殺嗣。嗣弟怖懼，詣武昌降於陸遜，乞出平地，自改爲善，由是數郡無復憂惕。

〔一〕通鑑無「部」字。胡注：「鄱陽郡門下。」
〔二〕胡三省曰：「吴主之詰，周魴之謝，皆所以譎曹休也。」
〔三〕趙一清曰：「衆當作爰。」

〔四〕臨川郡見孫亮傳太平二年。吴增僅有説，見朱然傳注。弼按：裴注不誤。朱然傳之臨川太守，分丹陽郡置也；孫亮傳之臨川郡，分豫章東部置也。吴云名同地異，是也。惟以朱然、周魴兩傳之臨川同指爲丹陽郡所分，則似不然。周魴傳所指之豫章、臨川，地勢相連，故史云並受其害。其地與丹陽隔絶，亦惟鄱陽太守足以控制，史文遂連類而書，不必以置郡在後，遂疑其地爲丹陽所分之臨川也。

魴在郡十三年，卒。〔一〕賞善罰惡，威恩並行。子處，亦有文武材幹。天紀中，爲東觀令、無難督。〔二〕

虞預晉書曰：處入晉爲御史中丞，多所彈糾，不避彊禦。〔三〕齊萬年反，以處爲建威將軍，西征，衆寡不敵。處臨陣慷慨，奮不顧命，遂死於戰場，追贈平西將軍。〔四〕處子玘、札，皆有才力，中興之初，並見寵任。〔五〕其諸子姪，悉處列位，爲揚土豪右。〔六〕而札凶淫放恣，爲百姓所苦。泰寧中，王敦誅之，滅其族。

〔一〕魴，黄武中爲鄱陽太守，當卒於赤烏初年。

〔二〕處官太常，見孫晧傳天璽元年。晉書周處傳：「處字子隱，義興陽羡人。（陽羡漢屬吴郡，吴屬吴興郡。晉元帝時，處子玘三定江南，始立義興郡，治陽羡。）父魴，吴鄱陽太守。處少孤，未弱冠，膂力絶人，不修細行，州曲患之。處謂父老曰：今時和歲豐，何苦而不樂邪！父老歎曰：三害未除，何樂之有！處曰：何謂也？答曰：南山白額虎，（唐人避『虎』字，改作猛獸。）長橋下蛟，并子爲三矣。處曰：若此爲患，吾能除之。處乃入山，射殺虎；投水，搏殺蛟。乃入吴，尋二陸。（勞格校勘記言晉書周處傳處尋二陸之誤，持論極是。）朞年，州府交辟，仕吴爲東觀左丞。孫晧末，爲無難督。」世説新語自新篇：「處知爲人情所患，有自改意。乃自吴尋二陸，具以情告。清河曰：古人貴朝聞夕死，況君前途尚可；且人患志之不立，何憂令名不彰邪！處遂改勵，終爲忠臣孝子。」

〔三〕晉書周處傳：「及吴平，王渾登建業宫，謂吴人曰：諸君亡國之餘，得無慼乎？處對曰：漢末分崩，三國鼎立，魏滅於前，吴亡於後，亡國之感，豈惟一人！渾有慙色。入洛，稍遷新平太守，徵拜散騎常侍。及居近侍，多所規諷，遷御史中丞。凡所糾劾，不避寵戚，梁王肜違法，處深文案之。」

〔四〕晉書周處傳：「氐人齊萬年反，朝臣惡處彊直，皆曰：處，吴之名將子也，忠烈果毅。乃使隸夏侯駿西征。萬年聞之曰：周府君昔臨新平，我知其爲人，才兼文武，若專斷而來，不可當也；如受制於人，此成擒耳。既而梁王肜爲征西大將軍，處知必當陷己，悲慨即路，志不生還。時賊屯梁山，有衆七萬，而駿逼處以五千兵擊之，肜復命處進討攻萬年於六陌，自旦及暮，斬首萬計，弦絶矢盡，遂力戰而没。追贈平西將軍。處著默語三十篇及風土記，并撰集吴書，謚曰孝。有三子：玘、靖、札。靖早卒，玘、札並知名。」

〔五〕晉書周玘傳：「玘字宣佩，彊毅沈斷，有父風。太安初，妖賊張昌等反，昌别率石冰，略有揚土。玘潛結江東人士，同起義兵，徐、揚並平。玘不言功賞，散衆還家。陳敏反于揚州，玘與顧榮、甘卓等斬敏。吴興人錢璯謀反，玘復率合鄉里義衆斬之。玘三定江南，開復王略，帝嘉其勳，以玘行建威將軍、吴興太守，封烏程縣侯。帝以玘頻興義兵，乃以陽羨及長城之西鄉，丹楊之永世，别爲義興郡，以彰其功焉。玘宗族彊盛，人情所歸，帝疑憚之。于時中州人士，佐佑王業，而玘不得調，内懷怨望，復恥爲刁協所輕。時鎮東將軍祭酒王恢，亦爲周顗所侮，乃與玘陰謀誅諸執政，推玘及戴若思共奉帝。後謀泄，憂憤而卒。將卒，謂子勰曰：殺我者諸傖子，能復之，乃吾子也。吴人謂中州人曰傖，故云耳。」晉書周札傳：「札字宣季，性矜險好利，以討錢璯功，賜爵漳浦亭侯，改封東遷縣侯，都督石頭水陸軍事。王敦舉兵攻石頭，札開門應敦，故王師敗績。」

〔六〕晉書周札傳：「札一門五侯，並居列位，吴士貴盛，莫與爲比。王敦深忌之。」

鍾離牧〔一〕字子幹，會稽山陰人，〔二〕漢魯相意七世孫也。〔三〕

會稽典録曰：牧父緒，樓船都尉；兄騆，上計吏。少與同郡謝贊、吴郡顧譚齊名。牧童齓時，號爲遲訥，騆常謂人曰：「牧必勝我，不可輕也。」時人皆以爲不然。

少爰居永興，〔四〕躬自墾田，種稻二十餘畝。臨熟，縣民有識認之，牧曰：「本以田荒，故墾之耳。」遂以稻與縣人。縣長聞之，召民繫獄，欲繩以法，牧爲之請。長曰：「君慕承宮，自行義事；〔五〕

續漢書曰：宫字少子，琅邪人。嘗在蒙陰山中〔六〕耕種禾黍，臨熟，人就認之，宫便推與而去。由是發名，位至左中郎將、侍中。〔七〕

僕爲民主，當以法率下，何得寢公憲而從君邪？」〔八〕牧曰：「此是郡界，緣君意顧，故來暫住。今以少稻而殺此民，何心復留？」遂出裝，還山陰。長自往止之，爲釋繫民。民慙懼，率妻子舂所取稻，得六十斛米，送還牧，牧閉門不受。民輸置道旁，莫有取者，牧由此發名。

徐衆評曰：〔九〕牧蹈長者之規。問者曰：「如牧所行，犯而不校，〔一〇〕又從而救之，直而不有，又還而不受，可不謂之仁讓乎哉？」答曰：「異乎吾所聞。原憲之問於孔子曰：『克伐怨欲不行焉，可以爲仁乎？』〔一一〕孔子曰：『可以爲難矣，仁則吾不知也。』〔一二〕『惡不仁者，其爲仁矣。』今小民不展四體，而認人之稻，不仁甚矣。而牧推而與之，又救其罪，斯爲讓非其義，所救非人，非所謂惡不仁者。苟不惡不仁，安得爲仁哉！蒼梧澆娶妻而美，讓於其兄；〔一三〕尾生篤信，水至不去而死；〔一四〕直躬好直，證父攘羊；〔一五〕申鳴奉法，盡忠於君而執其父。〔一六〕忠信直讓，此四行者，聖賢之所貴也。然不貴蒼梧之讓，非讓道也；不取尾生之信，非信所也；不許直躬之直，非直體也；不嘉申鳴之忠，非忠意也。今牧犯而不校，還而不取，可以爲難矣，未得爲仁讓也。夫聖人以德報德，以直報怨，而牧欲以德報怨，非也。必不得已，二者何從，吾從孔子也。」

〔一〕惠棟曰：「世本云：鍾離與秦同祖，其後因封爲姓。」

〔二〕山陰見孫堅傳。

〔三〕范書鍾離意傳：「意字子阿，少爲郡督郵。時部縣亭長有受人酒禮者，府下記案考之。意封還記，入言於太守曰：春秋先内後外，今宜先清府内。太守甚賢之，遂任以縣事。建武十四年，會稽大疫，意獨身自隱親，經給醫藥，所部多蒙全濟。舉孝廉，再遷，辟大司徒侯霸府。光武見霸曰：君所使掾，何乃仁於用心，誠良吏也。顯宗即位，徵爲尚書。時交阯太守張恢，坐臧千金，徵還伏法。以資物簿入大司農，詔班賜羣臣，意得珠璣，悉以委地，而不拜賜。帝怪而問其故。對曰：臣聞孔子忍渴於盜泉之水，曾參回車於勝母之閭，惡其名也。此臧穢之寶，誠不敢拜。帝嗟歎曰：清乎，尚書之言！乃更以庫錢三十萬賜意，轉爲尚書僕射。永平三年夏旱，而大起北宮。意詣闕免冠上疏諫，出爲魯相。後德陽殿成，百官大會，帝思意言，謂公卿曰：鍾離尚書若在，此殿不立。意視事五年，以愛利爲化，人多殷富，以久病卒官。」

〔四〕永興見孫靜傳注。錢大昕曰：「爰，易也。春秋傳：晉於是作爰田。說文：爰作趄，趄田易居也。陸瑁傳：同郡徐原，爰居會稽。」

〔五〕世本：「承姓，衛大夫成叔承之後。」

〔六〕漢書地理志：「泰山郡蒙陰。」續志後漢省。一統志：「故城今山東沂州府蒙陰縣西南十五里。」

〔七〕范書承宫傳：「宫，琅邪姑幕人。少孤，年八歲，爲人牧豕。鄉人徐子盛者，以春秋經授諸生數百人，宫過息廬下，樂其業，因就聽經，遂請留門下爲諸生。拾薪執苦數年，勤學不倦，經典既明，乃歸家教授。後與妻子之蒙陰山，肆力耕種。禾黍將熟，人有認之者，宫不與計，推之而去，由是顯名。」

〔八〕馮本、官本「寑」作「寢」，誤。

〔九〕趙一清曰：「衆當作爰。」

〔一〇〕論語：「曾子曰：犯而不校。」何晏集解：「包云：校，報也。言見侵犯不報。」

〔一一〕何晏集解：「馬云：克，好勝人；伐，自伐其功；怨，忌小怨；欲，貪欲也。」

〔一二〕何晏集解：「包云：四者行之難，未足以爲仁。」

〔一三〕蒼梧澆事未詳。

〔一四〕莊子盜跖篇：「尾生與女子期於梁下，女子不來，水至不去，抱梁柱而死。」又云：「直躬證父，尾生溺死，信之患也。」

〔一五〕論語：「葉公語孔子曰：吾黨有直躬者，其父攘羊，而子證之。孔子曰：吾黨之直者異於是，父爲子隱，子爲父隱，直在其中矣。」

〔一六〕韓詩外傳：「楚有士曰申鳴，治園以養父母，孝聞於楚王，召之。申鳴辭。其父曰：王欲用汝，何謂辭之？鳴曰：何舍爲子，乃爲臣乎？其父曰：我欲汝之仕也。鳴曰：諾。遂之朝受命，王以爲左司馬。白公之亂，鳴以兵之衛。白公謂石乞曰：申鳴，天下勇士也，今將兵，爲之柰何？乞曰：吾聞申鳴孝。劫其父以兵，使謂申鳴曰：與我則與子楚國，不與我則殺乃父。鳴流涕而應之曰：始則父之子，今則君之臣，已不得爲孝子矣，安得不爲忠臣乎！援桴鼓之，遂殺白公，其父亦死。王歸賞之，鳴曰：受君之祿，避君之難，非忠臣也；正君之法，以殺其父，非孝子也。若此而生，亦何以示天下之士哉！遂自刎而死。」

赤烏五年，從郎中補太子輔義都尉，遷南海太守。

會稽典録曰：高涼賊率仍弩等〔一〕破略百姓，殘害吏民，牧越界撲討，旬日降服。又揭陽縣賊率曾夏等〔二〕衆數千人，歷十餘年，以侯爵雜繒千匹，下書購募，絶不可得。牧遣使慰譬，登皆首服，〔三〕自改爲良民。始興太守羊衜〔四〕與太常滕胤書曰：「鍾離子幹吾昔知之不熟，定見其在南海，威恩部伍，智勇分明，加操行清純，有古人之風。」其見貴如此。在郡四年，以疾去職。

還爲丞相長史，轉司直，〔五〕遷中書令。會建安、鄱陽、新都三郡山民作亂，〔六〕出牧爲監軍使者，討平之。賊帥黃亂、常俱等出其部伍，以充兵役，封秦亭侯，〔七〕拜越騎校尉。

〔一〕高涼見呂岱傳。

〔二〕郡國志：「交州南海郡揭陽。」一統志：「故城今廣東潮州府揭陽縣西。」

〔三〕「登」字疑誤。

〔四〕始興郡見孫晧傳甘露元年。

〔五〕洪飴孫曰：「司直一人，比二千石。」

〔六〕建安見孫權傳赤烏二年，鄱陽見孫權傳建安八年，新都見孫權傳建安十三年。

〔七〕各地志無秦縣，當闕疑。

永安六年，蜀并于魏，武陵五谿夷與蜀接界，時論懼其叛亂，乃以牧爲平魏將軍，領武陵太守，往之郡。魏遣漢葭縣長郭純試守武陵太守，率涪陵民入蜀遷陵界，〔一〕屯于赤沙，誘致諸夷邑君，或起應純，又進攻酉陽縣，〔二〕郡中震懼。牧問朝吏曰：〔三〕「西蜀傾覆，邊境見侵，何以禦之？」皆對曰：「今二縣山險，諸夷阻兵，不可以軍驚擾，驚擾則諸夷盤結。宜以漸安，可遣恩信吏，宣教慰勞。」牧曰：「不然。外境內侵，誑誘人民，當及其根柢未深而撲取之，此救火貴速之勢也。」敕外趣嚴，〔四〕掾史沮議者〔五〕便行軍法。撫夷將軍高尚說牧曰：

「昔潘太常督兵五萬，然後以討五谿夷耳。又是時劉氏連和，諸夷率化，今既無往日之援，而郭純已據遷陵，而明府以三千兵深入，尚未見其利也。」牧曰：「非常之事，何得循舊！」即率所領，晨夜進道，緣山險行，垂二千里。從塞上，斬惡民懷異心者，魁帥百餘人，及其支黨凡千餘級。純等散，五谿平。〔六〕遷公安督、陽武將軍，〔七〕封都鄉侯，徙濡須督。

會稽典録曰：牧之在濡須，深以進取可圖，而不敢陳其策。與侍中東觀令朱育宴，〔八〕慨然歎息。育謂牧曰〔九〕恨於策爵未副，因爲牧曰：〔一〇〕「朝廷諸君，以際會坐取高官，亭侯功無與比，不肯在人下，〔一一〕見顧者猶以於邑，〔一二〕況於侯也！」〔一三〕牧笑而答曰：「卿之所言，未獲我心也。馬援有言，人當功多而賞薄。〔一四〕吾功不足録，而見寵已過當，豈以爲恨？國家不深相知，而見害朝人，是以默默不敢有所陳。若其不然，當建進取之計，以報所受之恩，不徒自守而已。憤歎以此也。」育復曰：「國家已自知侯，以侯之才，無爲不成。愚謂自可陳所懷。」牧曰：「武安君謂秦王云：『非成業難，得賢難；非得賢難，用之難；非用之難，任之難。』武安君欲爲秦王并兼六國，恐授事而不見任，故先陳此言。秦王既許而不能，卒隕將成之業，賜劍杜郵。〔一五〕今國家知吾，不如秦王之知武安，而害吾者有過范睢。〔一六〕大皇帝時，陸丞相討鄱陽，〔一七〕以二千人授吾；潘太常討武陵，吾又有三千人。而朝廷下議，棄吾於彼，使江渚諸督，不復發兵相繼。蒙國威靈自濟，今日何爲常。〔一八〕向使吾不料時度宜，苟有所陳，至見委以事，不足兵勢，終有敗績之患，何無不成之有！」

復以前將軍假節，領武陵太守，卒官。家無餘財，士民思之。子禕嗣，〔一九〕代領兵。

會稽典録曰：牧次子盛，亦履恭讓，爲尚書郎。弟徇，領兵爲將，拜偏將軍，戍西陵，〔二〇〕與監軍使者唐盛論地形勢，謂宜城信陵爲建平援，〔一〕若不先城，敵將先入。盛以施績、留建平，〔二〕智略名將，屢經於彼，無云當城之者，不然徇計。後半年，晉果遣將修信陵城。晉軍平吴，徇領水軍督，臨陣戰死也。

〔一〕宋本「葭」作「髮」，官本作「復」。涪陵郡見蜀志後主傳延熙十一年。胡三省曰：「沈約云：漢獻帝建安六年，劉璋以涪陵縣分立丹興、漢葭二縣，立巴東屬國都尉，後爲涪陵郡，遷陵縣屬武陵郡，吴境也。」錢大昕曰：「當作漢葭縣，漢葭屬涪陵郡。通鑑作漢葭，蓋溫公所見本不誤。」弼按：華陽國志涪陵郡有漢髮，無漢葭、漢復；晉書地理志涪陵郡有漢復、漢葭，無漢髮；太康地記有漢復、漢葭。謝鍾英曰：「蓋蜀漢髮至晉改名漢葭。」楊守敬曰：「漢葭、漢髮均不可解，皆太康地志所云漢復之誤。」一統志：「漢葭廢縣，在今四川酉陽州彭水縣東。」郡國志：「荊州武陵郡遷陵。」一統志：「今湖南永順府保靖縣治。」潘眉曰：「遷陵屬吴，入蜀當是入吴之譌。」

〔二〕胡三省曰：「赤沙蓋在遷陵、酉陽之間，酉陽縣屬武陵郡，縣在酉溪之陽。劉昫曰：黔州彭水縣，漢酉陽縣地，吴分酉陽置黔陽郡，隋於郡置彭水縣，尋爲黔州。九域志曰：漢武陵郡酉陽縣古城，在今辰州界。杜佑曰：思州治務川縣，亦漢酉陽地。」謝鍾英曰：「赤沙在今湖南永綏廳北，酉陽兩漢志屬武陵。水經注：酉水又東逕遷陵故縣界，與西鄉溪合，又東逕酉陽故縣南。九域志：故城在辰州界。方輿紀要：今辰州府西北一百二十里。鄒安鬯曰：今永順縣南。鍾英按：劉昫曰，黔州彭水縣，漢酉陽縣地，吴分酉陽置黔陽郡，隋於郡置彭水縣，尋爲黔州。洪氏因之，遂謂永順府永順、龍山，思南府安化、印江，婺川、彭水皆酉陽縣地。今考三國志，彭水蜀涪陵郡地，吴不能於蜀地置郡，劉氏説誤。」弼按：吴無置黔陽郡事。一統志：「酉陽故城，今湖南永順府永順縣南。」

〔三〕胡三省曰：「朝，郡朝也。」

〔四〕胡三省曰：「趣讀曰促；嚴，裝也。」

〔五〕趙一清曰：「史當作吏。」弼按：史字不誤。

〔六〕趙一清曰：「方輿紀要卷八十一：辰州府溆浦縣南一里，有車靈城。靈，吴叛臣也，入溆谿以自保，吴將鍾離牧討殺之。城址尚存。」

〔七〕宋本「陽」作「揚」，各本皆誤。

〔八〕朱育事見虞翻傳注。

〔九〕官本考證云：「此多曰字，今去。」

〔一〇〕宋本「爲」作「謂」。

〔一一〕或曰：「肯字疑誤。」

〔一二〕楚辭：「氣於邑而不可止。」胡三省曰：「於邑，短氣貌，讀如本字。或曰：於，音烏；邑，烏合翻。」

〔一三〕宋本「沈」作「況」。

〔一四〕范書馬援傳：「援軍還，將至，故人多迎勞之。援曰：昔伏波將軍路博德開置七郡，裁封數百户。今我微勞，猥饗大縣，功薄賞厚，何以能長久乎！」

〔一五〕史記白起傳：「白起者，郿人也。善用兵，事秦昭王，攻楚拔郢，秦以郢爲南郡，白起遷爲武安君。趙軍長平，武安君爲上將軍，秦軍射殺趙括，括軍敗，卒四十萬人降，武安君盡坑之。韓、趙恐，使蘇代厚幣説秦相應侯。應侯言於秦王，許韓、趙割地以和，武安君由是與應侯有隙。諸侯攻秦軍急，秦王乃使人遣白起，不得留咸陽中。武安君既行，出咸陽西門十里，至杜郵，秦昭王與應侯羣臣議曰：白起之遷，其意尚怏怏不服，有餘言。秦王乃使使者賜之劍自裁。」

〔一六〕范睢封應侯。

〔一七〕馮本「丞」作「承」。

〔一八〕官本考證曰：「句内疑有脱字。」

〔一九〕宋本「禕」作「褘」。

〔二〇〕西陵即夷陵，見魏志文紀黄初三年。

〔二二〕信陵見陸抗傳。建平郡治巫，巫見蜀志先主傳章武元年。官本考證曰：「北宋本作與建平接。」

〔二三〕陳景雲曰：「留下衍建字，此因上有建平字而複出也。留平見孫休傳。平以永安六年以平西將軍率衆圍巴東，數月乃還。則平之經信陵者，屢矣。」

評曰：山越好爲叛亂，難安易動，是以孫權不遑外禦，卑辭魏氏。凡此諸臣，皆克寧内難，綏靖邦域者也。呂岱清恪在公；周魴譎略多奇；鍾離牧蹈長者之規；全琮有當世之才，貴重於時，然不檢姦子，獲譏毀名云。〔一〕

〔一〕蔣超伯曰：「以江左爲國者，非包括山越，奄有荆蠻，不能持久。今人但知瑜、肅有功於吴甚偉，吴所以能與曹氏抗者，賀齊、呂岱力爲多也。齊平太末、侯官、蓋竹、餘汗、丹陽、黟、歙、烏聊、林歷諸賊，岱定高涼、鬱林數州，斬士徽而交阯清，破九真而徼外服。設非二將，八閩、百粵，豈權有哉！無閩、粵則江表一隅，四面受敵，一彈指頃，强者併之矣。李重光、錢俶是也。有閩、粵則負山阻海，外以江、淮爲限，而内饒財賦之區，所以孫吴有國較長，而南宋亦支持百餘歲也。」

吳書十六

三國志六十一

潘濬陸凱傳第十六

潘濬字承明，武陵漢壽人也。〔一〕弱冠從宋仲子受學。〔二〕

吳書曰：濬爲人聰察，對問有機理。山陽王粲見而貴異之，〔三〕由是知名，爲郡功曹。

年未三十，荆州牧劉表辟爲部江夏從事。〔四〕時沙羡長贓穢不修，〔五〕濬按殺之，一郡震竦。後爲湘鄉令，〔六〕治甚有名。劉備領荆州，以濬爲治中從事；備入蜀，典留州事。〔七〕

〔一〕漢壽見蜀志關羽傳。

〔二〕宋仲子見魏志劉表傳、王肅傳。蜀志尹默傳：「默遠游荆州，從司馬德操、宋仲子等受古學。」李譔傳：「父仁，與同縣尹默俱游荆州，從司馬徽、宋忠等學。」

〔三〕王粲時避地荆州。

〔四〕續百官志：「諸州皆有從事。」續郡國志「荆州刺史部郡七」，故云部江夏從事也。胡三省曰：「漢制，州牧、刺史部諸郡，各郡置部從事。」

〔五〕沙羡見孫策傳。

〔六〕湘鄉見蜀志蔣琬傳。

〔七〕互見蜀志楊戲季漢輔臣傳注。

孫權殺關羽，并荆土，拜濬輔軍中郎將，〔一〕授以兵。

江表傳曰：權克荆州，將吏悉皆歸附，而濬獨稱疾不見。權遣人以牀就家輿致之，〔二〕濬伏面著牀席不起，涕泣交横，哀咽不能自勝。〔三〕權慰勞與語，呼其字曰：「承明，昔觀丁父，鄀俘也，武王以爲軍帥；彭仲爽，〔四〕申俘也，文王以爲令尹。〔五〕此二人，卿荆國之先賢也。初雖見囚，後皆擢用，爲楚名臣。卿獨不然，未肯降意，將以孤異古人之量邪？」使親近以手巾拭其面，濬起下地拜謝，即以爲治中，荆州諸軍事，一以諮之。〔六〕武陵部從事〔七〕樊伷〔八〕誘導諸夷，圖以武陵屬劉備，外白差督督萬人往討之。〔九〕權不聽，特召問濬，濬答：「以五千兵往，足可以擒伷。」權曰：「卿何以輕之？」濬曰：「伷是南陽舊姓，〔一〇〕頗能弄脣吻，而實無辯論之才。〔一一〕臣所以知之者，伷昔嘗爲州人設饌，比至日中，食不可得，而十餘自起，此亦侏儒觀一節之驗也。」〔一二〕權大笑而納其言，即遣濬將五千往，果斬平之。〔一三〕

遷奮威將軍，封常遷亭侯。〔一四〕

吴書曰：芮玄卒，濬并領玄兵，屯夏口。玄字文表，丹陽人。父祉，字宣嗣，從孫堅征伐有功，堅薦祉爲九江太守，後轉吴郡，所在有聲。玄兄良，字文鸞，隨孫策平定江東，策以爲會稽東部都尉，〔一五〕卒。玄領良兵，拜奮武中郎將，〔一六〕以功封溧陽侯。〔一七〕權爲子登揀擇淑媛，羣臣咸稱玄父祉、兄良並以德義文武顯名三世，故遂娉玄女爲妃焉。黄武五年，卒，權甚愍惜之。

權稱尊號，拜爲少府，進封劉陽侯，〔一八〕

江表傳曰：權數射雉，〔一九〕濬諫權，權曰：「相與別後，時時蹔出耳，不復如往日之時也。」濬曰：「天下未定，萬機務多，射雉非急，弦絶括破，〔二〇〕皆能爲害，乞特爲臣故息置之。」濬出，見雉翳故在，〔二一〕乃手自撤壞之。權由是自絶，不復射雉。

遷太常。五谿蠻夷叛亂盤結，〔二二〕權假濬節，督諸軍討之。〔二三〕信賞必行，法不可干，斬首獲生，蓋以萬數。自是羣蠻衰弱，一方寧静。〔二四〕

吴書曰：驃騎將軍步騭屯漚口，〔二五〕求召募諸郡以增兵。權以問濬，濬曰：「豪將在民間，秏亂爲害，加騭有名勢，在所所媚，不可聽也。」〔二六〕權從之。中郎將豫章徐宗，有名士也，嘗到京師，與孔融交結。然儒生誕節，部曲寬縱，不奉節度，爲衆作殿，濬遂斬之。其奉法不憚私議，皆此類也。歸義隱蕃，〔二七〕以口辯爲豪傑所善，〔二八〕濬子翥，亦與周旋饋餉之。〔二九〕濬聞大怒，疏責翥曰：「吾受國厚恩，志報以命，〔三〇〕爾輩在都，當念恭順，親賢慕善，何故與降虜交，以糧餉之？在遠聞此，心震面熱，惆悵累旬。疏到，急就往使，受杖一百，促責所餉。」〔三一〕當時人咸怪濬，而蕃果圖叛誅夷，衆乃歸服。〔三二〕

江表傳曰：時濬姨兄零陵蔣琬〔三三〕爲蜀大將軍，〔三四〕或有閒濬於武陵太守衞旍者，〔三五〕云濬遣密使與琬相聞，欲有自託之計。旍以啓權，權曰：「承明不爲此也。」即封旍表以示於濬，而召旍還，免官。

〔一〕吴置輔軍中郎將一人。

〔二〕何焯校改「輿」作「舉」。

〔三〕宋本「咽」作「哽」。通鑑同。何焯曰：「濬是漢之叛臣，此略之者，已見楊戲輔臣贊也。江表傳爲不實。」

〔四〕局本「爽」作「樊」，誤。

〔五〕左傳：「觀丁父者，鄀俘也，武王以爲軍率，克州、蓼，服隨、唐，大啓羣蠻。彭仲爽者，申俘也，文王以爲令尹，縣申、息，朝陳、蔡，封畛于汝。」

〔六〕胡三省曰：「郝普、麋芳、傅士仁之在吳，未有所聞也。而潘濬所以自見者，與陸遜、諸葛瑾班，識者當於此而觀人。」

〔七〕通志「部」作「郡」。

〔八〕胡三省曰：「伷與胄同。」

〔九〕胡三省曰：「差，初佳翻；擇也。督，將也。」嚴衍曰：「上督是督將，下督是統率。」

〔一〇〕胡三省曰：「南陽之樊，光武之母黨，故謂之舊姓。」

〔一一〕胡三省曰：「今人以辨給觀人才，何其謬也。吻，武粉翻；口邊曰吻。」

〔一二〕桓譚新論：「侏儒觀一節而長短可知。」胡三省曰：「侏儒，優人，以能諧笑取寵。觀其一節，足以驗其技。」嚴衍曰：「侏儒短人，觀其體中之一節，便知其身之短矣。胡注非。」

〔一三〕趙一清曰：「方輿紀要卷八十：軍山在常德府龍陽縣東八十里，潘濬攻樊伷時屯兵於此，因名。」唐庚曰：「權克荊州，將吏悉降，濬獨堅臥不屈，權輿致之，濬伏牀而泣，悲不自勝，其於所事何厚也？既而樊伷欲以武陵自拔歸蜀，濬爲權畫策，卒自將討平之，其所厚又何薄也？吾聞樂毅去燕適趙，趙欲與之伐燕，毅泣曰：昔之事燕，猶今之事趙也，毅若獲戾，放在他國，終身不敢謀趙之徒隸，況其國乎！使樂毅愚人也，則可；樂毅少知事君，則濬不得無罪矣。」王懋竑曰：「劉備領荊州，以濬爲治中從事；備入蜀，典留州事。孫權殺關羽，并荊土，拜濬輔軍中郎，特授以兵。楊戲季漢諸臣贊列濬於麋芳、傅士仁、郝普，陳注濬亦與關羽不協。孫權襲羽，遂入吳。按濬爲昭烈治中，又典留州事，職任蓋不輕矣。與士仁共守公安，士仁之叛降，濬豈得不知之？自典留州事，而聽其迎降可乎？即如江表傳所言，亦僅稱疾不見而已。及權慰勞之，遽下地拜謝，更爲權用。且樊伷以武陵郡從事誘導諸夷，圖以武陵附備，爲不失舊臣之義。而濬自請兵往斬平之，此豈有人心者？與樂毅所云終身不敢謀趙之徒隸，迥乎異矣！故濬當與麋芳、傅士仁同，戲之譏貶，自不爲過。通鑑盡載江表傳語，而削陳志注與關羽不協，其事遂不著，故附論之。」

〔一四〕或曰：「常疑作高。」弼按：高遷爲屯名，非縣名，見宗室傳孫静傳。常遷見宋志寧州南廣郡，江左立。當時無此縣，作高遷、常遷均非。

〔一五〕會稽東部都尉見張紘傳。

〔一六〕奮武中郎將一人，吴置。

〔一七〕溧陽見妃嬪傳何姬傳。

〔一八〕劉陽見周瑜傳。

〔一九〕周壽昌曰：「景帝休之好射雉，實大帝析薪之訓也。」

〔二〇〕矢末曰括。

〔二一〕凡隱蔽之物曰翳。

〔二二〕五谿蠻夷見蜀志先主傳章武元年。

〔二三〕孫權傳：「黄龍三年春，遣太常潘濬率衆五萬討武陵蠻夷。嘉禾三年冬，太常潘濬平武陵蠻夷，事畢還武昌。」

〔二四〕趙一清曰：「方輿紀要卷八十：常德府武陵縣有臨沅城，三國吴潘濬以郡城大，難固，又築障城，移郡治之。水經沅水注：酉水東逕沅陵縣北，又東南逕潘承明壘西。承明討五谿蠻，營軍所築也。長沙耆舊傳曰：夏隆仕郡時，潘濬南征，太守遣隆修書致禮。濬飛帆中流，力所不及，隆乃於岸邊拔刀大呼，指濬爲賊，因此被收。濬奇其權變，自通解縛，賜以酒食。」

〔二五〕漚口見步騭傳。

〔二六〕官本考證張照曰：「在所，言鷩身所在也，猶言所到之處，人皆媚之云耳。」

〔二七〕通志作「歸義人」，郝書作「降人」。

〔二八〕隱蕃事見胡綜傳。

〔二九〕胡三省曰：「翥，章庶翻。杜預云：周旋，相追逐也。」

〔三〇〕胡三省曰：「言志在致命，以報國恩。」

〔三一〕胡三省曰：「濬欲布其子之罪於國中，以絶後禍也。」

〔三二〕何焯曰：「濬本二劉舊人，故尤懼降人反覆，爲己累也。」

〔三三〕胡三省曰：「同出爲姨，母之姊妹曰姨，妻之姊妹亦曰姨。若母之兄弟，則當呼爲舅，此蓋妻之兄弟也。」

〔三四〕通鑑作「爲諸葛亮長史」，是；江表傳誤。濬討武陵蠻夷在黄龍三年，即魏太和五年，蜀建興九年，是時正諸葛亮復出祁山，蔣琬代張裔爲長史之時。

〔三五〕步騭傳作衛旌，古今字通。通鑑作「旍」，胡注「旍與旌通」。

先是濬與陸遜俱駐武昌，共掌留事，還復故。時校事吕壹操弄威柄，奏按丞相顧雍、左將軍朱據等，皆見禁止。〔一〕黄門侍郎謝厷語次問壹：〔二〕「顧公事何如？」壹答：「不能佳。」〔三〕厷又問：「若此公免退，誰當代之？」壹未答厷，厷曰：「得無潘太常得之乎？」壹良久曰：「君語近之也。」厷謂曰：「潘太常常切齒於君，但道遠無因耳。〔四〕今日代顧公，恐明日便擊君矣。」〔五〕壹大懼，遂解散雍事。濬求朝，詣建業，〔六〕欲盡辭極諫。至，聞太子登已數言之〔七〕而不見從。濬乃大請百寮，欲因會手刃殺壹，以身當之，〔八〕爲國除患。壹密聞知，稱疾不行。濬每進見，無不陳壹之奸險也。由此壹寵漸衰，後遂誅戮。權引咎責躬，因誚讓大臣，語在權傳。〔九〕赤烏二年，濬卒，〔一〇〕子翥嗣。濬女配建昌侯孫慮。〔一一〕

吴書曰：翥字文龍，拜騎都尉，後代領兵，早卒。翥弟祕，權以姊陳氏女妻之，〔一二〕調湘鄉令。

襄陽記曰：襄陽習温爲荆州大公平。大公平，今之州都。〔一三〕祕過辭於温，問曰：「先君昔因君侯當爲州里議主，〔一四〕今果如其言，不審州里誰當復相代者？」温曰：「無過於君也。」後祕爲尚書僕射，代温爲公平，甚得州里之譽。

〔一〕胡三省曰：「禁止者，雖未下之獄，使人守之，禁其不得出入，止不得與親黨交通也。鄭樵通志曰：禁止，謂禁入殿省也，符所屬行之。盤洲洪氏曰：魏、晉以來，三台奏劾，則符光禄勳加禁止，解禁止亦如之。禁止者，身不得入殿省，光禄勳主殿門故也。」

〔二〕謝厷事見陸遜傳。胡三省曰：「厷與宏同，乎萌翻。」

〔三〕或云，「佳」疑作「解」。

〔四〕通鑑無「遠」字。胡注：「謂欲奏舉其罪，而非太常之職，故其道無因也。」

〔五〕胡三省曰：「漢制，丞相御史舉奏百官有罪者。」何焯曰：「此厷之巧于解元歎之結也。」

〔六〕胡三省曰：「濬本留武昌。」

〔七〕胡三省曰：「至建業而知太子數言壹事。」

〔八〕胡三省曰：「以身當擅殺之罪。」

〔九〕見孫權傳赤烏元年。

〔一〇〕王懋竑曰：「通鑑：景初二年冬十月，太常潘濬卒，吴主以鎮南將軍吕岱代濬。綱目書冬十月，吴遣將軍吕岱鎮武昌，而不書濬卒代濬，蓋削之也。太和五年，吴主假太常潘濬節，督軍討五溪蠻，綱目書吴遣潘濬擊五溪蠻，不書官，亦貶之。」

〔一一〕慮卒於嘉禾元年，已先濬八年死矣。

〔一二〕權姊陳氏女事，應參閲妃嬪傳吴夫人傳。

〔一三〕潘眉曰：「當作大公平，今之州都中正。」周壽昌曰：「晉承其制，遂有大中正之設。」

〔一四〕宋本「因」作「日」，何焯校改「因」作「目」。

陸凱字敬風，吴郡吴人也，〔一〕丞相遜族子也。黄武初爲永興、諸暨長，〔二〕所在有治迹，拜建武都尉，〔三〕領兵。雖統軍衆，手不釋書。好太玄，論演其意，以筮輒驗。〔四〕赤烏中，除儋耳太守，討朱崖，〔五〕斬獲有功，遷爲建武校尉。五鳳二年，討山賊陳毖於零陵，斬毖克捷，拜巴丘督、偏將軍，封都鄉侯，轉爲武昌右部督。與諸將共赴壽春，還，累遷盪魏、綏遠將軍。〔六〕孫休即位，拜征北將軍，假節，領豫州牧。〔七〕孫晧立，遷鎮西大將軍，都督巴丘，領荆州牧，進封嘉興侯。〔八〕孫晧與晉平，使者丁忠自北還，説晧弋陽可襲，〔九〕凱諫止，語在晧傳。〔一〇〕寶鼎元年，遷左丞相。〔一一〕

〔一〕宋本無「也」字。

〔二〕永興見孫靜傳。郡國志：「揚州會稽郡諸暨。」一統志：「諸暨故城，今浙江紹興府諸暨縣治。」

〔三〕建武都尉一人，吴置。

〔四〕隋志：「梁有揚子太玄經十三卷，陸凱注，亡。」

〔五〕儋耳、珠崖均見孫權傳赤烏五年。錢大昕曰：「儋耳郡晉、宋二志皆不載。」洪亮吉曰：「吴時未嘗復儋耳郡，陸傳除儋耳太守者，蓋因討珠崖，使虚領之耳。」

〔六〕盪魏將軍一人，吴置。

〔七〕遥領也。

〔八〕嘉興見孫策傳。

〔九〕馮本「弋」作「戈」，誤。

〔一〇〕見孫晧傳寶鼎元年。

〔一一〕隋志：「吴先賢傳四卷，吴左丞相陸凱撰；吴丞相陸凱集五卷。」

晧性不好人視己，羣臣侍見，皆莫敢迕。〔一〕凱説晧曰：「夫君臣無不相識之道，若卒有不虞，不知所赴。」晧聽凱自視。

〔一〕通鑑作「莫敢舉目」。

晧時徙都武昌，揚土百姓，泝流供給，以爲患苦；〔一〕又政事多謬，黎元窮匱。凱上疏曰：

臣聞有道之君，以樂樂民；無道之君，以樂樂身。樂民者，其樂彌長；樂身者，不久而亡。夫民者，國之根也，誠宜重其食，愛其命，民安則君安，民樂則君樂。自頃年以來，君威傷於桀紂，君明闇於姦雄，君惠閉於羣孽。無災而民命盡，無爲而國財空，辜無罪，賞無功，使君有謬誤之愆，天爲作妖。而諸公卿媚上以求愛，困民以求饒，導君於不義，敗政於淫俗，臣竊爲痛心。今鄰國交好，四邊無事，當務息役養士，實其廩庫，以待天時。而更傾動天心，搔擾萬姓，使民不安，大小呼嗟，此非保國養民之術也。

臣聞吉凶在天，猶影之在形，響之在聲也，形動則影動，形止則影止。此分數乃有所繫，非在口之所進退也。昔秦所以亡天下者，但坐賞輕而罰重，政刑錯亂，民力盡於奢侈，目眩於美色，志濁於財寶，邪臣在位，賢哲隱藏，百姓業業，天下苦之，是以遂有覆巢破卵之憂。漢所以彊者，躬行誠信，聽諫納賢，惠及負薪，躬請巖穴，廣采博察，以成其謀。此往事之明證也。

近者漢之衰末，三家鼎立。曹失綱紀，晉有其政。又益州危險，兵多精彊，閉門固守，可保萬世，而劉氏與奪乖錯，賞罰失所，君恣意於奢侈，民力竭於不急，是以爲晉所伐，〔二〕君臣見虜。此目前之明驗也。臣闇於大理，文不及義，智惠淺劣，無復冀望，竊爲陛下惜天下耳。臣謹奏耳目所聞見，百姓所爲煩苛，刑政所爲錯亂，願陛下息大功，損百役，務寬盪，忽苛政。〔三〕

又武昌土地，實危險而（塉）〔墝〕确，〔四〕非王都安國養民之處，船泊則沈漂，陵居則峻危。且童謠言：「寧飲建業水，不食武昌魚；寧還建業死，不止武昌居。」〔五〕臣聞翼星爲變，熒惑作妖，童謠之言，生於天心，乃以安居而比死，足明天意，知民所苦也。

臣聞國無三年之儲，謂之非國，而今無一年之蓄，〔六〕此臣下之責也。而諸公卿位處人上，祿延子孫，曾無致命之節，匡救之術，苟進小利於君，以求容媚，荼毒百姓，不爲君計也。自從孫弘造義兵以來，耕種既廢，所在無復輸入，而分一家，父子異役，廩食日張，畜積日耗，民有離散之怨，國有露根之漸，〔七〕而莫之恤也。民力困窮，鬻賣兒子，調賦相仍，日以疲極，所在長吏，不加隱括，加有監官，既不愛民，務行威勢，所在搔擾，更爲煩苛。民苦二端，財力再耗，此爲無益而有損也。願陛下一息此輩，矜哀孤弱，以鎮撫百姓之心。此猶魚鼈得免毒螫之淵，鳥獸得離羅網之綱，四方之民繈負而至矣。如此，民可得保，先王之國存焉。

臣聞五音令人耳不聰，五色令人目不明，此無益於政，有損於事者也。自昔先帝時，後宮列女，及諸織絡，數不滿百；米有畜積，貨財有餘。先帝崩後，幼、景在位，〔八〕更改奢侈，不蹈先迹。伏聞織絡及諸徒坐，乃有千數，計其所長，不足爲國財，然坐食官廩，歲歲相承，此爲無益；願陛下料出賦嫁，給與無妻者。如此，上應天心，下合地意，天下幸甚。

臣聞殷湯取士於商賈，〔九〕齊桓取士於車轅，〔一〇〕周武取士於負薪，大漢取士於奴僕。明王聖主取士以賢，不拘卑賤，故其功德洋溢，名流竹素，非求顏色而取好服、捷口、容悅者也。臣伏見當今內寵之臣，位非其人，任非其量，不能輔國匡時，羣黨相扶，害忠隱賢。願陛下簡文武之臣，各勤其官，州牧督將，藩鎮方外，公卿尚書，務修仁化，上助陛下，下拯黎民，各盡其忠，拾遺萬一，則康哉之歌作，刑錯之理清。願陛下留神，思臣愚言。

〔一〕胡三省曰：「吴武昌屬荆州，而丹陽、宣城、毗陵、吴興、會稽、東陽、新都、臨海、建安、豫章、臨川、鄱陽、廬陵皆屬揚州，故苦於西上泝流以供給。」

〔二〕官本考證曰：「監本伐作代，誤。」

〔三〕元本作「思庶政」。梁章鉅曰：「忽或勿字之譌，言政勿苛也。」周壽昌曰：「詩大雅是絶是忽。傳：忽，滅也。此忽字即是除滅之意。元本作思庶政，恐是淺夫妄改。」

〔四〕胡三省曰：「塉，秦昔翻，土薄也。确，克角翻，山多大石也。」

〔五〕胡三省曰：「此苦於泝流供給而爲是謡也。」

〔六〕禮記王制：「國無六年之蓄，曰急；無三年之蓄，曰國非其國也。」況無一年之蓄乎？

〔七〕胡三省曰：「以木爲喻也。木之所以能生殖者，以有根本也，根漸露則其本將撥。」

〔八〕通鑑作「景帝在位」。周壽昌曰：「幼，即指亮即位十歲廢，時十六也；景指休後謚景帝也。」

〔九〕鶡冠子：「伊尹酒保，立爲世師。」

〔一〇〕列女傳：「甯戚欲見桓公，乃爲人僕將車，宿齊東門之外。桓公因出，甯戚擊牛角而商歌甚悲。桓公異之，使管仲迎之。」

時殿上列將何定，佞巧便僻，〔一〕貴幸任事，凱面責定曰：「卿見前後事主不忠，傾亂國政，寧有得以壽終者邪？何以專爲姦邪，〔二〕穢塵天聽？宜自改厲。不然，方見卿有不測之禍矣！」定大恨凱，思中傷之，凱終不以爲意，乃心公家，義形於色，表疏皆指事不飾，〔三〕忠懇內發。

〔一〕何定事見孫皓傳建衡二年、鳳皇元年，作「殿中列將」。「便僻」當作「便辟」。
〔二〕宋本「姦」作「佞」。
〔三〕胡三省曰：「皆指實事，不爲文飾也。」

建衡元年，疾病，皓遣中書令董朝問所欲言，凱陳：「何定不可任用，宜授外任，不宜委以國事。奚熙小吏，建起浦里田，欲復嚴密故迹，亦不可聽。〔一〕姚信、樓玄、賀邵、張悌、郭逴、〔二〕薛瑩、滕修及族弟喜、抗，〔三〕或清白忠勤，或姿才卓茂，〔四〕皆社稷之楨幹，國家之良輔，願陛下重留神思，訪以時務，各盡其忠，拾遺萬一。」遂卒。〔五〕時年七十二。

〔一〕胡三省曰：「吳主休之時，嚴密嘗建此議，熙蓋祖其說。」
〔二〕胡三省曰：「逴，敕角翻，又勑略翻。」
〔三〕錢大昭曰：「姚信寶鼎二年爲太常。張悌字巨先，襄陽人，見皓傳。郭逴未詳。薛瑩附綜傳。滕修疑即滕循，孫皓傳：執金吾滕循爲司空。陸喜附瑁傳。玄、邵、抗自有傳。」
〔四〕通鑑「姿」作「資」。
〔五〕凱卒於建衡元年，見孫皓傳。

子禕，初爲黄門侍郎，出領部曲，拜偏將軍。凱亡後，入爲太子中庶子。右國史華覈表薦禕曰：「禕體質方剛，器幹彊固，董率之才，魯肅不過。及被召當下，徑還赴都，道由武昌，曾不迴顧，器械軍資，一無所取；在戎果毅，臨財有節。夫夏口，賊之衝要，宜選名將，以鎮成之。臣竊思惟，莫善於禕。」

初，皓常銜凱數犯顔忤旨，〔一〕加何定譖構非一，〔二〕既以重臣，難繩以法，〔三〕又陸抗時爲大將，在疆場，故以計容忍。抗卒後，〔四〕竟徙凱家於建安。〔五〕

〔一〕胡三省曰：「有所恨怒，蓄而不發者爲銜。」

〔二〕宋本「構」作「搆」。

〔三〕世説曰：「孫皓問丞相陸凱曰：卿一宗在朝有幾人？陸曰：二相，五侯，將軍十餘人。皓曰：盛哉！陸曰：君賢臣忠，國之盛也；父慈子孝，家之盛也。今政荒民弊，覆亡是懼，臣何敢言盛！」

〔四〕抗卒於鳳皇三年。

〔五〕建安見孫權傳赤烏二年。

或曰：寶鼎元年十二月，凱與大司馬丁奉、御史大夫丁固謀，因皓謁廟，欲廢皓立孫休子。時左將軍留平領兵先驅，故密語平，平拒而不許，誓以不泄，是以所圖不果。〔一〕太史郎陳苗奏皓：「久陰不雨，風氣迴逆，將有陰謀。」皓深警懼云。

吴録曰：舊拜廟，選兼大將軍領三千兵爲衛。凱欲因此兵以圖之，令選曹白用丁奉。皓偶不欲，曰：

「更選。」凱令執據，雖蹔兼，然宜得其人。皓曰：「用留平。」凱令其子禕以謀語平，平素與丁奉有隙，禕未及得宣凱旨，平語禕曰：「聞野豬入丁奉營，此凶徵也。」有喜色，禕乃不敢言。還，因具啓凱，故輟止。〔一〕

〔一〕通鑑考異曰：「凱盡忠執義，必不爲此事。況皓殘酷猜忌，留平庸人，若聞凱謀，必不能不泄，殆虚語耳，今不取。」

〔二〕參閲孫皓傳鳳皇元年注引江表傳。郝經曰：「凱欲廢皓，以安社稷，乃生平大節也。以平見拒，故不能行，平之不泄，亦知言出禍及爾。」

予連從荆揚來者〔一〕得凱所諫皓二十事，博問吴人，多云不聞凱有此表。又按其文，殊甚切直，恐非皓之所能容忍也。或以爲凱藏之篋笥，未敢宣行，病困，皓遣董朝省問欲言，因以付之。虚實難明，故不著于篇。然愛其指擿皓事，足爲後戒，故鈔列于凱傳左云。〔二〕

〔一〕郝經續書「予」作「子」。

〔二〕何焯曰：「此閶闔之人，恨皓之虐，思凱之愨，私造此書，以爲口實，事辭俱無足徵。陳氏録之，蓋其識卑也。」劉咸炘曰：「傳明言愛其足爲戒，非遂信之。」周壽昌曰：「凱前疏峻直，無所迴護，至云君威傷於桀紂，而皓猶容忍之，則所陳二十事，病付董朝，或亦可信。」

皓遣親近趙欽口詔報凱前表曰：「孤動必遵先帝，有何不平？君所諫非也。又建業宫不利，故避之，而西宫室宇摧朽，須謀移都，何以不可徙乎？」凱上疏曰：

臣竊見陛下執政以來，陰陽不調，五星失晷，職司不忠，姦黨相扶，是陛下不遵先帝之所致。

江表傳載凱此表曰：「臣拜受明詔，心與氣結；陛下何心之難悟，意不聰之甚也！」

夫王者之興，受之於天，修之由德，豈在宮乎！而陛下不諮之公輔，便盛意驅馳，六軍流離悲懼，逆犯天地，天地以災，童歌其謠。縱令陛下一身得安，百姓愁勞，何以用治？此不遵先帝一也。

臣聞有國，以賢爲本，夏殺龍逢，〔一〕殷獲伊摯，〔二〕斯前世之明效，今日之師表也。〔三〕中常侍王蕃，黄中通理，〔四〕處朝忠謇，斯社稷之重鎮，大吴之龍逢也。而陛下忿其苦辭，惡其直對，梟之殿堂，屍骸暴棄，〔五〕邦内傷心，有識悲悼，咸以吴國夫差復存。〔六〕先帝親賢，陛下反之，是陛下不遵先帝二也。

臣聞宰相國之柱也，不可不彊。是故漢有蕭、曹之佐，先帝有顧、步之相。而萬彧瑣才凡庸之質，昔從家隸，超步紫闥，於彧已豐，於器已溢。而陛下愛其細介，不訪大趣，榮以尊輔，越尚舊臣，賢良憤惋，智士赫咤，是不遵先帝三也。

先帝憂民過於嬰孩，民無妻者，以妾妻之；見單衣者，以帛給之；枯骨不收，而取埋之。〔七〕而陛下反之，是不遵先帝四也。

昔桀、紂滅由妖婦，〔八〕幽、厲亂在嬖妾，〔九〕先帝鑒之，以爲身戒，故左右不置淫邪之色，後房無曠積之女。今中宮萬數，不備嬪嬙，外多鰥夫，女吟於中。風雨逆度，正由此

之所致。

起，是不遵先帝五也。

先帝憂勞萬機，猶懼有失。陛下臨阼以來，游戲後宮，眩惑婦女，乃令庶事多曠，下吏容姦，是不遵先帝六也。

先帝篤尚朴素，服不純麗，宮無高臺，物不雕飾，故國富民充，姦盜不作。而陛下徵調州郡，竭民財力，土被玄黄，宮有朱紫，是不遵先帝七也。

先帝外杖顧、陸、朱、張，内近胡綜、薛綜，是以庶績雍熙，邦内清肅。今者外非其任，内非其人，陳聲、曹輔，〔一〇〕斗筲小吏，〔一一〕先帝之所棄，而陛下幸之，是不遵先帝八也。

先帝每宴見羣臣，抑損醇醲，〔一二〕臣下終日無失慢之尤，百寮庶尹，並展所陳。而陛下拘以視瞻之敬，懼以不盡之酒。夫酒以成禮，過則敗德，此無異商辛長夜之飲也，是不遵先帝九也。

昔漢之桓、靈，親近宦豎，大失民心。今高通、詹廉、羊度，黄門小人，而陛下賞以重爵，權以戰兵。〔一三〕若江渚有難，烽燧互起，則度等之武，不能禦侮明也，是不遵先帝十也。

今宮女曠積，而黄門復走州郡，條牒民女，有錢則舍，無錢則取，怨呼道路，母子死訣，是不遵先帝十一也。

先帝在時，亦養諸王太子，若取乳母，其夫復役，賜與錢財，給其資糧，時遣歸來，視其弱息。今則不然，夫婦生離，夫故作役，兒從後死，家爲空户，是不遵先帝十二也。

先帝歎曰：「國以民爲本，民以食爲天，衣其次也；三者，孤存之於心。」今則不然，農桑並廢，是不遵先帝十三也。

先帝簡士，不拘卑賤，任之鄉閭，效之於事，舉者不虚，受者不妄。今則不然，浮華者登，朋黨者進，是不遵先帝十四也。

先帝戰士，不給他役，使春惟知農，秋惟收稻，江渚有事，責其死效。今之戰士，供給衆役，廩賜不贍，是不遵先帝十五也。

夫賞以勸功，罰以禁邪，賞罰不中，則士民散失。今江邊將士，死不見哀，勞不見賞，是不遵先帝十六也。

今在所監司，已爲煩猥，兼有内使，擾亂其中，一民十吏，何以堪命！昔景帝時，交阯反亂，寔由兹起。是爲遵景帝之闕，不遵先帝十七也。

夫校事，吏民之仇也。先帝末年，雖有吕壹、錢欽，尋皆誅夷，以謝百姓。今復張立校曹，縱吏言事，是不遵先帝十八也。

先帝時，居官者咸久於其位，然後考績黜陟。今州郡職司，〔一四〕或莅政無幾，便徵召遷轉，迎新送舊，紛紜道路，傷財害民，於是爲甚，是不遵先帝十九也。

先帝每察竟解之奏，常留心推按，〔一五〕是以獄無冤囚，死者吞聲。今則違之，是不遵先帝二十也。〔一六〕

若臣言可録，藏之盟府；如其虛妄，治臣之罪。願陛下留意。

江表傳曰：皓所行彌暴，凱知其將亡，上表曰：「臣聞惡不可積，過不可長，積惡長過，喪亂之源也。是以古人懼不聞非，故設進善之旌，立敢諫之鼓。武公九十，思聞警戒，詩美其德，士悦其行。〔一七〕臣察陛下無思警戒之義，而有積惡之漸，臣深憂之，此禍兆見矣，故略陳其要，寫盡愚懷。陛下宜克己復禮，述履前德，〔一八〕不可捐棄臣言，而放奢意。意奢情至，〔一九〕吏日欺民，民離則上不信下，下當疑上，〔二〇〕骨肉相克，公子相奔。臣雖愚，闇於天命，以心審之，敗不過二十稔也。臣常忿亡國之人夏桀、殷紂，亦不可使後人復忿陛下也。臣受國恩，奉朝三世，復以餘年，值遇陛下，不能循俗，與衆沈浮。若比干、伍員〔二一〕以忠見戮，以正見疑，自謂畢足，無所餘恨；灰身泉壤，無負先帝。願陛下九思，社稷存焉。」初，皓始起宫，凱上表諫，不聽。凱重表曰：「臣聞宫功當起，夙夜反側，是以頻煩上事，往往留中，不見省報，於邑歎息，〔二二〕企想應罷。昨食時，被詔曰：『君所諫，誠是大趣，然未合鄙意如何。此宫殿不利，宜當避之，乃可以妨勞役，長坐不利宫乎？父之不安，子亦何倚？』臣拜紙詔，伏讀一周，不覺氣結於胸，而涕泣雨集也。臣年已六十九，〔二三〕榮禄已重，於臣過望，復何所冀？所以勤勤數進苦言者，臣伏念大皇帝創基立業，勞苦勤至，白髮生於鬢膚，黄耇被於甲冑。天下始静，晏駕早崩，自含息之類，能言之倫，無不歔欷，如喪考妣。幼主嗣統，柄在臣下，軍有連征之費，民有彫殘之損；賊臣干政，公家空竭。今彊敵當塗，西州傾覆，孤罷之民，宜當畜養，廣力肆業，以備有虞。且始徙都，〔二四〕屬有軍征，戰士流離，州郡搔擾，而大功復起，徵召四方，斯非保國致治之漸也。臣聞爲人主者，禳災以德，〔二五〕除咎以義，故湯遭大旱，身禱桑林；〔二六〕熒惑守心，宋景退殿；〔二七〕是以旱魃銷亡，〔二八〕妖星移舍。今宮室之不利，但當克己復禮，篤湯、宋之至道，愍黎庶之困苦，何憂宮之不安，災之不銷乎？陛下不務修德，而務築宮室，若德之不修，行之不貴，雖殷辛之瑤臺，秦皇之阿房，何止而不喪身覆國，宗廟作墟乎！夫興土功，高臺榭，既致水旱，民又多疾，其不疑也。爲父長安，使子無倚，此乃子離於父，臣離於陛下之象也。臣子一離，雖念克骨，茅茨不翦，復何益焉？是以大皇帝居於南宮，自謂過於阿房。故先朝大臣，以爲宮室宜厚，備衛非常。大皇帝曰：『逆虜遊魂，當愛育百姓，何聊趣於不急？』然臣下懇惻，由不獲已，故裁調近郡，苟副衆心，比當就功，猶豫三年。當此之時，寇鈔懾威，不犯我境；師徒奔北，且西阻岷、漢；南州無事，尚猶沖讓，未肯築宮。況陛下危側之世，又乏大皇帝之德，可不慮哉！願陛下留意，臣不虛言。」〔二九〕

〔一〕韓詩外傳：「桀爲酒池，可以運舟，糟丘足以望十里，而牛飲者三千人。關龍逢進諫，桀囚而殺之。」

〔二〕伊尹名摯，見荀子。居伊水，有莘氏命之曰伊尹，見呂氏春秋。伊尹耕於有莘之野，湯三使往聘，故就湯而說之，見孟子。

〔三〕局本「今」作「令」，誤。

〔四〕「黄中通理」解見魏志劉廙傳。

〔五〕宋本「屍」作「尸」。

〔六〕伍員直諫，吳王夫差賜之屬鏤以死。

〔七〕何焯校改作「取而埋之」。

〔八〕桀之亡由末喜，紂之亡由妲己。

〔九〕史記：周厲王三十年，好利，近榮夷公，大夫芮良夫諫，厲王不聽。又云：幽王嬖愛褒姒。

〔一〇〕陳聲見孫晧傳鳳皇三年，曹輔未詳。

〔一一〕論語：「斗筲之人，何足算也。」邢昺疏曰：「斗，量名，容十升。筲，竹器，容斗二升。算，數也。言斗筲小器之人，何足數也。」

〔一二〕孫權酒後欲殺虞翻，又於釣臺飲酒，以水灑羣臣，此豈能抑損醇醲者？以是知身後追美，多爲虚辭。

〔一三〕趙一清曰：「權字當時何以不避？」

〔一四〕宋本「郡」作「縣」，誤。

〔一五〕馮本、毛本「按」作「接」。

〔一六〕或曰：「浮泛瑣雜，取盈二十之數。」

〔一七〕國語楚語：「左史倚相曰：昔衛武公年數九十有五矣，猶箴儆於國，於是乎作懿戒，以自警也。」韋昭曰：「懿讀爲抑，詩大雅抑之篇也。」詩序：「抑，衛武公刺厲王，亦以自警也。」馬驌曰：「衛武公不與厲王同時，朱子據國語左史倚相之言，以爲序稱厲王者失之，而曰自警者，得之也。」

〔一八〕宋本「履」作「修」。

〔一九〕「情」疑作「惰」。

〔二〇〕元本「當」作「常」。

〔二一〕史記殷本紀：「王子比干强諫紂，紂怒曰：吾聞聖人心有七竅。剖比干觀其心。」伍員事見前。

〔二二〕於邑，短氣也。

〔二三〕凱卒於建衡元年，年七十二；年六十九，即寶鼎元年也。

〔二四〕甘露元年，孫晧徙都武昌。

〔二五〕各本「禳」作「攘」，誤。

〔二六〕吕氏春秋：「湯克夏而正天下，天大旱，五年不收。湯乃以身禱于桑林，民乃甚悦，雨乃大至。」

〔二七〕吕氏春秋：「宋景公有疾，司星子韋曰：熒惑守心，心，宋之分野，君當之，若祭可移於相。公曰：相，寡人之股肱，豈可除心腹之疾，移於股肱乎！曰：可移於民。公曰：民者國之本，國無民，何以爲國？如何傷本而救吾身乎！曰：可移於歲。公曰：歲所以養民，歲不登，何以畜民！子韋曰：君善言三，熒惑必退三舍，延命二十一年。視之，信。」

〔二八〕毛本「魃」作「魅」，誤。

〔二九〕郝經曰：「傳載凱所上疏，動以桀紂之滅爲言，此諸表疏，其切直有過之者。第史失其奏上之次，或晧惡其直，留中不下，故史不得而載。没後，子連始出其藁爾。」

胤字敬宗，凱弟也。始爲御史、尚書選曹郎。太子和聞其名，待以殊禮。會全寄、楊竺等阿附魯王霸，與和分爭，陰相譖搆，胤坐收下獄，楚毒備至，終無他辭。

吴録曰：太子自懼黜廢，而魯王覬覦益甚。〔一〕權時見楊竺，辟左右而論霸之才，竺深述霸有文武英姿，宜爲嫡嗣，於是權乃許立焉。有給使伏於牀下，具聞之，以告太子。胤當至武昌，往辭太子，太子不見，而微服至其車上，與共密議，欲令陸遜表諫。既而遜有表極諫，權疑竺泄之，竺辭不服。權使竺出尋其由，竺白頃惟胤西行，必其所道。又遣問遜何由知之，遜言胤所述。召胤考問，胤爲太子隱曰：「楊竺向臣道之。」遂共爲獄。竺不勝痛毒，服是所道。初權疑竺泄之，及服，以爲果然，乃斬竺。〔二〕

〔一〕覬，音冀；覦，音俞。

〔二〕竺事見吾粲傳、孫霸傳、陸遜傳。

後爲衡陽督軍都尉。〔一〕赤烏十一年，交阯、九真夷賊攻没城邑，交部搔動，以胤爲交州刺史、〔二〕安南校尉。〔三〕胤入南界，喻以恩信，務崇招納，高涼渠帥黄吳等支黨三千餘家〔四〕皆出降。引軍而南，重宣至誠，遺以財幣。賊帥百餘人，民五萬餘家，深幽不羈，莫不稽顙，交域清泰。就加安南將軍。復討蒼梧建陵賊，〔五〕破之，前後出兵八千餘人，以充軍用。

〔一〕衡陽郡見孫亮傳太平二年。

〔二〕趙一清曰：「寰宇記卷百五十七：廣州南海縣有菖蒲澗，一名甘溪。裴氏廣州記：菖蒲生盤石上，水從山過，味甘冷，異於常流。南越志：昔交州刺史陸胤之所開也，至今重之。每旦日，輒傾州連汲，以充日用，雖有井泉，不足食。」趙氏又引水經温水注，見薛綜傳注。侯康曰：「御覽卷三百七十一引劉欣期交州記云：趙嫗者，九真車安縣女子也。乳長數尺，不嫁，入山聚羣盜，遂攻郡。常著金擒蹤屐，戰退輒張幙帷，與少男通。刺史吳郡陸胤平之。」

〔三〕安南校尉一人，吳置。

〔四〕高涼見呂岱傳。

〔五〕建陵，沈志：吳立，屬蒼梧。方輿紀要：「今廣西平樂府修仁縣治。」

永安元年，徵爲西陵督，封都亭侯，後轉左虎林。〔一〕中書丞華覈表薦胤曰：「胤天姿聰朗，才通行絜，昔歷選曹，遺迹可紀。還在交州，奉宣朝恩，流民歸附，海隅肅清。蒼梧、南海，歲有舊風障氣之害，〔一〕風則折木，飛砂轉石，氣則霧鬱，飛鳥不經。自胤至州，風氣絶息，商旅平行，民無疾疫，田稼豐稔。州治臨海，海流秋鹹，〔二〕胤又畜水，民得甘食。惠風横被，化感人神，遂憑天威，招合遺散。至被詔書當出，民感其恩，以忘戀土，負老攜幼，甘心景從，衆無攜貳，不煩兵衛。自諸將合衆，皆脅之以威，未有如胤結以恩信者也。銜命在州，十有餘年，賓帶殊俗，寶玩所生，而内無粉黛附珠之妾，家無文甲犀象之珍，方之今臣，實難多得。宜在輦轂，股肱王室，以贊唐虞康哉之頌。江邊任輕，不盡其才；虎林選督，堪之者衆。若召還都，寵以上司，則天工畢修，庶績咸熙矣。」

〔一〕陳景雲曰：「左當作在。如王昶從兗州轉在徐州，張飛從宜都轉在南郡是也。」

〔二〕何焯曰：「舊字當從册府作暴。」盧明楷曰：「舊風障氣之害，疑有誤。觀下文折木飛砂轉石，則舊風當作暴風。霧鬱飛鳥不經，則障氣當爲瘴氣也。」郝經續書攷證云：舊疑作颶。投荒雜録云：嶺南諸郡皆颶風。」蔣超伯曰：「舊疑飆字之譌。集韻：飆，急風也。」

〔三〕或曰：「秋字疑誤。」

胤卒，〔一〕子式嗣，爲柴桑督、揚武將軍。天策元年，〔二〕與從兄禕俱徙建安。天紀二年，召還建業，復將軍、侯。〔三〕

〔一〕唐書經籍志：「廣州先賢傳七卷，陸胤撰。」藝文志：「陸胤（志）廣州先賢傳一卷。」

〔二〕錢大昕曰：「天策當作天册，見三嗣主傳。」

〔三〕復揚武將軍、都亭侯。

評曰：潘濬公清割斷，陸凱忠壯質直，皆節槩梗梗，有大丈夫格業。胤身絜事濟，著稱南土，可謂良牧矣。〔一〕

〔一〕劉咸炘曰：「二人實不相似，殆徒以濬惡呂壹，凱諫孫晧，而合之耳。濬與陸遜同鎮武昌，凱又遜之族子，與抗並輔，爲吴重臣，能匡其君，與國存亡。此傳實陸遜傳之餘，正宜合之遜傳，乃别爲一篇，宜其評語之膚廓也。」

吴書十七

是儀胡綜傳第十七〔一〕

〔一〕劉咸炘曰：「同典尚書辭訟爲侍中。」

是儀字子羽，北海營陵人也。〔一〕本姓氏。初爲縣吏，後仕郡，郡相孔融嘲儀，〔二〕言「氏」字民無上，可改爲「是」，乃遂改焉。

徐衆評曰：〔三〕古之建姓，或以所生，或以官號，或以祖名，皆有義體，以明氏族。故曰胙之以土而命之氏，此先王之典也。所以明本重始，彰示功德，子孫不忘也。今離文析字，横生忌諱，使儀易姓，忘本誣祖，不亦謬哉！教人易姓，從人改族，融既失之，儀又不得也。〔四〕

後依劉繇，避亂江東。繇軍敗，儀徙會稽。

〔一〕營陵見魏志王脩傳。

〔二〕北海本爲國，孔融爲北海相。建安十一年，國除爲郡。此書郡相，似失之。

〔三〕趙一清曰：「衆當作爰。」

〔四〕何焯曰：「古之氏族，本出上賜，漢吏皆成君臣，未足深責。」錢大昕曰：「氏、是本一字，猶姒與弋、嬴與盈、姞與郅，可以互用。徐衆譏其忘本誣祖，由於未通古文。」

孫權承攝大業，優文徵儀，到見親任，專典機密，拜騎都尉。

呂蒙圖襲關羽，權以問儀，儀善其計，勸權聽之。從討羽，拜忠義校尉。〔一〕儀陳謝，權令曰：「孤雖非趙簡子，卿安得不自屈爲周舍邪！」〔二〕

〔一〕忠義校尉一人，吳置。

〔二〕韓詩外傳：「趙簡子有臣曰周舍，立於門下三日三夜。簡子使問之曰：子欲見寡人何事？周舍對曰：願爲諤諤之臣。」

既定荆州，都武昌，拜裨將軍，後封都亭侯，守侍中。欲復授兵，儀自以非材，固辭不受。

黄武中，遣儀之皖就將軍劉邵，欲誘致曹休。休到，大破之，遷偏將軍，入闕省尚書事，〔一〕外總平諸官，兼領辭訟，又令教諸公子書學。

〔一〕元本「闕」作「關」，誤。

大駕東遷，太子登留鎮武昌，使儀輔太子。太子敬之，事先諮詢，然後施行。進封都鄉侯。後從太子還建業，復拜侍中、中執法，平諸官事、領辭訟如舊。典校郎呂壹誣白故江夏太守刁嘉謗訕國政，權怒，收嘉繫獄，悉驗問。時同坐人皆怖畏壹，〔一〕並言聞之，儀獨云「無聞」。於是見窮詰累日，詔旨轉厲，羣臣爲之屏息。〔二〕儀對曰：「今刀鋸已在臣頸，臣何敢爲嘉隱諱，自取夷滅，爲不忠之鬼？顧以聞知當有本末。」據實答問，辭不傾移。權遂舍之，嘉亦得免。〔三〕

徐衆評曰：是儀以羇旅異方，客仕吴朝，值讒邪殄行，〔四〕當嚴毅之威，命縣漏刻，禍急危機，不雷同以害人，不苟免以傷義，可謂忠勇公正之士，雖祁奚之免叔向，〔五〕慶忌之濟朱雲，〔六〕何以尚之？忠不諂君，〔七〕勇不懾聳，公不存私，正不黨邪，資此四德，加之以文敏，崇之以謙約，履之以和順，保傅二宫，存身愛名，不亦宜乎！

〔一〕其時與嘉同坐者。

〔二〕胡三省曰：「爲，于僞翻；屏，必郢翻。屏息，不敢舒氣也。」

〔三〕何焯曰：「若辭有傾移，亦並得禍，巧者不皆可幸也。」

〔四〕説文：「殄，盡也。一曰絶也。」尚書舜典：「朕塈讒説殄行。」孔傳云：「塈，疾也；殄，絶也。言疾讒説絶君子之行也。」

〔五〕左傳襄公二十一年：「范宣子殺羊舌虎，（羊舌虎，叔向弟。）囚叔向。於是祁奚老矣，乘馹而見宣子。宣子説，與之乘，以言諸公而免之。不見叔向而歸，叔向亦不告免焉而朝。」

〔六〕漢書朱雲傳：「雲字游，魯人也。雲上書求見，請斬安昌侯張禹，上大怒曰：小臣廷辱師傅，罪死不赦。左將軍辛慶忌免冠解印綬，叩頭殿下曰：此臣素著狂直於世，使其言是，不可誅；其言非，固當容之。臣敢以死爭。慶忌叩頭流血，上意解。」

〔七〕宋本「諂」作「陷」，誤。

蜀相諸葛亮卒，權垂心西州，遣儀使蜀，申固盟好。奉使稱意，後拜尚書僕射。

南、魯二宮初立，〔一〕儀以本職，領魯王傅。儀嫌二宮相近切，乃上疏曰：「臣竊以魯王天挺懿德，兼資文武，當今之宜，宜鎮四方，爲國藩輔。宣揚德美，廣耀威靈，乃國家之良規，海内所瞻望。但臣言辭鄙野，不能究盡其意。愚以二宮宜有降殺，正上下之序，明教化之本。」書三四上。爲傅盡忠，動輒規諫；事上勤，與人恭。

〔一〕錢大昕曰：「赤烏五年，立子和爲太子，霸爲魯王。權寵愛霸，與和無殊，故有二宮之稱。和廢徙後二年，乃封南陽王，則霸已賜死久矣。南、魯之文，於義不通，當云東宮與魯王初立，下文乃稱二宮，斯得之。」趙一清曰：「南宮，吳太子宮也。權傳：赤烏十年二月適南宮。是也。」

不治產業，不受施惠。爲屋舍財足自容，鄰家有起大宅者，權出望見，問起大室者誰，左右對曰：「似是儀家也。」權曰：「儀儉，必非也。」問果他家，其見知信如此。服不精細，食不重膳，拯贍貧困，家無儲畜。權聞之，幸儀舍，求視蔬飯，親嘗之，對之歎息，即增俸賜，益田宅，儀累辭讓，以恩爲戚。

時時有所進達，未嘗言人之短。權常責儀以不言事，無所是非。儀對曰：「聖主在上，臣下守職，懼於不稱，實不敢以愚管之言，〔二〕上干天聽。」〔三〕

〔一〕潘眉曰：「司馬貞云：愚陋管見也。華覈傳『臣以愚管』，賀邵傳注『不勝愚管』，並用愚管字。後如顧臻表司馬興之議，裴駰集解序，並用愚管字。」

〔二〕毛本「干」作「于」，誤。

事國數十年，未嘗有過。〔一〕呂壹歷白將相大臣，〔二〕或一人以罪聞者數四，獨無以白儀。權歎曰：「使人盡如是儀，當安用科法爲？」

〔一〕韓菼曰：「典機密，傳兩宮，皆劇任也。而數十年無過，又持正得大體，吾不能名其物也。」又云：「時校事横行，是君故妙於悟主，所謂以不言言也。」

〔二〕宋本無「歷」字。

及寢疾，遺令素棺，斂以時服，務從省約。年八十一卒。

胡綜字偉則，汝南固始人也。〔一〕少孤，母將避難江東。孫策領會稽太守，綜年十四，爲門下循行，〔二〕留吴，與孫權共讀書。策薨，權爲討虜將軍，以綜爲金曹從事，〔三〕從討黄祖，拜鄂長。〔四〕權爲車騎將軍，都京，〔五〕召綜還，爲書部，〔六〕與是儀、徐詳俱典軍國密事。〔七〕劉備下白帝，〔八〕權以見兵少，使綜料諸縣，得六千人，立解煩兩部，詳領左部、綜領右部督。〔九〕吴將晉宗叛歸魏，魏以宗爲蘄春太守，〔一〇〕去江數百里，數爲寇害。權使綜與賀齊輕行掩襲，生虜得宗，〔一一〕加建武中郎將。〔一二〕魏拜權爲吴王，封綜、儀、詳皆爲亭侯。

〔一〕郡國志：「豫州汝南郡固始。」一統志：「今河南陳州府沈丘縣東南三十里。」

〔二〕續漢志輿服志：「公卿以下至縣三百石長導從，置門下五吏。」續百官志劉昭注引漢官曰：「循行二百三十人。」

〔三〕續百官志：「金曹主貨幣、鹽鐵事。」

〔四〕鄂見孫權傳黄初二年。

〔五〕京見孫韶傳。

〔六〕車騎將軍之書部也。

〔七〕徐詳見孫權傳建安二十二年。趙一清曰：「吳地記：吳主遣徐詳至魏，魏太祖謂詳曰：孤比者願齊橫江之津，與孫將軍遊姑蘇之上，獵長洲之苑，吾志足矣。對曰：若越橫江而遊姑蘇，是踵亡秦而躡夫差，恐天下事去矣。太祖笑曰：徐生，無乃逆詐乎！」

〔八〕白帝見蜀志先主傳建安十七年。

〔九〕胡三省曰：「督，督將也。」

〔一〇〕晉宗事見孫權傳黄武二年。

〔一一〕互見賀齊傳。黄武中胡綜與周魴討彭綺，見周魴傳。

〔一二〕建武中郎將一人，吳置。

黄武八年夏，〔一〕黄龍見舉口，〔二〕於是權稱尊號，因瑞改元。又作黄龍大牙，〔三〕常在中軍，諸軍進退，視其所向，命綜作賦曰：

乾坤肇立，〔四〕三才是生。狼弧垂象，實惟兵精。〔五〕聖人觀法，是效是營，始作器械，爰求厥成。黄、農創代，拓定皇基，上順天心，下息民災。高辛誅共，〔六〕舜征有苗，〔七〕啟有甘師，〔八〕湯有鳴條。〔九〕周之牧野，〔一〇〕漢之垓下，〔一一〕靡不由兵，克定厥緒。明明大吳，實天生德，神武是經，惟皇之極。乃自在昔，〔一二〕黃、虞是祖，〔一三〕越歷五代，繼世在下。應期受命，發迹南土，將恢大繇，〔一四〕革我區夏。乃律天時，制爲神軍，取象太一，〔一五〕五將三門。疾則如電，遲則如雲，進止有度，約而不煩。四靈既布，黃龍處中，周制日月，實曰太常，〔一六〕桀然特立，六軍所望。仙人在上，鑒觀四方，神寔使之，爲國休祥。軍欲轉向，黃龍先移，金鼓不鳴，寂然變施，闇謨若神，可謂祕奇。在昔周室，赤烏銜書，〔一七〕今也大吳，黃龍吐符。合契河、洛，動與道俱。天贊人和，僉曰惟休！

〔一〕孫權傳無黃武八年，蓋黃武八年即黃龍元年，因黃龍見而改元年。

〔二〕孫權傳：「黃龍元年夏四月，夏口、武昌並言黃龍、鳳皇見。」官本「舉口」作「夏口」。李龍官曰：「毛本作舉口，御覽作樊口，舉口蓋樊口之誤。然據孫權傳作夏口，則御覽所云樊口，未爲得之。」趙一清曰：「舉口，宋書符瑞志作樊口，非也。舉口，舉水入江之口，春秋之柏舉也。字亦作洰，見水經注三十五。」弼按：孫權傳云：夏口、武昌並言黃龍、鳳皇見，是所見者不止夏口一地，不必改作夏口也。樊、舉二字形相似，故又有誤作樊口者。一統志：「舉水今名岐亭河，出麻城縣東北，西南流至黃岡縣西三十里團風鎮入江。」謝鍾英曰：「舉口即團風鎮。」

〔三〕文選張衡東京賦「牙旗繽紛」薛綜注引兵書曰：「牙旗者，將軍之旌。謂古者天子出，建大牙旗竿上，以象牙飾之，故云牙旗。繽紛，風吹貌。」弼按：據此，則吾國龍旗，由來已久。

〔四〕爾雅釋詁：「肈，始也。」

〔五〕史記天官書：「秦之彊也，候在太白，占於狼弧。」漢書天文志：「其東有大星曰狼，狼角變色，多盜賊。下有四星曰弧。」晉書天文志上：「狼一星，在東井東南。狼爲野將，主侵掠；色有常，不欲動也。弧九星，在狼東南，天弓也；主備盜賊，常向於狼。」

〔六〕史記五帝本紀：「帝嚳（帝）〔高〕辛者，黄帝之曾孫也。帝嚳生放勛，是爲帝堯。讙兜進言共工，堯曰不可，而試之工師。共工果淫辟，舜言於帝，流共工于幽陵。」

〔七〕尚書大禹謨：「帝曰：咨禹，惟時有苗弗率，汝徂征。三旬，苗民逆命。帝乃誕敷文德，舞干羽于兩階。七旬，有苗格。」

〔八〕史記夏本紀：「夏后帝啟，禹之子。有扈氏不服，啟伐之，大戰於甘。將戰，作甘誓，遂滅有扈氏。」馬融曰：「甘，有扈氏南郊地名。」索隱云：「夏啟所伐。鄠南有甘亭。」正義曰：「地理志云，鄠縣，古扈國，有户亭。訓纂云，户、扈、鄠，三字一也。古今字不同耳。」

〔九〕史記殷本紀：「桀犇於鳴條。」括地志云：「高涯原在蒲州安邑縣北三十里南坂口，即古鳴條陌也。鳴條戰地在安邑西。」

〔一〇〕史記周本紀：「武王朝至於商郊牧野，乃誓。」正義曰：「括地志云：衛州城，故老云周武王伐紂，至于商郊牧野，乃築此城。酈元注水經云：自朝歌南至清水，土地平衍，據臯跨澤，悉牧野也。括地志又云：紂都朝歌，在衛州東北七十三里朝歌故城是也。」

〔一一〕史記項羽本紀：「項王軍壁垓下，兵少食盡，漢軍及諸侯兵圍之數重，夜聞漢軍四面皆楚歌。」應劭曰：「垓，音該。」李奇曰：「沛洨縣聚邑名也。」張揖三蒼注云：「垓，堤名，在沛郡。」正義云：「垓下是高岡絶巖，今猶高三四丈，其聚邑及堤在垓之側，因取名焉。今在亳州真源縣東十里。」

〔一二〕元本「自」作「聞」。

〔一三〕通志氏族略云：「又有孫氏媯姓，齊陳敬仲四世孫（孫）桓子無宇之後也。桓子曾孫武以齊之田、鮑四族謀爲亂，奔吳爲將，武之子明食邑於富春，自是世爲富春人。」互見孫堅傳。

〔一四〕官本考證曰：「繇疑作猷，下同。」沈家本曰：「案，繇、猷通。詩巧言『秩秩大猷』，漢書敘傳注作秩秩大繇。文選幽通賦『謨先聖之大猷兮』，注：猷或作繇。爾雅釋詁云：繇，道也；釋宫云：猷，道也。此繇、猷相通之證也。」

〔一五〕宋本「一」作「乙」。史記天官書：「中宫天極星，其一明者，太一常居也。」索隱曰：「春秋合誠圖云，紫微大帝室，太一之精也。」正義云：「泰一，天帝之别名也。劉伯莊云，泰一，天(帝)〔神〕之最尊貴者也。」

〔一六〕續漢志輿服志：「天子建太常，十有二斿，九仞曳地，日月升龍，象天明也。」劉昭注：(引)「鄭衆曰：太常，九旗之畫日月者。鄭玄曰：七尺爲仞，天子之旗，高六丈三尺。」

〔一七〕呂氏春秋：「文王之時，天先見火，赤烏銜丹書，集于周社。」

蜀聞權踐阼，遣使重申前好，綜爲盟文，文義甚美，語在權傳。

權下都建業，詳、綜並爲侍中，進封鄉侯，兼左右領軍。〔一〕時魏降人或云，魏都督河北振威將軍吳質頗見猜疑，綜乃僞爲質作降文三條。

〔一〕胡三省曰：「吳置中領軍及左右領軍。」

其一曰：「天綱弛絶，四海分崩，羣生憔悴，士人播越，兵寇所加，邑無居民，風塵煙火，往往而處，自三代以來，大亂之極，未有若今時者也。臣質志薄，處時無方，繫於土壤，不能飜飛，遂爲曹氏執事戎役。遠處河朔，天衢隔絶，雖望風慕義，思託大命，媿無因緣，得展其志。每往來者，竊聽風化，伏知陛下齊德乾坤，同明日月，神武之姿，受之自然，敷演皇極，流化萬里，自江以南，户受覆燾，英雄俊傑、上達之士，莫不心歌腹詠，樂在歸附者也。今年六月末，奉聞吉日龍興踐阼，恢弘大繇，整理天綱，將使遺民，覩見定主。昔武王伐殷，殷民倒戈；〔一〕高祖誅項，四面楚歌；〔二〕方之今日，未足以喻。臣質不勝昊天至願，謹遣所親同郡黄定，恭行奉表，及託降叛。閒關求達，其欲所陳，載列于左。」

〔一〕尚書武成篇：「會于牧野，罔有敵于我師；前徒倒戈，攻于後以北。」

〔二〕見前。

其二曰：「昔伊尹去夏入商，〔一〕陳平委楚歸漢，〔二〕書功竹帛，遺名後世。世主不謂之背誕者，以爲知天命也。臣昔爲曹氏所見交接，外託君臣，内如骨肉，恩義綢繆，有合無離，遂受偏方之任，總河北之軍。當此之時，志望高大，永與曹氏同死俱生，惟恐功之不建，事之不成耳。及曹氏之亡，後嗣繼立，幼沖統政，讒言彌興，同儕者以勢相害，異趣者得閒其言。而臣受性簡略，素不下人，視彼數子，意實迫之，此亦臣之過也；遂爲邪議所見搆會，招致猜疑，誣臣欲叛。雖識真者保明其心，世亂讒勝，餘嫌猶在，常懼一旦橫受無辜，憂心孔疚，如履冰炭。昔樂毅爲燕昭王立功於齊，惠王即位，疑奪其任，遂去燕之趙，休烈不虧。〔三〕彼豈欲二三其德？蓋畏功名不建，而懼禍之將及也。昔遣魏郡周光，以賈販爲名，〔四〕託叛南詣，宣達密計，時以倉卒，未敢便有章表，使光口傳而已。以爲天下大歸可見，天意所在，非吴復誰？此方之民，思爲臣妾，延頸舉踵，惟恐兵來之遲耳。若使聖恩少加信納，當以河北承望王師，疑心赤實，〔五〕天日是鑒。而光去經年，不聞咳唾，未審此意竟得達不？瞻望長歎，日月以幾，魯望高子，〔六〕何足以喻！又臣今日見待稍薄，蒼蠅之聲，緜緜不絕，必受此禍，遲速事耳。臣私度陛下未垂明慰者，必以臣質貫穿仁義之道，不行若此之事，謂光所傳多虛少實，或謂此中有他消息，不知臣質搆讒見疑，恐受大害也。且臣質若有罪之日，自當奔赴鼎鑊，束身待罪，此蓋人臣之宜也。今日無罪，橫見譖毀，將有商鞅、白起之禍。〔七〕尋惟事勢，去亦宜也；死而弗義，不去何爲！樂毅之出，吴起之走，〔八〕君子傷其不遇，未有非之者也。願陛下推古況今，不疑怪於臣質也。又念人臣獲罪，當如伍員奉己自效，不當徼幸因事爲利。然今與古，厥勢不同，南北悠遠，江湖隔絕，自不舉事，何得濟免？是以忘志士之節，而思立功之義也。且臣質又以曹氏之嗣非天命所在，政弱刑亂，柄奪於臣，諸將專威於外，各自爲政，莫或同心，士卒衰秏，帑藏空虛，綱紀毁廢，上下並昏。想前後數得降叛，具聞此問，兼弱攻昧，宜應天時，此實陛下進取之秋，是以區區敢獻其計。今若内兵淮、泗，據有下邳，荆、揚二州，聞聲響應；臣從河北席卷而南，形勢一連，根牙永固。關西之兵繫於所衛，青、徐二州不敢徹守，許洛餘兵衆不滿萬，誰能來東與陛下爭者？此誠千載一會之期，可不深思而熟計乎！及臣所在既自多馬，加諸羌胡〔九〕常以三四月中美草時驅馬來出，隱度今者可得三千餘匹。陛下出軍，當投此時，多將騎士來就馬耳。此皆先定所一二知。凡兩軍不能相究虛實，今此間實羸，易可克定；陛下舉動，應者必多。上定洪業，使普天一統，下令臣質，建非常之功，此乃天也；若不見納，此亦天也。願陛下思之，不復多陳。」

〔一〕史記殷本紀：「伊尹去湯適夏，既醜有夏，復歸于亳。」

〔二〕史記陳丞相世家：「項羽略地至河上，陳平往歸之，從入破秦，賜平爵卿。項王將誅定殷者將吏，陳平懼誅，乃身閒行杖劍亡渡河，遂至修武降漢。」

〔三〕史記樂毅傳：「燕昭王屈身下士，以招賢者，樂毅遂委質爲臣。燕昭王以爲亞卿，樂毅留徇齊，五歲下齊七十餘城，皆爲郡縣以屬燕。會燕昭王死，子立爲燕惠王。燕惠王固已疑樂毅，得齊反閒，乃使騎劫代將而召樂毅，樂毅畏誅，遂西降趙。」

〔四〕監本「販」作「敗」，誤。

〔五〕册府「疑」作「款」。

〔六〕公羊傳閔公二年：「冬，齊高子來盟。莊公死，子般弑，閔公弑。比三君死，曠年無君。設以齊取魯，曾不興師徒，以言而已矣。桓公使高子將南陽之甲，立僖公而城魯，魯人至今以爲美談，曰猶望高子也。」

〔七〕史記商君傳：「商君者，衛之諸庶孽公子也，名鞅，姓公孫氏。聞秦孝公求賢，求見孝公，定變法之令。行之十年，秦民大悦。居五年，秦人富彊，天子致胙於孝公，諸侯畢賀。衛鞅既破魏還，秦封之於商十五邑，號爲商君。商君相秦十年，宗室貴戚多怨望者。秦孝公卒，秦惠王車裂商君以殉。」史記白起傳：「白起者，郿人也。善用兵，事秦昭王，攻楚拔郢，燒夷陵，秦以郢爲南郡，遷爲武安君。攻趙軍於長平，趙卒四十萬人降，盡坑殺之。秦昭王使使者賜之劍自裁。」

〔八〕樂毅事見前。史記吴起傳：「吴起者，衛人也。好用兵，魏文侯以爲將，擊秦，拔五城，以爲西河守。魏文侯卒，其子武侯疑之，吴起懼得罪，遂去，即之楚。」

〔九〕何焯校改「諸」作「以」。

其三曰：「昔許子遠舍袁就曹，規畫計較，應見納受，遂破袁軍，以定曹業。〔一〕向使曹氏不信子遠，懷疑猶豫，不決於心，則今天下袁氏有也。願陛下思之。閒聞界上將閻浮、趙楫欲歸大化，唱和不速，以取破亡。今臣款款，遠授其命，若復懷疑，不時舉動，令臣孤絶，受此厚禍，即恐天下雄夫烈士欲立功者，不敢復託命陛下矣。願陛下思之。皇天后土，實聞其言！」此文既流行，而質已入爲侍中矣。〔二〕

〔一〕許子遠事見魏志武紀建安五年注引曹瞞傳，又見魏志崔琰傳注引魏略。

〔二〕李安溪曰：「吳人專作此狡獪，如周魴、胡綜之流，即伯言亦不免也。不知承祚載此等文字於志，欲以何爲？」劉咸炘曰：「此較周魴之牋，更無關係。」弼按：吳質事見魏志王粲傳末及注引魏略、世語、質別傳。質以文才爲魏文帝所善，廢簏受絹，早畫密謀，股肱心腹，相契至深。魏明又爲明主，豈敵國所能離閒者？惟質以太和四年入爲侍中，則適爲吳黄龍二年也。

二年，〔一〕青州人隱蕃歸吳，〔二〕上書曰：「臣聞紂爲無道，微子先出；〔三〕高祖寬明，陳平先入。〔四〕臣年二十二，委棄封域，歸命有道，賴蒙天靈，得自全致。〔五〕臣至止有日，而主者同之降人，〔六〕未見精別，使臣微言妙旨，不得上達。於邑三歎，〔七〕曷惟其已！〔八〕謹詣闕拜章，乞蒙引見。」〔九〕權即召入，蕃謝答問，〔一〇〕及陳時務，甚有辭觀。〔一一〕綜時侍坐，權問何如，綜對曰：「蕃上書，大語有似東方朔，巧捷詭辯有似禰衡，而才皆不及。」權又問可堪何官，綜對曰：「未可以治民，且試以都輦小職。」〔一二〕權以蕃盛論刑獄，用爲廷尉監。〔一三〕左將軍朱據、

廷尉郝普〔一四〕稱蕃有王佐之才，普尤與之親善，常怨歎其屈。後蕃謀叛，事覺伏誅，

吴録曰：蕃有口才，魏明帝使詐叛如吴，令求作廷尉職，重案大臣以離間之。既爲廷尉監，衆人以據、普與蕃親善，常車馬雲集，賓客盈堂。及至事覺，蕃亡走；捕得，考問黨與，蕃無所言。〔一五〕吴主使將入，謂曰：「何乃以肌肉爲人受毒乎？」蕃曰：「孫君，丈夫圖事，豈有無伴？烈士死，不足相牽耳。」遂閉口而死。

吴歷曰：權問普：「卿前盛稱蕃，又爲之怨望朝廷；使蕃反叛，皆卿之由！」〔一六〕

普見責，自殺；據禁止，〔一七〕歷時乃解。拜綜偏將軍，〔一八〕兼左執法，領辭訟。遼東之事，輔吴將軍張昭以諫權言辭切至，權亦大怒，其和協彼此，使之無隙，綜有力焉。

〔一〕黄龍二年也。
〔二〕隱蕃事見潘濬傳注引吴書。胡三省曰：「姓譜：隱以謚爲氏。」
〔三〕胡三省曰：「商紂無道，微子抱祭器而奔周。」
〔四〕陳平事見前。
〔五〕胡三省曰：「言蒙天之靈，得自全而致身於吴也。」
〔六〕胡三省曰：「此主者謂主客之官也。」
〔七〕胡三省曰：「於邑，短氣貌，讀如本字。或云：於，音烏；邑，烏合翻。」
〔八〕胡三省曰：「用詩人語。」
〔九〕李安溪曰：「詐人者，人亦詐之。陳氏以蕃附綜傳，有以也。」
〔一〇〕通鑑「謝」上有「進」字。

〔一一〕胡三省曰：「言其敏於言辭，美於儀觀也。」

〔一二〕胡三省曰：「國都在輦轂下，故曰都輦。」

〔一三〕胡三省曰：「自漢以來，廷尉有正、有監、有平。」何焯曰：「蕃蓋投權之多猜也。」

〔一四〕郝普事見呂蒙傳，又見蜀志季漢輔臣贊。

〔一五〕局本「蕃」作「審」，誤。

〔一六〕孫登傳注引吴書云：「廷尉監隱蕃交結豪傑，衛將軍全琮等皆傾心接待，惟羊衜、楊迪拒絶不與通。」

〔一七〕「禁止」解見潘濬傳。

〔一八〕綜爲偏將軍，宣傳詔命，見朱桓傳。

性嗜酒，酒後歡呼極意，或推引杯觴，搏擊左右；權愛其才，弗之責也。

凡自權統事，諸文誥策命，鄰國書符，略皆綜之所造也。〔一〕初以內外多事，特立科，長吏遭喪，皆不得去，而數有犯者。權患之，使朝臣下議。綜議以爲「宜定科文，示以大辟，行之一人，其後必絶」。遂用綜言，由是奔喪乃斷。〔二〕

〔一〕趙一清曰：「御覽卷八百五引胡綜別傳曰：吴時掘得銅印，以琉璃蓋畫布雲母於其上，開之得白玉如意。大帝因問綜，綜曰：秦皇以金陵有天子氣象，處處埋寶物以當王者之氣，此即是也。」章宗源曰：「胡綜別傳見類聚、御覽。」侯康曰：「類聚卷七十及八十三引綜別傳，其事本傳不載。」

〔二〕綜議見孫權傳嘉禾六年，此傳複出者，刊削不盡也。李安溪曰：「悖謬甚矣！」

赤烏六年卒，〔一〕子沖嗣。沖，平和有文幹，〔二〕天紀中，爲中書令。〔三〕

吴録曰：沖後仕晉尚書郎、吴郡太守。

〔一〕隋書經籍志：「吴侍中胡綜集二卷，梁有録一卷。」唐經籍志：「胡綜集二卷。」嚴可均全三國文録存六篇。太子賓友目亦綜所作，見孫登傳注引江表傳。綜請立諸王表，見類聚卷五十一，孫權傳赤烏五年注已引之。

〔二〕沖著吴歷，詳見魏志文紀黄初七年注。胡沖答問見孫和傳注。

〔三〕侯康曰：「御覽卷二百二十引薛瑩條列吴事曰：胡沖意性調美，心趣解暢，有刀筆才，閑於時事。爲中書令，雖不能匡矯，亦自守不苟求容媚。」

徐詳者，字子明，吴郡烏程人也。〔一〕先綜死。

〔一〕烏程見孫堅傳。

評曰：是儀、徐詳、胡綜，皆孫權之時幹興事業者也。儀清恪貞素，詳數通使命，綜文采才用，各見信任。辟之廣夏，〔一〕其榱椽之佐乎！〔二〕

〔一〕或曰：夏疑作廈。案詩「夏屋渠渠」，韻會：廈通夏，引禮記檀弓見若覆夏屋者矣。廈、夏本通。

〔二〕陳景雲曰：「志中凡不立傳而附見他傳者，雖有事跡可稱，評中皆不及之。綜傳次是儀傳，詳事又附綜傳後，而陳氏評詳，乃與是儀、胡綜同目，爲孫權時幹興事業者，而尤稱詳之數通使命，無傳有評，疑乖史例。且詳通使曹公，惟一見孫權傳中，如陳氏之評，則詳固屢嘗奉使稱旨矣。前既不著其事，而後忽出此評，更所未喻也。觀評中先詳後綜，則非附見綜傳者甚明。意詳當自有傳在綜傳之前，而偶逸之。今綜傳後數語，則出自後人附益也。據江表傳，詳嘗以侍中、偏將軍爲節度官，掌典軍糧，亦可略見其幹略，餘則無從攷證矣。」朱邦衡曰：「徐詳本應立傳，失其行事，而特存其大略於評論中，此亦史家互見法也。馬、班論贊，往往有之。」陳氏謂乖史例，竊所未詳。」潘眉曰：「陳志本以是儀、胡綜、徐詳三人爲一卷，故評曰是儀、徐詳、胡綜皆孫權之時幹興事業者也。又曰：儀清恪貞素，詳數通使命，綜文采才用。徐詳應有專傳，今佚；輒爲摭拾聞見，補於左。徐詳字子明，吳郡烏程人也。孫權爲車騎將軍，都京，詳與胡綜、是儀俱典軍國密事。（本胡綜傳）建安二十二年，遷都尉，權令詣曹公請降，（本吳主傳）太祖與詳曰：孤比者願越橫江之津，與孫將軍遊姑蘇之上，獵長洲之苑，吾志足矣。詳對曰：大王欲奉至順以合諸侯，若越橫江而遊姑蘇，是踵亡秦而躡夫差，恐天下之事去矣。太祖笑曰：徐生得無逆詐耶？（本御覽六十九引吳地記）因報使修好，誓重結婚。（本吳主傳）劉備下白帝，權以詳領解煩左部督。魏拜權爲吳王，封詳亭侯，（本胡綜傳）爲侍中、偏將軍。權初置節度官，使典掌軍糧，非漢制也。初用詳，詳死，用諸葛恪代詳。（本諸葛恪傳注引江表傳）權踐阼，都建業，進封鄉侯，與綜爲左右領軍，先綜死。（本胡綜傳）劉咸炘曰：「此本以綜、詳合傳，正是圓神之遺，非無傳也。固非附見，亦不勞補。傳末乃書詳字里，亦行文之宜，非後人附益。」

吳書十八

吳範劉惇趙達傳第十八〔一〕

〔一〕或曰：「吳、魏俱有方伎傳，蜀亦有趙直等，承祚蜀人，何以不爲立傳？」弼按：趙直見魏延、蔣琬傳。劉咸炘曰：「此猶魏書之方伎傳，而不直題方伎，猶有馬、班遺意。蜀書無方伎傳者，言讖數者皆儒生也。」

吳範字文則，會稽上虞人也。〔一〕以治歷數，知風氣，聞於郡中。舉有道，〔二〕詣京都，世亂不行。會孫權起於東南，範委身服事，每有災祥，輒推數言狀，其術多效，遂以顯名。

〔一〕上虞見孫堅傳。

〔二〕後漢書左雄周舉黃瓊傳范蔚宗論曰：「漢初詔舉賢良方正，州郡察孝廉秀才，斯亦貢士之方也。中興以後，復增敦朴、有道、賢能、直言、獨行、高節、質直、清白、敦厚之屬，榮路既廣，觖望難裁。」

初，權在吳，欲討黃祖，範曰：「今茲少利，不如明年。明年戊子，〔一〕荆州劉表，亦身死國亡。」權遂征祖，卒不能克。明年，軍出，行及尋陽，範見風氣，因詣船賀，催兵急行，至即破

祖。祖得夜亡，權恐失之，範曰：「未遠，必生禽祖。」至五更中，果得之。劉表竟死，荆州分割。〔二〕

〔一〕戊子爲漢獻帝建安十三年。

〔二〕孫權傳：「建安十三年，權復征黄祖，祖挺身亡走，騎士馮則追梟其首，荆州牧劉表死。」

及壬辰歲，〔一〕範又白言：〔二〕「歲在甲午，〔三〕劉備當得益州。」後呂岱從蜀還，遇之白帝，說備部衆離落，死亡且半，事必不克。〔四〕權以難範，範曰：「臣所言者，天道也；而岱所見者，人事耳。」備卒得蜀。

〔一〕建安十七年。

〔二〕毛本「白」作「曰」，誤。

〔三〕建安十九年。

〔四〕何焯曰：「先主入蜀，自葭萌還攻璋，無緣復在白帝與岱相遇。承祚蜀人，宜知道里違錯，故載之以見吴人僞妄耳。」劉咸炘曰：「此是承祚之疎耳，如何氏言，則凡史之謬，皆可云故載之以見妄乎？」

權與呂蒙謀襲關羽，議之近臣，多曰「不可」；權以問範，範曰「得之」。後羽在麥城，〔一〕使使請降，權問範曰：「竟當降否？」範曰：「彼有走氣，言降詐耳。」權使潘璋邀其徑路，覘候者還，白「羽已去」。範曰：「雖去，不免。」問其期，曰：「明日日中。」權立表下漏以待之。及中不至，權問其故。範曰：「時尚未正中也。」頃之，有風動帷，範拊手曰：〔二〕「羽至矣！」

須臾，外稱萬歲，傳言得羽。〔三〕

〔一〕麥城見孫權傳建安二十四年。

〔二〕宋本「拊」作「柎」，誤。

〔三〕孫權傳：「關羽西保麥城，權使誘之，羽僞降，因遁走。朱然、潘璋斷其徑路。十二月，璋司馬馬忠獲羽及其子平。」韓菼曰：「磊落軒天地，不免爲氣數牢縛，乃至時日亦不誤，令人邑邑氣盡。」弼按：關羽之敗，由於人謀不臧，不能委之氣數也。

後權與魏爲好，範曰：「以風氣言之，彼以貌來，其實有謀，宜爲之備。」劉備盛兵西陵，範曰：「後當和親。」終皆如言，其占驗明審如此。

權以範爲騎都尉，領太史令，數從訪問，欲知其決。〔一〕範祕惜其術，不以至要語權，權由是恨之。

吴録曰：範獨心計，所以見重者術，術亡則身棄矣，故終不言。

〔一〕官本考證曰：「御覽決作訣。」

初，權爲將軍時，範嘗白言江南有王氣，亥子之閒有大福慶。〔一〕權曰：「若終如言，以君爲侯。」及立爲吴王，範時侍宴，曰：「昔在吴中，嘗言此事，大王識之邪？」權曰：「有之。」因呼左右以侯綬帶範。範知權欲以厭當前言，輒手推不受。及後論功行封，以範爲都亭侯。詔臨當出，權恚其愛道於己也，削除其名。

〔一〕亥子之閒爲建安二十四五年，孫權封吴王在黄初二年，吴範説已不驗矣。

範爲人剛直，頗好自稱，然與親故交接有終始。素與魏滕同邑相善，〔一〕滕嘗有罪，權責怒甚嚴，敢有諫者死。範謂滕曰：「與汝偕死。」滕曰：「死而無益，何用死爲？」範曰：「安能慮此，坐觀汝邪？」乃髡頭自縛詣門下，使鈴下以聞。〔二〕鈴下不敢，曰：「必死，不敢白。」範曰：「汝有子邪？」曰：「有。」曰：「使汝爲吴範死，子以屬我。」鈴下曰：「諾。」乃排閤入，言未卒，權大怒，欲便投以戟。逡巡走出，範因突入，叩頭流血，言與涕並。良久，權意釋，乃免滕。滕見範，謝曰：「父母能生長我，不能免我於死。丈夫相知，如汝足矣，何用多爲！」

會稽典録曰：滕字周林，祖父河内太守朗，字少英，〔三〕列在八俊。〔四〕滕性剛直，行不苟合，雖遭困偪，終不迴撓。初亦迕策幾殆，賴太妃救得免，語見妃嬪傳。歷歷山、潘陽、山陰三縣令，〔五〕鄱陽太守。

〔一〕何焯曰：「陳琳檄吴文作魏周榮，吴夫人傳注作魏騰。」余蕭客曰：「會稽典録云滕爲魏朗孫，與陳琳檄文所云堂構析薪不合，故李善注從缺。」

〔二〕續漢志輿服志：「黄綬，武官伍百；文官辟車。軨下、（范書明帝紀注引此作「鈴下」。）侍閤、門蘭、部署、街里走卒，皆有程品，多少隨所典領。」范書酷吏傳周紆傳「又問鈴下」章懷注引漢官儀曰：「鈴下、侍閤、辟車，此皆以名自定者也。」魏志管輅傳：「所謂老鈴下也。」晉書羊祜傳：「鈴閤之下，侍衛者不過十數人。」蓋公府閤有繩，鈴以傳呼，鈴下有吏者也。

〔三〕三君八俊録云：「語曰：天下忠平魏少英。」

〔四〕范書黨錮傳序：「指天下名士，爲之稱號，上曰三君，次曰八俊，李膺、魏朗等爲八俊。俊者，言人之英也。大長秋曹節颯有司奏捕前黨河内太守魏朗等百餘人，皆死獄中。」
〔五〕潘眉曰：「歷山當爲歷陽，潘陽當爲鄱陽。」梁章鉅曰：「吴時無歷山縣、潘陽縣也。」

黄武五年，範病卒。〔一〕長子先死，少子尚幼，於是業絶。權追思之，募三州有能舉知術數如吴範、趙達者，〔二〕封千户侯，〔三〕卒無所得。〔四〕

吴録曰：範先知其死日，謂權曰：「陛下某日當喪軍師。」權曰：「吾無軍師，焉得喪之？」〔五〕範曰：「陛下出軍臨敵，須臣言而後行，臣乃陛下之軍師也。」至其日，果卒。

臣松之案：範死時權未稱帝，此云陛下，非也。

〔一〕隋書經籍志：「歷術一卷，吴太史令吴範撰。黄帝四神歷一卷，吴範撰。吴有道占出軍決勝負事一卷，梁二卷；又黄帝出軍雜用決十二卷，風氣占軍決勝戰二卷，太史令全範撰。對敵權變一卷，吴氏撰。」姚振宗曰：「魏志陶謙傳注引謝承書，有揚州從事會稽吴範，當即此人。按吴範舉有道，見本傳。傳載其占出軍，決勝負，事尤顯著者數條，大抵皆采自有道此書。知隋志稱吴有道者，即吴範。吴人録其占驗者，筆之於書。其下引七錄稱太史令全範者，全乃吴字之誤。又隋志列此書在黄帝、老子諸書之後，皆兵陰陽一類之書。以時代言之，則又近似。緣是證知此書及下二書，皆出吴範，無復可疑。」又曰：「隋志載風氣占軍決勝戰於吴有道占決之下，而此書之下，又有吴氏對敵權變一書，以是證知此書即吴太史令吴範撰，刊本誤爲全範耳。範領太史令多年，史又稱其善風氣，歷舉軍戰決勝占事，其出吴範，似無可疑。太平御覽經史圖書綱目有吴軌占候風氣祕訣，蓋即此書，而誤範爲軌。隋志引七録，此書之前又有黄帝出軍雜用訣十二卷，疑亦是吴範所裒録者。」又云：「隋志，對敵權變一卷云吴氏撰者，即蒙上文指吴有道其人也。」
〔二〕三州，荆、揚、交也。

〔三〕初封吴範都亭侯，何以削除其名？
〔四〕此尚不若孫策之不信于吉，宜其有羅陽王表，爲世所笑也。
〔五〕林國贊曰：「朱然、全琮、丁奉、張悌、諸葛靚、劉惇皆爲吴軍師，而莫先於張昭。黄武五年，權有軍師已十八年，昭後此一年裁歿，範歿時，昭猶在，不得言無軍師也。注誤。」

劉惇字子仁，平原人也。遭亂避地，客遊廬陵，事孫輔。以明天官達占數，顯於南土，每有水旱寇賊，皆先時處期，無不中者。輔異焉，以爲軍師，軍中咸敬事之，號曰神明。建安中，孫權在豫章，時有星變，以問惇。惇曰：「災在丹陽。」權曰：「何如？」曰：「客勝主人，到某日當得問。」是時邊鴻作亂，卒如惇言。〔一〕

〔一〕何焯曰：「時孫翊名位甚微，安能星躔示變，此又吴人之誇也。」弼按：名位崇高，亦與星躔無涉。

惇於諸術皆善，尤明太乙，〔二〕皆能推演其事，窮盡要妙。著書百餘篇，名儒刁玄稱以爲奇。〔三〕惇亦寶愛其術，不以告人，故世莫得而明也。

〔二〕潘眉曰：「太乙，緯書也。以一爲太極，因之生二目，二目生四輔，又有計神與太乙合之爲八將。其以歲月日時爲綱，而以八將爲緯，三臺五福十精之類爲經。法以八將推其掩迫、囚擊、關格之類，占人君、將相内外災福，又推四神所臨分野，占水旱、兵喪、饑饉、疾疫。又推三基、五福、大小游二限，易卦大運，占古今治亂，天下離合。如遇凶神、陽九、百六、交限之際，卦運災變之限，大數凶者，其凶發於八將掩迫、囚擊、關格之年；如遇吉星所會之分，卦象和平之運，非陽九、百六、交會之際，大數吉者，八將雖有掩迫之類，其災不發。故占家以爲聖書，私相傳習。」弼按：怪力亂神，皆孔子所不語。

〔二〕刁玄見孫亮傳太平元年。

趙達，河南人也。少從漢侍中單甫受學，用思精密，謂東南有王者氣，可以避難，故脱身渡江。治九宫一算之術，究其微旨，是以能應機立成，對問若神。至計飛蝗、射隱伏，無不中效。或難達曰：「飛者固不可校，誰知其然，此殆妄耳。」達使其人取小豆數斗，播之席上，立處其數，驗覆果信。嘗過知故，知故爲之具食，食畢，謂曰：「倉卒乏酒，又無嘉肴，無以敘意，如何？」達因取盤中隻箸，再三從横之，乃言：「卿東壁下有美酒一斛，又有鹿肉三斤，何以辭無？」時坐有他賓，内得主人情，主人慙曰：「以卿善射有無，欲相試耳，竟效如此！」遂出酒酣飲。又有書簡上作千萬數，著空倉中封之，令達算之。達處如數，云：「但有名無實。」其精微若是。

達寶惜其術，自闞澤、殷禮皆名儒善士，親屈節就學，達祕而不告。太史丞公孫滕少師事達，勤苦累年，達許教之者有年數矣。臨當喻語，而輒復止。滕他日齎酒具，候顔色，拜跪而請。達曰：「吾先人得此術，欲圖爲帝王師，至仕來三世，不過太史郎，誠不欲復傳之。且此術微妙，頭乘尾除，一算之法，父子不相語。然以子篤好不倦，今真以相授矣。」飲酒數行，達起取素書兩卷，大如手指。達曰：「當寫讀此，則自解也。吾久廢，不復省之，今欲思論一過，數日當以相與。」滕如期往，至乃陽求索書，驚言失之，云：「女壻昨來，必是渠所竊。」遂從此絶。

初，孫權行師征伐，每令達有所推步，皆如其言。權問其法，達終不語，由此見薄，禄位不至。〔一〕吴書曰：初，權即尊號，令達算作天子之後，當復幾年？達曰：「高祖建元十二年，〔二〕陛下倍之。」〔三〕權大喜，左右稱萬歲，果如達言。

〔一〕達推算事，見孫權傳黄武三年注引干寶晉紀。

〔二〕漢高祖也。

〔三〕自黄龍元年至太元二年，適爲二十四年。

達常笑謂諸星氣風術者曰：「當迴算帷幕，不出户牖，以知天道。而反晝夜暴露，以望氣祥，〔一〕不亦難乎！」閒居無爲，引算自校，乃歎曰：「吾算訖盡某年月日，其終矣！」達妻數見達效，聞而哭泣；達欲弭妻意，乃更步算，言「向者謬誤耳，尚未也」。後如期死。權聞達有書，求之不得，乃録問其女，及發達棺，〔二〕無所得，法術絶焉。〔三〕吴録曰：皇象字休明，廣陵江都人。〔四〕幼工書，〔五〕時有張子並、陳梁甫能書，〔六〕甫恨逋，並恨峻，象斟酌其間，甚得其妙，中國善書者不能及也。〔七〕嚴武字子卿，衛尉畯再從子也，〔八〕圍棊莫與爲輩。宋壽占夢，十不失一。曹不興善畫，權使畫屏風，誤落筆點素，因就以作蠅。既進御，權以爲生蠅，舉手彈之。〔九〕孤城鄭嫗能相人，〔一〇〕及範、惇、達八人，世皆稱妙，謂之八絶云。

晉陽秋曰：吴有葛衡，字思真，〔一一〕明達天官，能爲機巧。作渾天，使地居于中，以機動之，天轉而地止，以上應晷度。〔一二〕

〔一〕「氣」疑作「氛」。

〔二〕宋本無「達」字。劉家立曰：「達字疑在下法字上，傳寫誤倒。」

〔三〕何焯曰：「發棺求書，可爲術家之戒。」趙一清曰：「寰宇記卷一百七：饒州鄱陽縣有螺洲，一名鼉，在舊縣東三里。鄱陽記云：吴太平二年大饑，猛獸害人，孫權使趙達占之。曰：天地山川，如人四體，患衂灸腳，其疾即愈。而鄱陽水口暴起一洲，形如鼉，可食此郡風氣，宜祀以太牢，掘其背。其掘處今猶存焉。一清案：太平爲孫亮紀年，孫權薨於太元二年，達又卒於權薨之前，此有誤。」

〔四〕江都見孫策傳。

〔五〕趙一清曰：「寰宇記卷九十：折石岡在昇州江寧縣南二十里，有大碣石，折爲三段，故以名岡，即吴皇象書碣也。」侯康曰：「王僧虔能書人名録云：吴人皇象能草書，世稱沈著痛快。袁昂書評云：皇象書如歌聲繞梁，琴人捨徽。竇臮述書賦注云：象終侍中、吴青州刺史。張懷瓘書斷云：右軍隸書，以一形而衆相，萬字皆别；休明章草，雖相衆而形一，萬字皆同，各造其極。」王祀曰：「天發神讖碑：張勃吴録以爲華覈撰文，皇象書也。書斷及法書要録並以象官至侍中，梁書及南史皇侃傳並云青州刺史，惜吴志不爲立傳，不能定其孰是矣。」

〔六〕後漢書文苑傳張超傳：「超字子並，河間鄚人，留侯良之後。有文才，善於草書，妙絶時人，世共傳之。」侯康曰：「陳梁甫無考，書斷作良輔。」

〔七〕抱朴子譏惑篇云：「吴之善書，則有皇象、劉纂、岑伯然、朱季平，皆一代之絶手也。」

〔八〕毛本「畯」作「峻」，誤。

〔九〕侯康曰：「謝赫古畫品録云：不興之迹，殆莫獲傳，祕閣之内，一龍而已。觀其風骨，名豈虚成？張彦遠歷代名畫記云：吴赤烏中，不興之青谿，見赤龍出水上，寫獻孫晧，晧送祕府。至宋朝，陸探微見畫，歎其妙，因取不興龍置水上，應時蓄水成霧，累日霶霈。」

〔一〇〕孤城媪見吾粲傳注引吴録。菰城，烏程縣舊名，「孤」疑作「菰」。趙一清曰：「寰宇記卷九十四：湖州烏程南十八里，有吴孤城。吴時，鄭媪善相人者，居此。春申君黄歇立菰城，青樓連延十里。」

〔一一〕潘眉曰：「御覽卷二引晉陽秋作葛衜字思真。衜，古道字，字曰思真，似當爲衜字，衡字誤。」

〔一二〕趙一清曰：「晉天文志：漢順帝時，張衡制渾象，其後陸續亦造渾象。至吴時，中常侍盧江王蕃傳劉洪乾象曆，依其法而制渾儀，與衡時相後先。然渾天之制，當始於衡。」

評曰：三子各於其術精矣，其用思妙矣。然君子算役心神，〔一〕宜於大者遠者，是以有識之士，舍彼而取此也。

孫盛曰：夫玄覽未然，逆鑒來事，雖裨竈、梓慎，〔二〕其猶病諸，況術之下此者乎！吴史書達知東南當有王氣，故輕舉濟江。魏承漢緒，受命中畿，達不能豫覩兆萌，而流竄吴越，又不知吝術之鄙，見薄於時，安在其能逆覩天道而審帝王之符瑞哉！昔聖王觀天地之文，以畫八卦之象，故亹亹成於蓍策，變化形乎六爻，是以三易雖殊，卦繇理一，安有迴轉一籌，可以鉤深測隱，意對逆占，而能遂知來物者乎？流俗

好異，妄設神奇，不幸之中，仲尼所棄，是以君子志其大者，無所取諸。〔三〕

臣松之以爲盛云「君子志其大者，無所取諸」，故評家之旨，非新聲也。其餘所譏，則皆爲非理。自中原酷亂，至於建安，數十年閒，生民殆盡，比至小康，皆百死之餘耳。江左雖有兵革，不能如中國之甚也，焉知達不算其安危，知禍有多少，利在東南，以全其身乎？而責不知魏氏將興，流播吳越，在京房之籌，猶不能自免刑戮，〔四〕況達但以祕術見薄，在悔吝之閒乎！古之道術，蓋非一方，探賾之功，豈惟六爻？苟得其要，則可以易而知之矣。迴轉一籌，胡足怪哉！達之推算，窮其要妙，以知幽測隱，何愧於古；而以禆、梓限之，謂達爲妄，非篤論也。

抱朴子曰：時有葛仙公者，〔五〕每飲酒醉，常入人家門前陂水中臥，竟日乃出。曾從吳主別到洌洲，〔六〕還遇大風，百官船多没，仙公船亦沈淪，吳主甚悵恨。明日，使人鉤求公船，而登高以望焉。久之，見公步從水上來，〔七〕衣履不沾，而有酒色。既見而言曰：「臣昨侍從，而伍子胥見請，暫過設酒，忽忽不得，即委之。」〔八〕又有姚光者，有火術，吳主身臨試之。積荻數千束，使光坐其上，又以數千束荻裹之，因猛風而燔之。荻了盡，謂光當以化爲燼，而光端坐灰中，振衣而起，把一卷書。吳主取其書視之，不能解也。

又曰：吳景帝有疾，求覡視者，得一人。景帝欲試之，乃殺鵝而埋於苑中，架小屋，〔九〕施牀几，以婦人屐履服物著其上，乃使覡視之。告曰：「若能說此冢中鬼婦人形狀者，當加賞而即信矣。」竟日盡夕無言，帝推問之急，乃曰：「實不見有鬼，但見一頭白鵝立墓上，所以不即白之，疑是鬼神變化作此相，當候其真形而定。無復移易，不知何故，不敢不以實上聞。」景帝乃厚賜之。然則鵝死，亦有鬼也。〔一〇〕

葛洪神仙傳曰：仙人介象，字元則，會稽人，有諸方術。吳主聞之，徵象到武昌，甚敬貴之，稱爲介君，爲起宅，以御帳給之，賜遺前後累千金，從象學蔽形之術。試還後宮，及出殿門，莫有見者。又使象作變化，種瓜菜百果，皆立生可食。吴主共論鱠魚何者最美，象曰「鯔魚爲上」。〔一一〕吴主曰：「論近道魚耳，此出海中，安可得邪？」象曰：「可得耳。」乃令人於殿庭中作方埳，汲水滿之，并求鉤。象起餌之，垂綸於埳中，須臾，果得鯔魚。吴主驚喜，問象曰：「可食不？」象曰：「故爲陛下取以作生鱠，安敢取不可食之物。」乃使廚下切之。吴主曰：「聞蜀使來，得蜀薑作齏甚好，恨爾時無此。」象曰：「蜀薑豈不易得，願差所使者，可付直。」〔一二〕吴主指左右一人，以錢五十付之。象書一符，以著青竹杖中，使行人閉目騎杖，杖止，便買薑訖，復閉目。此人承其言騎杖，須臾止，已至成都，不知是何處，問人，人言是蜀市中，乃買薑。于時吴使張温先在蜀，既於市中相識，甚驚，便作書寄其家。〔一三〕此人買薑畢，捉書負薑，騎杖閉目，須臾已還到吴，廚下切鱠適了。〔一四〕

臣松之以爲葛洪所記，近爲惑衆，其書文頗行世，故撮取數事，載之篇末也。神仙之術，詎可測量，臣之臆斷，以爲惑衆，所謂夏蟲不知冷冰耳。

〔一〕宋本「算」作「等」，或改作「專」。

〔二〕裨竈，鄭大夫，梓慎，魯大夫，皆善推災祥，見左傳，皆魯襄公時人。

〔三〕何焯曰：「盛言是也。若嫌魏得不以正，亦當崎嶇入蜀。」

〔四〕漢書京房傳：「房字君明，東郡頓丘人也。治易，事梁人焦延壽。延壽字贛，贛常曰：得我道以亡身者，必京生也。其説長於災變，分六十四卦，更直日用事，以風雨寒温爲候，各有占驗，房用之尤精。及出守郡，石顯告房與張博通謀，非謗政治，房、博皆棄市。房本姓李，推律自定爲京氏，死時年四十一。」

〔五〕晉書葛洪傳：「洪，丹陽句容人也。從祖玄，吴時學道得仙，號曰葛仙公。」隋書經籍志：「梁有老子序次一卷，葛仙公撰。」嚴可均全三國文曰：「葛玄字孝先，大帝時方士。有道德經序，見老子河上公注本，又略見太平御覽六百六十。」

〔六〕馮本「洲」作「州」，誤。

〔七〕馮本「水」作「木」，誤。

〔八〕委，棄也。

〔九〕官本「架」作「築」。

〔一〇〕何焯曰：「此必覡者先得之左右，待推問急，而始言之，則休信爲實見其狀耳。鵝微物，氣當旋散，安得埋著土中，復有相耶？」

〔一一〕或曰：「鯔，法帖作鱸。」

〔一二〕宋本「可」作「并」。

〔一三〕何焯曰：「張温使蜀時，權方爲吴王，何以得稱陛下？且正當魏軍頻出廣陵洞口，權亦不在武昌也。」

〔一四〕趙一清曰：「事與魏志所載相似，總屬妄誕耳。」

三國志六十四

吴書十九

諸葛滕二孫濮陽傳第十九〔一〕

〔一〕何焯曰：「諸葛恪傳，雖孟堅當無以過。吴書中惟陸伯言事似稍煩冗，他傳亦篇篇可觀。想周、韋、華、薛之徒，其書本勝，經其整比，乃遂逼前良耳。」尚曰：此傳仿史記廉頗藺相如合傳及魏其武安合傳體也。廉頗傳附傳趙奢、趙括、李牧，以廉、藺連貫；魏其武安傳附傳灌夫，以灌夫聯貫；諸葛滕二孫傳以滕、孫連貫。至濮陽之附尾，以其爲丞相，猶李牧之附廉、藺，以其爲良將，文不屬而意相承也。雖離奇變幻不及司馬遷之才，然意匠亦極經營。自壽以後，此體不多見於史矣。」

諸葛恪字元遜，瑾長子也，少知名。

江表傳曰：恪少有才名，發藻岐嶷，〔一〕辯論應機，莫與爲對。權見而奇之，謂瑾曰：「藍田生玉，真不虚也。」〔二〕

吴録曰：恪長七尺六寸，少鬚眉，折頞廣額，〔三〕大口高聲。

弱冠拜騎都尉，與顧譚、張休等侍太子登，講論道藝，並爲賓友。〔四〕從中庶子轉爲左輔都尉。

〔一〕「岐嶷」解見魏志明帝紀卷首注。

〔二〕漢書地理志：「京兆尹藍田，山出美玉。」水經注：「霸水出藍田縣藍田谷，所謂多玉者也。」元和志：「藍田山一名玉山。」長安志：「藍田山在藍田縣東南三十里。」

〔三〕頞，音遏，鼻莖也。

〔四〕諸葛恪、張休、顧譚、陳表爲四友，見孫登傳。

恪父瑾，面長似驢，孫權大會羣臣，使人牽一驢入，長檢其面，題曰「諸葛子瑜」。恪跪曰：「乞請筆益兩字。」因聽與筆。恪續其下曰「之驢」。舉坐歡笑，乃以驢賜恪。他日復見，權問恪曰：「卿父與叔父孰賢？」對曰：「臣父爲優。」權問其故，對曰：「臣父知所事，叔父不知，以是爲優。」權又大噱。命恪行酒，至張昭前，昭先有酒色，不肯飲，曰：「此非養老之禮也。」權曰：「卿其能令張公辭屈，乃當飲之耳。」恪難昭曰：「昔師尚父九十，秉旄仗鉞，猶未告老也。〔一〕今軍旅之事，將軍在後，酒食之事，將軍在先，何謂不養老也？」昭卒無辭，遂爲盡爵。後蜀使至，羣臣並會，權謂使曰：「此諸葛恪雅好騎乘，還告丞相，爲致好馬。」恪因下謝。權曰：「馬未至而謝，何也？」恪對曰：「夫蜀者，陛下之外廄，今有恩詔，馬必至也，安敢不謝？」恪之才捷，皆此類也。〔二〕

恪別傳曰：〔三〕權嘗饗蜀使費禕，先逆勑羣臣：「使至，伏食勿起。」禕至，權爲輟食，而羣下不起。禕嘲之曰：〔四〕「鳳皇來翔，騏驎吐哺，〔五〕驢騾無知，伏食如故。」恪答曰：「爰植梧桐，以待鳳皇，有何燕雀，自稱來翔？何不彈射，使還故鄉！」禕停食餅，索筆作麥賦，恪亦請筆作磨賦，咸稱善焉。權嘗問恪：

「頃何以自娱而更肥澤？」恪對曰：「臣聞富潤屋，德潤身，臣非敢自娱，修己而已。」又問：「卿何如滕胤？」恪答曰：「登階躡履，臣不如胤；迴籌轉策，胤不如臣。」恪嘗獻權馬，先鑴其耳。〔六〕范慎時在坐，〔七〕嘲恪曰：「馬雖大畜，〔八〕稟氣於天，今殘其耳，豈不傷仁？」恪答曰：「母之於女，恩愛至矣，穿耳附珠，何傷於仁？」太子嘗嘲恪：「諸葛元遜，可食馬矢。」恪曰：「願太子食雞卵。」權曰：「人令卿食馬矢，卿使人食雞卵，何也？」恪曰：「所出同耳。」權大笑。

江表傳曰：曾有白頭鳥集殿前，權曰：「此何鳥也？」恪曰：「白頭翁也。」張昭自以坐中最老，疑恪以鳥戲之，因曰：「恪欺陛下，未嘗聞鳥名白頭翁者，試使恪復求白頭母。」恪曰：「鳥名鸚母，〔九〕未必有對，試使輔吴復求鸚父。」昭不能答，坐中皆歡笑。〔一〇〕

權甚異之，欲試以事，令守節度。〔一一〕節度掌軍糧穀，文書繁猥，非其好也。

江表傳曰：權爲吴王，初置節度官，使典掌軍糧，非漢制也。初用侍中偏將軍徐詳，詳死，將用恪。諸葛亮聞恪代詳，書與陸遜曰：「家兄年老，而恪性疏，〔一二〕今使典主糧穀，糧穀、軍之要最，僕雖在遠，竊用不安。足下特爲啓至尊轉之。」遜以白權，即轉恪領兵。

〔一〕史記齊太公世家：「太公望吕尚者，東海上人。蓋嘗窮困年老矣，周西伯遇於渭之陽，曰：吾先君太公，望子久矣。故號之曰太公望，載與俱歸，立爲師。武王即位，師行，師尚父左杖黄鉞，右把白旄以誓。」譙周曰：「武王號爲師尚父，則尚父官名。」劉向别録曰：「師之、尚之、父之，故曰師尚父。父亦男子之美號也。」

〔二〕李安溪曰：「才捷之人，必不可當大任。」劉咸炘曰：「書其才捷，所以著其非大器。」

〔三〕諸葛恪别傳，隋、唐志不著録。

〔四〕宋本「嘲」作「啁」。

〔五〕爾雅釋獸：「麐，麕身、牛尾、一角。」陸德明音義：「麐，字林力人反，本又作麟，牝騏也。一音力珍反。」說文：「麒麟，仁獸也。」何法盛徵祥記曰：「麒麟者，毛蟲之長也，仁獸也。牝曰麒，牡曰麟。」弼按：見於各書，皆從鹿旁，與此異。

〔六〕鍚，刺也。

〔七〕范慎見孫登傳。

〔八〕何焯校改「大」作「六」。

〔九〕元本「鸚」作「鶯」，何焯校改作「嬰」。

〔一〇〕水經漸江水注引劉敬叔異苑曰：「孫權時，永康縣有人入山，遇一大龜，即束之以歸。龜便言曰：游不量時，爲君所得。擔者怪之，載出，欲上吴王。夜宿越里，纜船於大桑樹。宵中，樹忽呼龜曰：元緒，奚事爾也？龜曰：行不擇日，今方見烹，雖盡南山之樵，不能潰我。樹曰：諸葛元遜識性淵長，必致相困，令求如我之徒，計將安治？龜曰：子明，無多辭。既至建業，權將煑之，燒柴萬車，龜猶如故。諸葛恪曰：燃以老桑，乃熟。獻人仍說龜言，權使伐桑，取煑之，即爛。故野人呼龜曰元緒。」侯康曰：「太平廣記卷一百七十三引劉氏小說云：（據唐志，爲劉義慶撰。）孫權暫巡狩武昌，語羣臣曰：在後好共輔導太子，太子有益，諸君厚賞；如其無益，必有重責。張昭、薛綜並未能對。諸葛恪曰：今太子精微特達，比青蓋來旋，太子聖叡之姿，必聞一知十，豈爲諸臣，虛當受賞。孫權嘗問恪：君何如丞相？恪曰：臣勝之。權曰：丞相受遺輔政，國富刑清，雖伊尹格於皇天，周公光於四表，無以遠過。且爲君叔，何以言勝之邪？恪對曰：實如陛下明詔，但仕於污君，甘於僞主，闇於天命，則不如臣從容清泰之朝，讚揚天下之君也。權復問恪，君何如步騭？答曰：臣不如之。又問何如朱然？亦曰：不如之。又問何如陸遜？亦曰：不如之。權曰：君不如此三人，而言勝叔者何？恪曰：小國之有君，不如諸夏之亡，是以勝也。」趙一清曰：「御覽卷八百九十四引吳書曰：諸葛恪爲將伐蜀，未至，上謂使曰：元遜爲將軍，若還蜀，可報丞相，爲致佳馬。」清案：恪未嘗爲將伐蜀，當從本志爲得。又御覽卷八百三十引諸葛元遜傳曰：對南陽韓文晃誤呼其父字，晃難之曰：何人子前呼人父字？是禮乎！諸葛笑(容)〔答〕曰：向天穿針，而不見天，何者？不輕天，意有所在耳。即罰文晃酒一杯。世説：諸葛瑾爲豫州，遣別駕到臺，語云：小兒知談，卿可與語。連往詣恪，恪不與相見。後與張輔吳坐中相遇，別駕喚恪咄咄郎君，恪因嘲之曰：豫州亂矣，何咄咄之有！答曰：君明臣賢，未聞其亂。恪曰：昔唐堯在上，四凶在下。答曰：非惟四凶，亦有丹朱。於是一座大笑。」杭世駿所引同。或曰：「凡此諸事，皆口給禦人，或抵侮大臣，或啓釁鄰好，甚至君臣相嘲，父子爲笑，人道無復可論矣，何足以辱簡牘哉！史家無識，可笑。」弼按：史家美惡兼書，以昭勸懲，或説失之。

〔一一〕節度之名始此。

〔一二〕李安溪曰：「終難逃疎之一字，哲鑒遠矣。疎與謹慎正相反。」

恪以丹楊山險，民多果勁，雖前發兵，徒得外縣平民而已，〔一〕其餘深遠，莫能禽盡，屢自求乞爲官出之，〔二〕三年可得甲士四萬。〔三〕衆議咸以丹楊地勢險阻，與吳郡、會稽、新都、鄱陽四郡鄰接，周旋數千里，山谷萬重，其幽邃民人，未嘗入城邑，對長吏，皆仗兵野逸，白首於林莽；〔四〕逋亡宿惡，咸共逃竄。山出銅鐵，自鑄甲兵，俗好武習戰，高尚氣力，其升山赴險，抵突叢棘，若魚之走淵，猨狖之騰木也。〔五〕時觀閒隙，出爲寇盜，每致兵征伐，尋其窟藏。其戰則蠭至，敗則鳥竄，自前世以來，不能羈也。皆以爲難。恪父瑾聞之，亦以事終不逮，〔六〕歎曰：「恪不大興吾家，將大赤吾族也！」恪盛陳其必捷，權拜恪撫越將軍，〔七〕領丹楊太守，〔八〕

授棨戟〔九〕武騎三百。拜畢，命恪備威儀，作鼓吹，導引歸家，時年三十二。〔一〇〕

〔一〕陸遜傳：「遜建議曰：山寇舊惡，依阻深地，可大部伍，取其精鋭。會丹陽賊帥扇動山越，遜破散之，得精卒數萬人。」

〔二〕胡三省曰：「爲，于僞翻。」

〔三〕陳本以「屢自求乞爲官」爲句，「出之三年」爲句，大誤。

〔四〕胡三省曰：「草深曰莽。」

〔五〕胡三省曰：「狖，余救翻。說文曰：狖，鼠屬，善旋。」

〔六〕胡三省曰：「逮，及也。謂恪所出山民，終不能及四萬之數也。」

〔七〕胡三省曰：「以招撫山越爲將軍號。」

〔八〕何焯曰：「張温未竟之緒，元遜收之。」

〔九〕續漢志輿服志：「公以下至二千石，騎吏四人；千石以下，至三百石縣長二人，皆帶劍持棨戟爲前列。」范書郭躬傳：「漢制，棨戟即爲斧鉞。」章懷注：「有衣之戟曰棨。漢雜事云：漢制，假棨戟以當斧鉞。」

〔一〇〕時爲吴嘉禾三年。

恪到府，〔一〕乃移書四部屬城長吏，〔二〕令各保其疆界，明立部伍。〔三〕其從化平民，悉令屯居。乃分内諸將，羅兵幽阻，〔四〕但繕藩籬，不與交鋒，候其穀稼將熟，輒縱兵芟刈，使無遺種。舊穀既盡，新田不收，〔五〕平民屯居，略無所入，於是山民飢窮，漸出降首。〔六〕恪乃復勅下曰：〔七〕「山民去惡從化，皆當撫慰，徙出外縣，不得嫌疑，有所執拘。」臼陽長胡伉〔八〕得降民周遺，遺舊惡民，困迫暫出，内圖叛逆，伉縛送言府。〔九〕恪以伉違教，遂斬以徇，以狀表上。民聞伉坐執人被戮，知官惟欲出之而已，於是老幼相攜而出。歲期，人數皆如本規。〔一〇〕恪自領萬人，餘分給諸將。

〔一〕丹陽太守府也。

〔二〕胡三省曰：「四部當作四郡，謂吴郡、會稽、新都、鄱陽，皆與丹陽鄰接，山越依阻出没，故令各保其疆界也。」或曰：四部，謂東、西、南、北四部都尉也。」

〔三〕局本「部」作「郡」，誤。

〔四〕胡三省曰：「使諸將入扼幽阻之地，故謂之内。内，讀曰納。」

〔五〕通鑑作「新穀不收」。

〔六〕何焯曰：「先使之無所略，然後困之，則不得不出矣。」

〔七〕胡三省曰：「勑下者，出教令約敕其下也。」

〔八〕胡三省曰：「臼陽既置長，必以爲縣，其地當在丹陽郡，而今無所考。」錢大昕曰：「丹陽郡無臼陽縣，恐有譌字。」吴增僅曰：「漢志無臼陽，疑漢末孫氏立。」楊守敬曰：「臼陽，蕭常續漢書作丹陽，或蕭所見古善本如是。」楊文蓀曰：「漢、晉志無臼陽，未知蕭氏何據。」弼按：通鑑作臼陽，胡注存疑爲是。

〔九〕何焯校改「言」作「官」。或曰：「縛送而言其舊惡於府也。」

〔一〇〕即三年得甲士四萬也。

權嘉其功，遣尚書僕射薛綜勞軍。綜先移恪等曰：「山越恃阻，不賓歷世，緩則首鼠，急則狼顧。皇帝赫然，命將西征，神策内授，武師外震。兵不染鍔，〔一〕甲不沾汗，元惡既梟，種黨歸義。蕩滌山藪，獻戎十萬，野無遺寇，邑罔殘姦。既埽兇慝，又充軍用，藜蓧稂莠，化爲善草，魑魅魍魎，更成虎士。雖實國家威靈之所加，亦信元帥臨履之所致也。雖詩美執訊，〔二〕易嘉折首，〔三〕周之方、召，〔四〕漢之衛、霍，〔五〕豈足以談？功軼古人，勳超前世，主上歡然，遥用歎息。感四牡之遺典，〔六〕思飲至之舊章，〔七〕故遣中臺近官，〔八〕迎致犒賜，以旌茂功，以慰劬勞。」拜恪威北將軍，〔九〕封都鄉侯。〔一〇〕恪乞率衆佃廬江皖口，〔一一〕因輕兵襲舒，〔一二〕掩得其民而還。〔一三〕復遠遣斥候，觀相徑要，欲圖壽春，權以爲不可。〔一四〕

〔一〕鍔，五閣切，刀刃也。
〔二〕詩小雅采芑篇：「方叔率止，執訊獲醜。」鄭箋云：「方叔率其士衆，執其可言，問所獲敵人之衆，以還歸也。」
〔三〕易「有嘉折首，獲匪其醜」。劉向疏：「言誅首惡之人，而諸不順者，皆來從也。」
〔四〕方叔、召虎也。
〔五〕衛青、霍去病也。
〔六〕詩序云：「四牡，勞使臣之來也。有功而見知，則悦矣。」
〔七〕左傳：「三年而治兵，入而振旅，歸而飲至。」
〔八〕綜爲尚書僕射，故云。
〔九〕胡三省曰：「威北將軍，亦孫氏所創置。」
〔一〇〕王鳴盛曰：「自周、秦以來，南蠻總稱百越，伏處深山，故名山越。山越二字，自恪傳外，又見吴主孫權傳建安五年、嘉禾三年，又見太史慈、孫賁、吴主權徐夫人、周瑜、黄蓋、韓當、朱治、張温、賀齊等傳中，或言鎮撫，或言討平，或言山越懷附畏服云云。攷吴所有者，揚、荆、交、廣四州，交、廣山越必多，然距京都甚遠，彼既不來，我亦不往，任其獸伏鳥竄而已。荆州南境零陵、桂陽等郡，亦稍遠；惟揚是所都，揚所轄各郡中，丹楊一郡正是秣陵所都之地，税斂調發，舉足輒及，而山越爲梗，故吳世恆以此爲事。秣陵今江蘇江寧府，而漢丹楊郡之境，兼今安徽之寧國、池州、太平、徽州等府，廣德一州，又得浙江湖州、杭州二府之西北境，郡之東南境，皆與吳、會稽二郡爲界。吳人於建安十三年分丹楊之黟、歙爲新都郡，又於十五年分豫章郡爲鄱陽郡，故諸葛恪傳言丹楊與吳、會稽、新都、鄱陽四郡鄰接也。然山越頑抗，大約尤在與新都、鄱陽鄰接處，今徽、寧二府與江西饒州界，萬山環繞，正山民負固不服地，故孫策平定宣城以東，惟涇以西六縣未服。太史慈住涇縣，立屯府，大爲山越所附。策躬自攻討，始見囚執，見慈傳。程普爲吳郡都尉，治錢塘，徙丹楊都尉居石城，復討宣城、涇、安吳、陵陽、春穀諸賊破之，見本傳。又歙賊屯安勤山及烏聊山，黟賊屯林歷山，賀齊破之；建安、鄱陽、新都三郡山民作亂，鍾離牧爲監軍使者，討平之；亦各見本傳。可見山越莫盛於此處。予曾兩至旌德縣，癸巳由浙江湖州府長興縣之四安鎮登陸行，過安徽廣德州，渡河瀝溪，過寧國府寧國縣，行亂山中，過石鳬山以至旌德，皆自東而西，此路荒僻，行人甚少，疊嶂盤回，險仄殊甚。中有前明萬曆間開路碑，蓋自古爲行旅所苦，直至明方開。乙未，則從荆溪過東壩渡固城湖至宣城，自北而南，過涇縣琴溪以往，此路差大，然亦險甚。自此而南，至新安，山愈深矣，宜三國時爲賊所據也。此在吳爲心腹之疾，故張溫傳權謂溫曰，若山越都除，便欲大搆蜀；而陳壽於賀、全等傳評云，山越好爲叛亂，難安易動，是以孫權不遑外禦，卑詞魏氏。蓋山越之爲害如此。」又云：「後漢度尚傳：抗徐字伯徐，丹陽人。守宣城長，移深林遠藪、椎髻鳥語之人，置於縣下。此可見宣、歙間在後漢爲蠻夷，與外間隔絶不通，至三國而頑梗如故。此吳人所以重勞經營。陳書三卷世祖本紀：授會稽太守，山越深險，皆不賓附。新唐書百八十二卷裴休傳：貞元時，浙東劇賊栗鍠（銹）〔誘〕山越爲亂。然則山越歷六朝至唐，爲害未息。」

〔一一〕皖口見孫權傳黄武四年。潘眉曰：「皖口，皖水入江之口也。今有皖口鎮。」趙一清曰：「方輿紀要卷二十六：吳廬江大守治皖城，安慶府西十五里有皖口鎮，恪所屯也。」

〔一二〕舒見孫堅傳。

〔一三〕孫權傳：「赤烏四年，威北將軍諸葛恪攻六安。」

〔一四〕何焯曰：「以爲不可者，蓋以此地南北襟喉，雖得其地，非十萬之衆，不足屯守。若魏傾國來爭，恐致利鈍。其後恪出新城，欲卒此規，又輕用大衆，圖不以漸，遂致師老民愁，家族傾覆也。」

赤烏中魏司馬宣王謀欲攻恪，權方發兵應之，望氣者以爲不利，於是徙恪屯於柴桑。〔一〕與丞相陸遜書曰：〔二〕「楊敬叔傳述清論，以爲方今人物彫盡，守德業者不能復幾，宜相左右，更爲輔車，〔三〕上熙國事，下相珍惜。又疾世俗好相謗毁，使已成之器，中有損累；將進之徒，意不歡笑。聞此喟然，誠獨擊節。愚以爲君子不求備於一人，〔四〕自孔氏門徒大數三千，其見異者七十二人，至于子張、子路、子貢等七十之徒，亞聖之德，〔五〕然猶各有所短，師僻由喭，〔六〕賜不受命，〔七〕豈況下此，而無所闕？且仲尼不以數子之不備，而引以爲友，不以人所短，棄其所長也。加以當今取士，宜寬於往古，何者？時務從横，而善人單少，國家職司，常苦不充。苟令性不邪惡，志在陳力，〔八〕便可奬就，騁其所任。若於小小宜適，私行不足，皆宜闊略，不足縷責。且士誠不可纖論苛克，苛克則彼賢聖猶將不全，況其出入者邪？故曰以道望人則難，以人望人則易，賢愚可知。自漢末以來，中國士大夫如許子將輩，〔九〕所以更相謗訕，或至於禍，原其本起，非爲大讎，惟坐克己不能盡如禮，而責人專以正義。夫已不如禮，則人不服；責人以正義，則人不堪。内不服其行，外不堪其責，則不得不相怨；相怨一生，則小人得容其間；得容其間，則三至之言，〔一〇〕浸潤之譖，〔一一〕紛錯交至。雖使至明至親者處之，猶難以自定，況已爲隙，且未能明者乎！〔一二〕是故張、陳至於血刃，〔一三〕蕭、朱不終其好，〔一四〕本由於此而已。夫不舍小過，〔一五〕纖微相責，久乃至於家户爲怨，一國無復全行之士也。」恪知遜以此嫌己，故遂廣其理而贊其旨也。會遜卒，〔一六〕恪還大將軍，〔一七〕假節，駐武昌，代遜領荆州事。

〔一〕柴桑見孫權傳黄初二年。晉書宣帝紀：「先是吴遣將諸葛恪屯皖，邊鄙苦之。正始四年九月，帝督諸軍擊恪，軍次於舒。恪燒積聚，棄城而遁。」孫權傳：「赤烏六年春，諸葛恪征六安，破魏將謝順營，收其民人。是歲，司馬宣王率軍入舒，諸葛恪自皖遷于柴桑。」

〔二〕遜爲丞相，在赤烏七年。

〔三〕左傳僖公五年：「宫之奇曰：諺所謂輔車相依，脣亡齒寒者，其虞、虢之謂也。」杜注：「輔，頰輔；車，牙車。」（牙車，牙下骨之名也。）

〔四〕論語：「周公謂魯公曰：無求備於一人。」邢昺疏曰：「任人當隨其才，無得責備於人也。」

〔五〕錢大昕曰：「今人皆以孟子爲亞聖，蓋本於趙岐題辭，不知子張、子路、子貢諸賢，當時皆有亞聖之目也。」

〔六〕論語：「師也辟，由也喭。賜不受命。」何晏集解：「馬曰：子張才過人，失在邪辟文過。鄭曰：子路之行，失於畔喭。」正義曰：「喭，失容也。言子路性行剛强，常吸喭失於禮容也。今本吸作畔。王弼曰：剛猛也。」

〔七〕論語：「賜不受命，而貨殖焉。」集解云：「賜不受教命，唯財貨是殖。」

〔八〕論語：「周任有言曰：陳力就列，不能者止。」馬曰：「言當陳其才力，度己所任，以就其位，不能，則當止。」

〔九〕許劭字子將，見魏志武紀卷首注引世語。

〔一〇〕史記甘茂傳：「昔曾參之處費，魯人有與曾參同姓名者殺人，人告其母曰：曾參殺人。其母織自若也。頃之，一人又告之曰：曾參殺人。其母尚織自若也。頃又一人告之曰：曾參殺人。其母投杼下機，踰牆而走。夫以曾參之賢，與其母信之也，三人疑之，其母懼焉。」

〔一一〕論語：「子張問明。子曰：浸潤之譖，膚受之愬，不行焉，可謂明也已矣。」鄭曰：「譖人之言，如水之浸潤，漸以成之。」

〔一二〕李安溪曰：「此亦至言。」

〔一三〕史記張耳陳餘列傳：「張耳、陳餘，大梁人。兩人相與爲刎頸交。漢三年，遣張耳與韓信擊破趙井陘，斬陳餘泜水上。太史公曰：張耳、陳餘始居約時，相然信以死，豈顧問哉！及據國爭權，卒相滅亡，何鄉者相慕用之誠，後相倍之戾也？豈非以利哉！」

〔一四〕漢書蕭望之傳：「望之欲自殺，其夫人止之，以爲非天子意。望之以問門下生朱雲，雲者好節士，勸望之自裁。」

〔一五〕宋本「舍」作「捨」。

〔一六〕遜卒於赤烏八年。

〔一七〕恪遷大將軍在赤烏九年，見孫權傳。

久之，權不豫，而太子少，乃徵恪以大將軍領太子太傅，中書令孫弘領少傅。權疾困，召恪、弘及太常滕胤、將軍呂據、侍中孫峻，屬以後事。

吳書曰：權寢疾，議所付託。時朝臣咸皆注意於恪，而孫峻表恪器任輔政，可付大事。權嫌恪剛很自用，峻以當今朝臣皆莫及，遂固保之，乃徵恪。〔一〕後引恪等見臥內，受詔牀下。權詔曰：「吾疾困矣，恐不復相見，諸事一以相委。」恪歔欷流涕曰：「臣等皆受厚恩，當以死奉詔，願陛下安精神，損思慮，無以外事爲念。」權詔有司，諸事一統於恪，惟殺生大事，然後以聞。爲治第館，設陪衛。羣官百司拜揖之儀，各有品序。〔二〕諸法令有不便者，條列以聞，權輒聽之。〔三〕中外翕然，人懷歡欣。

〔一〕困學紀聞云：「孫峻薦諸葛恪可付大事，而恪終死於峻之手。易曰：比之無首，無所終也。漢昭烈帝託孤於孔明，而權乃託孤於恪，劉、孫之優劣，於此可見矣。」胡三省曰：「此時通吳國上下，皆以恪爲才，而峻薦之，峻本無殺恪之心也。恪死於峻手，其罪在恪。峻既竊權授之弟綝，以亂吳國，其罪在峻。讀史者其審諸。」何焯曰：「峻始保恪，而後乃相圖，權勢之難共如此。」

〔二〕胡三省曰：「諸葛恪本盛氣者也，吳主既任之，又爲制百司拜揖之儀品，是其氣愈盛矣。使無東關之捷，合肥之敗，恪亦不能濟吳之國事也。」

〔三〕何焯曰：「及權在時改紀，此有遠見，不當以成敗論。」

翌日，權薨。弘素與恪不平，懼爲恪所治，祕權死問，欲矯詔除恪。峻以告恪，恪請弘咨事，〔一〕於坐中誅之，乃發喪制服。與弟公安督融書曰：〔二〕「今月十六日乙未，〔三〕大行皇帝委棄萬國，羣下大小，莫不傷悼。至吾父子兄弟，並受殊恩，非徒凡庸之隸，是以悲慟，肝心圮裂。皇太子以丁酉踐尊號，哀喜交并，不知所措。吾身受顧命，輔相幼主，竊自揆度，才非博陸，〔四〕而受姬公負圖之託，〔五〕懼忝丞相輔漢之效，恐損先帝委付之明，是以憂慙惶惶，所慮萬端。且民惡其上，動見瞻觀，何時易哉！今以頑鈍之姿，處保傅之位，艱多智寡，任重謀淺，誰爲脣齒？近漢之世，燕、蓋交遘，有上官之變，〔六〕以身值此，何敢怡豫邪？又弟所在，與賊犬牙相錯，〔七〕當於今時整頓軍具，率厲將士，警備過常，念出萬死，無顧一生，以報朝廷，無忝爾先。又諸將備守各有境界，猶恐賊虜聞諱，恣睢寇竊。邊邑諸曹，已別下約勑，所部督將，不得妄委所戍，徑來奔赴。雖懷愴怛不忍之心，公義奪私，伯禽服戎，〔八〕若苟違戾，非徒小故。以親正疏，古人明戒也。」恪更拜太傅，於是罷視聽，息校官，〔九〕原逋責，除關稅，〔一〇〕事崇恩澤，衆莫不悅。恪每出入，百姓延頸，思見其狀。

〔一〕胡三省曰：「謀事曰咨。」

〔二〕融事見諸葛瑾傳。

〔三〕潘眉曰：「吴主以四月薨，推神鳳元年四月乙未，乃二十六日，傳文脱二字也。」

〔四〕霍光封博陸侯。

〔五〕荀子：「武王崩，成王幼，周公屏成王而及武王履天子之籍，負扆而坐，諸侯趨走堂下。」禮記明堂位篇：「昔者周公朝諸侯于明堂之位，天子負斧依南鄉而立。」鄭玄注：「周公攝王位，以明堂之禮儀朝諸侯也。不於宗廟，避王也；天子，周公也。負之言背也，斧依，爲斧文屏風於户牖之閒，周公於前立焉。」

〔六〕漢書霍光傳：「光與左將軍上官桀結婚相親，光長女爲桀子安妻，有女年與帝相配，桀因帝姊鄂邑蓋主内安女後宫爲倢伃，數月立爲皇后。桀父子既尊盛，而德長公主，公主内行不修，近幸河閒丁外人，桀、安欲爲外人求封，光不許。長主大以是怨光，桀、安亦慙。燕王旦自以昭帝兄，常懷怨望，桑弘羊欲爲子弟得官，亦怨恨光。於是蓋主、上官桀、安及弘羊皆與燕王旦通謀，詐令人爲燕王上書，言光專權自恣，疑有非常。上不聽，桀等迺謀令長公主置酒請光，伏兵格殺之，因廢帝迎立燕王爲天子。事發覺，光盡誅桀、安、弘羊、外人宗族，燕王、蓋主皆自殺。」

〔七〕公安與魏接壤。

〔八〕伯禽事見孫權傳建安五年。

〔九〕胡三省曰：「吴主權置校官，典校諸官府及州郡文書，專任以爲耳目。今息校官，即所謂罷視聽也。」周壽昌曰：「視聽，即聲色也。」弼按：罷視聽，以胡義爲長；二語相連屬，與下文二語相類也。

〔一〇〕胡三省曰：「古者關譏而不征，後世始征之，關之有稅，非古也，除之是也。」

初，權黃龍元年遷都建業；二年，築東興隄，〔一〕遏湖水。〔二〕後征淮南，敗以內船，由是廢不復修。〔三〕恪以建興元年十月，會衆於東興，更作大隄，〔四〕左右結山，俠築兩城，〔五〕各留千人，使全端、留略守之，〔六〕引軍而還。魏以吴軍入其疆土，恥於受侮，命大將胡遵、諸葛誕等率衆七萬，欲攻圍兩塢，圖壞隄遏。恪興軍四萬，晨夜赴救。遵等勑其諸軍作浮橋度，〔七〕陣於隄上，分兵攻兩城。城在高峻，不可卒拔。〔八〕恪遣將軍〔九〕留贊、吕據、唐咨、丁奉爲前部。〔一〇〕時天寒雪，〔一一〕魏諸將會飲，見贊等兵少，而解置鎧甲，不持矛戟，但兜鍪刀楯，倮身緣遏，〔一二〕大笑之，不即嚴兵。兵得上，便鼓譟亂斫。魏軍驚擾散走，爭渡浮橋，橋壞絕，自投於水，更相蹈藉。樂安太守桓嘉等同時并没，〔一三〕死者數萬。故叛將韓綜爲魏前軍督，亦斬之。〔一四〕獲車乘牛馬驢騾各數千，資器山積，振旅而歸。進封恪陽都侯，〔一五〕加荆、揚州牧，督中外諸軍事。賜金一百斤，馬二百匹，繒布各萬匹。

〔一〕築東興隄事，互見魏志齊王紀嘉平四年注引漢晉春秋。

〔二〕潘眉曰：「遏巢湖也。」

〔三〕胡三省曰：「謂正始二年（即嘉禾四年）芍陂之敗也。遏巢湖，所以利舟師，而反爲湖內之船所敗，故廢而不治。」弼按：全琮略淮南，決芍陂，燒安城邸閣，收其人民，（見孫權傳嘉禾四年。）不得謂之敗也。魏志孫禮傳：「禮禦琮戰於芍陂，將士死傷過半。」王淩傳：「全琮寇芍陂，淩率諸軍逆討，與賊爭塘，力戰連日，賊退走。」合觀二傳，全琮深入敵地，力戰連日，敵死傷過半，後乃退還，亦不得謂之敗也。胡云「爲湖内之船所敗」，似不作如是解。内，或讀曰納。蔣濟傳：「曹仁欲攻濡須洲中，濟曰：賊據西岸，列船上流，而兵入洲中，是爲自内地獄，危亡之道也。」内字或與此同。

〔四〕周氏曰：「魏之重鎮在合肥，孫氏既夾濡須而立塢矣，又隄東興以遏巢湖，又堰涂塘以塞北道，總之不過於合肥、巢縣左右，力遏魏人之東而已。」

〔五〕潘眉曰：「結山，魏志齊王芳紀注引漢晉春秋亦作結山，通鑑地理通釋作依山。」胡三省曰：「今栅江口有兩山，濡須山在和洲界，謂之東關；七寶山在無爲軍界，謂之西關。兩山對峙，中爲石梁，鑿石通水。唐志：廬州巢縣東南四十里有故東關。俠讀曰夾，古者俠、夾二字通。漢靈帝光和二年華山亭碑，其文有云：吏卒俠路。晉、宋書諸正有俠轂隊，皆以夾爲俠。」趙一清曰：「水經沔水注：江水自濡須口又東，左會栅口水，栅水又東南積而爲竇湖，又東逕右塘穴北爲中塘，塘即東興隄也。方輿紀要卷二十六：東關在無爲州巢縣東南三十里，即濡須山麓也。又西關在縣東南三十里七寶山上，三國時爲吳、魏相持之要地。七寶山與濡須山對峙，相距十里，魏人築西關於此以距吳。濡須水口亦曰栅江口，東關之南岸吳築城，西關之北岸魏置栅。」

〔六〕通鑑：「使將軍全端守西城，都尉留略守東城。」胡三省曰：「留，姓也。漢功臣表有彊圉侯留肹。姓譜曰：衛大夫留封人之後，漢末避地會稽，遂居東陽，爲郡豪族。」

〔七〕通鑑「橋」下有「以」字。

〔八〕胡三省曰：「卒讀曰猝。」

〔九〕陳本「將」作「諸」，誤。

〔一〇〕互見丁奉傳。
〔一一〕齊王紀、孫亮傳皆云東關之役在十二月。
〔一二〕通鑑作「緣堨」。胡注：「兜鍪，首鎧。鍪，莫侯翻；楯，食尹翻；倮，魯果翻；堨，阿葛翻。」
〔一三〕樂安見魏志夏侯淵傳。嘉，桓階子，見魏志桓階傳。
〔一四〕綜爲韓當子，互見韓當傳。
〔一五〕諸葛氏爲琅琊陽都人，恪蓋封本縣侯。琅琊時爲魏領，殆亦遥封。然當時以封本縣侯爲榮也。

恪遂有輕敵之心，以十二月戰克，明年春，復欲出軍。〔一〕

漢晉春秋曰：恪使司馬李衡往蜀説姜維，令同舉，曰：「古人有言，聖人不能爲時，時至亦不可失也。今敵政在私門，〔二〕外内猜隔，兵挫於外，而民怨於内，自曹操以來，彼之亡形未有如今者也。若大舉伐之，使吴攻其東，漢入其西，〔三〕彼救西則東虚，重東則西輕，以練實之軍，乘虚輕之敵，破之必矣。」〔四〕維從之。〔五〕

諸大臣以爲數出罷勞，〔六〕同辭諫恪，恪不聽。中散大夫蔣延或以固爭，扶出。〔七〕

〔一〕監本、官本無「年」字，明年即吴建興二年，魏嘉平五年，蜀延熙十六年也。
〔二〕時魏政在司馬氏。
〔三〕此爲稱蜀爲漢之證。
〔四〕何焯曰：「誠有是形，但亦當審己。」
〔五〕是年，姜維亦出圍狄道，見魏志齊王紀嘉平五年注。蜀志後主傳：「延熙十六年，衛將軍姜維圍南安，不克而還。」
〔六〕胡三省曰：「數，所角翻。罷，讀曰疲。」

〔七〕通鑑作「中散大夫蔣延固爭，恪命扶出」。胡注：「漢制，大夫議郎皆掌顧問應對，無常事。中散大夫秩六百石，在諫議大夫上。按中散大夫王莽所置，後漢因之。」

恪乃著論諭衆意曰：〔一〕「夫天無二日，土無二王，王者不務兼并天下，而欲垂祚後世，古今未之有也。昔戰國之時，諸侯自恃兵彊地廣，互有救援，謂此足以傳世，人莫能危。恣情從懷，憚於勞苦，使秦漸得自大，遂以并之，此既然矣。近者劉景升在荆州，有衆十萬，財穀如山，不及曹操尚微，與之力競，坐觀其彊大，吞滅諸袁。北方都定之後，操率三十萬衆來向荆州，當時雖有智者，不能復爲畫計，於是景升兒子，交臂請降，遂爲囚虜。凡敵國欲相吞，即仇讎欲相除也。有讎而長之，〔二〕禍不在己，則在後人，不可不爲遠慮也。昔伍子胥曰：『越十年生聚，十年教訓，二十年之外，吴其爲沼乎！』〔三〕夫差自恃彊大，聞此邈然，是以誅子胥而無備越之心，至於臨敗，悔之豈有及乎！越小於吴，尚爲吴禍，況其彊大者邪？昔秦但得關西耳，〔四〕尚以并吞六國，今賊皆得秦、趙、韓、魏、燕、齊九州之地，地悉戎馬之鄉，士林之藪。今以魏比古之秦，土地數倍；以吴與蜀比古六國，不能半之。然今所以能敵之，但以操時兵衆，於今適盡，而後生者，未悉長大，正是賊衰少未盛之時。〔五〕加司馬懿先誅王淩，續自隕斃，〔六〕其子幼弱，而專彼大任，雖有智計之士，未得施用，當今伐之，是其厄會。〔七〕聖人急於趨時，誠謂今日若順衆人之情，懷偷安之計，以爲長江之險可以傳世，〔八〕不論魏之終始，而以今日遂輕其後，此吾所以長歎息者也。〔九〕自本以來，務在産育，〔一〇〕今者賊民歲月繁滋，但以尚小，未可得用耳。若復十數年後，〔一一〕其衆必倍於今，而國家勁兵之地，皆已空盡，唯有此見衆可以定事，若不早用之，端坐使老，復十數年，略當損半，而見子弟數不足言。若賊衆一倍，而我兵損半，雖復使伊、管圖之，未可如何。今不達遠慮者，必以此言爲迂。夫禍難未至，而豫憂慮，此固衆人之所迂也；及於難至，然後頓顙，雖有智者，又不能圖；此乃古今所病，非獨一時。昔吳始以伍員爲迂，故難至而不可救；劉景升不能慮十年之後，故無以詒其子孫。今恪無具臣之才，〔一二〕而受大吳蕭、霍之任，〔一三〕智與衆同，思不經遠，若不及今日爲國斥境，俛仰年老，而讎敵更彊，欲刎頸謝責，寧有補邪？〔一四〕今聞衆人或以百姓尚貧，欲務閒息，此不知慮其大危，而愛其小勤者也。昔漢祖幸已自有三秦之地，何不閉關守險，以自娛樂，空出攻楚，身被創痍，介胄生蟣蝨，將士厭困苦，豈甘鋒刃而忘安寧哉？慮於長久不得兩存者耳。每覽荆邯說公孫述以進取之圖，〔一五〕近見家叔父表陳與賊爭競之計，〔一六〕未嘗不喟然歎息也。〔一七〕夙夜反側，所慮如此，故聊疏愚言，以達二三君子之末。〔一八〕若一朝隕歿，志畫不立，貴令來世知我所憂，可思於後。」衆皆以恪此論欲必爲之辭，然莫敢復難。

〔一〕何焯曰：「此論祖述武侯出散關表。」

〔二〕左傳：「晉先軫曰：墮軍實而長寇讎。」

〔三〕伍員語見左傳哀公元年。杜注：「生民聚財，富而後教之，吳宮室廢壞，當爲汙也。」

〔四〕胡三省曰：「謂函谷關以西也。」

〔五〕胡三省曰：「是時魏興三十餘年，生聚教訓，精兵良將，分鎮方面，諸葛、蔣、費、陸遜、朱然相繼凋謝，吴、蜀蓋小懦矣。恪不能兢懼以保勝，恃一戰之捷，遽謂魏人爲衰少未盛之時，其輕敵甚矣。」

〔六〕事見魏志齊王紀嘉平三年。

〔七〕胡三省曰：「既以司馬師爲幼弱，又謂其未能用人，兹可謂不善料敵者矣。」

〔八〕毛本「傳」作「博」。

〔九〕胡三省曰：「恪自謂其才足以辦魏，不欲以賊遺後人，吾不知其自視與叔父亮果何如也？孔明累出師以攻魏，每言一州之地，不足以與賊支久，卒無成功，齎志以没。恪無孔明之才，而輕用其民，不唯不足以强吴，適足以滅其身滅其家而已。」

〔一〇〕王曰：「本疑作丕。」趙一清曰：「本字疑誤。」梁章鉅曰：「下文云今者賊民，則本字疑是古字之誤。」

〔一一〕馮本「十」作「大」，誤。

〔一二〕論語：「可謂具臣矣。」具臣，謂備臣數而已。

〔一三〕蕭何、霍光也。

〔一四〕元本「頸」作「頭」。何焯曰：「此用沈尹戌事。」弼按：左傳定公四年：楚左司馬沈尹戌謂其臣曰：誰能免吾首？吴句卑曰：臣賤，可乎？句卑布裳，剄而裹之，藏其身，而以其首免。杜注：「司馬已死，剄取其首。」

〔一五〕范書公孫述傳：「述騎都尉平陵人荆邯説述曰：漢祖起於行陣之中，軍敗復合，創愈復戰，何則？前死而成功，踰於卻就於滅亡也。隗囂不及時推危乘勝，以爭天命，令漢帝釋關、隴之憂。臣之愚計，以爲宜及天下之望未絶，豪傑尚可招誘，急以此時發國内精兵，據江陵傳檄吴、楚，長沙以南，必隨風而靡。出漢中，定三輔，天水、隴西，拱手自服，海内震摇，冀有大利。」

〔一六〕胡三省曰：「家叔父謂諸葛亮。」

〔一七〕何焯曰：「元遜但知忠武頻煩出師，而不規其務農殖穀，閉關息民，三年而後南征。還師之後，又畜力一年，乃屯漢中；其明年，始攻祁山耳。惡有狃於一勝，主少國疑，羣情未一，遽謀輕舉者乎？是役也，雖克新城，歸將不免，而況違衆玩寇，弗戢自焚，釁非馬謖，不請貶三等，謝創夷之衆，塞同異之口，乃更思興作，愈治威嚴，虹繞鼉鳴，身分族赤，畫虎類狗，元遜之謂矣。」

〔一八〕元本「末」作「思」。

丹楊太守聶友，〔一〕素與恪善，書諫恪曰：「大行皇帝本有遏東關之計，〔二〕計未施行。今公輔贊大業，成先帝之志，寇遠自送，〔三〕將士憑賴威德，出身用命，一旦有非常之功，豈非宗廟神靈社稷之福邪！〔四〕宜且案兵養鋭，〔五〕觀釁而動。今乘此勢，欲復大出，天時未可；而苟任盛意，私心以爲不安。」恪題論後，爲書答友曰：〔六〕「足下雖有自然之理，然未見大數。〔七〕熟省此論，可以開悟矣。」〔八〕於是違衆出軍，大發州郡二十萬衆，百姓騷動，始失人心。

〔一〕聶友見孫權傳赤烏五年。

〔二〕胡三省曰：「吴主之喪未踰年，故稱之爲大行皇帝。」

〔三〕胡三省曰：「謂寇兵遠來，而自送死也。」

〔四〕胡三省曰：「聶友此言，所以抑恪之盛氣者，婉而當；有古朋友切偲之義焉。」

〔五〕胡三省曰：「案，抑也。」

〔六〕胡三省曰：「即前所著以諭衆之論也。」

〔七〕胡三省曰：「謂勝負存亡之大數也。」

〔八〕胡三省曰：「恪之所以待舊友者，驕倨如此，吴主嫌其剛狠自用，蓋已見之矣。」

恪意欲曜威淮南，驅略民人，〔一〕而諸將或難之曰：「今引軍深入，疆埸之民，必相率遠遁，恐兵勞而功少，不如止圍新城，〔二〕新城困，救必至，至而圖之，乃可大獲。」〔三〕恪從其計，迴軍還圍新城，攻守連月，城不拔。〔四〕士卒疲勞，因暑飲水，泄下流腫，病者大半，死傷塗地。諸營吏日白病者多，恪以爲詐，欲斬之，自是莫敢言。恪内惟失計，〔五〕而恥城不下，忿形於色。〔六〕將軍朱異有所是非，恪怒，立奪其兵。〔七〕都尉蔡林數陳軍計，〔八〕恪不能用，策馬奔魏。魏知戰士罷病，乃進救兵。恪引軍而去，〔九〕士卒傷病，流曳道路，或頓仆坑壑，〔一〇〕或見略獲，存亡忿痛，大小呼嗟，而恪晏然自若。出住江渚一月，〔一一〕圖起田於潯陽，〔一二〕詔召相銜，〔一三〕徐乃旋師。由此衆庶失望，而怨黷興矣。〔一四〕

〔一〕何焯曰：「若不過驅略民人，曜武邊界，但選督將，伺利而動，足矣；何必發二十萬衆耶？今既大舉，又惑于諸將之言，頓兵堅城之下，是徒爾好大，乃素無成算者也。」

〔二〕胡三省曰：「合肥新城也。」

〔三〕胡三省曰：「此即諸葛誕言於司馬師之計也。」

〔四〕是時魏張特守新城，詳見魏志齊王紀嘉平五年注引魏略。

〔五〕胡三省曰：「惟，思也。」

〔六〕或曰：「失意人易著此病。」

〔七〕互見朱異傳注引吴書。

〔八〕數，所角反。

〔九〕魏志齊王紀：「嘉平五年夏五月，吴太傅諸葛恪圍合肥新城，詔太尉司馬孚拒之。秋七月，恪退還。」本志孫亮傳：「建興二年三月，恪率軍伐魏。四月，圍新城，大疫，兵卒死者大半。八月，恪引軍還。」

〔一〇〕胡三省曰：「流者，放而不能自收也；曳者，羸困不能自扶、相牽引而行；頓仆，顛頓而僵仆也。壍，溝也。」

〔一一〕胡三省曰：「渚，水中洲也。」

〔一二〕尋陽見孫策傳注引江表傳，又見孫權傳黄初二年。胡三省曰：「漢尋陽故縣地也，在大江之北。尋陽記曰：尋陽，春秋爲吴之西境，楚之東境，本在大江之北，今蘄州界古蘭城是也。」

〔一三〕胡三省曰：「言召命相繼也。舟行以舳艫不絶爲相銜，陸行以馬首尾相接爲相銜。」

〔一四〕通鑑「黷」作「讟」。胡三省曰：「痛怨而謗曰讟。」王應麟曰：「楚莫敖狃於蒲騷之役，將自用也。諸葛恪東關之勝，亦以此敗，其失在於自用。」或曰：「敘次類霍光傳，狂悖如此，死不足惜，與峻同傳，甚當。」弼按：鄧艾論恪事極當，見魏志鄧艾傳。

秋八月軍還，陳兵導從，歸入府館。〔一〕即召中書令孫嘿，厲聲謂曰：「卿等何敢妄數作詔？」〔二〕嘿惶懼辭出，因病還家。恪征行之後，曹所奏署令長職司，一罷更選，〔三〕愈治威嚴，多所罪責，常進見者，〔四〕無不竦息。又改易宿衛，用其親近，復勅兵嚴，欲向青、徐。〔五〕

〔一〕胡三省曰：「從，才用翻。府館，即府舍也。」

〔二〕胡三省曰：「怒其數作詔召之也。數，所角翻。」

〔三〕通鑑作「一更罷選」。胡注：「曹，選曹也。罷選者，罷而更選也。或曰：一罷，謂一切罷去，而更選也。」

〔四〕宋本「常」作「當」，通鑑同。

〔五〕胡三省曰：「凡此者，皆恪所以速死。復敕兵嚴者，戒兵士使嚴裝也。」

孫峻因民之多怨，〔一〕衆之所嫌，搆恪欲爲變，〔二〕與亮謀，置酒請恪。恪將見之夜，精爽擾動，〔三〕通夕不寐。〔四〕明將盥漱，聞水腥臭，侍者授衣，衣服亦臭。恪怪其故，易衣易水，其臭如初，意惆悵不悦。嚴畢趨出，犬銜引其衣。恪曰：「犬不欲我行乎？」還坐，頃刻乃復起，犬又銜其衣，〔五〕恪令從者逐犬，遂升車。

〔一〕或曰：「峻之圖恪，必因民怨，可見得人者昌。」

〔二〕或曰：「雖峻搆恪，然實無君，謂之爲變，非全誣也。」

〔三〕通鑑作「將入之夜」。胡注：(引)「左傳鄭子産曰：人生始化曰魄，既生魄，陽曰魂。用物精多，則魂魄強，是以有精爽，至於神明。杜預曰：爽，明也。擾動，言不安也。」

〔四〕胡三省曰：「死期將至，故然。」

〔五〕毛本「犬」作「大」，誤。

初，恪將征淮南，有孝子著縗衣，入其閤中。從者白之，令外詰問，孝子曰：「不自覺入。」時中外守備，亦悉不見，衆皆異之。出行之後，所坐廳事屋棟中折。自新城出住東興，有白虹見其船，還拜蔣陵，〔一〕白虹復繞其車。

〔一〕孫權葬蔣陵。

及將見，〔一〕駐車宮門，峻已伏兵於帷中，恐恪不時入，事泄，自出見恪曰：「使君若尊體不安，自可須後，〔二〕峻當具白主上。」欲以嘗知恪。〔三〕恪答曰：「當自力入。」〔四〕散騎常侍張約、朱恩等密書與恪曰：「今日張設非常，疑有他故。」恪省書而去。未出路門，逢太常滕胤，恪曰：「卒腹痛，不任入。」胤不知峻陰計，謂恪曰：「君自行旋未見，今上置酒請君，君已至門，宜當力進。」恪躊躇而還，劍履上殿，謝亮，還坐。設酒，恪疑未飲。峻因曰：「使君病未善平，〔五〕當有常服藥酒，自可取之。」恪意乃安，別飲所齎酒。

吴歷曰：張約、朱恩密疏告恪，恪以示滕胤，胤勸恪還。恪曰：「峻小子，何能爲邪？但恐因酒食中人耳！」乃以藥酒入。

孫盛評曰：恪與胤親厚，約等疏，非常大事，勢應示胤，共謀安危。然恪性强梁，加素侮峻，自不信，故入，豈胤微勸，便爲之冒禍乎？吴歷爲長。〔六〕

酒數行，亮還内。峻起如廁，解長衣，著短服，出曰：「有詔收諸葛恪！」

吴録曰：峻提刀稱詔收恪，亮起立曰：「非我所爲！非我所爲！」乳母引亮還内。

吴歷云：峻先引亮入，然後出稱詔，與本傳同。

臣松之以爲峻欲稱詔，宜如本傳及吴歷，不得如吴録所言。

恪驚起，拔劍未得，而峻刀交下。〔七〕張約從旁斫峻，裁傷左手，峻應手斫約，斷右臂。武衛之士皆趨上殿，〔八〕峻曰：「所取者，恪也。今已死。」悉令復刃，〔九〕乃除地更飲。

搜神記曰：恪入，已被殺，〔一〇〕其妻在室，使婢語曰：〔一一〕「汝何故血臭？」〔一二〕婢曰：「不也。」有頃，愈劇，又問婢曰：「汝眼目視瞻，何以不常？」婢蹶然起躍，頭至于棟，〔一三〕攘臂切齒而言曰：〔一四〕「諸葛公乃爲孫峻所殺！」於是大小知恪死矣，而吏兵尋至。

志林曰：初，權病篤，召恪輔政。臨去，大司馬呂岱戒之曰：「世方多難，子每事必十思。」恪答曰：「昔季文子三思而後行，夫子曰：再思可矣。〔一五〕今君令恪十思，明恪之劣也。」岱無以答，當時咸謂之失言。〔一六〕虞喜曰：夫託以天下，至重也；以人臣行主威，至難也；兼二至而管萬機，能勝之者鮮矣。自非採納羣謀，詢於芻蕘，虛己受人，恆若不足，則功名不成，勳績莫著。況呂侯國之元者，〔一七〕智度經遠，而甫以十思戒之，而便以示劣見拒，此元遜之疏，乃機神不俱者也。〔一八〕若因十思之義，廣諮當世之務，聞善速於雷動，從諫急於風移，豈得隕首殿堂，死凶豎之刃？〔一九〕世人奇其英辯，造次可觀，而哂呂侯無對爲陋，不思安危終始之慮，是樂春藻之繁華，而忘秋實之甘口也。昔魏人伐蜀，蜀人禦之，精嚴垂發，〔二〇〕六軍雲擾，士馬擐甲，羽檄交馳，費禕時爲元帥，荷國任重，〔二一〕而與來敏圍棋，意無厭倦。敏臨別，謂禕：「君必能辦賊者也。」言其明略內定，貌無憂色，況長寧以爲君子臨事而懼，好謀而成者？〔二二〕且蜀爲蕞爾之國，〔二三〕而方向大敵，所規所圖，唯守與戰，何可矜己有餘，晏然無戚？斯乃性之寬簡，〔二四〕不妨細微，卒爲降人郭修所害，〔二五〕豈非兆見於彼而禍成於此哉！往聞長寧之甄文偉，〔二六〕今覩元遜之逆呂侯，二事體同，故並而載之，可以鏡譏於後，〔二七〕永爲世鑒。

〔一〕或曰：「此接上文，中間乃插敘法也。史家多用此法。」

〔二〕胡三省曰：「須，待也。」

〔三〕通鑑「恪」下有「意」字。胡注：「嘗，試也。」

〔四〕胡三省曰：「言當自力疾而入見吳主也。」

〔五〕胡三省曰：「言病未良已也。」

〔六〕通鑑考異曰：「孫盛以本傳爲不然，今從吴歷。」

〔七〕趙一清曰：「御覽卷百七十九引建康宫闕簿曰：建業宫有迎風觀，在縣南十五里，孫峻殺諸葛恪於此。」

〔八〕胡三省曰：「武衛之士，武衛將軍領之。」

〔九〕胡三省曰：「令内刀於鞘也。」

〔一〇〕馮本「被」作「披」，誤。

〔一一〕疑作「語使婢曰」。

〔一二〕臰，俗臭字。

〔一三〕監本「于」作「宇」。

〔一四〕元本「攘」作「榱」，誤。

〔一五〕見論語。季文子，魯大夫季孫行父也，論語下「思」字作「斯」。

〔一六〕馮本「失言」二字誤作四小字。

〔一七〕胡三省曰：「元耆，元老也。」

〔一八〕胡三省曰：「機者，逢事會而發；神者，人之靈明逢事會而靈明；無以應之，則爲不倶矣。」

〔一九〕胡三省曰：「謂恪爲孫峻所殺也。」

〔二〇〕或曰：「精疑作整，音相近，故訛耳。」

〔二一〕元本作「重任」。

〔二二〕胡三省曰：「臨事而懼，好謀而成，論語記孔子之言，而所謂長寧者，未知其爲誰也。」

〔二三〕胡三省曰：「蕞，祖外翻。」

〔二四〕通鑑「乃」下有「禕」字。

〔二五〕通鑑「修」作「循」。

〔二六〕甄，別也。費禕字文偉。

〔二七〕讖，疑作機；一作誠。

先是童謠曰：「諸葛恪，蘆葦單衣篾鉤落，於何相求成子閤。」成子閤者，反語石子岡也。建業南有長陵，名曰石子岡，葬者依焉。〔一〕鉤落者，校飾革帶，世謂之鉤絡帶。〔二〕恪果以葦席裹其身，而篾束其腰，投之於此岡。〔三〕

吳録曰：恪時年五十一。〔四〕

〔一〕石子岡見妃嬪傳朱夫人傳。潘眉曰：「成當讀若常。范蠡曰：得時不成，反受其殃。古成、常字同音。晉書五行志於何相求常子閣，竟作常字亦通。讀成爲常，反語乃爲岡。宋書五行志於何相求楊子閣，又作楊。蓋童謠本無正字也。石子岡，岡字，晉志作堈。」

〔二〕潘眉曰：「鉤落與鉤絡同，落、絡字通用，亦謂之郭洛帶。古制革帶有鉤，管仲射桓公中帶鉤，後漢楊賜賜金錯鉤佩，以金錯飾鉤也。此謂以竹篾爲之。」戴吉旋曰：「國策黄金師比，楚辭若鮮卑只，漢書匈奴傳黄金犀毗。顏師古曰：犀毗，胡帶之鉤也，亦曰鮮卑，亦謂師比，總一物也，語有輕重耳。魏、晉人謂之鉤落，亦謂之鉤䚢。」

〔三〕恪弟公安督融自殺，見孫奐傳，又見諸葛瑾傳。

〔四〕恪死於吳建興二年，當生於漢建安八年。諸葛瑾生於漢熹平三年，年三十生恪。瑾謂恪非保家之子，每以憂戚，見瑾傳。隋書經籍志：「梁有諸葛子五卷，吳太傅諸葛恪撰，亡。」馬國翰輯本序曰：「諸葛子，唐志不著録，佚已久。北堂書鈔、太平御覽引三節。考恪傳載其與陸遜及弟公安督融二書，又諸大臣諫伐魏，著論諭衆意一篇，恪無文集，當皆採自本書中，並據輯録爲一卷。夫恪抱才氣而以驕矜致敗，陳壽評云：若躬行所與陸遜及弟融之書，則悔吝不至，何尤禍之有哉？蓋惜其人，未嘗不取其言也。」姚振宗曰：「宋刻全本意林有諸葛子一條，馬氏未采。又抱（璞）〔朴〕子正郭篇引故太傅諸葛元遜論郭林宗一條，當亦采自本書。」

恪長子綽，騎都尉，以交關魯王事，權遣付恪，令更教誨，恪鴆殺之。〔一〕中子竦，長水校尉；少子建，步兵校尉。聞恪誅，車載其母而走。峻遣騎督劉承追斬竦於白都。〔二〕建得渡江，欲北走魏，行數十里，爲追兵所逮。〔三〕恪外甥都鄉侯張震〔四〕及常侍朱恩等，皆夷三族。

〔一〕此與金日磾之殺長子弄兒事相類。

〔二〕趙一清曰：「承當作丞。寰宇記卷九十：白都山在昇州江寧縣西南八十里，西臨大江。昔有白仲都於此學道，白日飛昇，因以爲名。」一統志：「今江蘇江寧府江寧縣西南七十里。」

〔三〕諸葛建亡走，爲徐平部曲所得，平使遣去，別爲他軍所獲。見虞翻傳注引會稽典録。

〔四〕震爲張承子，張承，諸葛瑾壻也。見張昭傳。

初，竦數諫恪，恪不從，常憂懼禍。及亡，臨淮臧均表乞收葬恪曰：「臣聞震雷電激，不崇一朝，〔一〕大風衝發，希有極日，然猶繼以雲雨，因以潤物。是則天地之威，不可經日浹辰；〔二〕帝王之怒，不宜訖情盡意。〔三〕臣以狂愚，不知忌諱，敢冒破滅之罪，〔四〕以邀風雨之會。伏念故太傅諸葛恪得承祖考風流之烈，伯叔諸父遭漢祚盡，九州鼎立，分託三方，並履忠勤，熙隆世業。爰及於恪，生長王國，陶育聖化，致名英偉，服事累紀，禍心未萌，先帝委以伊、周之任，屬以萬機之事。恪素性剛愎，矜己淩人，不能敬守神器，穆靜邦內，興功暴師，未期三出，虛秏士民，空竭府藏，專擅國憲，廢易由意，假刑劫衆，大小屏息。侍中武衛將軍都鄉侯〔五〕俱受先帝囑寄之詔，見其姦虐，日月滋甚，將恐蕩摇宇宙，傾危社稷，奮其威怒，精貫昊天，計慮先於神明，智勇百於荆、聶，〔六〕躬持白刃，梟恪殿堂，勳超朱虛，〔七〕功越東牟。〔八〕國之元害，一朝大除，馳首徇示，六軍喜踊，日月增光，風塵不動，斯實宗廟之神靈，天人之同驗也。今恪父子三首，縣市積日，觀者數萬，詈聲成風。國之大刑，無所不震，長老孩幼，無不畢見。人情之於品物，〔九〕樂極則哀生。見恪貴盛，世莫與貳，身處台輔，中間歷年，今之誅夷，無異禽獸，觀訖情反，能不憯然！〔一〇〕且已死之人，與土壤同域，鑿掘斫刺，無所復加。願聖朝稽則乾坤，〔一一〕怒不極旬，使其鄉邑若故吏民，收以士伍之服，〔一二〕惠以三寸之棺。〔一三〕昔項籍受殯葬之施，〔一四〕韓信獲收斂之恩，〔一五〕斯則漢高發神明之譽也。惟陛下敦三皇之仁，〔一六〕垂哀矜之心，使國澤加於辜戮辜戮之骸，〔一七〕復受不已之恩，於以揚聲遐方，沮勸天下，豈不弘哉！昔欒布矯命彭越，〔一八〕臣竊恨之，不先請主上，而專名以肆情，其得不誅，實爲幸耳。今臣不敢章宣愚情，以露天恩，謹伏手書，冒昧陳聞，〔一九〕乞聖朝哀察！」〔二〇〕於是亮、峻聽恪故吏斂葬，遂求之於石子岡。

江表傳曰：朝臣有乞爲恪立碑以銘其勳績者，〔二一〕博士盛沖以爲不應。〔二二〕孫休曰：「盛夏出軍，士卒傷損，無尺寸之功，不可謂能受託孤之任；死於豎子之手，不可謂智。沖議爲是。」遂寢。

〔一〕鄭康成曰：「崇，終也；言不終一朝也。」

〔二〕胡三省曰：「浹，即協翻，周也。辰，十二辰也。十二日辰一周曰浹辰。」

〔三〕訖亦盡也。

〔四〕謂破家滅身之罪。

〔五〕謂孫峻也。

〔六〕荆軻、聶政也。

〔七〕朱虛侯劉章也。

〔八〕東牟侯劉興居。

〔九〕胡三省曰：「品，衆也，庶也。」

〔一〇〕胡三省曰：「憯，七感翻，痛也。」

〔一一〕胡三省曰：「稽，考也；則，法也。」

〔一二〕胡三省曰：「秦、漢之制，奪官爵者爲士伍。」

〔一三〕胡三省曰：「禮記云：夫子制於中都，四寸之棺，五寸之椁。鄭康成注云：此庶人之制也。按禮，上大夫棺八寸，椁六寸；下大夫棺六寸，椁四寸；無三寸棺制也。孟子曰：中古棺七寸，椁稱之。墨子尚儉，桐棺三寸。左傳：趙簡子曰：桐棺三寸，不設屬辟，下卿之罰也。」

〔一四〕史記項羽本紀：「以魯公禮葬項王穀城，漢王爲發哀，泣之而去。」

〔一五〕胡三省曰：「斂韓信事，史無所考。史云帝聞信死，且喜且憐之，是必收斂之也。」

〔一六〕胡三省曰：「上古送死，棄之中野，後世聖人，易之以棺椁。此所謂三皇之仁也。」

〔一七〕馮本無下「辜戮」二字，通鑑同。

〔一八〕史記欒布傳：「漢召彭越，責以謀反，夷三族。已而梟彭越頭於雒陽，下詔曰：敢有收視者，輒捕之。布從齊還，奏事彭越頭下，祠而哭之。吏捕布以聞，上召布罵曰：若與彭越反邪？吾禁人勿收，若獨祠而哭之，與越反明矣！趣亨之。方提趨湯，布顧曰：願一言而死。上曰：何言？布曰：彭王反形未見，以苛小案誅滅之，臣恐功臣人人自危也。今彭王已死，臣生不如死，請就亨！於是上迺釋布罪，拜爲都尉。」

〔一九〕胡三省曰：「古之人臣，進言於君，率曰冒死、曰昧死。謂人君之威難犯，冒昧其死罪而言也。」

〔二〇〕通鑑「朝」作「明」。

〔二一〕毛本「銘」作「名」，誤。

〔二二〕盛沖見孫休傳卷首。

始恪軍退還，聶友知其將敗，書與滕胤曰：「當人彊盛，河山可拔，一朝羸縮，人情萬端，言之悲歎！」恪誅後，孫峻忌友，欲以爲鬱林太守，〔一〕友發病憂死。友字文悌，豫章人也。〔二〕

吴録曰：友有脣吻，少爲縣吏。虞翻徙交州，縣令使友送之，翻與語而奇焉，爲書與豫章太守謝斐，〔三〕令以爲功曹。郡時見有功曹，斐見之，問曰：「縣吏聶友，可堪何職？」對曰：「此人縣閒小吏耳，猶可堪曹佐。」〔四〕斐曰：「論者以爲宜作功曹，君其避之。」〔五〕乃用爲功曹。使至都，諸葛恪友之。時論謂顧子嘿、子直，〔六〕其間無所復容，恪欲以友居其間，由是知名。後爲將，討儋耳，〔七〕還拜丹陽太守，年三十三卒。〔八〕

〔一〕鬱林郡見孫權傳赤烏二年。

〔二〕趙一清曰：「搜神記：聶友，新淦人。少好射獵，見一白鹿，射之中，尋踪，血盡不知所在。飢困，臥樟樹下，仰見所射鹿箭著樹枝，怪之。於是還家賫糧，命子弟持斧伐之，樹有血。遂截爲二板，牽置陂中，常沈，時復浮出。友欲迎賓客，常乘此板，或於中流欲没，客大懼，友呵之，復浮。仕宦如願，位至丹陽太守。其板復忽隨至石頭，友驚曰：此陂中板，來必有意，因解職還家。二板挾兩邊，一日至。自爾後板出，或爲凶禍。今新淦北二十里餘曰封谿，有聶友截樟樹板牀柯處。御覽卷百五十七引豫章記曰：「封谿有聶友所用樟木牀柯者，遂生爲樹，今猶存。其木合抱，始倒置植之，枝葉皆垂下。」寰宇記一百九：「吉州安福縣有聶友祠墓。」

〔三〕趙一清曰：「晉書謝沈傳：沈字行思，會稽山陰人。曾祖斐，吴豫章太守；父秀，吴翼正都尉。」

〔四〕何焯校本「佐」上御覽有「吏」字。

〔五〕當時重虞仲翔至此。

〔六〕馮本「直」作「真」，誤。子嘿、子直，顧譚、顧承也。

〔七〕討儋耳事，見孫權傳赤烏五年。

〔八〕虞翻徙交州在魏黄初二年，（説見翻別傳注，即吴黄武前一年。）是時聶友已爲縣吏，年約二十。至吴建興二年，當年五十三，此文上三字決爲五字之誤。若年三十三，則在黄武前一年，方爲初生小兒，決不能爲縣吏也。

滕胤字承嗣，北海劇人也。〔一〕伯父耽，父胄，與劉繇州里通家。〔二〕以世擾亂，渡江依繇。孫權爲車騎將軍，拜耽右司馬，以寬厚稱。早卒，無嗣。胄善屬文，權待以賓禮，軍國書疏，常令損益潤色之，亦不幸短命。權爲吴王，追録舊恩，封胤都亭侯。少有節操，美儀容。

吴書曰：胤年十二，而孤單煢立，能治身厲行。爲人白皙，威儀可觀。每正朔朝賀修勤，在位大臣見者，無不歎賞。

弱冠，尚公主。〔三〕年三十，起家爲丹楊太守，徙吴郡、會稽，所在見稱。

吴書曰：胤上表陳及時宜，及民間優劣，多所匡弼。權以胤故，增重公主之賜，屢加存問。胤每聽辭訟，斷罪法，察言觀色，務盡情理。人有窮寃悲苦之言，對之流涕。

〔一〕北海國治劇，見魏志武紀建安三年。

〔二〕劉繇爲東萊牟平人，與北海同屬青州，故曰州里。

〔三〕孫奐傳：滕胤、呂據，皆孫壹之妹夫也。

太元元年，權寢疾，詣都，留爲太常，與諸葛恪等俱受遺詔輔政。孫亮即位，加衛將軍。恪將悉衆伐魏，胤諫恪曰：「君以喪代之際，受伊、霍之託，入安本朝，出摧強敵，名聲振於海內，天下莫不震動，萬姓之心，冀得蒙君而息。今猥以勞役之後，〔一〕興師出征，民疲力屈，遠主有備。〔二〕若攻城不克，野略無獲，是喪前勞而招後責也。不如案甲息師，觀隙而動。且兵者大事，〔三〕事以衆濟，衆苟不悅，君獨安之？」〔四〕恪曰：「諸云不可者，皆不見計算，懷居苟安者也，而子復以爲然，吾何望乎？〔五〕夫以曹芳闇劣，〔六〕而政在私門，〔七〕彼之臣民，固有離心。今吾因國家之資，藉戰勝之威，則何往而不克哉！」〔八〕以胤爲都下督，〔九〕掌統留事。胤白日接賓客，夜省文書，或通曉不寐。〔一〇〕

吳書曰：胤寵任彌高，接士愈勤，〔一一〕表奏書疏，皆自經意，不以委下。〔一二〕

〔一〕胡三省曰：「勞役，謂內有山陵營作，外有東關之師也。」

〔二〕胡三省曰：「左傳：秦大夫蹇叔諫穆公曰：勞師以襲遠，師勞力屈，遠主備之，無乃不可乎！」

〔三〕左傳曰：「國之大事，在祀與戎。」

〔四〕胡三省曰：「胤之言可謂深切著明矣。」

〔五〕宋本「乎」作「焉」。

〔六〕劣，弱也。

〔七〕私門，謂司馬氏。

〔八〕胡三省曰：「談何容易。」

〔九〕都下督，吴置。

〔一〇〕錢大昭曰：「此傳未全，疑有脱文。」或曰：「此仿張耳、陳餘、魏其、武安傳體。」劉咸炘曰：「曾云，胤傳、峻傳未皆作未了之勢，猶有史記意度。按此本合傳，後人誤提行耳。曾氏不知史篇圓神之體，故有此言。孫峻不附静傳，亦有馬、班之遺。」

〔一一〕宋本「勤」作「下」。

〔一二〕何焯曰：「經意處即疏處也。上相出征，其門如市，即同異之嫌，專擅之咎，將自此搆矣。胤與恪特未久，故無敗耳。」

孫峻字子遠，孫堅弟静之曾孫也。静生暠，暠生恭，爲散騎侍郎。恭生峻，少便弓馬，精果膽決。孫權末，徙武衛都尉，爲侍中。權臨薨，受遺輔政，領武衛將軍，故典宿衛，封都鄉侯。既誅諸葛恪，遷丞相、大將軍，督中外諸軍事，假節，進封富春侯。〔一〕滕胤以恪子竦妻父辭位，峻曰：「鯀、禹罪不相及，〔二〕滕侯何爲！」峻、胤雖内不沾洽，〔三〕而外相包容，進胤爵高密侯，〔四〕共事如前。

吴録曰：羣臣上奏，共推峻爲太尉，議胤爲司徒。時有媚峻者，以爲大統宜在公族，若滕胤爲亞公，〔五〕聲名素重，衆心所附，不可貳也。〔六〕乃表以峻爲丞相，又不置御史大夫，士人皆失望矣。〔七〕

〔一〕封本縣侯也。富春見孫堅傳。

〔二〕舜之罪也殛鯀，其舉也興禹。

〔三〕胡三省曰：「言其情不浹洽也。」

〔四〕高密見魏志王修傳。高密屬北海，時爲魏領，蓋虚封耳。

〔五〕胡三省曰：「司徒位亞太尉，故曰亞公。」

〔六〕通鑑「貳」作「量」。

〔七〕胡三省曰：「漢承秦制，置御史大夫，以副丞相，理衆事。今峻爲丞相，而不置御史大夫，則專吴國之政，故國人失望。」

峻素無重名，驕矜險害，多所刑殺，百姓囂然，又姦亂宫人，與公主魯班私通。〔一〕五鳳元年，吴侯英謀殺峻，英事泄死。〔二〕

〔一〕康發祥曰：「峻爲孫權之從孫，通於魯班，是以猶子而通於姑也。」

〔二〕英爲孫登之子，英死事互見登傳。司馬桓慮欲殺峻立英，亦死，見吴歷。

二年，魏將毌丘儉、文欽以衆叛，〔一〕與魏人戰於樂嘉，〔二〕峻帥驃騎將軍呂據、左將軍留贊襲壽春，會欽敗降，軍還。〔三〕

吴書曰：留贊字正明，會稽長山人。〔四〕少爲郡吏，與黄巾賊帥吴桓戰，手斬得桓；贊一足被創，遂屈不伸。然性烈，好讀兵書及三史，〔五〕每覽古良將戰攻之勢，輒對書獨歎，因呼諸近親謂曰：「今天下擾亂，英豪並起，歷觀前世，富貴非有常人，而我屈躄在閭巷之閒，存亡無以異。今欲割引吾足，幸不死而足申，幾復見用，死則已矣。」親戚皆難之。有閒，贊乃以刀自割其筋，血流滂沱，氣絶良久。家人驚怖，亦以既爾，遂引申其足。足申創愈，以得蹉步。〔六〕淩統聞之，〔七〕請與相見，甚奇之，乃表薦贊，遂被試用。有戰功，〔八〕稍遷屯騎校尉。時事得失，每常規諫，好直言，不阿旨，權以此憚之。諸葛恪征東興，〔九〕贊爲前部，合戰先陷陣，大敗魏師，遷左將軍。孫峻征淮南，授贊節，拜左護軍。未至壽春，道路病發，峻令贊將車重先還。〔一〇〕魏將蔣班以步騎四千追贊，贊病困，不能整陣，知必敗，乃解曲蓋印綬〔一一〕付弟子以歸，曰：「吾自爲將，破敵搴旗，〔一二〕未嘗負敗。今病困兵羸，衆寡不敵，汝速去矣，俱死無益於國，適所以快敵耳。」弟子不肯受，拔刀欲斫之，乃去。初，贊爲將，臨敵必先被髪叫天，因抗音而歌，左右應之，畢乃進戰，戰無不克。〔一三〕及敗，歎曰：「吾戰有常術，今病困若此，固命也！」遂被害，時年七十三，衆庶痛惜焉。二子略、平，並爲大將。〔一四〕

是歲，蜀使來聘，將軍孫儀、孫邵、絉恂等〔一五〕欲因會殺峻，事泄，儀等自殺，死者數十人，并及公主魯育。〔一六〕

〔一〕監本、官本無「將」字。

〔二〕樂嘉見魏志高貴鄉公紀正元二年。

〔三〕互見孫亮傳五鳳二年。

〔四〕長山見孫晧傳寶鼎元年。
〔五〕元本「史」作「略」。
〔六〕馮本「蹉」作「差」。
〔七〕馮本、毛本「統」下多「之」字，誤。
〔八〕宋本作「累有戰功」。
〔九〕事見恪傳。
〔一〇〕車重即輜重。
〔一一〕古今注：「曲蓋，太公所作也。武王伐紂，大風折蓋，太公因折蓋之形，而制曲蓋焉。」
〔一二〕搴，音愆，拔也。
〔一三〕俞正燮癸巳存稿卷七云：「洛陽伽藍記：北魏田僧超能吹笳，爲壯士歌、項羽吟。征西將軍崔延伯討万俟醜奴，每臨陣，令僧超爲壯士聲，遂單馬入陳。五代史補云：唐莊宗用軍，前後隊伍皆以所撰詞授之，使揚聲作唱，至於入陣，不論勝負，馬頭纔轉，則衆聲齊作，凡所戰鬭，人忘其死。斯亦用軍之一奇也。」
〔一四〕留略事見孫亮傳建興元年，又見諸葛恪傳。留平事見孫晧傳鳳皇元年注引江表傳，又見王蕃傳。
〔一五〕孫亮傳：「五鳳二年秋七月，將軍孫儀、張怡、林恂等謀殺峻，發覺，儀自殺，恂等伏辜。」通鑑亦作孫儀、張怡、林恂，當爲此傳之誤。（李龍官、趙一清所云皆同。）
〔一六〕即朱公主，適朱據者也。康發祥曰：「峻與魯班私通，因魯班之譖而殺魯育也。傳中陰言其事，而未明正其罪。」

峻欲城廣陵，〔一〕朝臣知其不可城，而畏之莫敢言。唯滕胤諫止，不從，而功竟不就。

〔一〕孫亮傳：「使衛尉馮朝城廣陵。」

其明年，〔一〕文欽説峻征魏，峻使欽與吕據、車騎劉纂、鎮南朱異、前將軍唐咨自江都入淮、泗，〔二〕以圖青、徐。〔三〕峻與胤至石頭，〔四〕因餞之，領從者百許人入據營。據御軍齊整，峻惡之，稱心痛去。遂夢爲諸葛恪所擊，恐懼發病死，時年三十八，以後事付綝。

〔一〕本應書太平元年，因十月始改元，故書明年也。

〔二〕江都見孫策傳。胡三省曰：「江都縣屬廣陵郡，此自邗溝入淮，自淮入泗也。」

〔三〕胡三省曰：「魏青州統齊、濟南、樂安、城陽、東萊，徐州統下邳、彭城、東海、琅邪、東莞、東安、廣陵、臨淮。晉志曰：周禮曰，正東曰青州，蓋取土居少陽，其色爲青；徐州取舒緩之義。或云因徐丘以立名。」弼按：魏青州尚有北海，胡注漏書。魏徐州無臨淮，胡注殆據晉志而誤。然晉志臨淮郡下已云漢置，章帝以合下邳，太康元年復立。胡氏殆未細審耳。

〔四〕石頭見孫權傳建安十六年。

孫綝字子通，與峻同祖。綝父綽，爲安民都尉。〔一〕綝始爲偏將軍，及峻死，爲侍中武衛將軍，領中外諸軍事，代知朝政。吕據聞之，大恐，〔二〕與諸督將連名，共表薦滕胤爲丞相，綝更以胤爲大司馬，代吕岱駐武昌。據引兵還，使人報胤，欲共廢綝。綝聞之，遣從兄慮將兵逆據於江都，〔三〕使中使勑文欽、劉纂、唐咨等合衆擊據，遣侍中左將軍華融、中書丞丁晏〔四〕告胤取據，〔五〕并喻胤宜速去意。〔六〕胤自以禍及，因留融、晏，勒兵自衛，召典軍楊崇、將軍孫咨，〔七〕告以綝爲亂，迫融等使有書難綝。〔八〕綝不聽，表言胤反，許將軍劉丞以封爵，使率兵騎急攻圍胤。胤又劫融等，使詐詔發兵。〔九〕融等不從，胤皆殺之。

文士傳曰：華融字德蕤，廣陵江都人。祖父避亂，居山陰蕊山下。時皇象亦寓居山陰，〔一〇〕吴郡張温來就象學，欲得所舍。或告温曰：「蕊山下有華德蕤者，雖年少，美有令志，可舍也。」温遂止融家，朝夕談講。俄而温爲選部尚書，乃擢融爲太子庶子，遂知名顯達。融子諝，黄門郎，與融并見害。次子譚，以才辯稱，晉祕書監。〔一一〕

胤顔色不變，譚笑若常。或勸胤引兵至蒼龍門，〔一二〕將士見公出，必委綝就公。〔一三〕時夜已半，胤恃與據期，又難舉兵向宫，乃約令部曲，〔一四〕説吕侯已在近道，故皆爲胤盡死，無離散者。時大風，比曉，據不至。綝兵大會，遂殺胤及將士數十人，夷胤三族。

臣松之以爲孫綝雖凶虐，與滕胤宿無嫌隙，胤若且順綝意，出鎮武昌，豈徒免當時之禍，仍將永保元吉，而犯機觸害，自取夷滅，悲夫！

〔一〕安民都尉一人，吴置。

〔二〕「恐」當作「怒」。吕據傳：「太平元年，帥師侵魏，未及淮，聞孫峻死，以從弟綝自代。據大怒，引軍還，欲廢綝。」通鑑亦云：「吕據聞孫（權）〔綝〕代孫峻輔政，大怒。」

〔三〕錢大昕曰：「下文云峻從弟慮，蓋峻之從弟，於綝爲從兄，實一人也。三嗣主傳作孫憲，憲與慮，字形相涉而誤，當以憲爲正。孫權之次子慮封建昌侯，此峻從弟，不應與同名也。」官本考證及趙一清説同，通鑑亦作憲。

〔四〕胡三省曰：「魏、晉之制，中書無丞，此吴所置。華，户化翻。」

〔五〕曾云：「此處應將據自殺敘出。」或曰：「語在據傳，或敘於殺滕胤後亦可。」
〔六〕胡三省曰：「言宜速往武昌，否則且有誅罰。」
〔七〕胡三省曰：「楊崇蓋胤帳下典軍。」
〔八〕胡三省曰：「有者對無之稱，於此則文義爲不通。通鑑既因三國志舊文，今亦不欲輕改。難，乃旦翻。」
〔九〕通鑑「詐」下有「爲」字。
〔一〇〕皇象事見趙達傳注引吴録。象亦江都人，與華融同縣。
〔一一〕趙一清曰：「晉書華譚傳：祖融，吴左將軍，録尚書事；父諝，吴黄門郎。據此傳，則譚是融之次子，與史異。」弼按：次子譚當作諝子譚，方與晉書合。
〔一二〕胡三省曰：「蒼龍門，吴建業宫之東門也。」
〔一三〕宋本「必」下有「皆」字。胡三省曰：「委，棄也。」
〔一四〕胡三省曰：「約勒而號令之。」

綝遷大將軍，假節，封永寧侯。〔一〕負貴倨傲，多行無禮。初，峻從弟慮〔二〕與誅諸葛恪之謀，峻厚之，至右將軍、無難督，授節蓋，平九官事。〔三〕綝遇慮薄於峻時，慮怒，〔四〕與將軍王惇謀殺綝。綝殺惇，慮服藥死。〔五〕

〔一〕錢大昕曰：「三嗣主傳作永康侯，誤也。同時張布封永康侯。」弼按：永寧見虞翻傳，永康見孫休傳永安元年。
〔二〕慮當作憲，説見前，下同。
〔三〕胡三省曰：「九官，即九卿也。魏明帝太和二年，吴主還建業，留尚書九官于武昌。」授節蓋爲句，陳本句讀誤。
〔四〕宋本無「怒」字。

〔五〕互見孫休傳太平元年。

魏大將軍諸葛誕舉壽春叛，保城請降。吴遣文欽、唐咨、全端、全懌等帥三萬人救之。魏鎮南將軍王基圍誕，欽等突圍入城。〔一〕魏悉中外軍二十餘萬增誕之圍。〔二〕朱異帥三萬人屯安豐城，〔三〕爲文欽勢。〔四〕魏兖州刺史州泰拒異於陽淵，〔五〕異敗退，爲泰所追，死傷二千人。綝於是大發卒出屯鑊里，〔六〕復遣異率將軍丁奉、黎斐等五萬人攻魏，留輜重於都陸。〔七〕異屯黎漿，〔八〕遣將軍任度、張震等募勇敢六千人，於屯西六里爲浮橋夜渡，築偃月壘，爲魏監軍石苞及州泰所破，軍卻退就高。異復作車箱圍趣五木城，苞、泰攻異，異敗歸，而魏太山太守胡烈以奇兵五千詭道襲都陸，〔九〕盡焚異資糧。〔一〇〕綝授兵三萬人，使異死戰，異不從，綝斬之於鑊里。〔一一〕而遣弟恩救，會誕敗引還，綝既不能拔出誕，而喪敗士衆，自戮名將，莫不怨之。

〔一〕魏志諸葛誕傳：「是時鎮南將軍王基始至，督諸軍圍壽春，未合。咨、欽等從城東北因山乘險，得將其衆突入城。」

〔二〕魏志諸葛誕傳：「大將軍司馬文王督中外諸軍二十六萬衆臨淮討之，使王基與安東將軍陳騫等四面合圍，表裏再重。」

〔三〕安豐見魏志齊王紀嘉平五年。胡三省曰：「安豐縣漢屬廬江郡，魏分屬安豐郡，今安豐縣在壽春南八十里。」

〔四〕通鑑作「爲文欽外勢」。

〔五〕胡三省曰：「水經注：決水出廬江雩婁縣北，過安豐縣東，又北，右會陽泉水，水西有陽泉縣故城，故陽泉鄉也。漢靈帝封黃琬爲侯國。決水又北入於淮。」趙一清曰：「方輿紀要卷二十一：陽淵即陽泉，亦即滿寵傳之陽宜口也。在壽州霍丘縣西八十里。」謝鍾英曰：「水經注：施水支津下注爲陽淵，其地在芍陂東南，與安豐兵勢不相接。州泰所屯之陽淵，當在今霍丘東、壽州西。」

〔六〕鑊里見孫亮傳太平二年。趙一清曰：「方輿紀要卷二十四：鑊里在無爲州巢縣西，北濱巢湖。」

〔七〕胡三省曰：「水經注：博鄉縣，王莽改曰楊陸，泄水出焉。北過芍陂，又西北入於淮。意者都陸即楊陸歟？又據晉紀，都陸在黎漿南。」謝鍾英曰：「都陸當在壽州芍陂東南。」

〔八〕黎漿見魏志諸葛誕傳。

〔九〕局本誤作「陸都」。

〔一〇〕趙一清曰：「晉書文帝紀：異之餘卒餒甚，食葛葉而遁。」

〔一一〕互見孫亮傳太平二年及朱異傳注引吳書。

綝以孫亮始親政事，多所難問，甚懼。還建業，稱疾不朝，築室於朱雀橋南，〔一〕使弟威遠將軍據入蒼龍宿衛，〔二〕弟武衛將軍恩、偏將軍幹、長水校尉闓〔三〕分屯諸營，欲以專朝自固。〔四〕亮內嫌綝，乃推魯育見殺本末，〔五〕責怒虎林督朱熊、〔六〕熊弟外部督朱損〔七〕不匡正孫峻，乃令丁奉殺熊於虎林，殺損於建業。綝入諫，不從，亮遂與公主魯班、太常全尚、將軍劉承〔八〕議誅綝。亮妃，綝從姊女也，以其謀告綝，綝率衆夜襲全尚，遣弟恩殺劉承於蒼龍門外，遂圍宮。

江表傳曰：亮召全尚息黃門侍郎紀密謀曰：「孫綝專勢，輕小於孤，〔九〕孤見敕之，〔一〇〕使速上岸，爲唐咨等作援，而留湖中，不上岸一步。又委罪朱異，擅殺功臣，不先表聞；築第橋南，〔一一〕不復朝見。此爲自在，無復所畏，〔一二〕不可久忍。今規取之，〔一三〕卿父作中軍都督，〔一四〕使密嚴整士馬，孤當自出臨橋，帥宿衛虎騎、左右無難一時圍之。〔一五〕作版詔敕綝所領皆解散，不得舉手，〔一六〕正爾〔一七〕自得之。〔一八〕無卿去，〔一九〕但當使密耳。卿宣詔語卿父，〔二〇〕勿令卿母知之，女人既不曉大事，且綝同堂姊，邂逅泄漏，誤孤非小也。」紀承詔以告尚，尚無遠慮，以語紀母。母使人密語綝，綝夜發嚴兵廢亮，比明，兵已圍宫。亮大怒，上馬，帶鞬執弓欲出，〔二一〕曰：「孤大皇帝之適子，〔二二〕在位已五年，誰敢不從者！」侍中近臣及乳母共牽攀止之，乃不得出。〔二三〕歎咤二日不食，罵其妻曰：〔二四〕「爾父憒憒，〔二五〕敗我大事。」又呼紀，〔二六〕紀曰：「臣父奉詔不謹，負上，無面目復見。」因自殺。

孫盛曰：亮傳稱亮少聰慧，〔二七〕勢當先與紀謀，不先令妻知也。江表傳説漏泄有由，〔二八〕於事爲詳矣。〔二九〕

使光禄勳孟宗告廟廢亮，〔三〇〕召羣司議曰：「少帝荒病昏亂，不可以處大位，承宗廟，以告先帝〔三一〕廢之。諸君若有不同者，下異議。」皆震怖曰：「唯將軍令。」綝遣中書郎李崇奪亮璽綬，以亮罪狀班告遠近。〔三二〕尚書桓彝不肯署名，〔三三〕綝怒，殺之。

漢晉春秋曰：彝，魏尚書令階之弟。

吴録曰：晉武帝問薛瑩吴之名臣，瑩對稱：「彝有忠貞之節。」

〔一〕方輿紀要：「朱雀橋，今江寧府聚寶門内鎮淮橋。」

〔二〕通鑑「龍」下有「門」字。

〔三〕胡三省曰：「闓，音開，又苦亥翻。」

〔四〕通鑑無「專朝」二字。

〔五〕胡三省曰：「尋問朱公主所以見殺之意。」
〔六〕虎林見孫權傳太元二年。
〔七〕胡三省曰：「吴外部督建業外營兵。」
〔八〕胡三省曰：「劉承即劉丞。」趙一清曰：「前後兩承字，俱當作丞。」
〔九〕胡三省曰：「謂輕視之，以爲幼小也。」
〔一〇〕通鑑「見」作「前」。
〔一一〕築第朱雀橋南也。
〔一二〕胡三省曰：「自在，謂居處自如，不復知有君上。」
〔一三〕規，圖也。
〔一四〕胡三省曰：「衛將軍督中軍。」
〔一五〕胡三省曰：「吴有左右無難督，督無難營兵。」
〔一六〕馮本「舉」作「奉」，誤。
〔一七〕胡三省曰：「正爾，猶言正如此也。」
〔一八〕通鑑作「自當得之」。
〔一九〕「無」字衍。
〔二〇〕通鑑無「語」字。
〔二一〕胡三省曰：「鞬，居言翻；韔弓矢器。」
〔二二〕胡三省曰：「適讀曰嫡。」
〔二三〕通鑑無「乃」字。

〔二四〕通鑑作「歎咤不食，罵全后曰」。

〔二五〕胡三省曰：「憒，烏外翻。類篇曰：悶也。」

〔二六〕通鑑作「又遣呼紀」。

〔二七〕宋本「慧」作「惠」。

〔二八〕馮本、毛本「由」作「白」，誤。一本作「自」。

〔二九〕通鑑輯覽曰：「不密害成，亮之所以屬紀也。然終以婦人漏泄，不密孰甚于此！鼠矢燭奸，則所謂小事不糊塗耳。」林國贊曰：「孫亮妃即全尚女，據本傳，則泄亮謀者尚女，注引江表傳則云尚妻。考妃嬪傳，此謀既泄，尚女與亮俱廢，故自無恙，尚家屬概見逼殺。向令泄謀者尚妻非尚女，綝詎肯殺彼釋此？然要謂尚女亦可疑，此不與綝姦，即未知父母與天子合謀，否則目睹父母合謀，而反泄之，令父母遇害，身亦與天子俱廢，庸非大愚乎！孫盛取江表傳，不取本傳，可謂無識。」弼按：全尚妻即孫峻姊，見朱夫人傳。亮妃爲全尚女，江表傳誤。

〔三〇〕何焯曰：「孟宗於此，恨無大節可取，與王祥皆一行而已。」

〔三一〕宋本無此四字，通鑑有之。

〔三二〕宋本無「班」字，通鑑有之。

〔三三〕趙一清曰：「困學紀聞云：吳有桓彝，晉亦有桓彝，此忠臣名氏之同者。」

典軍施正〔一〕勸綝徵立琅邪王休，綝從之，遣宗正楷奉書於休曰：「綝以薄才，見授大任，不能輔導陛下。頃月以來，多所造立，親近劉承，悅於美色，發吏民婦女，料其好者，留於宮內，取兵子弟十八已下三千餘人，習之苑中，連日續夜，大小呼嗟，敗壞藏中矛戟五千餘枚，以作戲具。朱據先帝舊臣，子男熊、損，皆承父之基，以忠義自立。昔殺小主，自是大主所創，帝不復精其本末，便殺熊、損，諫不見用，諸下莫不側息。帝於宮中作小船三百餘艘，成以金銀，師工晝夜不息。太常全尚，累世受恩，不能督諸宗親，而全端等委城就魏。尚位過重，曾無一言以諫陛下，而與敵往來，使傳國消息，懼必傾危社稷。推案舊典，運集大王，輒以今月二十七日擒尚斬承，以帝爲會稽王，遣楷奉迎。百寮喁喁，立住道側。」

〔一〕胡三省曰：「吳制，中營置左右典軍。」

綝遣將軍孫耽送亮之國，徙尚於零陵，遷公主於豫章。〔一〕綝意彌溢，侮慢民神，遂燒大橋頭伍子胥廟，〔二〕又壞浮屠祠，斬道人。〔三〕休既即位，稱草莽臣，〔四〕詣闕上書曰：「臣伏自省，才非幹國，因緣肺腑，〔五〕位極人臣，傷錦敗駕，〔六〕罪負彰露，尋愆惟闕，〔七〕夙夜憂懼。臣聞天命棐諶，〔八〕必就有德，是以幽、厲失度，周宣中興，〔九〕陛下聖德，纂承大統，〔一〇〕宜得良輔，以協雍熙，雖堯之盛，猶求稷、契之佐，以協明聖之德。古人有言：『陳力就列，不能者止。』臣雖自展竭，無益庶政，謹上印綬節鉞，退還田里，以避賢路。」〔一一〕休引見慰喻，又下詔曰：「朕以不德，守藩于外，值茲際會，羣公卿士，暨于朕躬，以奉宗廟。朕用憮然，若涉淵冰。大將軍忠計内發，扶危定傾，安康社稷，功勳赫然。昔漢孝宣踐阼，霍光尊顯，褒德賞功，古今之通義也。其以大將軍爲丞相、荊州牧，食五縣。」〔一二〕恩爲御史大夫、衛將軍，據右將軍，皆縣侯。幹雜號將軍、亭侯。闓亦封亭侯。綝一門五侯，皆典禁兵，權傾人主，自吳國朝臣，未嘗有也。

〔一〕全公主也。

〔二〕史記伍子胥列傳：「吴人憐之，爲立祠於江上。」吴地記曰：「越軍於蘇州東南三十里三江口，又向下三里臨江北岸，立壇殺白馬祭子胥，杯動酒盡，後因立廟於此江上，今其側有浦名上壇浦。至晉，會稽太守麋豹移廟吴郭東門内道南，今廟見在。」一統志吴郡志云：「伍子胥廟有二，一在胥口胥江上，一在盤門内城西隅。」

〔三〕何焯曰：「釋子稱僧到赤烏年，此是其證。笮融，丹楊人，意其所煽也。」梁章鉅曰：「法苑珠林舍利篇云：吴孫權赤烏四年，有外國沙門康僧會創達江表，設像行道，吴人以爲妖異。權召會，問佛有何靈？（瑞）〔會〕曰：佛晦靈迹，遺骨舍利，應現無方，神迹感通，祈求可獲。權曰：若得舍利，當爲興寺。經三七日，至誠求請，遂獲瓶中，旦呈於權，光照宫殿。權使力者盡力擊之，椎砧俱陷，舍利不損。又以火燒，騰光上涌。權大發信，乃爲立寺，名爲建初，改所住地名佛陀里。孫綝所壞，當即此寺矣。又云：孫晧虐政，欲屏除佛法，燔經夷塔。按晧事不見史，疑即綝也。」

〔四〕何焯曰：「劉宗周南渡時，上書號草莽臣，自是不觀史書之失。」

〔五〕宋本「胇」作「肺」，是。各本皆誤。

〔六〕左傳：「子産謂子皮曰：子有美錦，不使人學製焉；大官大邑，身之所庇，而使學者製焉。其爲美錦，不亦重乎！」范書劉玄傳：「軍師將軍李淑諫曰：敗材傷錦，所宜致慮。」晉書庾冰傳：「策敗駕之駟，以冀萬里之功，非天眷之隆，將何以至此！」

〔七〕惟，思也。

〔八〕詩大雅蕩之章：「天生烝民，其命匪諶。」毛傳云：「諶，誠也。」鄭箋云：「天之生此衆民，其教導之，非當以誠信使之忠厚乎？今則不然。」尚書大誥篇：「天棐忱辭，其考我民。」孔傳云：「言我周家有大化誠辭，爲天所輔，其成我民矣。」正義曰：「釋詁云：棐，輔也；忱，誠也。」

〔九〕張宗泰魯巖所學集云：「幽王尚在宣王之後，此語誤。」

〔一〇〕馮本「纂」作「纂」，誤。

〔一一〕胡三省曰：「謂他有賢者進用，恐妨其路，求引身避之。」

〔一二〕胡三省曰：「綝遷大將軍，封永寧侯，今休以援立之功，增其封邑。」

綝奉牛酒詣休，休不受，齎詣左將軍張布，酒酣，出怨言曰：「初廢少主時，多勸吾自爲之者。吾以陛下賢明，故迎之。帝非我不立，今上禮見拒，是與凡臣無異，當復改圖耳。」布以言聞休，〔一〕休銜之，恐其有變，數加賞賜，又復加恩侍中，與綝分省文書。〔二〕或有告綝懷怨侮上欲圖反者，休執以付綝，綝殺之，由是愈懼，因孟宗求出屯武昌，休許焉。盡勑所督中營精兵萬餘人，皆令裝載，〔三〕所取武庫兵器，咸令給與。〔四〕

吳歷曰：綝求中書兩郎，典知荆州諸軍事。主者奏中書不應外出，休特聽之；其所請求，一皆給與。〔五〕

將軍魏邈說休曰：「綝居外，必有變。」武衞士施朔〔六〕又告「綝欲反，有徵」。休密問張布，布與丁奉謀於會殺綝。

〔一〕胡三省曰：「綝以布爲吳主所信倚，故詣之；酒酣失言，遂以賈禍。綝之凶愚，其赤族宜矣。」

〔二〕胡三省曰：「分綝之權也。」

〔三〕胡三省曰：「中營兵，即中軍也。吳人謂裝船爲裝載，綝欲以此兵自隨上武昌，車船裝物皆曰載。詩云：載輸爾載。」

〔四〕或曰：「孫休頗有屈伸，異於曹髦、孫亮多矣。」

〔五〕一皆給與，通鑑作「一無違者」。

〔六〕宋本無「士」字。胡三省曰：「武衛士，武衛之士也。」

永安元年十二月丁卯，建業中謠言明會有變。〔一〕綝聞之，不悅。夜大風，發木揚沙，〔二〕綝益恐。戊辰臘會，綝稱疾，休彊起之，使者十餘輩。綝不得已，將入，衆止焉。綝曰：「國家屢有命，不可辭。可豫整兵，令府内起火，因是可得速還。」遂入，尋而火起，〔三〕綝求出，休曰：「外兵自多，不足煩丞相也。」綝起離席，奉、布目左右縛之。綝叩頭曰：〔四〕「願徙交州。」休曰：「卿何以不徙滕胤、吕據？」〔五〕綝復曰：「願没爲官奴。」休曰：「何不以胤、據爲奴乎？」遂斬之。〔六〕以綝首令其衆曰：「諸與綝同謀皆赦。」放仗者五千人。闓乘船欲北降，追殺之，〔七〕夷三族。發孫峻棺，取其印綬，斲其木而埋之，〔八〕以殺魯育等故也。

〔一〕胡三省曰：「謂會，明日臘會也。吳以土德王，用辰臘。」

〔二〕通鑑「木」作「屋」。

〔三〕胡三省曰：「尋，繼時也。」

〔四〕宋本「頭」作「首」。

〔五〕通鑑下有「於交州乎」四字。

〔六〕趙一清曰：「還冤記：徐光嘗過孫綝門，褰衣而趨，左右唾踐。或問其故，答曰：流血臭腥不可耐。綝聞而殺之，斬其首，無血。及綝廢幼帝更立景帝，將拜陵，上車，車爲之傾；因顧見徐光在松柏樹上，指揮嗤笑之。綝問侍從，無見者。綝惡之，俄而景帝誅綝。」

〔七〕胡三省曰：「綝之諸弟，據、恩、幹、闓已就誅，獨闓走，欲投北。」
〔八〕胡三省曰：「古者棺槨厚薄皆有度，斲而薄之以示貶。」

綝死時年二十八。休恥與峻、綝同族，特除其屬籍，稱之曰故峻、故綝云。休又下詔曰：「諸葛恪、滕胤、呂據蓋以無罪爲峻、綝兄弟所見殘害，可爲痛心，促皆改葬，各爲祭奠。其罹恪等事見遠徙者，一切召還。」〔一〕

〔一〕劉成炘曰：「此總上諸人，足見文本一貫。」

濮陽興字子元，陳留人也。父逸，漢末避亂江東，官至長沙太守。〔一〕逸事見陸瑁傳。〔二〕興少有士名，孫權時除上虞令，〔三〕稍遷至尚書左曹，〔四〕以五官中郎將使蜀，還爲會稽太守。〔五〕時琅邪王休居會稽，興深與相結。及休即位，徵興爲太常、衛將軍，平軍國事，〔六〕封外黄侯。〔七〕

〔一〕胡三省曰：「濮陽以邑爲姓，陳留風俗傳：漢有長沙太守濮陽逸。」
〔二〕「事」字疑衍。
〔三〕上虞見孫策傳。
〔四〕吳尚書有左曹。

〔五〕興爲會稽太守事，見虞翻傳注引會稽典録。

〔六〕平軍國事，始見於此。

〔七〕郡國志：「兖州陳留郡外黃。」一統志：「今河南開封府杞縣東。」范書爰延傳：「延，陳留外黃人。縣令禮請延爲廷掾，濮陽潛爲主簿。」是濮陽爲外黃人，興蓋封本縣侯。

永安三年，都尉嚴密建丹楊湖田，作浦里塘，〔一〕詔百官會議，咸以爲用功多而田不保成，唯興以爲可成，遂會諸兵民就作。功傭之費不可勝數，士卒死亡，或自賊殺，百姓大怨之。興遷爲丞相，〔二〕與休寵臣左將軍張布共相表裏，〔三〕邦内失望。

〔一〕浦里塘見孫休傳永安三年。

〔二〕見孫休傳永安五年。

〔三〕布典宫省，興關軍國。

七年七月，休薨，左典軍萬彧素與烏程侯孫晧善，乃勸興、布，於是興、布廢休適子而迎立晧。晧既踐阼，加興侍郎，〔一〕領青州牧。俄彧譖興、布追悔前事，十一月朔入朝，晧因收興、布，徙廣州。道追殺之，夷三族。〔二〕

〔一〕宋本作「侍中」。錢大昕曰：「興位爲丞相，何緣更加侍郎？此必誤。宋本作中郎，亦未可據。」官本考證同。弼按：宋本作侍中，錢説誤。沈欽韓曰：「興已爲丞相，當加官侍中，作侍郎者誤也。」李慈銘曰：「此蓋侍中之誤。傳言綝弟恩爲御史大夫，復加侍中，即此比也。丞相與御史大夫爲兩府，官尊相亞，而加侍中，則兼内職，爲親臣。六朝三公必加侍中，此其濫觴矣。」

〔二〕孫晧納張布女，見何姬傳注引江表傳。

評曰：諸葛恪才氣幹略，邦人所稱，然驕且吝，周公無觀，況在於恪？矜己陵人，能無敗乎！若躬行所與陸遜及弟融之書，則悔吝不至，何尤禍之有哉？滕胤厲修士操，遵蹈規矩，而孫峻之時猶保其貴，必危之理也。峻、綝凶豎盈溢，固無足論者。濮陽興身居宰輔，慮不經國，協張布之邪，納萬彧之說，誅夷其宜矣。

吴書二十

王樓賀韋華傳第二十

王蕃字永元，廬江人也。博覽多聞，兼通術藝。〔一〕始爲尚書郎，去官。孫休即位，與賀邵、薛瑩、虞汜〔二〕俱爲散騎中常侍，皆加駙馬都尉，時論清之。〔三〕遣使至蜀，蜀人稱焉，還爲夏口監軍。

〔一〕潘眉曰：「蕃明於天文。宋志云：吴時爲中常侍，善數術，傳劉洪乾象曆，依乾象法而制渾儀，立論考度。古舊渾象以二分爲一度，凡周七尺三寸半分，張衡更制以四分爲一度，凡周(二)〔一〕丈四尺六寸。蕃以古制局小，星辰稠概，衡器傷大，難可轉移，更制渾象，以三分爲一度，凡周天一丈九寸五分四分分之三也。」

〔二〕賀邵傳見後。薛瑩見薛綜傳，虞汜見虞翻傳。

〔三〕趙一清曰：「方輿紀要卷九十七：建安城，今建寧府城也。志云：三國吴永安三年，郡守王蕃始築城於溪南覆船山下。一清案：本傳不言蕃爲建安守也。」

孫晧初，復入爲常侍，與萬彧同官。彧與晧有舊，俗士挾侵，〔一〕謂蕃自輕。〔二〕又中書丞陳聲，〔三〕晧之嬖臣，數譖毁蕃。蕃體氣高亮，不能承顔順指，時或迕意，積以見責。

〔一〕宋本「士」作「王」，誤。

〔二〕郁松年曰：「通志作挾主自尊。謂蕃輕己，語較明晰。」

〔三〕陳聲見孫晧傳鳳皇二年。

甘露二年，〔一〕丁忠使晉還，晧大會羣臣，蕃沈醉頓伏；晧疑而不悦，轝蕃出外。〔二〕頃之請還，〔三〕酒亦不解。蕃性有威嚴，〔四〕行止自若，晧大怒，呵左右於殿下斬之。衛將軍滕牧、征西將軍留平請，不能得。

江表傳曰：晧用巫史之言，謂建業宫不利，乃西巡武昌，仍有遷都之意，恐羣臣不從，乃大請會，賜將吏。問蕃「射不主皮，爲力不同科，其義云何」？蕃思惟未答，即於殿上斬蕃。出登來山，〔五〕使親近將跳蕃首，〔六〕作虎跳狼爭咋齧之，〔七〕頭皆碎壞，欲以示威，使衆不敢犯也。此與本傳不同。

吴録曰：晧每於會，因酒酣，輒令侍臣嘲謔公卿，以爲笑樂。萬彧既爲左丞相，蕃嘲彧曰：「魚潛於淵，出水煦沫。何則？物有本性，不可横處非分也。彧出自谿谷，羊質虎皮，虚受光赫之寵，跨越三九之位，〔八〕犬馬猶能識養，〔九〕將何以報厚施乎？」彧曰：「唐虞之朝，無謬舉之才；造父之門，無駑蹇之質。〔一〇〕蕃上誣明選，下訕楨幹，亦何傷於日月，適多見其不知量耳！」〔一一〕

臣松之案本傳云，丁忠使晉還，晧爲大會，於會中殺蕃。檢忠從北還，在此年之春，彧時尚未爲丞相，至秋乃爲相耳。吴録所言，爲乖互不同。

〔一〕甘露二年即寶鼎元年。

〔二〕胡三省曰：「犨，羊茹翻。」

〔三〕通鑑「請」作「召」。

〔四〕通鑑作「蕃好治威儀」。

〔五〕胡三省曰：「水經注：武昌城南有來山，即樊山也。吳孫晧登之，使親近擲王蕃首而虎爭之。」

〔六〕通鑑「跳」作「擲」，無「將」字。官本考證曰：「跳字疑衍，或作挑。」

〔七〕胡三省曰：「跳，它弔翻。咋，側革翻，啖也。齧，魚結翻，噬也。」

〔八〕范書郎顗傳：「三九之位，未見其人。」章懷注：「三公九卿也。」

〔九〕周壽昌曰：「論語鄭注：包咸曰：犬能守禦，馬能代勞，皆能養人。合此所言，足證漢經師古訓如此。」

〔一〇〕史記趙世家：「造父幸於周繆王，造父取驥之乘匹，與桃林盜驪、驊騮、綠耳，獻之繆王。繆王使造父御，西巡狩，見西王母，樂之忘歸，而徐偃王反。繆王日馳千里馬，攻徐偃王，大破之。乃賜造父以趙城，由此爲趙氏。」

〔一一〕論語：「人雖欲自絶，其何傷於日月乎？多見其不知量也。」

丞相陸凱上疏曰：〔一〕「常侍王蕃黄中通理，知天知物，處朝忠蹇，斯社稷之重鎮，大吳之龍逢也。〔二〕昔事景皇，納言左右，景皇欽嘉，歎爲異倫。而陛下忿其苦辭，惡其直對，梟之殿堂，尸骸暴棄，郡内傷心，〔三〕有識悲悼。」其痛蕃如此。蕃死時年三十九，〔四〕晧徙蕃家屬廣州。二弟著、延皆作佳器，〔五〕郭馬起事，不爲馬用，見害。〔六〕

〔一〕錢大昕曰：「凱疏已見本傳，此重出。」

〔二〕韓詩外傳：「關龍逢事桀，桀爲酒池可以運舟，糟丘足以望十里，而牛飲者三千人。關龍逢進諫，桀囚而殺之。」

〔三〕宋本「郡」作「邦」，陸凱傳亦作「邦」。

〔四〕晉書天文志：「吴時，中常侍廬江王蕃善數術，傳劉洪乾象曆，依其法而制渾儀，立論攷度。」又曆志曰：「中常侍王蕃以洪術精妙，用推渾天之理，以制儀象及論。」隋書天文志：「蕃以古製局小，以布星辰，相去稠概，不得了察；張衡所作又復傷大，難可轉移。蕃今所作，以三分爲一度，周一丈九寸五分四分分之三，長古法三尺六寸五分四分分之一，減衡法亦三尺六寸五分四分分之一。」開元占經二：「吴時廬江王蕃字興元，爲中常侍，善曆數之學。嘗造渾儀及渾天象說。」隋書經籍志：「渾天象注一卷，吴散騎常侍王蕃撰。」唐經籍志：「渾天象注一卷，王蕃撰。」藝文志：「王蕃渾天象注一卷。」阮元疇人傳論曰：「蕃立論攷度，通達平正，可謂言天家之圭臬矣。」嚴可均全三國文曰：「王蕃渾天象說，晉書、宋書、隋書天文志、北堂書鈔一百三十、開元占經一、太平御覽二並引之。」

〔五〕「作」字疑衍。

〔六〕郭馬事見孫皓傳天紀三年。

樓玄字承先，沛郡蘄人也。〔一〕孫休時爲監農御史。〔二〕孫皓即位，與王蕃、郭連、萬彧〔三〕俱爲散騎中常侍，出爲會稽太守，入爲大司農。舊禁中主者，自用親近人作之，彧陳親密近職宜用好人，皓因敕有司，求忠清之士，以應其選，遂用玄爲宮下鎮〔四〕禁中侯，〔五〕主殿中事。〔六〕玄從九卿〔七〕持刀侍衛，正身率衆，奉法而行，應對切直，數迕皓意，漸見責怒。後人誣白玄與賀邵相逢，駐共耳語大笑，〔八〕謗訕政事。遂被詔詰責，送付廣州。

〔一〕蘄縣見魏志武紀建安十八年。侯康曰：「御覽七百五十七引婁玄別傳云：昔山越民反，所過殘毀，至婁氏之里，往中庭，顧見釜甑尚著於竈，曰：恐他遠寇取之。仍爲取洗，沈著井中而去。婁家後還，皆盡得之。」

〔二〕監農御史一人，吴置。

〔三〕宋本「連」作「逴」，陸凱傳亦作「逴」。

〔四〕宫下鎮見孫韶傳。

〔五〕沈欽韓曰：「侯當作候。蓋與漢北軍中候同名，此誤。」

〔六〕胡三省曰：「吴舊事禁中主者，自用親近人，皓以彧言，用玄主殿中事。」

〔七〕玄官大司農，九卿也。

〔八〕胡三省曰：「駐，駐車也。」

東觀令華覈上疏曰：「臣竊以治國之體，其猶治家。主田野者，皆宜良信，又宜得一人總其條目，爲作維綱，衆事乃理。論語曰：『無爲而治者，其舜也與？恭己正南面而已。』〔一〕言所任得其人，故優游而自逸也。今海内未定，天下多事，事無大小，皆當關聞，動經御坐，勞損聖慮。陛下既垂意博古，綜極藝文，加勤心好道，隨節致氣，宜得閒靜，以展神思，呼翕清淳，與天同極。臣夙夜思惟，諸吏之中，任幹之事，足委杖者，無勝於樓玄。玄清忠奉公，冠冕當世，衆服其操，無與爭先。夫清者則心平而意直，忠者惟正道而履之，如玄之性，終始可保。乞陛下赦玄前愆，使得自新，擢之宰司，責其後效。使爲官擇人，隨才授任，則舜之恭己，近亦可得。」皓疾玄名聲，復徙玄及子據，付交阯將張奕，使以戰自效，陰別敕奕，令殺之。據到交阯，病死。玄一身隨奕討賊，持刀步涉，見奕輒拜，奕未忍殺。會奕暴卒，玄殯斂奕，於器中見敕書，還便自殺。

江表傳曰：皓遣將張奕追賜玄鴆。奕以玄賢者，不忍即宣詔致藥。玄陰知之，謂奕曰：「當早告玄，玄何惜邪！」即服藥死。

臣松之以玄之清高，必不以安危易操，無緣驟拜張奕，以虧其節。且禍機既發，豈百拜所免？江表傳所言，於理爲長。

〔一〕此論語孔子之辭。何晏集解云：「言在官得其人，故無爲而治。」

賀邵字興伯，會稽山陰人也。〔一〕

吴書曰：邵，賀齊之孫，景之子。〔二〕

孫休即位，從中郎爲散騎中常侍，〔三〕出爲吴郡太守。〔四〕孫晧時，入爲左典軍，遷中書令，領太子太傅。

〔一〕錢大昕曰：「邵爲後將軍賀齊之孫，依史例當於篇首著其世系，不應更書郡縣也。或於齊傳末書孫邵，有傳。」陳景雲曰：「邵果齊孫，應係齊傳，如顧譚附祖傳之比，不别立傳矣。」弼按：錢説是，陳説誤，邵乃齊孫也。

〔二〕何焯曰：「景，賀齊之弟，邵乃從子，非孫也。吴書誤。」盧明楷曰：「賀齊傳云：子達及弟景，皆有令名，爲佳將。則邵乃齊之從子，非孫也。」弼按：賀齊傳云子達及弟景者，謂達之弟名景也。例如陸抗傳「子晏嗣。晏及弟景、玄、機、雲，分領抗兵」，亦同此例。何、盧二説皆誤。又按：晉書賀循傳：循曾祖齊，仕吴爲名將；祖景，滅賊校尉；父邵，中書令，爲孫晧所殺云云。是邵之世系，明白顯然，毫無疑義也。又按邵弟惠，見孫晧傳鳳皇元年注引吴歷。

〔三〕趙一清曰：「御覽卷三百八十九引會稽典録曰：賀邵善容止，正其衣冠，尊其瞻視，動靜有常；與人交，久益敬之。至於宫府左右，莫見其跣坐。常著襪，希見其足。晉書儒林傳：范平字子安，錢塘人。研覽墳、索，遍該（民）〔百〕氏，姚信、賀邵之徒皆從受業。太康中卒，詔加謚號曰文貞先生。賀循勒碑，紀其德行。」

〔四〕趙一清曰：「世説政事篇：賀太傅作吴郡，初不出門。吴中諸彊族輕之，乃題府門曰：會稽鷄，不能嗁。賀聞，故出行，至門反顧，索筆足之曰：不可嗁，殺吴兒！於是至諸屯邸，檢校諸顧、陸役使官兵及藏逋亡，悉以事言上，罪者甚衆。陸抗時爲江陵都督，故下請孫晧，然後得釋。」

晧凶暴驕矜，政事日弊，邵上疏諫曰：

古之聖王，所以潛處重闈之内，而知萬里之情；垂拱衽席之上，明照八極之際者，任賢之功也。陛下以至德淑姿，統承皇業，宜率身履道，恭奉神器，旌賢表善，〔一〕以康庶政。自頃年以來，朝列紛錯，真僞相貿，〔二〕上下空任，文武曠位，外無山嶽之鎮，内無拾遺之臣；佞諛之徒拊翼天飛，干弄朝威，盗竊榮利，而忠良排墜，信臣被害。是以正士摧方，〔三〕而庸臣苟媚，先意承指，各希時趣，人執反理之評，〔四〕士吐詭道之論，〔五〕遂使清流變濁，忠臣結舌。陛下處九天之上，隱百重之室，〔六〕言出風靡，令行景從，親洽寵媚之臣，日聞順意之辭，將謂此輩實賢，而天下已平也。臣心所不安，敢不以聞？

臣聞興國之君樂聞其過，荒亂之主樂聞其譽；聞其過者過日消而福臻，聞其譽者譽日損而禍至。是以古之人君，揖讓以進賢，虚己以求過，譬天位於乘犇，〔七〕以虎尾爲警戒。〔八〕至於陛下，嚴刑法以禁直辭，黜善士以逆諫臣，〔九〕眩燿毁譽之實，沈淪近習之言。昔高宗思佐，夢寐得賢，〔一〇〕而陛下求之如忘，忽之如遺。故常侍王蕃忠恪在公，才任輔弼，以醉酒之閒加之大戮。近鴻臚葛奚，先帝舊臣，偶有逆迕，昏醉之言耳，三爵之後，禮所不諱，〔一一〕陛下猥發雷霆，謂之輕慢，飲之醇酒，〔一二〕中毒隕命。自是之後，海內悼心，朝臣失圖，仕者以退爲幸，居者以出爲福，誠非所以保光洪緒，熙隆道化也。

又何定本趨走小人，僕隸之下，身無錙銖之行，能無鷹犬之用，而陛下愛其佞媚，假其威柄，使定恃寵放恣，自擅威福，口正國議，手弄天機，上虧日月之明，下塞君子之路。夫小人求入，必進姦利，定閒妄興事役，發江邊戍兵以驅麋鹿，結罝山陵，〔一三〕芟夷林莽，殫其九野之獸，聚於重圍之内，上無益時之分，下有損耗之費。而兵士罷於運送，人力竭於驅逐，老弱饑凍，大小怨歎。臣竊觀天變，自比年以來，陰陽錯謬，四時逆節，日食地震，中夏隕霜，參之典籍，皆陰氣陵陽，小人弄勢之所致也。臣嘗覽書傳，驗諸行事，災祥之應，所爲寒慄。昔高宗修己，以消鼎雉之異；〔一四〕宋景崇德，以退熒惑之變。〔一五〕願陛下上懼皇天譴告之誚，下追二君禳災之道，〔一六〕遠覽前代任賢之功，近寤今日謬授之失，清澄朝位，旌敍俊乂，放退佞邪，抑奪姦勢，如是之輩，〔一七〕一勿復用，廣延淹滯，容受直辭，祇承乾指，敬奉先業，則大化光敷，天人望塞也。

傳曰：國之興也，視民如赤子；其亡也，以民爲草芥。〔一八〕陛下昔韜神光，潛德東夏，以聖哲茂姿，龍飛應天，四海延頸，八方拭目，以成、康之化，必隆於旦夕也。自登位以來，法禁轉苛，賦調益繁，中官內豎，〔一九〕分布州郡，橫興事役，競造姦利，百姓罹杼軸之困，〔二〇〕黎民罷無已之求，〔二一〕老幼饑寒，家戶菜色，而所在長吏，迫畏罪負，嚴法峻刑，苦民求辦，是以人力不堪，家戶離散，呼嗟之聲，感傷和氣。又江邊戍兵，遠當以拓土廣境，近當以守界備難，宜時優育，〔二二〕以待有事，而徵發賦調，煙至雲集，衣不全裋褐，食不贍朝夕，〔二三〕出當鋒鏑之難，入抱無聊之慼，是以父子相棄，叛者成行。願陛下寬賦除煩，振恤窮乏，省諸不急，蕩禁約法，則海內樂業，大化普洽。夫民者國之本，食者民之命也。今國無一年之儲，家無經月之畜，而後宮之中坐食者萬有餘人。內有離曠之怨，外有損秏之費，使庫廩空於無用，士民饑於糟糠。

又北敵注目，伺國盛衰，陛下不恃己之威德，而怙敵之不來，忽四海之困窮，而輕虜之不爲難，誠非長策廟勝之要也。昔大皇帝勤身苦體，創基南夏，割據江山，拓土萬里，雖承天贊，實由人力也。餘慶遺祚，至於陛下，陛下宜勉崇德器，以光前烈，愛民養士，保全先軌，何可忽顯祖之功勤，輕難得之大業，忘天下之不振，替興衰之巨變哉！臣聞否泰無常，吉凶由人，長江之限，不可久恃，苟我不守，一葦可航也。〔二四〕昔秦建皇帝之號，據殽、函之阻，德化不修，法政苛酷，毒流生民，忠臣杜口，是以一夫大呼，社稷傾覆。近劉氏據三關之險，〔二五〕守重山之固，可謂金城石室，萬世之業。任授失賢，一朝喪沒，君臣係頸，共爲羈僕，此當世之明鑒，目前之炯戒也。願陛下遠考前事，近覽世變，豐基彊本，割情從道，則成、康之治興，而聖祖之祚隆矣。〔二六〕

〔一〕「旍」同「旌」。
〔二〕通鑑作「貿」。貿，音茂；貿猶亂也，交互之義。貿與貿同。
〔三〕胡三省曰：「摧方，言刓稜角而爲圓也。」
〔四〕監本「執」作「魏」，誤。
〔五〕胡三省曰：「詭，違也，異也。」
〔六〕通鑑「重」作「里」。胡注：「管子曰：堂上遠於百里。」
〔七〕尚書五子之歌：「予臨兆民，懍乎若朽索之馭六馬。」
〔八〕尚書君牙篇：「若蹈虎尾，涉于春冰。」
〔九〕通鑑「臣」作「口」。
〔一〇〕尚書説命篇：「夢帝賚予良弼。」
〔一一〕沈欽韓曰：「燕禮：司正升受命，皆命：君曰：無不醉。賓及卿大夫皆興，對曰：諾，敢不醉。此則獻酬之後，禮所不諱也。」
〔一二〕官本考證曰：「醇疑作酖。」
〔一三〕馮本、毛本「置」作「置」，誤。
〔一四〕史記殷本紀：「武丁祭成湯，明日，有飛雉登鼎耳而呴。武丁懼，祖己曰：王勿憂，先修政事。武丁修政行德，天下咸驩，殷道復興。武丁崩，祖己嘉武丁之以祥雉爲德，立其廟爲高宗。」

〔一五〕史記宋微子世家：「熒惑守心，心，宋之分野也。景公憂之，司星子韋曰：可移於相。景公曰：相，吾之股肱。曰：可移於民。景公曰：君者，待民。曰：可移於歲。景公曰：歲饑民困，吾誰爲君？子韋曰：天高聽卑，君有君人之言三，熒惑宜有動。於是候之，果徙三度。」

〔一六〕宋本「穰」作「攘」，誤。

〔一七〕官本考證曰：「是疑作定，指上何定也。」

〔一八〕左傳：「陳逢滑曰：國之興也，視民如傷，其亡也，以民爲土芥。」

〔一九〕宋本作「中宮内豎」。官本考證曰：「疑作中官。」周壽昌曰：「孫晧鳳皇二年傳云：晧愛妾或使人至市，劫奪百姓財物。正此疏所指中宮也。既云内豎，無容先説中官。」

〔二〇〕詩小雅大東章：「小東大東，杼柚其空。」朱傳云：「小東大東，東方小大之國也。杼，持緯者也；柚，受經者也；空，盡也。言東方小大之國，杼柚皆已空矣。」

〔二一〕罷讀曰疲。

〔二二〕宋本「時」作「特」。

〔二三〕毛本「贍」誤作「瞻」。

〔二四〕通鑑「航」作「杭」。胡注：「詩云：誰謂河廣，一葦杭之。」毛氏曰：「杭，渡也。」鄭玄曰：「言一葦加之，則可以渡也。」

〔二五〕潘眉曰：「張瑩漢南記：蜀陽平、江關、白水爲三關（見方輿紀要卷五十六）。」沈欽韓曰：「漢中有興勢，廣漢有葭萌，梓潼有劍閣。」

〔二六〕胡三省曰：「聖祖，謂孫權也。」

書奏，晧深恨之。邵奉公貞正，親近所憚，乃共譖邵與樓玄謗毁國事，俱被詰責。玄見送南州，〔一〕邵原復職。後邵中惡風，口不能言，去職數月，晧疑其託疾，收付酒藏，掠考千所，〔二〕邵卒無一語，竟見殺害。〔三〕家屬徙臨海，并下詔誅玄子孫。是歲，天册元年也。邵年四十九。

邵子循，字彦先。

虞預晉書曰：循丁家禍，流放海濱。吴平，還鄉里。節操高厲，童齔不羣；言行舉動，必以禮讓。好學博聞，尤善三禮。〔四〕舉秀才，〔五〕除陽羡、武康令。〔六〕顧榮、陸機、陸雲表薦循曰：「伏見吴興武康令賀循，德量邃茂，才鑑清遠，服膺道素，風操凝峻，歷踐三城，〔七〕刑政肅穆，守職下縣，編名凡萃，出自新邦，朝無知己，〔八〕恪居遐外，志不自營，年時倏忽，而邈無階緒，實州黨愚智，所爲悵然。臣等並以凡才，累授飾進，被服恩澤，忝豫朝末，知良士後時，而守局無言，懼有蔽賢之咎，是以不勝愚管，謹冒死表聞。」久之，召爲太子舍人。石冰破揚州，〔九〕循亦合衆，事平，杜門不出。〔一〇〕陳敏作亂，以循爲丹陽内史，循稱疾固辭，敏不敢逼。於是江東豪右〔一一〕無不受敏爵位，惟循與同郡朱誕不挂賊網。〔一二〕後除吴國内史，不就。元皇帝爲鎮東將軍，請循爲軍司馬，〔一三〕帝爲晉王，以循爲中書令，固讓不受，轉太常，領太子太傅。時朝廷初建，動有疑義，宗廟制度皆循所定，朝野諮詢，爲一時儒宗。年六十，太興二年卒。〔一四〕追贈司空，〔一五〕謚曰穆。循諸所著論，並傳於世。〔一六〕子隰，臨海太守。〔一七〕

〔一〕廣州在南，故曰南州。

〔二〕通鑑「所」作「數」。胡注：「中，竹仲翻；藏，徂浪翻；掠，音亮。」

〔三〕錢大昕曰：「晉書賀循傳：元帝與循言及吴時事，因問曰：孫晧嘗燒鋸截一賀頭，是誰邪？循未及言，帝悟曰：是賀邵也。循流涕曰：先父遭遇無道，循創巨痛深，無以上答。此傳不載燒鋸截頭事，裴注亦不之及。」林國贊曰：「按晧傳：燒鋸截頭是陳聲事，非賀邵事，但晧淫刑所及，被害非一，或聲、邵均遭鋸頭，亦未可知。」晉書校文三曰：「吴志但言邵中風不能言，晧疑其託疾，掠考致死，無鋸截事。世説誤以聲事屬之邵，注言邵中風不能言，爲晧考殺，蓋亦以燒鋸事不足信，故引邵傳正之。晉書猶復采録，可謂好奇矣。」

〔四〕晉書賀循傳：「循少玩篇籍，善屬文，博覽衆書，尤精禮傳。」吴士鑑曰：「御覽二百四十三引晉中興書曰：行有餘力，則精書學，由是博覽羣書，尤明三禮，爲江表儒宗。隋經籍志：梁有賀循要記六卷，亡。通典八十一、一百二引之。」

〔五〕晉書賀循傳：「國相丁乂請爲五官掾，刺史嵇喜舉秀才。」

〔六〕陽羨見孫權傳卷首。晉書地理志：「揚州吴興郡武康縣。」宋書州郡志：「吴興太守武康令，吴分烏程、餘杭立永安縣，晉武帝太康元年更名。」一統志：「今浙江湖州府武康縣西。」

〔七〕晉書循傳作「歷試二城」。潘眉曰：「當爲二城，謂陽羨、武康也。」

〔八〕晉書循傳：「循爲武康令，政教大行，鄰城宗之。然無援於朝，久不進序。」

〔九〕各本「冰」作「沐」，誤。

〔一〇〕晉書循傳：「逆賊李辰起兵江夏，征鎮不能討，皆望塵奔走。辰别帥石冰略有揚州，逐會稽相張景。冰大將抗寵有衆數千，屯郡講堂。循移檄於寵，爲陳順逆，寵遂遁走，一郡悉平。循迎景還郡，即謝兵士，杜門不出，論功報賞，一無豫焉。」

〔一一〕宋本「是」作「時」。

〔一二〕潘眉曰：「晉書賀循傳作吴郡朱誕。賀循會稽人，非同郡。」吴士鑑曰：「寰宇記九十一：朱誕墓在婁門外一里。晉光禄大夫朱誕，字永長。父恩，本國中正，少有奇名，藏跡吴中。晉陽秋云：陳敏亂三吴，知名之士皆受爵禄，賀循、朱誕不辱其身。」

〔一三〕沈家本曰：「晉書循傳以軍司顧榮卒，引循代之，則此注馬字疑衍。」

〔一四〕馮本「二」作「工」，陳本作「五」，均誤。

〔一五〕世説新語規箴篇：「元皇帝時，廷尉張闓在小市居，私作都門，蚤閉晚開，羣小患之，詣府州訴，不得理，遂至撾登聞鼓，猶不被判，聞賀司空出，至破岡，連名詣賀訴。賀曰：身被徵作禮官，不關此事。羣小叩頭曰：若府君復不見治，便無所訴。賀未語，令且去見張廷尉，當爲及之。張聞，即毁門，自至方山迎賀。」

〔一六〕隋經籍志：「司空賀循集十八卷，梁二十卷。」兩唐志二十卷。

〔一七〕李慈銘越縵堂日記曰：「通典六十七載尚書張闓駁議云：故司空賀循，取從子紘爲子。循後有晚生子，遣紘歸本。此事晉書賀循傳不載，止云有子隰耳。」

韋曜字弘嗣，吴郡雲陽人也。〔一〕

曜本名昭，史爲晉諱改之。〔二〕

少好學，能屬文。〔三〕從丞相掾，除西安令，〔四〕還爲尚書郎，遷太子中庶子。

〔一〕雲陽見孫策傳曲阿注。潘眉曰：「曲阿至吴嘉禾三年始改名雲陽。曜在鳳皇年間已七十許，蓋生於建安時，當作曲阿人。此據後縣名追改之，非是。」

〔二〕錢大昕曰：「三國志於晉諸帝諱多不回避，如后妃傳不本淑懿，高堂隆傳留其淑懿，吴主王夫人傳追尊大懿皇后，步夫人傳有淑懿之德，以至太師、軍師、昭烈、昭獻、昭文、昭德、昭告之類，不勝枚舉。蜀後主傳『景耀六年，改元炎興』，亦未回避。而諸臣傳但稱景耀六年，不書炎興之號，最爲得體。此韋曜之名，注家以爲避晉諱，然攷書中段昭、董昭、胡昭、公孫昭、張昭、周昭輩，皆未追改，何獨於曜避之？疑弘嗣本有二名也。」

〔三〕趙一清曰：「晉書樂志：吳使韋昭制十二曲名，以述功德受命。宋樂志：何承天曰：世咸傳吳朝無雅樂，案孫晧迎父喪明陵，惟云倡伎晝夜不息，則無金石登哥可知矣。承天曰：或云今之神絃，孫氏以爲宗(朝)〔廟〕登哥也。史臣案：陸機孫權誄：肆夏在廟，雲翹承□。機不容虛設此言。又韋昭孫休世上鼓吹鐃哥十二曲表曰：當付樂官善哥者習哥。然則吳朝非無樂官，善哥者乃能以哥辭被絲管，寧容止以神絃爲廟樂而已乎？隋禮儀志：韋昭著西蠶頌，則孫氏亦有其禮。」

〔四〕西安見太史慈傳。

時蔡穎亦在東宮，〔一〕性好博奕，〔二〕太子和以爲無益，命曜論之。〔三〕其辭曰：

蓋聞君子恥當年而功不立，疾沒世而名不稱，故曰學如不及，猶恐失之。〔四〕是以古之志士悼年齒之流邁，而懼名稱之不立也，〔五〕故勉精厲操，〔六〕晨興夜寐，不遑寧息，經之以歲月，累之以日力，若甯越之勤，董生之篤，〔七〕漸漬德義之淵，棲遲道藝之域。且以西伯之聖，姬公之才，猶有日昃待旦之勞，〔八〕故能隆興周道，垂名億載。況在臣庶，而可以已乎！歷觀古今立功名之士，皆有累積殊異之迹，勞身苦體，〔九〕契闊勤思，平居不墮其業，〔一〇〕窮困不易其素。是以卜式立志於耕牧，而黃霸受道於囹圄，終有榮顯之福，以成不朽之名。〔一一〕故山甫勤於夙夜，而吳漢不離公門，豈有游惰哉！〔一二〕

今世之人，多不務經術，好翫博奕，廢事棄業，忘寢與食，窮日盡明，繼以脂燭。當其臨局交爭，雌雄未決，專精銳意，心勞體倦，〔一三〕人事曠而不修，賓旅闕而不接，雖有太牢之饌，韶、夏之樂，不暇存也。至或賭及衣物，徙棊易行，廉耻之意弛，而忿戾之色發，然其所志不出一枰之上，所務不過方罫之閒，〔一四〕勝敵無封爵之賞，獲地無兼土之實，技非六藝，〔一五〕用非經國，立身者不階其術，〔一六〕徵選者不由其道。求之於戰陣，則非孫吴之倫也；〔一七〕考之於道藝，則非孔氏之門也；以變詐爲務，則非忠信之事也；以劫殺爲名，〔一八〕則非仁者之意也；〔一九〕而空妨日廢業，終無補益。是何異設木而擊之，置石而投之哉！且君子之居室也，勤身以致養；其在朝也，竭命以納忠；臨事且猶旰食，而何博奕之足耽？〔二〇〕夫然，故孝友之行立，貞純之名彰也。

方今大吴受命，海内未平，聖朝乾乾，〔二一〕務在得人，勇略之士則受熊虎之任，儒雅之徒則處龍鳳之署，〔二二〕百行兼苞，文武並鶩，博選良才，旌簡髦俊，設程試之科，垂金爵之賞，誠千載之嘉會，百世之良遇也。當世之士，宜勉思至道，愛功惜力，以佐明時；使名書史籍，勳在盟府，乃君子之上務，當今之先急也。

夫一木之枰，孰與方國之封？枯棊三百，〔二三〕孰與萬人之將？衮龍之服，金石之樂，足以兼棊局而貿博奕矣。〔二四〕假令世士移博奕之力而用之於詩書，是有顔、閔之志也；用之於智計，是有良、平之思也；用之於資貨，是有猗頓之富也；〔二五〕用之於射御，是有將帥之備也。如此，則功名立而鄙賤遠矣。

〔一〕蔡穎見孫和傳。

〔二〕文選李善注：「系本曰：烏曹作博。許慎説文曰：博，局戲也，六著十二棊也。揚雄方言曰：圍棊自關而東齊、魯之閒爲之奕。」

〔三〕何焯曰：「此事已載和傳，似可省也。」弼按：此傳以文美見傳，不嫌複也。

〔四〕皆論語之辭。

〔五〕文選「立」作「建」。

〔六〕文選無「故」字。

〔七〕李善注：「呂氏春秋曰：甯越，中牟之鄙人也，苦耕稼之勞，謂其友曰：何爲而可以免此苦耕也？其友曰：莫如學，學三十歲，則可達矣。甯越曰：請以十五歲，人將休，吾將不休；人將臥，吾將不敢臥。十五歲而周威王師之。漢書曰：董仲舒修春秋，三年不窺園圃，其精如此。」

〔八〕尚書：「周公曰：文王自朝至于日中昃，不遑暇食，用協和萬民。」孟子曰：「周公思兼三王，其有不合者，仰而思之，夜以繼日；幸而得之，坐以待旦。」

〔九〕文選無「立」字，「累積」作「積累」，「身」作「神」。

〔一〇〕文選「墮」作「惰」。

〔一一〕李善注：「漢書曰：卜式，河南人，以田畜爲事。入山牧羊十餘年，羊致千餘頭。又曰：黄霸字次公，淮陽人。遷丞相長史，宣帝欲褒先帝，夏侯勝曰：武帝不宜爲立廟樂，勝坐非議詔書，霸坐阿縱勝，不舉劾，皆下獄。勝、霸既久繫，霸欲從勝受經，勝辭以罪死。霸曰：朝聞道，夕死可矣。勝賢其言，遂受之。繫更再冬，講論不怠。」

〔一二〕李善注：「毛詩曰：肅肅王命，仲山甫將之；夙夜匪懈，以事一人。東觀漢記曰：吴漢字子顔，南陽人。鄧禹及諸將多薦舉者，再三召見，其後勤勤不離公門，上亦以其南陽人，漸親之。」

〔一三〕文選「心勞」作「神迷」。

〔一四〕李善注：「罫，古買切。方言曰：投博謂之枰，皮兵切。桓譚新論曰：俗有圍棊，或言是兵法之類也。及爲之，上者張置疏遠，多得道而爲勝；中者務相絶，遮要以爭便利；下者守邊趍作罫，(目)〔自〕生於小地。猶薛公之言黥布反也，上計取吳、楚，道廣者也；中計塞城絶，遮要爭利者也；下計據長沙以臨越，此守邊隅趍作罫者也。更始將相不能防衛，而令罫中死棊皆生。」梁章鉅曰：「集韻：罫，博局方目也，字本作窐。彙苑：枰，綫道也。案古文苑班固奕旨云：一棊破窐，亡地復還。則罫本作窐。」

〔一五〕文選「技」作「伎」。

〔一六〕廣雅曰：「階，因也。」

〔一七〕李善注：「劉向圍棊賦曰：略觀圍棊，法於用兵，怯者無功，貪者先亡。漢書曰：孫子兵法八十二篇，吳起三十八篇。」

〔一八〕梁章鉅曰：「水經汲水注云：阮簡爲開封令，縣有劫賊，外白云劫急。簡方圍棊，曰：局上劫亦甚急。馬融圍棊賦云：深入貪地，殺亡士卒，狂攘相救，先後並沒。」

〔一九〕尹文子曰：「以智力求者，喻如奕棊，進退取與，攻劫殺舍，在我者也。」

〔二〇〕文選「何」下有「暇」字。左傳：「伍奢曰：楚君大夫，其旰食乎！」班固漢書述曰：「媚茲一人，日旰忘食。」

〔二一〕周易曰：「君子終日乾乾。」

〔二二〕李善注：「熊虎猛捷，故以譬武；龍鳳五彩，故以喻文。尚書曰：如虎如貔，如熊如羆，于商郊。蘇武答李陵書曰：其于學人，皆如鳳如龍。」

〔二三〕梁章鉅曰：「文選注引邯鄲淳藝經云：棊局縱横各十七道，合二百八十九道，白黑棊子各一百五十枚。按沈括筆談云：奕棊古用十七道，與後世法不同。今世棊局縱横各十九道，未詳何人所加。錢大昕云：嘗見宋李逸民忘憂清樂集棊譜首載孫策賜呂範、晉武帝賜王武子，兩局皆十九道，疑是後人假託。藝文類聚七十四：晉蔡洪圍棊賦：算塗授卒，三百惟羣。是晉時棊局，猶未加也。」俞正燮癸巳存稿卷十一有圍棋説，詞繁未録。

〔二四〕文選「貿」作「貿」。李善注：「周禮曰：三公自衮冕而下。鄭玄曰：衮龍，九章衣也。東都賦曰：修衮龍之法服。左氏傳曰：晉侯以樂之半賜魏絳，始有金石之樂。廣雅曰：貿，易之也。」

〔二五〕顔、閔，顔回、閔子騫也。良、平，張良、陳平也。猗頓，巨富人也。

和廢後，爲黄門侍郎。孫亮即位，諸葛恪輔政，表曜爲太史令，撰吴書，華覈、薛瑩等皆與參同。〔一〕孫休踐阼，爲中書郎、博士祭酒。命曜依劉向故事，校定衆書。〔二〕又欲延曜侍講，而左將軍張布近習寵幸，事行多玷，憚曜侍講儒士，又性精確，懼以古今警戒休意，固爭不可。休深恨布，語在休傳。然曜竟止不入。〔三〕

〔一〕韋曜吴書詳見魏志武紀興平元年注，撰吴書事，互見薛瑩傳右國史華覈疏。

〔二〕漢書劉向傳：「詔向領校中五經祕書。」劉歆傳：「河平中，受詔與父向領校祕書。」

〔三〕詳見孫休傳永安五年。

孫晧即位，封高陵亭侯，〔一〕遷中書僕射，〔二〕職省爲侍中，常領左國史。〔三〕時在所〔四〕承指，數言瑞應，晧以問曜，曜答曰：「此人家筐篋中物耳。」〔五〕又晧欲爲父和作紀，曜執以和不登帝位，宜名爲傳。如是者非一，漸見責怒。曜益憂懼，自陳衰老，求去侍、史二官，〔六〕乞欲成所造書，以後業別有所付，〔七〕晧終不聽。時有疾病，醫藥監護，持之愈急。

〔一〕高陵屬魏雍州馮翊郡，非吴屬地，疑誤。

〔二〕中書僕射，吳置。

〔三〕胡三省曰：「吳有左右國史，皆掌記述。」

〔四〕官本作「所在」。

〔五〕通鑑「人家」作「家人」。胡三省曰：「言祥瑞而謂之家人筐篋中物者，蓋稱引圖緯以言祥瑞之應，故謂其書爲家人筐篋中物也。」

〔六〕侍中、左國史也。

〔七〕宋本「後」作「從」。

皓每饗宴，無不竟日，坐席無能否率以七升爲限，雖不悉入口，皆澆灌取盡。曜素飲酒不過三升，〔一〕初見禮異時，常爲裁減，或密賜茶荈以當酒。〔二〕至於寵衰，更見偪彊，〔三〕輒以爲罪。又於酒後使侍臣難折公卿，以嘲弄侵克，發摘私短以爲歡。時有愆過，或誤犯皓諱，輒見收縛，至於誅戮。曜以爲外相毀傷，内長尤恨，使不濟濟，非佳事也，故但示難問經義言論而已。〔四〕皓以爲不承用詔命，意不忠盡，遂積前後嫌忿，收曜付獄。是歲，鳳皇二年也。

〔一〕宋本「三」作「二」。

〔二〕梁章鉅曰：「陸羽茶經云：茶，周公云檟苦荼。揚執戟雄云：蜀西南人謂茶曰蔎。郭弘農云：早采者爲茶，晚取者爲茗，一名曰荈。案古文苑王褒僮約云武陽買茶，則茶已見漢世，陸氏茶經所未盡志也。」

〔三〕彊，其兩翻。

〔四〕通鑑作「使羣臣不睦，不爲佳事，故但難問經義而已」。

曜因獄吏上辭曰：〔一〕「因荷恩見哀，無與爲比，曾無芒氂〔二〕有以上報。孤辱恩寵，自陷極罪，念當灰滅，長棄黄泉，愚情慺慺，竊有所懷，貪令上聞。因昔見世閒有古曆注，〔三〕其所紀載既多虚無，〔四〕在書籍者亦復錯謬。因尋按傳記，考合異同，采摭耳目所及，以作洞紀，起自庖犧，至于秦、漢，凡爲三卷；當起黄武以來，别作一卷，事尚未成。〔五〕又見劉熙所作釋名，信多佳者，〔六〕然物類衆多，難得詳究，故時有得失，而爵位之事，又有非是。愚以官爵，今之所急，不宜乖誤。因自忘至微，又作官職訓及辯釋名各一卷，〔七〕欲表上之。新寫始畢，會以無狀，幽囚待命，泯没之日，恨不上聞，謹以先死列狀，乞上言祕府，於外料取，呈内以聞。追懼淺蔽，不合天聽，抱怖雀息，〔八〕乞垂哀省！」

〔一〕胡三省曰：「辭，獄辭也。」

〔二〕猶言毫釐也。漢書司馬遷傳：「差以毫釐。」續漢志律曆志：「損益毫釐。」

〔三〕潘眉曰：「此指周長生之洞曆，論衡稱其上自黄帝，下至漢朝，莫不紀載，故曜撰洞紀，亦起庖犧至秦、漢。」

〔四〕各本「既」作「紀」，誤，宋本不誤。

〔五〕隋書經籍志：「洞紀四卷，韋昭撰，記庖犧以來至漢建安二十七年。」姚振宗曰：「按建安二十五年改元延康元年，是年十月魏受禪，是爲黄初元年。黄初三年之九、十月閒，吴改年黄武，黄武未改之前，吴仍稱建安之號，故止於二十七年也。唐經籍志：洞紀九卷，韋昭撰。藝文志：韋昭洞紀四卷。史通表曆篇：如韋昭洞紀、陶弘景帝代年曆，皆因表而作，用成其書，非國史之流。」章宗源隋志攷證曰：「陸德明莊子説劍篇釋文、初學記樂部、北堂書鈔樂部、太平御覽皇王部並引韋昭洞紀，又作洞曆記，開元占經引十八事，皆紀周、漢日蝕星變事。」潘眉曰：「曜洞紀終於漢建安二十七年，曜云事尚未成，故後有臧榮緒續一卷。」

〔六〕劉熙釋名詳見蜀志許慈傳。

〔七〕隋書經籍志：「梁有韋昭官儀職訓一卷，亡。」又云：「辯釋名一卷，韋昭撰。」唐藝文志：「韋昭辯釋名一卷。」畢沅辯釋名補遺序曰：「韋昭官職訓及辯釋名，據昭自言各一卷，則捋然成帙。今雖亡失，其引見唐、宋人書者，當不止於是，而予之所見，僅此而已。」馬國翰輯本序曰：「韋昭辯釋名今輯録二十五節，其二十三節皆論辯官制，先列釋名原文，後加辯曰以別之。其無者，引文脱也。今釋名内無釋官篇，當是後人緣昭辯而删之，而劉熙之説亦借此以存。其缺佚任大椿小學鉤沈亦輯録一卷。」

〔八〕北史高麗傳：「高麗王左右皆雀息。」

曜冀以此求免，而晧更怪其書之垢故，〔一〕又以詰曜。曜對曰：「囚撰此書，實欲表上，懼有誤謬，數數省讀，不覺點污。被問寒戰，形氣吶吃。〔二〕謹追辭叩頭五百下，兩手自搏。」而華覈連上疏救曜曰：〔三〕「曜運值千載，〔四〕特蒙表識，〔五〕以其儒學，得與史官，貂蟬内侍，承合天問，〔六〕聖朝仁篤，慎終追遠，迎神之際，垂涕勑曜。曜愚惑不達，不能敷宣陛下大舜之美，而拘繫史官，使聖趣不敘，至行不彰，實曜愚蔽當死之罪。然臣慺慺，見曜自少勤學，雖老不倦，探綜墳典，温故知新，及意所經識古今行事，外吏之中少過曜者。昔李陵爲漢將，軍敗不還而降匈奴，司馬遷不加疾惡，爲陵游説，漢武帝以遷有良史之才，欲使畢成所撰，忍不加誅，書卒成立，垂之無窮。今曜在吴，亦漢之史遷也。伏見前後符瑞彰著，神指天應，繼出累見，一統之期，庶不復久。事平之後，當觀時設制，三王不相因禮，五帝不相沿樂，質文殊塗，損益異體，宜得曜輩，依準古義，有所改立。漢氏承秦，則有叔孫通定一代之儀，曜之才學，亦漢通之次也。又吴書雖已有頭角，敍贊未述，昔班固作漢書，文辭典雅，〔七〕後劉珍、劉毅等作漢記，〔八〕遠不及固，敍傳尤劣。今吴書當垂千載，編次諸史，後之才士論次善惡，非得良才如曜者，實不可使闕不朽之書。〔九〕如臣頑蔽，誠非其人。曜年已七十，餘數無幾，乞赦其一等之罪，〔一〇〕爲終身徒，使成書業，永足傳示，垂之百世。謹通進表，叩頭百下。」皓不許，遂誅曜，〔一一〕徙其家零陵。子隆，亦有文學也。

〔一〕胡三省曰：「垢，塵也；故，舊也。」

〔二〕禮記：「其言吶吶然，如不出諸其口。」史記韓非傳：「爲人口吃，不能道説，而善著書。」

〔三〕姚振宗曰：「按此知華覈疏救凡兩次，本傳合並載之，故曰連上疏。其初被罪黜，得覈疏救而解，召還史館，得以續成前書。其事當在鳳皇二年之前，至是年收付獄，覈又疏救，以吴書未述敍贊爲言，而事不可解矣。以是知吴書敍贊終未底於成焉。」弼按：姚説因史通正史篇有華覈表請召韋曜、薛瑩續成前史，其後曜獨終其書云云，不知劉知幾之説已誤。本志薛瑩傳華覈救瑩疏云：「曜負恩蹈罪，瑩以過徙，書遂委滯，迄未撰奏。」據此，則曜書實未成。又據本傳，亦無初被罪黜，得覈疏救而解之事。姚説殆誤解連字耳。

〔四〕宋本無「運」字。

〔五〕馮本、毛本「表」作「哀」。

〔六〕宋本「合」作「答」。或云，「天」作「大」。

〔七〕劉咸炘曰：「尚云：吴志以華覈傳爲殿，而薛瑩、韋曜兩傳屢載覈論史之疏，稱許馬、班，壽蓋以馬、班自況，而信其三國志文詞典雅，必傳於後也。按此亦曲説，史家載人文字，豈以自寓？稱許馬、班，何與己書乎？」

〔八〕范書文苑傳劉珍傳：「珍字秋孫，一名寶，南陽蔡陽人也。永初中爲謁者僕射。永寧元年，鄧太后詔珍與劉騊駼作建武以來名臣傳。」又劉毅傳：「毅，北海敬王子也。少有文辯稱。時劉珍、鄧耽、尹兑、馬融共上書稱其美，安帝嘉之，拜議郎。」史通正史篇：「詔史官謁者僕射劉珍及諫議大夫李尤，雜作紀表，名臣節士、儒林外戚諸傳，起自建武，訖乎永初，事業垂竟，而珍、尤繼卒。」隋書經籍志：「東觀漢記一百四十三卷，起光武記注至靈帝，長水校尉劉珍等撰。」四庫輯本提要云：「東漢之初，著述在蘭臺，至章、和以後，圖籍甚於東觀，修史者皆在是焉，故以名書。晉時以此書與史記、漢書爲三史，人多習之。」姚振宗曰：「范書文苑李尤傳：安帝時爲諫議大夫，受詔與謁者僕射劉珍等俱撰漢記。玉海藝文亦云：安帝永初、永寧閒，劉珍、劉騊駼、張衡、李尤等撰集爲漢記，漢記之名，蓋始於此。隋志題劉珍等所本。（史通謂桓帝元嘉時，邊韶、崔寔、朱穆、曹壽、延篤等著作，以後綜其書爲百十有四篇。號曰漢記。漢記之名，實定於安帝時。）或謂不當題劉珍，然珍之前未定書名，珍之時乃奉詔有此目，且安知非本書題署如此者？是不得不題劉珍等也。或又謂珍未嘗爲長水校尉，則史文簡略，此亦據本書題署歟？」弼按：據劉珍傳，珍爲越騎校尉，越騎、長水，皆五營校尉也。

〔九〕元本「闕」作「關」。

〔一〇〕梁章鉅曰：「漢書何並傳云：鍾廷尉免冠爲弟威請一等之罪，願蚤就髡鉗。如淳曰：減死罪一等也。」

〔一一〕隋書經籍志：「梁又有毛詩答雜問七卷，吴侍中韋昭、侍中朱育等撰，亡。孝經解讚一卷，韋昭解；漢書音義七卷，韋昭撰；春秋外傳國語注二十二卷，韋昭注。梁又有韋昭集二卷，録一卷，亡。」嚴可均輯存雲陽賦、上鼓吹鐃歌十二曲表、因獄吏上辭、國語解敍、博奕論凡五篇。馮氏詩紀録存鼓吹鐃歌十二曲，宋庠國語補音序曰：「先儒自鄭衆、賈逵、王肅、虞翻、唐固、韋昭之徒，並治其章句，申之以注釋，今惟韋氏所解傳於世。韋氏以鄭、賈、虞、唐爲主，而增損之，故其注備而有體，可謂一家之名學。」黄震日鈔曰：「國語文宏衍精潔，韋昭注文亦簡切稱之。」四庫提要曰：「昭自序稱凡所發正三百七事，今考注文之中，昭自立義者，不過六十七事，合以所正譌字、衍文、錯簡，亦不足三百七事之數，其傳寫有誤，以六十爲三百歟？崇文總目作三百十事，又七事轉譌也。自鄭衆解詁以下，諸書並亡，國語注存於今者，惟昭爲最古。黄震日鈔嘗稱其簡潔，而先儒舊訓，亦往往散見其中。」蔣超伯曰：「韋昭吴鼓吹曲第四曰伐烏林，第六曰關背德，蓋當時彼此相誇，猶之南北朝索虜、島夷詆諆互出也。見麗澞薈録。」章宗源隋志考證曰：「寰宇記江南東道引韋昭三吴郡國志輿地碑記目曰：吴興録，韋昭作。」趙一清曰：「寰宇記卷八十九：韋昭墓在潤州延陵縣西南七里。」

華覈〔一〕字永先，吴郡武進人也。〔二〕始爲上虞尉、典農都尉，〔三〕以文學入爲祕府郎，〔四〕遷中書丞。〔五〕

〔一〕胡三省曰：「華，户化翻；覈，户革翻。」

〔二〕吴改丹徒曰武進，丹徒見孫策傳。

〔三〕上虞見孫策傳。何焯校上虞下尉字衍。錢儀吉、李慈銘説同。弼按：續百官志「尉，大縣二人，小縣一人」。則覈爲上虞縣尉，本不誤。梁章鉅曰：「宋書州郡志：吴省丹陽江乘縣典農都尉，又分吴郡無錫以西爲毘陵典農都尉。」弼按：宋志作毘陵典農校尉，梁引作都尉，誤。梁襲潘眉説，潘亦作校尉也。當時郡縣有屯田者，置典農都尉，則覈或爲上虞尉，又爲上虞典農都尉，故史文並書之。梁氏引江乘、毘陵，與此無涉。

〔四〕洪飴孫曰：「吴有祕府郎，掌祕書。韋曜傳：乞上祕府，於外料取，呈内以聞。即此。」

〔五〕胡三省曰：「魏有中書監令，無中書丞，此官蓋吴置也。」

蜀爲魏所并，覈詣宫門發表曰：「閒聞賊衆蟻聚向西境，西境艱險，〔一〕謂當無虞。定聞陸抗表至，〔一〕成都不守，臣主播越，社稷傾覆。昔衛爲翟所滅，而桓公存之，〔三〕今道里長遠，不可救振，失委附之土，棄貢獻之國，臣以草芥，竊懷不寧。陛下聖仁，恩澤遠撫，卒聞如此，必垂哀悼。臣不勝忡悵之情，〔四〕謹拜表以聞。」〔五〕

〔一〕各本「艱」作「報」。

〔二〕李慈銘曰：「定疑作旋。」

〔三〕左傳閔公（元）〔二〕年：「狄人伐衛，懿公及狄人戰於熒澤，衛師敗績，遂滅衛，立戴公以廬于曹。齊侯使公子無虧帥車三百乘，甲士三千人以戍曹。僖之元年，齊桓公遷邢于夷儀；二年，封衛于楚丘。邢遷如歸，衛國忘亡。」

〔四〕胡三省曰：「卒，讀曰猝。勝，音升。忡，丑中翻；憂也。」

〔五〕胡三省曰：「左傳：楚人滅江，秦伯爲之降服，出次，不舉，過數。大夫諫，公曰：同盟滅，敢不矜乎？吾自懼也。蜀，吳之與國；蜀亡，岌岌乎爲吳矣。吳之君臣不知懼，故華覈拜表以儆之。」

孫晧即位，封徐陵亭侯。〔一〕寶鼎二年，晧更營新宮，〔二〕制度弘廣，飾以珠玉，所費甚多。是時盛夏興工，農守並廢。覈上疏諫曰：

臣聞漢文之世，九州晏然，秦民喜去慘毒之苛政，歸劉氏之寬仁，省役約法，與之更始，分王子弟，以藩漢室，當此之時，皆以爲泰山之安，無窮之基也。至於賈誼，獨以爲可痛哭及流涕者三，可爲長歎息者六，乃曰當今之勢，何異抱火於積薪之下，而寢其上，火未及然，而謂之安。其後變亂，皆如其言。臣雖下愚，不識大倫，竊以曩時之事，揆今之勢。

誼云復數年間，諸王方剛，漢之傅相稱疾罷歸，欲以此爲治，雖堯、舜不能安。今大敵據九州之地，有大半之衆，習攻戰之餘術，乘戎馬之舊勢，欲與中國爭相吞之計，〔三〕其猶楚、漢勢不兩立，非徒漢之諸王淮南、濟北而已。誼之所欲痛哭，比今爲緩；抱火臥薪之喻，於今而急。〔四〕大皇帝覽前代之如彼，察今勢之如此，故廣開農桑之業，積不訾之儲，〔五〕恤民重役，務養戰士，是以大小感恩，各思竭命。期運未至，早棄萬國，自是之後，彊臣專政，上詭天時，下違衆議，亡安存之本，邀一時之利，數興軍旅，傾竭府藏，兵勞民困，無時獲安。今之存者，乃創夷之遺衆，哀苦之餘民耳。遂使軍資空匱，倉廩不實，布帛之賜，寒暑不周，重以失業，家户不贍。而北積穀養民，專心東向，〔六〕無復他警。蜀爲西藩，土地險固，加承先主統御之術，謂其守御足以長久，不圖一朝，奄至傾覆。脣亡齒寒，古人所懼。交州諸郡，國之南土，交阯、九真，二郡已沒，日南孤危，存亡難保，合浦以北，民皆搖動，〔七〕因運避役，多有離叛，而備戍減少，威鎮轉輕，常恐呼吸復有變故。昔海虜窺窬東縣，多得離民，地習海行，狃於往年，鈔盜無日。今胸背有嫌，首尾多難，乃國朝之厄會也。誠宜住建立之役，先備豫之計，勉墾殖之業，爲饑乏之救。惟恐農時將過，東作向晚，有事之日，整嚴未辨。〔八〕若舍此急，〔九〕盡力功作，卒有風塵不虞之變，〔一〇〕當委版築之役，應烽燧之急，驅怨苦之衆，赴白刃之難，此乃大敵所因爲資也。

如但固守，〔一一〕曠日持久，則軍糧必乏，不待接刃，而戰士已困矣。

昔太戊之時，桑穀生庭，懼而修德，怪消殷興。〔一二〕熒惑守心，宋以爲災，景公下從瞽史之言，〔一三〕而熒惑退舍，景公延年。〔一四〕夫修德於身，而感異類，言發於口，而通神明，臣以愚蔽，誤忝近署，不能翼宣仁澤，以感靈祇，仰慙俯愧，無所投處。退伏思惟，熒惑桑穀之異，天示二主，至如〔一五〕他餘錙介之妖，〔一六〕近是門庭小神所爲，驗之天地，無有他變，而徵祥符瑞前後屢臻，明珠既覿，白雀繼見，萬億之祚，實靈所挺，以九域爲宅，天下爲家，不與編户之民轉徙同也。又今之宫室，先帝所營，卜土立基，非爲不祥。又楊市土地，與宫連接，若大功畢竟，輿駕遷住，門行之神，皆當轉移，猶恐長久未必勝舊。屢遷不可，留則有嫌，此乃愚臣所以夙夜爲憂灼也。臣省月令，季夏之月，不可以興土功，不可以會諸侯，不可以起兵動衆，舉大事必有大殃。今雖諸侯不會，諸侯之軍，與會無異。六月戊己，土行正王，既不可犯，加又農月，時不可失。昔魯隱公夏城中丘，春秋書之，垂爲後戒。〔一七〕今築宫爲長世之洪基，而犯天地之大禁，襲春秋之所書，廢敬授之上務，〔一八〕臣以愚管，竊所未安。

又恐所召離民，或有不至，討之則廢役興事，不討日月滋慢。〔一九〕若悉並到，大衆聚會，希無疾病。且人心安則念善，苦則怨叛，江南精兵，北土所難，欲以十卒當東一人，天下未定，深可憂惜之。如此宫成，死叛五千，則北軍之衆更增五萬，若到萬人，則倍益十萬，病者有死亡之損，叛者傳不善之語，此乃大敵所以歡喜也。今當角力中原，以定彊弱，正於際會，彼益我損，加以勞困，此乃雄夫智士所以深憂。

臣聞先王治國無三年之儲，曰國非其國，安寧之世戒備如此，況敵彊大而忽農忘畜。今雖頗種殖，閒者大水沈没，其餘存者當須耘穫，〔一〇〕而長吏怖期，上方諸郡，身涉山林，盡力伐材，廢農棄務，士民妻孥羸小，墾殖又薄，若有水旱，則永無所獲。州郡見米，當待有事，冗食之衆，仰官供濟。若上下空乏，運漕不供，而北敵犯疆，使周、召更生，良、平復出，不能爲陛下計明矣。臣聞君明者臣忠，主聖者臣直，是以慺慺，昧犯天威，乞垂哀省！

〔一〕徐陵見孫權傳黄武元年。

〔二〕孫晧傳：「寶鼎二年，起顯明宮。」江表傳：「晧營新宮，窮極伎巧，陸凱固諫，不從。」

〔三〕通鑑作「欲與國家爲相吞之計」。

〔四〕官本考證曰：「而急，册府作爲急。」

〔五〕梁章鉅曰：「說文：呰，不思稱意也。管子君臣篇注：呰，限也。史記貨殖傳：家亦不呰。言所積務多，不限其數也。」

〔六〕胡三省曰：「自洛進師而造江濱，自蜀下兵而臨荆楚，皆東向也。」

〔七〕孫休傳：「永安六年五月，交阯郡吏呂興等反，殺太守孫諝，使使如魏，請太守及兵。」孫晧傳：「是時蜀初亡，而交阯攜叛，國内震懼。元興元年，魏置交阯太守之郡。」通鑑：「交阯郡吏呂興等殺太守孫諝，九真、日南皆應之。」

〔八〕宋本「辨」作「辧」。
〔九〕通鑑「急」下有「務」字。
〔一〇〕胡三省曰：「難，乃旦翻；舍，讀曰捨；卒，讀曰猝。」
〔一一〕馮本「如」作「扣」，誤。
〔一二〕史記殷本紀：「帝太戊立，伊陟爲相，亳有祥桑穀，共生於朝，一暮大拱。帝太戊懼，問伊陟。陟曰：臣聞妖不勝德，帝之政其有闕歟？帝其修德。太戊從之，而祥桑枯死而去。」
〔一三〕朱邦衡曰：「下當作不。史記宋世家作司星子韋。」
〔一四〕見賀邵傳。
〔一五〕宋本「如」作「於」。
〔一六〕梁章鉅曰：「淮南子詮言注云：六兩曰錙。按説山注又云：六銖曰錙，八銖曰錘。楊倞注荀子云：八兩爲錙。風俗通：銖六則錘，三錘則錙。韻會：纖芥，細微也，通作介。後漢書竇融傳：長無纖介之怨。趙岐注孟子：一介草也。」
〔一七〕左傳隱公七年：「夏，城中丘，書不時也。」中丘，琅邪臨沂縣東，今山東兖州府沂州東北三十里有中丘城。
〔一八〕尚書堯典：「敬授人時。」
〔一九〕宋本「不討」下有「則」字，册府「慢」作「蔓」。
〔二〇〕馮本「穫」作「獲」，誤。

書奏，皓不納。後遷東觀令，領右國史，覈上疏辭讓，皓答曰：「得表，以東觀儒林之府，當講校文藝，處定疑難，漢時皆名學碩儒乃任其職，乞更選英賢。聞之，〔一〕以卿研精墳典，博覽多聞，可謂悦禮樂、敦詩書者也。當飛翰騁藻，光贊時事，以越楊、班、張、蔡之疇，怪乃謙光，厚自菲薄。宜勉修所職，以邁先賢，勿復紛紛。」

〔一〕趙一清曰：「聞字疑誤。或曰按文義似當作典。」

時倉廩無儲，世俗滋侈，覈上疏曰：「今寇虜充斥，征伐未已，居無積年之儲，出無應敵之畜，此乃有國者所宜深憂也。夫財穀所生，當出於民，趨時務農，國之上急；而都下諸官，所掌別異，各自下調，不計民力，輒與近期。長吏畏罪，晝夜催民，委舍佃事，遑赴會日，〔一〕定送到都，或蘊積不用，而徒使百姓，消力失時。到秋收月，督其限入，奪其播殖之時，而責其今年之稅，如有逋懸，則籍沒財物，故家户貧困，衣食不足。宜暫息衆役，專心農桑。古人稱一夫不耕，或受其饑；一女不織，或受其寒。〔二〕是以先王治國，惟農是務。軍興以來，已向百載，農人廢南畝之務，女工停機杼之業。推此揆之，則蔬食而長饑，薄衣而履冰者，固不少矣。臣聞主之所求於民者二，民之所望於主者三。二謂求其爲己勞也，求其爲己死也；三謂饑者能食之，勞者能息之，有功者能賞之。民以致其二事而主失其三望者，〔三〕則怨心生而功不建。今帑藏不實，民勞役猥，主之二求已備，民之三望未報。且饑者不待美饌而後飽，寒者不俟狐貉而後温，〔四〕爲味者口之奇；〔五〕文繡者身之飾也。今事多而役繁，民貧而俗奢，百工作無用之器，婦人爲綺靡之飾，不勤麻枲，並繡文黼黻，轉相倣效，恥獨無有。兵民之家，猶復逐俗，〔六〕內無擔石之儲，〔七〕而出有綾綺之服，至於富賈商販之家，重以金銀，奢恣尤甚。天下未平，百姓不贍，宜一生民之原，豐穀帛之業，而棄功於浮華之巧，妨日於侈靡之事，上無尊卑等級之差，下有秏財費力之損。〔八〕今吏士之家，少無子女，多者三四，少者一二，通令戶有一女，十萬家則十萬人，人織績一歲一束，則十萬束矣。使四疆之內同心戮力，數年之間，布帛必積。恣民五色，惟所服用，但禁綺繡無益之飾。且美貌者不待華采以崇好，豔姿者不待文綺以致愛，五采之飾，足以麗矣。若極粉黛，窮盛服，未必無醜婦；廢華采，去文繡，未必無美人也。若實如論，有之無益，廢之無損者，何愛而不暫禁以充府藏之急乎？此救乏之上務，富國之本業也。使管、晏復生，無以易此。漢之文、景，承平繼統，天下已定，四方無虞，猶以雕文之傷農事，〔九〕錦繡之害女工，開富國之利，杜饑寒之本。況今六合分乖，豺狼充路，兵不離疆，甲不解帶，而可以不廣生財之原，充府藏之積哉？」

〔一〕梁章鉅曰：「官與刻日爲期也。公羊隱元年傳：會，猶最也。注：最之爲言聚，若今聚民爲投最。」

〔二〕梁章鉅曰：「呂氏春秋愛類云：神農之教曰：士有當年而不耕者，天下或受其饑；女有當年而不織者，天下或受其寒。賈誼策所引與此同。」

〔三〕官本「主」作「王」，誤。

〔四〕宋本「貉」作「狢」。

〔五〕通志「爲味」作「滋味」。官本考證曰：「爲字疑誤。」

〔六〕胡三省曰：「言下至兵民之家，亦隨俗好而事奢侈也。」

〔七〕宋本「擔」作「儋」，通鑑作「甔」。胡注：「應劭曰：齊人名小甕曰甔，受二斛。晉灼曰：石，斗石也。師古曰：甔，音都濫翻。」

〔八〕陳本「費」作「物」，誤。

〔九〕宋本「傷」作「妨」。

皓以覈年老，敕令草表，覈不敢；又敕作草文，〔一〕停立待之。覈爲文曰：「咨覈小臣，草芥凡庸。遭眷值聖，受恩特隆。越從朽壤，蟬蛻朝中。熙光紫闥，青瑣是憑。〔二〕毖挹清露，沐浴凱風。效無絲氂，負闕山崇。滋潤含垢，恩貸累重。穢質被榮，局命得融。欲報罔極，委之皇穹。聖恩雨注，哀棄其尤。猥命草對，潤被下愚。不敢違敕，懼速罪誅。冒承詔命，魂逝形留。」

〔一〕潘眉曰：「草，謂草書也。」

〔二〕錢大昕曰：「憑依字古作馮，本讀如蓬，後轉爲符風切。此文以憑與庸、隆、中、風、崇、重、融、穹爲韻。馮翊之馮，唐人亦列東韻。」

覈前後陳便宜，及貢薦良能，解釋罪過，書百餘上，皆有補益，文多不悉載。〔一〕天册元年，以微譴免，數歲卒。曜、覈所論事章疏，咸傳於世也。〔二〕

〔一〕覈疏救薛瑩、韋曜，見瑩、曜傳。或曰：「覈氣稍静下，意更懇誠，所以卒免。嗚呼，亦危矣！」

〔二〕隋書經籍志：「梁又有東觀令華覈集五卷，録一卷，亡。」唐經籍志：「華覈集三卷。」藝文志五卷。嚴氏全三國文録存車賦、奏薦陸胤表、薦陸禕、聞蜀亡詣宮門上表、諫盛夏興工疏、上農務禁侈疏、乞赦樓玄疏，上疏請召還薛瑩，上疏救韋曜，奉勅草對，凡十一篇。

評曰：薛瑩稱王蕃器量綽異，弘博多通；樓玄清白節操，才理條暢；賀邵厲志高潔，〔一〕機理清要；韋曜篤學好古，博見羣籍，有記述之才。胡沖以爲玄、邵、蕃一時清妙，略無優劣；必不得已，玄宜在先，邵當次之。華覈文賦之才，有過於曜，而典誥不及也。予觀覈數獻良規，期於自盡，庶幾忠臣矣。然此數子，處無妄之世而有名位，强死其理，得免爲幸耳。〔二〕

〔一〕何焯曰：「御覽高作貞。」

〔二〕潘眉曰：「此汲古本評語如此。陳仁錫本云：然此數子，處無道之世，或顯戮於殿廷，或賜死於遐荒，或誅夷于胤嗣，皓之惡浮于桀、紂，而止於亡國，猶存其軀，亦幸也夫。陳本誤改，不可從。南監本與汲古本同。」梁章鉅曰：「戰國楚策：朱英謂春申君曰：今君處無妄之世，以事無妄之主。左氏昭七年傳：匹夫匹婦强死。注：强死，不病也。」何焯曰：「瑩言既不及覈，沖又謂樓宜在先，故評家爲之折衷。」劉咸炘曰：「王、樓、賀同爲常侍，韋、華同爲史官，又同以直諫被誅謫。觀評語，蓋薛瑩吳書本以五人同傳，瑩之於此五人，亦猶承祚之於譙周、郤正也。」或曰：「無道富貴，尚以爲恥，況至於殺其身乎！數子之趣，蓋可知也。此傳固表諸賢之華藻，亦示士君子以進退之節。嗚呼，尚鑒茲哉！」又曰：「此傳大約以守正致禍爲主，而文采又其枝葉，此同傳意也。危邦不入，亂邦不居，有道則見，無道則隱，真仕人之律令也。」